Förster • Die Wehrmacht im NS-Staat

Beiträge zur Militärgeschichte
– Militärgeschichte kompakt –

Herausgegeben vom
Militärgeschichtlichen Forschungsamt

Band 2

R. Oldenbourg Verlag München 2009

Jürgen Förster

Die Wehrmacht im NS-Staat

Eine strukturgeschichtliche Analyse

Zweite Auflage

R. Oldenbourg Verlag München 2009

Bibliografische Information der Deutschen Nationalbibliothek

Die Deutsche Nationalbibliothek verzeichnet diese Publikation in der Deutschen Nationalbibliografie; detaillierte bibliografische Daten sind im Internet über http://dnb.d-nb.de abrufbar.

© 2009 Oldenbourg Wissenschaftsverlag GmbH, München
Rosenheimer Str. 145, D-81671 München
Internet: oldenbourg.de

Das Werk einschließlich aller Abbildungen ist urheberrechtlich geschützt. Jede Verwertung außerhalb der Grenzen des Urheberrechtsgesetzes ist ohne Zustimmung des Verlages unzulässig und strafbar. Das gilt insbesondere für Vervielfältigungen, Übersetzungen, Mikroverfilmungen und die Einspeicherung und Bearbeitung in elektronischen Systemen. Gedruckt auf säurefreiem, alterungsbeständigen Papier (chlorfrei gebleicht).

Umschlagabbildung: Vereidigung von Soldaten des Luftwaffenregiments »General Göring« – 1935. Foto: ullstein bild
Satz: MGFA, Potsdam
Umschlaggestaltung: Maurice Woynoski, MGFA, Potsdam
Druck: MB-Verlagsdruck, Schrobenhausen
Bindung: Buchbinderei Kolibri, Schwabmünchen

ISBN 978-3-486-59171-2

Inhalt

Vorwort VII
Einleitung 1

I. Die Ausgangslage:
Die Reichswehr zwischen Vergangenheit und Zukunft 3

II. Die Wehrmacht nach 1933:
»Träger des Reiches« oder »Schwert des Führers«? 19

III. Wehrmacht, Nationalsozialismus und SS:
Konkurrenz und Zusammenarbeit der »Waffenträger« 71

IV. Manipulation oder Evolution?
Die Wehrmacht-Elite in der zweiten Kriegshälfte 93

V. Der 20. Juli 1944 als strukturelle Zäsur 131

VI. Hitler als militärischer Führer 149

Anhang 193
Abkürzungen 195
Literaturverzeichnis 199
Personenregister 219

Vorwort

Mit dem vorliegenden Band präsentiert das Militärgeschichtliche Forschungsamt (MGFA) den zweiten Titel in der Reihe »Militärgeschichte kompakt«. Der Name ist Programm, sollen hier doch Beiträge zu militärgeschichtlichen Sujets veröffentlicht werden, die auf knappem Raum wissenschaftliche Qualität mit guter Lesbarkeit verbinden.

Jürgen Förster gelingt es mit seiner strukturgeschichtlichen Analyse zum Thema »Die Wehrmacht im NS-Staat«, diesen anspruchsvollen Forderungen gerecht zu werden. Der Autor gehörte von 1970 bis 2000 als wissenschaftlicher Mitarbeiter dem Militärgeschichtlichen Forschungsamt in Freiburg und Potsdam an. In diesem Zeitraum war er hauptsächlich im Bereich des Forschungsprojektes »Das Deutsche Reich und der Zweite Weltkrieg« tätig. Seit dem Sommersemester 2005 ist Jürgen Förster Lehrbeauftragter für Militärgeschichte am Lehrstuhl für Neuere und Neueste Geschichte der Universität Freiburg.

Die langjährige Erfahrung des Autors aus Forschung und Lehre kommt diesem Band zugute, der sich als Reader für studentische oder schulische Nutzer ebenso anbietet wie als informative Lektüre für das zeitgeschichtlich interessierte breite Publikum. Nicht zuletzt eignet sich der Band aber im Rahmen der Historischen Bildung für den jungen Soldaten in der Bundeswehr, der sich über die Wehrmacht als tragender Säule des nationalsozialistischen »Dritten Reiches« rasch und sicher orientieren will.

Mein Dank für das Zustandekommen dieses Werkes gilt vor allem dem Autor. Darüber hinaus bin ich Herrn Alexander Kranz M.A. (Berlin) verbunden, der unter der Federführung der Schriftleitung des MGFA das Lektorat des Bandes übernommen hat; aus deren Reihen haben Carola Klinke (Satz), Ulf Balke sowie Bernd Nogli und Harald Wolf (Grafiken), Marina Sandig (Bildrecherche) und Maurice Woynoski (Layout) an der Fertigstellung der Publikation mitgewirkt. Ihnen allen gebührt mein aufrichtiger Dank.

Dr. Hans Ehlert
Oberst und Amtschef
des Militärgeschichtlichen Forschungsamtes

Einleitung

Der Titel ist Programm. Er soll an Manfred Messerschmidts gleich lautendes Buch aus dem Jahre 1969 erinnern. Denn am 1. Oktober 2006 feierte der ehemalige Leitende Historiker des Militärgeschichtlichen Forschungsamtes (MGFA) in Freiburg seinen 80. Geburtstag. Ihm widmet sein langjähriger Assistent diesen Band. An dieser Stelle sei auch Gerald R. Kleinfeld gedankt, der am 9. November 70 wurde. Der Historiker und emeritierte Professor der Arizona State University förderte als Generalsekretär der German Studies Association (GSA) nachhaltig die deutschamerikanischen Beziehungen. Durch seine Initiative wurde das MGFA institutionelles Mitglied dieser internationalen Organisation und deutsche Militärgeschichte ein fester Bestandteil ihrer Jahrestagungen.

Es war nicht seine Dissertation (»Die Wandlungen des Deutschlandbildes in der englischen Geschichtsschreibung der letzten hundert Jahre«, Freiburg 1954), mit der Manfred Messerschmidt ins Rampenlicht der Militärgeschichtsschreibung trat, sondern eben sein Buch *Die Wehrmacht im NS-Staat. Zeit der Indoktrination*. Zusammen mit Andreas Hillgrubers vier Jahre zuvor erschienener Habilitationsschrift *Hitlers Strategie. Politik und Kriegführung 1940–1941* und Klaus-Jürgen Müllers Studie *Das Heer und Hitler. Armee und nationalsozialistisches Regime 1933 bis 1940* wurde die Militärgeschichte auf eine quellengestützte Grundlage gestellt. Diese Mitte der sechziger Jahre beginnende wissenschaftlich-kritische Sicht entriss die Wehrmacht der Erinnerungs- und Memoirenliteratur. Dass Messerschmidts Interpretation von der »fatalen Teilidentität der Ziele« zwischen Reichswehr/Wehrmacht und NSDAP, beginnend mit der inneren Eroberung des Staates und endend mit der Gemeinsamkeit des Handelns im »Weltanschauungskrieg« gegen die Sowjetunion, von vielen Angehörigen der kriegsgedienten Generation nicht geteilt wurde, erfuhr dieser nicht erst aus wütenden Kommentaren und Besprechungen, sondern bereits in der Einführung des Herausgebers zu seinem Buch! Der ehemalige Oberst der Wehrmacht und General der Bundeswehr, Johann Adolf Graf von Kielmansegg (†), warf Messerschmidt mangelnde Repräsentativität vor. Dabei konnte er für seine apologetische Beurteilung von Generaloberst Werner Freiherr von Fritsch keine andere Quelle als sich selbst nennen. Hatte doch der Chef der Heeresleitung bzw. Oberbefehlshaber des Heeres nach seiner schimpflichen Entlassung noch bekannt, »ein guter Nationalsozialist gewesen und noch zu sein«[1].

Anders als in Messerschmidts Buch stehen in der vorliegenden Studie nicht die Politisierung der Reichswehr und die »weltanschauliche Führungsarbeit« in der Wehrmacht im Vordergrund. Beide Themen sind in der Reihe *Das Deutsche Reich und der Zweite Weltkrieg* ausführlich dargestellt worden. Es wird stattdessen versucht, einige strukturelle Zusammenhänge zu erhellen, beginnend mit solchen, die sowohl die Reichswehr, die »Wehrmacht der deutschen Republik«, als auch die des nationalsozialistischen Deutschland beschäftigten, über die Stellung der neuen Wehrmacht in Hitlers Machtgebilde und deren Beziehungen zu dessen anderen Herrschaftsinstrumenten SA und SS, über Hitlers militärische »Führerqualitäten«, den sozialen und professionellen Wandel des Wehrmachtoffizierkorps und endend mit den strukturellen Folgen des 20. Juli 1944.

Der Verfasser ist dankbar, dass das Militärgeschichtliche Forschungsamt seine Forschungen unterstützt und der R. Oldenbourg Verlag sie in der Reihe *Beiträge zur Militärgeschichte – Militärgeschichte kompakt* veröffentlicht hat.

---

[1] Zit. nach Das Deutsche Reich und der Zweite Weltkrieg, Bd 9/1, S. 492, 500 (Beitrag Förster). Vgl. auch Erlass Fritsch vom 19.8.1935, BA-MA, RH 2/v. 134.

I. Die Ausgangslage: Die Reichswehr zwischen Vergangenheit und Zukunft

Die jüngere deutsche Geschichte ist zum großen Teil auch Militärgeschichte gewesen – nicht nur, weil Kriege am Anfang und Ende des Deutschen Reiches standen, sondern weil sich die besonders von Andreas Hillgruber diskutierte Frage nach Kontinuität oder Diskontinuität in der Außenpolitik Deutschlands auch mit Blick auf die Staats-, Gesellschafts- und Wehrverfassungen von 1867 bis 1935 stellen lässt. Nach unterschiedlichen Erfahrungen mit der allgemeinen Wehrpflicht war es schließlich Adolf Hitler, der die von Karl Rotteck bereits 1815/16 aufgeworfene Frage nach der Interdependenz von Armee und Gesellschaft, »Sollen wir die Nation selbst zum Heer, oder wollen wir die Soldaten zu Bürgern machen[1]«, radikal beantwortete. Denn das nationalsozialistische Kriegerstaatsmodell für die Innenpolitik diente nur dazu, seine aggressive Lebensraumpolitik in Europa erfolgreich zu verwirklichen.

Für die innere Geschichte Deutschlands nach dem Ersten Weltkrieg waren zwei Bündnisse zwischen Politik und Militär mitentscheidend. Die erste Allianz, die zwischen dem ersten Reichspräsidenten der Weimarer Republik, Friedrich Ebert, und Generalquartiermeister Wilhelm Groener (1918/19), verstand sich vor allem als »Konkursverwalter« des untergegangenen Kaiserreiches. Aus übertriebener Angst vor dem Bolschewismus betonte sie die Aufrechterhaltung der Ordnung und vermied den radikalen Bruch mit der Vergangenheit. Die zweite, die zwischen Adolf Hitler und Reichswehrminister Werner von Blomberg (1933-1938), stand dagegen von Anfang an unter dem Zeichen einer gesellschaftspolitischen Veränderung. Diese »nationale Revolution« zielte nämlich nicht nur auf die »Wiederwehrhaftmachung Deutschlands«, d.h. die militärische und moralische Aufrüstung von Reichswehr und Volk, sondern auch auf eine neue soziale Ordnung nach rassischen Kriterien. Diese schloss die radikale Ausschaltung aller so definierter Feinde ein.

Weil Ausbruch, Verlauf und Ergebnis des Ersten Weltkrieges für Hitler und Blomberg entscheidende Schlüsselerlebnisse gewesen waren, lässt sich das Verhältnis von Wehrmacht und NS-Staat nur erklären, wenn die Geschichte der Reichswehr in die historische Analyse einbezogen wird. Krieg, Niederlage, Revolution und Versailler Vertrag bildeten für beide

---

1 Rotteck, Über stehende Heere, S. 54. Zit. nach Ritter, Staatskunst, Bd 1, S. 130.

Partner den Hintergrund, vor dem sich alles politische Denken und militärisches Handeln nach dem 30. Januar 1933 abspielte[2].

Das Deutsche Reich hatte 1918 nicht nur seine Großmachtstellung verloren. Die Sieger hatten diesem auch ein neues Militärsystem verordnet. An die Stelle von Massenheer und Marine auf der Basis der allgemeinen Wehrpflicht waren kleine Berufsstreitkräfte getreten. Damit war eine hundertjährige deutsche militärische Tradition *per oktroi* beendet worden. Für das Offizierkorps bedeutete der Zusammenbruch der monarchischen Ordnung des Kaiserreichs zudem den Untergang seiner Welt.

Die Militärgeschichte der Weimarer Republik ist die Geschichte der Reichswehr und des sie unterstützenden Apparats. Es ist hier nicht der Platz, die 51 Artikel des fünften Teils im Versailler Vertrag näher zu erläutern. Die Streitkräfte des Deutschen Reiches waren auf eine Gesamtstärke von 100 000 Mann für das Heer, einschließlich höchstens 4000 Offiziere (Art. 160), und 15 000 Mann für die Marine, einschließlich 1500 Offiziere und Deckoffiziere (Art. 183), begrenzt worden. Hinzu kamen noch 300 Sanitäts- und 200 Veterinäroffiziere. Luftstreitkräfte waren untersagt (Art. 198). Aus den ehemaligen Kontingentsheeren und der Marine übernommene Offiziere mussten wenigstens bis zum 45. Lebensjahr dienen, neu ernannte Offiziere mindestens 25 Jahre Dienst tun. Unteroffiziere und Mannschaften mussten sich dagegen nur für zwölf Jahre verpflichten. Dem Heer wurde nur eine begrenzte Aufgabenstellung eingeräumt, »Erhaltung der Ordnung« und »Grenzpolizei« (Art. 160). Für die Marine fehlte eine analoge Bestimmung. Zwei weniger bekannte Bestimmungen des Versailler Vertrages seien noch erwähnt: Im Art. 177 wurde der Versuch unternommen, das gesellschaftliche Leben Deutschlands zu »entmilitarisieren«. Um militärische Übungen außerhalb der zugelassenen Streitkräfte zu unterbinden, wurde allen Arten von Unterrichtsanstalten, Universitäten und Vereinen verboten, sich mit militärischen Dingen zu befassen. Keine Institution und Organisation durfte Verbindungen zu militärischen Behörden unterhalten. Auch alle Mobilmachungsmaßnahmen und -vorbereitungen waren verboten (Art. 178)[3]. Eine Zone bis 50 Kilometer östlich des Rheins musste ganz demilitarisiert werden.

Staatsrechtliche Stellung und innere Verfassung der neuen Streitkräfte beruhten auf verschiedenen rechtlichen Grundlagen: dem Erlass über die vorläufige Reichsgewalt vom 10. Februar 1919, den Gesetzen über die Bildung einer vorläufigen Reichswehr und Reichsmarine vom 6. März und 16. April 1919, über die Annahme des Versailler Vertrages vom

---

[2] Vgl. die prosopographisch angelegte Arbeit von Hürter, Hitlers Heerführer, S. 70 ff.

[3] Am 22.3.1921 wurde ein Gesetz zur Durchführung dieser Artikel erlassen, wonach Zuwiderwandlungen mit einer Geldstrafe von 50 000 Mark oder mit Festung bis zu drei Monaten oder mit Gefängnis bis zu gleicher Dauer bestraft wurden. Vgl. Dokumente zur deutschen Verfassungsgeschichte, Bd 3, Dok. 171/172.

I. Die Ausgangslage

16. Juli 1919, der Verfassung des Deutschen Reiches vom 11. August 1919, dem Gesetz über die Abschaffung der Wehrpflicht und der Dauer der Dienstverpflichtung vom 21. August 1919 sowie dem endgültigen Wehrgesetz vom 21. März 1921[4].

In Artikel eins des letzteren Gesetzes wurde die Reichswehr als »die Wehrmacht der Deutschen Republik« definiert und bestand aus dem Reichsheer und der Reichsmarine. Die Militärhoheit lag also beim Reich. Damit besaß Deutschland zum ersten Mal in seiner Geschichte auch rechtlich eine einheitliche bewaffnete Macht, keine Kontingente verschiedener Bundesstaaten. Die Reichswehr war das einzige Exekutivorgan der Reichsregierung, denn die Polizei unterstand den Ländern. Oberster Befehlshaber der gesamten Wehrmacht war der Reichspräsident (Art. 8 WRV). Er konnte für die Streitkräfte Rechtsverordnungen erlassen, obwohl dieses Recht ansonsten nur der Reichsregierung zustand. Diese bedurften allerdings der Gegenzeichnung des parlamentarisch verantwortlichen Reichswehrministers. Dieser war sowohl Chef eines Ministeriums, also einer Verwaltungsbehörde, als auch Inhaber der militärischen Kommandogewalt. Auf die Immediatvorträge der Chefs der Heeres- und Marineleitung beim präsidialen Oberbefehlshaber und auf dessen mündliche Anordnungen konnte der Reichswehrminister allerdings keinen direkten Einfluss nehmen. Als Mitglied des Reichskabinetts war er an die Richtlinienkompetenz des Reichskanzlers gebunden. Strittig war, ob sich dessen Prüfungsrecht nur auf die Leitung des Ministeriums oder auch auf die Ausübung der militärischen Befehlsgewalt im Auftrage des Reichspräsidenten erstreckte. Seit dem 26. Juni 1923 vertraten die Chefs der Wehrmachtteile den Reichswehrminister in Ausübung der Kommandogewalt auf allen Gebieten ihres Geschäftsbereiches. In dieser Eigenschaft und als militärische Berater des Ministers gehörten sie dem Reichswehrministerium an. Ihre überragende Bedeutung nahm ab, als ein Heros des Ersten Weltkrieges, Feldmarschall Paul von Hindenburg, am 12. Mai 1925 Reichspräsident wurde und den »Oberbefehl über die Wehrmacht« (Art. 47 WRV) auch tatsächlich wahrzunehmen begann[5].

Aufgrund der Eidesformel vom 14. August 1919 schworen die Soldaten Treue der Reichsverfassung. Gemäß ihren knapp drei Jahre später verkündeten »Berufspflichten« gelobten sie diese aber dem Vaterlande. In den Bestimmungen vom 2. März 1922 wurde mit keinem Wort erwähnt, dass Deutschland eine Republik war, deren politische Führung über die

---

[4] Vgl. Anschütz, Die Verfassung des Deutschen Reichs; Wohlfeil, Heer und Republik, S. 101 ff.; Absolon, Die Wehrmacht im Dritten Reich, Bd 2, Anhang 3, S. 509 ff.; Messerschmidt, Das preußische Militärwesen, S. 497 ff., und Versailles 1919. In Fenske, Deutsche Verfassungsgeschichte, S. 47 ff., findet die Reichswehr allerdings keine Erwähnung.
[5] Vgl. Schmädecke, Militärische Kommandogewalt.

▲
Reichspräsident Paul von Hindenburg (r.) und Reichswehrminister Wilhelm Groener während eines Manövers; September 1930 *(BArch, Bild 102-10425)*

I. Die Ausgangslage 7

Wehrmacht verfügte. Welchen Wert hatte in diesem Zusammenhang der Art. 35 des Wehrgesetzes von 1921, in dem es hieß, die Ausbildung des Soldaten solle sich auch auf »ihre staatsbürgerlichen und völkerrechtlichen Verpflichtungen im Kriege und Frieden« erstrecken? Erst die Neufassung der Berufspflichten vom 9. Mai 1930 enthielt ein offenes Bekenntnis zur Republik und deren Verfassung. Doch schon der nächste Paragraf sagte wieder einschränkend: »Die Reichswehr dient dem Staat, nicht den Parteien.« Eine Integration der Streitkräfte in den Staat von Weimar fand nicht statt. Ohne aktives und passives Wahlrecht sowie ohne Erlaubnis zur politischen Betätigung lebten die Soldaten unter Bedingungen, die sie deutlich von ihrer Umwelt schieden und abhoben. Ihr ganzes Leben und Sein empfing seinen Gehalt aus bestimmten, von ihren Vorgesetzten definierten Ideen und Vorstellungen. Die Soldaten fühlten sich nicht der Demokratie verpflichtet, sondern dem Vaterland und der zeitlosen »Idee des Staates«[6]. Der nach den bürgerkriegsähnlichen Ereignissen von 1923 verständliche Wunsch der militärischen Führung nach »Entpolitisierung« und Disziplinierung der Soldaten hatte Vorrang. Allerdings war die im ersten Wehrgesetz von 1919 noch enthaltene Forderung nach Bildung eines Heeres »auf demokratischer Grundlage« bereits durch Aufnahme autoritär organisierter Freikorps *ad absurdum* geführt worden.

Als Beginn der eigentlichen Reichswehrzeit galt lange das Jahr 1921. Zum einen leitete der Chef der Heeresleitung seine grundlegende Verfügung über die Erziehung des Heeres zum Jahreswechsel 1920/21 mit den optimistischen Worten ein: »Das Reichsheer ist fertig gebildet. Ein neuer Abschnitt deutscher Heeresgeschichte beginnt[7].« Zum anderen wurde drei Monate später das Wehrgesetz erlassen, mit dem die Reichswehr den Charakter ihrer Vorläufigkeit verlor. Das Reichsheer war der Natur nach eine Kadertruppe, denn seine Verdreifachung auf 21 Divisionen wurde bereits 1921 in Aussicht genommen. Die Krisen in Oberschlesien, an der Ruhr, in Sachsen, Thüringen und Hamburg, die Putschversuche von Ernst Buchrucker in Küstrin und Adolf Hitler in München sowie die lange Übertragung der vollziehenden Gewalt auf den Reichswehrminister, später den Chef der Heeresleitung, hatten die Reichswehr in den Jahren 1921 und 1923 allerdings nicht zur Ruhe kommen lassen. Erst mit der Aufhebung des militärischen Ausnahmezustandes zum 1. März 1924 sah General der Infanterie Hans von Seeckt für die Reichswehr, deren Oberbefehl er für fast vier Monate innegehabt hatte, die Gelegenheit gegeben, sich »aus der Politik« herauszuhalten. Bei der befohlenen Beschäftigung mit ausschließlich militärischen Aufgaben sollten die Kommandeure

---

[6] Vgl. die »Leitgedanken« der Heeresleitung zum Thema: Staat und Wehrmacht für die Ausbildung im Heere, Berlin 1931, BA-MA, RH 12-1/91.

[7] Absolon, Die Wehrmacht im Dritten Reich, Bd 2, S. 380 ff. Zu den schwierigen Zeiten des Übergangs vgl. die vier unterschiedlichen Dissertationen von Otto, Die Organisation; Voss, Das Neue Haus; Tapken, Die Reichswehr in Bayern, und Mulligan, The Creation.

keineswegs »Alltagsarbeit leisten«, sondern bewusst an der »Festigung der Truppe« arbeiten. Damit, so erwartete der Chef der Heeresleitung, würde die Reichswehr zum »überparteilichen, nur dem Vaterland dienenden scharfen Instrument« des Staates werden, unverbraucht und aktionsfähig für außerordentliche Zeiten und Aufgaben[8]. Acht Jahre später, beim so genannten Preußenschlag am 20. Juli 1932, hatte die Reichswehr zum letzten Mal und nur für kurze Zeit die vollziehende Gewalt inne, und zwar der Befehlshaber im Wehrkreis 3 für den Bezirk Groß-Berlin und die Provinz Brandenburg. Dabei konnte sich Generalleutnant Gerd von Rundstedt auf die detaillierten Anordnungen stützen, die sein Vorgänger im Amt, Joachim von Stülpnagel, am 8. Juni 1931 für den Fall innerer Unruhen erlassen hatte[9]. Als es nach dem Berliner Verkehrsarbeiterstreik von Anfang November 1932 darum ging festzustellen, ob die Reichswehr auch für den extremen Fall eines Ausnahmezustandes – wenn Kommunisten und Nationalsozialisten gemeinsam gegen die Reichswehr Front machten – stark genug sei, Ordnung und Sicherheit im Reich zu gewährleisten, war sie nach Auffassung des Leiters der Wehrmachtabteilung, Oberst Ferdinand von Bredow, dazu nicht in der Lage[10]. Wohl als Konsequenz daraus verteilte das Reichswehrministerium am 27. Januar 1933 ein »Merkblatt für den militärischen Ausnahmezustand«, das bis zur Neubearbeitung der überholten Bestimmungen der Jahre 1920-1922 (HDv 469) gelten sollte[11].

Der endgültige Rückzug der Reichswehr in die Kasernen und die Konzentration auf ihre eigentlichen Aufgaben fielen ab 1924 zwar mit der langsamen wirtschaftlichen Gesundung und politischen Stabilisierung der Weimarer Republik zusammen. Aber das Faktum blieb, dass der Friedensvertrag von Versailles die materiellen und strukturellen Grundlagen der Reichswehr bestimmte, die Alliierten des Weltkrieges die Einhaltung der einschlägigen Artikel aufmerksam kontrollierten. Mit einer Revision von Versailles auf dem Verhandlungswege konnte auf absehbare Zeit nicht gerechnet werden. War unter diesen Umständen eine sinnvolle Landesverteidigung im militärischen Sinne überhaupt denkbar? Denn die letzten Kriegsjahre hatten die Führungsspitzen der Reichswehr gelehrt, dass nicht mehr die durch ihr Offizierkorps geformten und geführten Streitkräfte den »Krieg der Zukunft« allein entschieden, sondern die gesamte Nation zum Instrument der Kriegführung werden würde. Hinter der daraus abgeleiteten Forderung nach gesamtgesellschaftlicher Mobilisierung für den Krieg stand auch der Anspruch der militärischen

---

[8] Erlass vom 1.3.1924. Abgedruckt in: Dokumente zur deutschen Verfassungsgeschichte, Bd 3, S. 361 f.
[9] BA-MA, RH 2/414. Verbindungsoffizier von Reichswehrminister Schleicher zu Rundstedt war Hauptmann i.G. Vincenz Müller.
[10] Zur Stimmung der Offiziere vgl. Kroener, Der starke Mann im Heimatkriegsgebiet, S. 197 f.
[11] BA-MA, RWD 6/26. Das Merkblatt hatte nach eigenen Angaben Vincenz Müller erarbeitet. Vgl. Diedrich, Vincenz Müller, S. 130 f.

I. Die Ausgangslage

Elite, ihre traditionelle Machtstellung in Staat und Gesellschaft wiederzuerlangen. In ihrer Überzeugung, keine bloße Grenzpolizei (Art. 160 VV), sondern *das* militärische Instrument aller Sicherheits- und aller Revisionspolitik zu sein, wusste sich die Reichswehr eins mit der überwältigenden Mehrheit des deutschen Volkes und seiner politischen Repräsentanten. So konnten Reichs- und Reichswehrpolitik, zwischen Widerstand und Erfüllung, Kooperation und Alleingang in Bezug auf Versailles schwankend, miteinander verschmelzen. Allerdings war dieser starke Revisionskonsens nicht durch einen entsprechenden Verfassungskonsens abgefedert. Die Nichtanerkennung der rechtlichen Tatsachen der Weimarer Republik verlieh dem autoritären Staatsdenken – auf Kosten der demokratischen Ordnung – seine besondere Intensität. Obwohl sich die übertrieben positive Grundeinstellung der wilhelminischen Gesellschaft gegenüber dem Militär durch das Erlebnis des Weltkrieges abgeschwächt hatte, war die militärische Tradition eines weitgehend autoritär organisierten Staates für die Gesellschafts- und Prestigestruktur der Weimarer Republik immer noch bestimmend. Da die deutsche Gesellschaft keine innere Bindung an die neue Staats- und Wehrverfassung empfand, entwickelten sich »Republik« und »Versailles« zu negativen Folien ihres Selbstbewusstseins, nicht nur des militärischen. Darin war auch eine gehörige Portion Antisemitismus enthalten[12].

Das Militär war weder Kernelement der Gesellschaft wie im Kaiserreich noch »Staat im Staate«, wie 1919 eine Parteizeitung polemisch formuliert hatte. Die Reichswehr glaubte vielmehr, selbst der Staat zu sein, weil sie dienend in ihm aufging (Seeckt). In den schwierigen innen- und außenpolitischen Gewässern nach dem Krieg sah sich die Reichswehr als eine »Insel der [geistigen und disziplinaren] Ordnung«, hielt sich bewusst fern vom »Parteienhader« der parlamentarischen Demokratie. Die Verpflichtung des Militärs zu überparteilicher Haltung hielt Führung und Soldaten keineswegs davon ab, politisch Standpunkt zu beziehen und die verschiedenen Parteien nach ihrer »nationalen Gesinnung« und wehrpolitischen Einstellung zu beurteilen. Nach Ansicht der Reichswehrführung musste die deutsche Nachkriegsgesellschaft erst wieder moralisch gesunden, da sie weder »wehrfreudig« war noch »dem Soldatenstand« den ihm gebührenden Respekt zollte[13]. Den Posten des anvisierten »Chefarztes« für die notwendige »innere Gesundung« des Volkes von Bolschewismus, Pazifismus und Demokratie wollte die Reichswehr selbst besetzen, da der Regierung die notwendige Eignung fehlte[14]. Von der Durchführung der geistigen »Wehrhaftmachung« des Volkes für das von ihr ersehnte »freie

---

12 Vgl. Förster, Aber für die Juden wird auch noch die Stunde schlagen, und dann wehe ihnen.
13 BA-MA, RM 6/62, Rede Chef der Marineleitung, Admiral Paul Behncke, vor Offizieren und Beamten am 11.1.1924 in Kiel.
14 Seeckt, Aus meinem Leben, Bd 2, S. 475. Vgl. Hansen, Reichswehr und Republik, S. 46 ff.

Groß-Deutschland« machte die Reichswehr Ende 1923 sogar ihre Zusammenarbeit mit der Politik abhängig[15]. Die Pläne der Reichswehr für eine umfassende Militarisierung des Volkes blieben wegen der politischen Rahmenbedingungen – trotz des Machtzuwachses von Wilhelm Groener – bis 1933 Stückwerk, obwohl eine rechtzeitige »seelische Mobilmachung« der Deutschen auch von interessierten Kreisen außerhalb der Reichswehr immer wieder gefordert worden war[16].

Das Militarisierungskonzept der Reichswehr war aber eher Konsequenz eines übersteigerten Effizienzdenkens als unabdingbarer Teil eines stringenten politischen Programms. Im Interesse eines Verteidigungskrieges gegen Frankreich, der allerdings als »Befreiungskrieg« geführt werden und im Rücken des eingedrungenen Gegners den Charakter eines »Volkskrieges« haben sollte, war das Truppenamt des Heeres bereit, »die Republik in ein im höchsten Maße nationalistisches und militaristisches Regime zu verwandeln«[17]. Damit wurde die Kriegführung selbst, nicht nur ihre Zielsetzung politisch.

Operative Studien und Gedankenspiele des Militärs für den Ernstfall waren eine Sache. Eine andere waren geheime Planungen für eine umfassende Mobilmachung, durch die Wehrmacht, Wirtschaft, Staat und Gesellschaft vom Friedens- in den Kriegszustand überführt werden sollten. Solche setzten nämlich bereits im August 1922 innerhalb des Reichsheeres ein. Diese redeten aus zweckgebundenem Interesse einer Verzahnung von militärischem Instrument und ziviler Administration das Wort. Denn wollte das Truppenamt seine strategischen Zielvorstellungen realisieren, die zu jener Zeit noch um die prekäre Landesverteidigung im Osten kreisten, war es auf die Mitarbeit ziviler Ministerien angewiesen, musste auf diese zugehen.

Was sollte bei der Landesverteidigung im Vordergrund stehen? Aufrüstung oder Sicherheit? Wer sollte den Gesamtkomplex Mobilmachung verantwortlich steuern? Die politische Führung oder das Militär? Der Reichswehrminister mit seiner Wehrmachtabteilung oder das Truppenamt, sprich die Operateure im eigentlich verbotenen Generalstab des Heeres? Innerhalb des Heeres herrschte nur Einigkeit darüber, dass militärische Forderungen Vorrang vor denen der Gesellschaft und Wirtschaft hatten. Deshalb war es auch nicht bereit, Kompetenzen an zivile Stellen abzutreten. Als Koordinierungsgremium für die Mobilmachung sah das Truppenamt 1922 einen »Reichsverteidigungsrat« unter dem Vorsitz des Reichspräsidenten vor. Die militärischen Spitzen von Heer und Marine (insgesamt fünf Offiziere) sollten den geschäftsführenden »Reichsverteidigungsausschuss« bilden und außerdem dem übergeordneten Rat als

---

[15] Vgl. die vom Truppenamt verfasste »Beurteilung der inneren Lage« vom 7.12.1923. Abgedruckt bei Hürten, Das Krisenjahr, S. 191 ff.
[16] Vgl. Das Deutsche Reich und der Zweite Weltkrieg, Bd 9/1, S. 475 ff. (Beitrag Förster).
[17] Deist, Auf dem Wege zur ideologisierten Kriegführung, S. 398.

I. Die Ausgangslage

»ständige beratende Mitglieder« angehören[18]. Zwei Jahre später waren die unterschiedlichen Vorstellungen des Heeres über die personelle Besetzung und Aufgabenstellung des Reichsverteidigungsrats noch immer nicht vereinheitlicht. Klar war nur, dass dieser nicht über militärische Dinge entscheiden und die konkrete Vorbereitung der Reichsverteidigung den sieben Wehrkreiskommandos obliegen sollte[19]. Immerhin hatte sich inzwischen auch die Meinung durchgesetzt, dass umfassende Kriegsvorbereitungen nur mithilfe ziviler Stellen, auch solcher im sozialdemokratisch regierten Preußen, getroffen werden konnten. Deshalb wurde der Vorschlag zur Schaffung eines Reichsverteidigungsrats Mitte August 1925 erneuert[20], die Frage der obersten Befehlsverhältnisse im Mobilmachungsfalle aber offen gelassen. Es war der Reichsverkehrsminister, der Reichskanzler Dr. Hans Luther auf die prinzipiellen Meinungsverschiedenheiten über die Frage der Landesverteidigung zwischen Reichswehrminister, Chef der Heeresleitung und zivilen Ministerien aufmerksam machte. Die Gedankengänge des Reichswehrministeriums zwängen, so Reichsverkehrsminister Dr. Rudolf Krohne im März 1926, in letzter Auswirkung das Kabinett zur Beantwortung der Frage, »ob in einem künftigen Kriege der Generalstab der Reichsregierung unter- oder übergeordnet sein« solle[21]. Mit der vom Kabinett wenig später gebilligten Vorlage der Reichswehr über die Neuorganisation des Militärtransportwesens war zwar der grundsätzliche Konflikt über die Gesamtkriegführung keineswegs beseitigt, aber wenigstens der fundamentale Unterschied zwischen legalen operativen Planungen zur Abwehr gegnerischer Invasionen und gesetzwidrigen Mobilmachungsvorbereitungen verwischt worden[22]. Ende Juni 1927 lag der erste Entwurf für einen umfassenden Mobilmachungsplan vor, aus Gründen der Tarnung A[ufstellungs]-Plan genannt. Er sah ein Not-Heer von 21 Divisionen (das Dreifache des Friedensheeres) und den Einsatz der gesamten Volkskraft vor, um Deutschlands Grenzen gegen einen gewaltsamen Einbruch zu verteidigen[23].

Eine andere zentrale Forderung der militärischen Führung war, ein Instrument zu schaffen, mit dem endlich wieder souveräne deutsche Machtpolitik betrieben werden konnte. Nicht zufällig wurde die Aufrü-

---

[18] Entwurf vom August 1922 nebst Anschreiben an den Reichskanzler. In: BA-MA, RH 2/407.
[19] Aufzeichnung Chef TA, Gen.Lt Otto Hasse, vom 11.12.1924 und Verfügung Nr. 364 vom 25.4.1924, BA-MA, RH 2/407.
[20] Vgl. Denkschrift Truppenamt über Mittel und Wege der nächsten Jahre für unsere Kriegsvorbereitungen vom 14.8.1925, BA-MA, RH 2/417.
[21] Aufzeichnung betr. Landesverteidigung und Wehrmacht vom 18.3.1926. In: ADAP, Serie B, Bd 1/1, Dok. 172, S. 417. Vgl. Das Deutsche Reich und der Zweite Weltkrieg, Bd 1, S. 369–532 (Beitrag Deist), und Wendt, Zur Einführung, S. 51 f.
[22] Vgl. Sauer, Die Mobilmachung, S. 778 f.
[23] Vgl. Geyer, Aufrüstung oder Sicherheit, S. 189 f. Die weitere Bearbeitung dieses Plans stockte die nächsten zwei Jahre.

stung verstärkt, als das Ende der interalliierten Militärkontrolle abzusehen war. Aus dem nach dem »Lohmann-Skandal« berechtigten Wunsch, die benötigten Gelder nicht mehr aus dubiosen Quellen, sondern aus dem Reichshaushalt zu erhalten, ergab sich »fast zwangsläufig« eine weitere Zusammenarbeit »mit vertrauenswürdigen Vertretern der politischen Parteien«, der eine entsprechende Umgliederung in der Heeresleitung, d.h. die Gründung des Wehramtes 1927, folgte[24]. Als die Marine später ihren »unverwüstlichen Lebenswillen« im Kampf gegen den »schändlichsten Friedensvertrag« der Weltgeschichte offiziell dokumentierte, überschrieb der Bearbeiter diese Zeit als »Rüstungsmaßnahmen mit Duldung der Reichsregierung, aber hinter dem Rücken der gesetzgebenden Körperschaften«[25]. Die Amtsübernahme des neuen Reichswehrministers General a.D. Groener im Januar 1928 bedeutete eine Zäsur in der Geschichte der Weimarer Republik, nicht nur der Militärgeschichte. Zwar hatten bereits sein Vorgänger Otto Geßler und der Nachfolger Seeckts als Chef der Heeresleitung, Wilhelm Heye, die Kooperation mit der Reichsregierung verstärkt. Aber zum ersten Mal wurde die Gesamtheit aller Maßnahmen zur Landesverteidigung seiner Richtlinienkompetenz unterstellt und an die außenpolitischen Vorgaben der politischen Führung angepasst. Einen großen Erfolg konnte der Reichswehrminister im Oktober 1928 verbuchen, als das zweite sozialdemokratisch geführte Kabinett unter Reichskanzler Hermann Müller die politische Verantwortung für die Geheimrüstung der Reichswehr übernahm[26]. Natürlich war ein Minister mit explizit militärischen Qualitäten auch entschlossen, seine Kommandogewalt gegenüber Heer und Marine wahrzunehmen. Diese Entwicklung bedeutete besonders für das von Seeckt bevorzugte Truppenamt eine schmerzhafte Verbannung vom strategischen Olymp.

Zur Lösung des »Problems des Zukunftskrieges« gehörte nach Ansicht der Reichswehr neben Mobilmachung und Aufrüstung auch die passende Kriegsspitzengliederung. Dazu hatte der Chef der Heeres (= Operations-)Abteilung im Truppenamt (T1), Oberstleutnant Joachim von Stülpnagel, bereits Anfang März 1925 einen Vorschlag vorgelegt. Die Gesamtstreitkräfte müssten einem *militärischen* Führer unterstehen, also nicht einem zivilen Reichspräsidenten. Damit sollte auch erreicht werden, dass Heer, Marine und Luftwaffe *mit-*, und nicht wie im Ersten Weltkrieg geschehen, *neben*einander kämpften. Dieser militärische Oberbefehlshaber

---

[24] Zu Kapitän z.S. Walter Lohmann und der Aufrüstung vgl. Kroener, Der starke Mann im Heimatkriegsgebiet, S. 171, und Remmele, Die maritime Geheimrüstung.

[25] Geheime Marinedienstvorschrift, Der Kampf der Marine gegen Versailles 1919-1935. Bearb. von Kapitän z.S. Schüssler, Berlin 1937, BA-MA, RMD 4/352, Nr. 15. Blomberg führte allerdings am 4.4.1933 in einer Ministerbesprechung aus, dass seit 1930 auch die gesetzgebenden Körperschaften dem Reichswehrminister »eine gewisse Freiheit in der Bewirtschaftung seines Etats« zugestanden hätten. Vgl. Akten der Reichskanzlei, T. 1, S. 290 f., Anm. 3.

[26] Vgl. Das Deutsche Reich und der Zweite Weltkrieg, Bd 1, S. 378 (Beitrag Deist).

I. Die Ausgangslage

würde dann, zusammen mit der politischen Führung, die großen militärpolitischen Richtlinien für die Kriegführung in der Art eines Kriegsplanes festlegen sowie die politischen und wirtschaftlichen Belange mit den militärischen Notwendigkeiten in Übereinstimmung bringen. »Nur wenn *ein* zielklarer Wille entscheidet, sind Höchstleistungen im Zusammenwirken aller Streitkräfte zu erwarten«. Versailles habe Deutschland zwar die Hände gebunden, aber der Geist könne sich frei erheben. Höchster Zweck seiner Überlegungen sei gewesen, so fasste Stülpnagel seinen Vortrag zusammen, »dem Wehrgedanken unseres Volkes zu dienen«, wobei Sinn und Geist des Reichswehrministeriums »die Vorbereitung des Befreiungskrieges« verlangten[27]. Die Marine sah dagegen die Führung des Gesamtkrieges in den Händen des Reichskanzlers liegen, unter dem die Chefs des General- und Admiralstabes die Operationen zu Lande und zur See leiteten[28]. Zur einer einvernehmlichen Entscheidung kam es nicht.

Einen eigenen Führungsstab, auch für die geistige und materielle Kriegführung, schuf sich Reichswehrminister Groener, als er am 1. März 1929 seine Adjutantur mit der Wehrmacht-, Abwehr- und Rechtsabteilung in einem so genannten Ministeramt zusammenlegte. Kurt von Schleicher als dessen Chef vertrat den Minister nicht nur im Kabinett und vor dem Parlament, sondern auch die Chefs der Heeres- und Marineleitung in allen Fragen, die sie nicht selbst zu vertreten wünschten. Dieser Zentralisierung »aller politisch wichtigen Fragen des Ministeriums« hatten Wehrmachtteile und Kabinett zugestimmt[29]. Es lag in der Natur der Sache, dass das Ministeramt auch die Kompetenz, gesamtstrategische Verfügungen zu erarbeiten, gegen die widerstrebenden Wehrmachtteile, Heer und Marine, an sich zog. Mit den »Gesichtspunkte[n] über die politische Basis der A[ufstellungs]-Arbeiten« vom 21. Februar 1929 und den »Aufgaben der Wehrmacht« vom 16. April 1930 definierte der Reichswehrminister Mobilmachung und Aufmarsch tatsächlich nicht mehr nur militärisch, sondern auch politisch. Groener und Schleicher entwarfen darin ein abgestuftes System von militärischen Einsätzen, das ihnen eskalierende und deeskalierende politische Schritte während der Mobilmachungsphase erlaubte. Im Unterschied zum Truppenamt vertrauten beide darauf, die militärisch noch nicht schließbare Verteidigungslücke durch eine glaubwürdige Sicherheitspolitik überbrücken zu können[30]. Voraussetzung für einen tatsächlichen Einsatz der Reichswehr waren für sie »bestimmte Erfolgsaussichten«. Sollten diese nicht gegeben sein, konnte

---

[27] Vortrag über die Wechselbeziehungen zwischen Land-, See- und Luftkriegführung vom 5.3.1925 im RWM, BA-MA, N 5/11.
[28] Vgl. Geyer, Aufrüstung oder Sicherheit, S. 111, Anm. 55.
[29] Hubatsch, Hindenburg, Dok. 66: Protokoll der Ministersitzung vom 27.2.1929. Vgl. Schottelius/Caspar, Die Organisation des Heeres, S. 319. Damit erlebte die 1919/20 im Reichswehrministerium vorhandene, immediatgestellte [geistige] Fürsorgeabteilung unter Oberstleutnant van den Bergh eine Renaissance.
[30] Vgl. Geyer, Aufrüstung oder Sicherheit, S. 213 ff., und Das Deutsche Reich und der Zweite Weltkrieg, Bd 1, S. 383 ff. (Beitrag Deist).

sich die politische Führung auch zum »Verzicht« des militärischen Widerstandes entschließen, um das deutsche Volk nicht in »sinnlose Blutopfer und in ein neues Chaos« zu stürzen[31].

Dass die Wehrgesetzgebung des Reiches als »Anomalie« und bloße Übergangslösung empfunden wurde, ist auch auf dem Gebiet der inneren Struktur der Reichswehr nachweisbar. Die Wehrpflicht wurde weiterhin als die »natürliche«, jedem Deutschen in Fleisch und Blut übergegangene Wehrverfassung angesehen[32]. Die bestehende Reichswehr diente somit nur als professionelle Kerntruppe für die angestrebte Wehrmacht der Zukunft, »gewissermaßen [als] Lehrbataillon«, wie ihr Minister Geßler am 29. November 1926 vor dem Kabinett erläuterte[33]. Wie die Qualität einer zahlenmäßig begrenzten Armee in ein künftiges Massenheer übertragen werden könnte, darüber wurde im Truppenamt schon seit Anfang 1927 nachgedacht. Der Chef der Heeresabteilung nannte dafür drei Voraussetzungen: keine zu kurz bemessene Dienstpflicht, doppelte Besetzung von wichtigen technischen Posten durch länger dienende Spezialisten und die Gewährleistung eines hohen Grades kriegerischer Eigenschaften[34]. Tragende Maximen der Ausbildung dieses »Führerheeres der Zukunft« waren innere Geschlossenheit, Disziplin, Effizienz und die Traditionen der kaiserlichen Armee. Durch eine einseitige Personalauswahl, eine spezifische politisch-geistige Erziehung und ein elitäres Sonderbewusstsein wurde verhindert, dass aus der Reichswehr ein wirkliches Volksheer wurde[35]. Gerhard Papkes Urteil, die Reichswehr könne »als ein ins Moderne übersetztes Muster des stehenden Heeres aus der Blütezeit des Absolutismus betrachtet werden«[36], trifft allerdings nicht ganz zu. Die Reichswehr wusste – anders als das friderizianische Heer – um den Charakter ihrer Vorläufigkeit.

Anders als die Reichswehrführung ging der Führer der NSDAP von einem unlösbaren Zusammenhang von Staat, Gesellschaft und Wehrmacht aus. Das eine war für Hitler ohne das andere nicht denkbar. Seine Konzeption künftiger Streitkräfte war eingebettet in die Vision einer neuen deutschen Gesellschaft[37]. Die »Neuorganisation des deutschen Volks-

---

[31] Rede Groener vor dem Haushaltsausschuss des Reichstages 1928. Zit. nach Geyer, Aufrüstung oder Sicherheit, S. 204.
[32] Vgl. den Entwurf des Wehrgesetzes vom 19.12.1919, BA, R 43 I/609. Am 3.6.1927 forderte die Marineleitung, dass Begriffe wie »Seegeltung« und »Seebeherrschung« dem deutschen Volk wieder in »Fleisch und Blut« übergehen müssten (vgl. Schreiber, Revisionismus, S. 53).
[33] Zit. nach Wohlfeil, Heer und Republik, S. 208.
[34] Vortrag Stülpnagel vom 28.1.1928, BA-MA, RH 8/v. 1365.
[35] Vgl. speziell die Meldung des OB der Reichswehr-Gruppe 4, Gen.Maj Arnold von Möhl, an den stellvertretenden Reichswehrminister, Gen.Maj von Seeckt, vom 20.3.1920, Hürten, Die Anfänge, S. 67 f., und allgemein Förster, Vom Führerheer der Republik, S. 313 f., sowie Messerschmidt, Das preußische Militärwesen, S. 512 ff.
[36] Untersuchungen zur Geschichte des Offizierkorps, S. 199.
[37] Vgl. Zitelmann, Hitler.

I. Die Ausgangslage

körpers« sollte einheitlich nach den drei »fundamentalen Grundsätzen« des Nationalsozialismus stattfinden, nämlich den Werten der Rasse, der Persönlichkeit und des Selbsterhaltungstriebes im Lebenskampf. Als antagonistische Prinzipien wurden die der Internationalität (Judentum, Bolschewismus), der demokratischen Mehrheit und des Pazifismus angesehen[38]. Dem nationalsozialistischen Ideal der Volksgemeinschaft entsprach auf militärischem Gebiet das Volksheer auf der Grundlage der allgemeinen Wehrpflicht. Erst eine autoritäre Führung, ein innerlich geschlossenes Volk und eine schlagkräftige Wehrmacht würden Deutschland die notwendige Kraft für eine neue, »völkisch aufgefasste Raumpolitik« in Europa geben[39]. Hitlers Grundgedanke war eben nicht der bloße Wiedergewinn verloren gegangener Territorien und dessen Abrundung, sondern die gewaltsame Vergrößerung des Lebensraumes des deutschen Volkes weit über seinen eigentlichen Rassekern hinaus.

Wehrpolitisch hatte sich die NSDAP bereits 1920 im Punkt 22 ihres Programms auf die »Abschaffung der Söldnertruppe [die Reichswehr] und die Bildung eines Volksheeres« festgelegt. 1929, kurz nach Groeners Wende zur Weimarer Republik, ging die Partei mit einer Reichswehr-Sondernummer ihrer Zeitung, dem »Völkischen Beobachter«, in die wehrpolitische Offensive. Die Reichswehr wurde ultimativ aufgefordert, sich zwischen dem sozialdemokratischen und nationalsozialistischen Wehrprogramm zu entscheiden: entweder mit dem Marxismus in den Abgrund oder mit der deutschen Volkserhebung zur Freiheit[40]. Besonders kritisiert wurde die charakterlose Überparteilichkeit der Reichswehr. Derart herausgefordert, definierte Reichswehrminister Groener die NSDAP als eine Partei, die unter dem Deckmantel des »Nationalen« bewusst gegen den Staat und dessen Regierung arbeite und die Wehrmacht untergraben wolle. Als Konsequenz von offener Sympathie für die radikale NSDAP drohte Groener den Reichswehrangehörigen mit Entlassung[41]. Zwei Monate später beschwor er die Reichswehr, »fern von aller Parteipolitik« dem Staat zu dienen. Wer nicht auf die Vorgesetzten, sondern auf »radikale Schreier« blicke, gemeint waren Kommunisten und Nationalsozialisten, sei ein »Schädling«, der in der »Stunde der Entscheidung«, der selbstmörderischen Bürgerkriegssituation, versagen werde[42].

---

[38] Rede vom 20.6.1927, BA, NS 71/56.
[39] Vgl. Hitler, Reichswehr, S. 1.
[40] Am 26.3.1929 unter der Überschrift »Wir und die Reichswehr«. Vgl. Schüddekopf, Das Heer und die Republik, S. 281 ff. Vgl. auch die wehrpolitische Rede von Oberst a.D. Konstantin Hierl auf dem Nürnberger Parteitag der NSDAP im August 1929 (Hierl, Grundlagen) sowie den Aufsatz von Hitler, Reichswehr und deutsche Politik.
[41] Erlass vom 19.11.1929, BA-MA, RM 92/5361.
[42] Erlass vom 22.1.1930. In: Schüddekopf, Das Heer und die Republik, S. 260 ff. Vgl. Hürter, Wilhelm Groener, S. 229 f.

Beide Parteien wurden als »zersetzend« eingestuft. Ihre radikalen Grundziele seien dieselben: »durch Revolution zur Diktatur«[43].

Hitlers gewachsener Rückhalt im Volk, der sich im phänomenalen Ergebnis der Reichstagswahlen vom September 1930 ausdrückte, beeindruckte die Reichswehrführung mehr als Hitlers Legalitätseid vor dem Reichsgericht in Leipzig, mit dem der Parteiführer auch der Zersetzung der Reichswehr öffentlich abgeschworen hatte. Groener musste nun umdenken. Auf Wunsch Reichskanzlers Heinrich Brüning empfing er Hitler und erklärte anschließend den Befehlshabern, dass er vielen Gedanken zustimmen könne. Da der Führer der NSDAP entschlossen sei, revolutionäre Ideen innerhalb seiner Bewegung auszumerzen, sei er gewillt, Hitlers Bestrebungen, sich und die Partei ins politische Leben der Weimarer Republik einzugliedern, zu unterstützen[44]. Dies hielt Groener aber nicht davon ab, als Reichsinnenminister dafür zu sorgen, dass Reichspräsident Hindenburg sämtliche militärähnlichen Organisationen der NSDAP am 13. April 1932 auflöste. Hatte Groeners Nachfolger als Reichwehrminister, Schleicher, Hitlers Kandidatur für das Reichspräsidentenamt im Frühjahr 1932 noch eindeutig abgelehnt, so unterstützte dieser wenig später Hitlers Ambitionen auf die Kanzlerschaft. Genau vier Monate später war der Führer der NSDAP am Ziel seiner Träume. Doch noch bevor er als Reichskanzler sein Kabinett zusammenstellen konnte, war das wichtige Amt des Reichswehrministers vom Reichspräsidenten bereits besetzt worden. Hindenburg hatte dafür den Befehlshaber im Wehrkreis I (Königsberg) und Kommandeur der 1. Division, gewonnen. Generalleutnant Werner von Blomberg bekam den Auftrag, »die Reichswehr [...] jeder politischen Diskussion zu entziehen und Schluss mit der Methode Schleicher zu machen«[45]. Immerhin hatte Hindenburg dessen Rat befolgt, das Ministerium keinem Parteigänger Hitlers zu überlassen. Der Reichspräsident hatte allerdings mit seinem Vorgehen klar gegen Art. 53 der Weimarer Verfassung verstoßen, wonach die Ernennung eines Reichsministers auf Vorschlag und nach Gegenzeichnung des Reichskanzlers erfolgen sollte. Erst danach war die Vereidigung vorgesehen. Noch sah es so aus, als ob der Repräsentant der Reichswehr auch dem neuen, nationalen Kabinett seinen Stempel aufdrücken werde[46].

Ihre verfassungspolitische Glaubwürdigkeit hatten Republik und Reichswehr allerdings schon lange vor dem 30. Januar 1933 verloren, und

---

[43] Verfügung von Groener vom 24.2.1930, die die Reichswehr über die Entstehung und Entwicklung der nationalsozialistischen Bewegung sowie über deren Einstellung zu Staat und Wehrmacht aufklären sollte (BA-MA, RH 46/361a). Bereits 1927 war die Reichswehr zweimal über die »Rechtsbewegung« von der Wehrmachtabteilung des RWM informiert worden (BA-MA, RM 8/49).
[44] Liebmann-Aufzeichnungen von der Besprechung am 11./12.1.1932 in: BA-MA, MSg 1/1668. Abgedruckt in: Deutsche Geschichte 1918–1933, Dok. 111, S. 206.
[45] Wohlfeil, Heer und Republik, S. 302.
[46] So eine Einschätzung der Wehrmachtabteilung des RWM vom 29.8.1932. Zit. nach Messerschmidt, Das preußische Militärwesen, S. 532.

I. Die Ausgangslage

zwar durch wiederholte »Rechtsbrüche aus nationaler Verpflichtung«. Besonders die Verletzungen des Versailler Vertrages sowie des entsprechenden Reichsgesetzes vom 19. Juli 1919 waren als legitime Mittel angesehen worden, wenn sie denn der Wehrhaftmachung des Vaterlandes dienten[47]. Hier liegt, wie Wolfgang Sauer bereits 1960 feststellte, »eine der Wurzeln für die Bedenkenlosigkeit, mit der das Offizierkorps Hitlers Weg folgte«[48]. Es ist auch zu fragen, ob die Reichswehrführung zwischen 1930 und 1933 nicht zu oft mit Verfassung, Parteien und führenden Politikern taktierte, so dass sie am Ende vor lauter Taktik schlapp war?[49]. Eine andere Kontinuität war die Militarisierung des Denkens und Lebens sowie die Akzeptanz von öffentlicher Gewalt in weiten Kreisen der Weimarer Republik, ohne die weder die rasche geistige Mobilisierung des Volkes, der Aufbau des nationalsozialistischen Führerstaates noch die radikale Ausschaltung seiner eingebildeten und tatsächlichen Feinde denkbar gewesen wären[50].

---

[47] Zur Landesverteidigung mit illegalen Mitteln vgl. Salewski, Die bewaffnete Macht, S. 31 f.; Volkmann, Von Blomberg zu Keitel, S. 50 f.; Kroener, Der starke Mann im Heimatkriegsgebiet, S. 133 ff., 169 ff., 180 ff. sowie S. 815, Anm. 352, und die geheime Dienstvorschrift der Marine von 1937, BA-MA, RMD 4/352.
[48] Sauer, Die Mobilmachung, S. 779.
[49] Vgl. Hürter, Vor lauter Taktik schlapp, und Blasius, Weimars Ende.
[50] Vgl. Bracher, Die deutsche Diktatur, S. 21 f., und Das Deutsche Reich und der Zweite Weltkrieg, Bd 1, S. 25 ff. (Beitrag Wette).

II. Die Wehrmacht nach 1933: »Träger des Reiches« oder »Schwert des Führers«?

Die Wehrmacht ist weitgehend erforscht, und doch ist ihr Bild bis heute umstritten. Die Perspektive, die Geschichte der Wehrmacht als eine Geschichte des »Dritten Reiches« zu beschreiben, stößt noch immer auf Skepsis. Dies zeigt sich auch darin, dass Gesamtdarstellungen des Dritten Reiches den sechs »Friedensjahren« viel mehr Raum einräumen als der ebenso langen Kriegszeit. Und wenn die Wehrmacht als Instrument des NS-Krieges beleuchtet wird, bleibt die militärische Organisation, die Hitlers Krieg vorbereitete und führte, unterbelichtet. Dies ist bedauerlich, denn damit gerät der für die Geschichte des Nationalsozialismus *und* der Wehrmacht in Deutschland und Europa »zentrale Zusammenhang zwischen binnengesellschaftlicher und zwischenstaatlicher Ordnungspolitik« aus dem Blick[1]. Denn Hitlers unbedingter Wille zum Aufbau einer neuen deutschen Sozialverfassung unter rassischen Vorzeichen und zum Krieg um »Lebensraum« macht doch den besonderen Charakter des Nationalsozialismus aus. Der Aufbau eines autoritären Führerstaates, einer wehrfreudigen Volksgemeinschaft sowie einer schlagkräftigen Wehrmacht waren bloß Mittel zu *einem* Zweck, nämlich das »Leben des Volkes«[2] durch aggressive Expansion auf lange Sicht zu sichern. Hitlers Machtgefüge erhob den Anspruch, eine klassenlose Nation und zugleich ein kampfbereites Volk mit hierarchischer Kommandostruktur zu sein. Der Verschmelzung dieser zwei Ziele in einer bis dahin keineswegs auf den Nationalsozialismus eingeschworenen deutschen Gesellschaft zu einer wehrwilligen »Blut- und Schicksalsgemeinschaft« diente das Führerprinzip[3]. Dass die Geschichte der Wehrmacht auch eine Geschichte des »Hitler-Mythos« (Ian Kershaw) ist, dass nationalsozialistischer Führerstaat und aggressive Kriegspolitik interdependent waren, erhellt schlaglichtartig der militärische Triumph der Wehrmacht über Frankreich im Sommer 1940. Nie waren Regime, Bevölkerung und Wehrmacht enger verknüpft. Der staatliche und militärische Führer schwamm auf einer Woge der Begeisterung[4]. Nach Stalingrad setzte ein umgekehrter Trend ein, den auch der

---

1 Wegner, Kriegsgeschichte.
2 So Hitler zu Goebbels am 23.2.1937, Goebbels, Die Tagebücher, T. 1, Bd 3, S. 55.
3 Bracher, Grundlagen, S. 653 f.
4 Vgl. Kap. VI. Schon 1939 hatte ein Major im OKW bemerkt, »wie die Herzen von 22 000 Soldaten höher schlagen, wenn ihnen der Führer vor dem jubelnden

kurzfristige Wiederanstieg von Hitlers Popularität nach dem gescheiterten Attentat am 20. Juli 1944 nicht aufhalten konnte.

Von 1933 an war der Nationalsozialismus aber mehr als die »politische Religion« *eines* Mannes. Er war das »in immer kleineren Abbildern reproduzierte politische Bekenntnis«[5] seiner Millionen Gefolgsleute, deren Zahl weit über die eingeschriebenen Parteimitglieder hinausreichte. Das betonte auch der neue Befehlshaber im Wehrkreis VII (München), General der Infanterie Walter von Reichenau, nach der Wiedereinführung der Wehrpflicht vor seinen Kommandeuren: »Wir sind Nationalsozialisten auch ohne Parteibuch. Die Besten, Treuesten und Ernstesten[6].« Wenige Tage zuvor erklärte dessen Nachfolger als Chef des Wehrmachtamtes, die neue Wehrmacht sei »nicht aus sich selbst und alles nur durch den Führer, aus seiner Ideenwelt« geboren[7]. Obwohl die wenigsten Deutschen wirklich gläubige Nationalsozialisten waren, steht auch fest, dass die deutsche Gesellschaft in ihrer Mehrheit an der Verwirklichung der nationalsozialistischen Weltanschauung und ihres kriegerischen Kernstücks beteiligt gewesen ist.

Das Grundgesetz des Dritten Reiches war die »allmächtige Führergewalt«. Alle politische Gewalt war nur Exekutive des Führerwillens[8]. Die Durchsetzung des »Führerprinzips« auf allen Ebenen konnte an alte obrigkeitsstaatliche Traditionen anknüpfen, auch an das pervertierte Präsidialsystem der letzten Jahre der Weimarer Republik[9]. Die Rolle, die die Reichswehr beim Aufbau der nationalsozialistischen Alleinherrschaft spielte, kann machtpolitisch kaum überschätzt werden. Hitler war sich bewusst, dass die politische Zukunft seiner Herrschaft »ausschließlich und allein vom Wiederaufbau der Wehrmacht«[10] abhing. Deshalb bemühte er sich um die Loyalität der Soldaten. Doch welche Stellung hatte die Reichswehr/Wehrmacht tatsächlich in Hitlers Machtgefüge? Wurde sie vom »Führer und Reichskanzler« bzw. »Führer und Obersten Befehlshaber der Wehrmacht« etwa nur instrumentalisiert, also »missbraucht«? Ließen sich Reichswehr und Wehrmacht von Hitler nur blenden, wenn dieser sie als »zweite Säule« des Staates oder als »tragende Erscheinung des neuen Reiches« titulierte[11]? Gab es den viel zitierten »Loyalitätswett-

---

Volke zuruft: Deutschland hat euch als seine Soldaten lieb«. Zit. nach Kroener, Der starke Mann im Heimatkriegsgebiet, S. 255.
[5] Rebentisch, Führerstaat, S. 536.
[6] Am 2.12.1935, BA-MA, RH 26-7/369.
[7] So Wilhelm Keitel am 2.11.1935, BA-MA, RH 12-5/43.
[8] Bracher, Die deutsche Diktatur, S. 381. Die Verlängerungen des Ermächtigungsgesetzes (1937, 1941 und 1943) wahrten nur den schwachen Schein einer Legalität, die längst überflüssig geworden war.
[9] Vgl. Blasius, Weimars Ende.
[10] Akten der Reichskanzlei, T. 1, 9.2.1933.
[11] Vgl. die juristische Dissertation von Menzel, Die Wehrmacht. Das Rigorosum hatte der Offizier, inzwischen Oberleutnant in Pirmasens, bereits wenige Tage nach Einführung des neuen Wehrgesetzes am 25.5.1935 abgelegt.

lauf« zwischen Reichswehr und SA? »Verstrickte« sich das Militär in den Nationalsozialismus oder nahmen die Streitkräfte aktiv am strukturellen, personellen und mentalen Transformationsprozess in Deutschland teil, der nach dem 30. Januar 1933 einsetzte und im Krieg um Lebensraum in Europa fortgesetzt wurde?

Die Übernahme der Regierungsverantwortung durch Adolf Hitler bedeutete auch für das Militär einen entscheidenden Einschnitt in seiner Geschichte. Es gehörte zweifellos zu den politischen Siegern der »nationalen Revolution«. War die Reichswehr doch die einzige staatliche Organisation, die ihren Aufgaben ohne Eingriffe von außen nachgehen konnte. Vom strukturellen Gleichschaltungsprozess wurde sie erst ab August 1934 erfasst. Deshalb konnte sich der französische Botschafter in Berlin, André François-Poncet, noch Anfang 1934 zu Recht fragen, ob die Partei oder die Armee die beherrschende Stellung im neuen deutschen Staat spiele[12]. So unwillig sich die erst vorläufige, dann definitive Reichswehr in die gegenüber dem Kaiserreich veränderten Verhältnisse der Weimarer Republik gefügt hatte, so bereitwillig arrangierte sie sich mit dem politischen Umschwung von 1933. Der vom Reichspräsidenten allein ernannte Reichswehrminister verbündete sich regelrecht mit dem militärfreundlichen Reichskanzler. Diese Allianz zwischen Militär und Nationalsozialismus stieß innerhalb von Heer und Marine auf viel weniger Widerstand als die Kooperation seines Vor-Vorgängers im Amt, Wilhelm Groener, mit der Republik. Hitler seinerseits fühlte sich verbunden mit einer militärischen Führung, die seinen politischen Primat sowie seine Bewegung als absoluten »Garanten der neuen politischen Ordnung« und der allgemeinen Wehrerziehung in Deutschland anerkannte. Die Reichswehr verzichtete überdies darauf, über das Ausnahmerecht des Reichspräsidenten (Art. 48, Abs. 2 WRV) in den von Hitler angekündigten »innenpolitischen Kampf« einzugreifen. Deshalb kannten die »Pflichten des deutschen Soldaten« vom 25. Mai 1934 auch keinen Schutz des Reiches »nach innen« wie noch die vom 9. Mai 1930. Nun wurde das Militär allein für den Einsatz gegen Angriffe von außen erzogen, um »Reich und Vaterland, das im Nationalsozialismus geeinte Volk und seinen Lebensraum« zu schützen. Es tat den Soldaten auch gut, wenn sie vom Führer der NSDAP hörten, dass er die Wehrmacht zur »ersten Armee der Welt« entwickeln sowie Volk und Militär wieder verschmelzen wolle. Das alte Wunschbild einer autoritären Regierung, die wirklich Schluss machte mit der oktroyierten »völligen Wehrlosigkeit« Deutschlands, war stärker als die individuellen Skrupel der Soldaten aller Dienstgrade gegenüber der radikalen »Beseitigung des Krebsschadens der Demokratie« durch Hitlers Anhänger oder der Ärger über Reibereien mit ihnen auf unterer Ebene. Zufrieden registrierten Werner von Blomberg und die Heeresführung die entschlossene Absicht des Reichskanzlers, im Rahmen der öffentlich propagierten Maßnahmen zur Beseitigung der Massenarbeitslosigkeit geheim »alles für die

---

[12] Zit. nach Müller, Armee und Drittes Reich, S. 11.

Wehrmacht« zu tun (der so genannte erste Vierjahresplan). Auch die Marine vermochte nun, »mit voller Kraft die begonnene Rüstung ihrer Vollendung entgegenzuführen mit dem Ziel, dem Reiche die ihm zukommende Stellung in der Welt zu sichern[13]«! So nimmt es nicht wunder, wenn der Kommandeur der 1. Kavalleriedivision, Generalleutnant Ludwig Beck, den »politischen Umschwung« als den »ersten großen Lichtblick seit 1918« begrüßte, und ein Abteilungsleiter im Allgemeinen Heeresamt hoffte, nun endlich »aus der marxistisch-jüdischen Schweinerei« herauszukommen[14]. Bernhard Kroener spricht deshalb in seiner Biografie Friedrich Fromms, dem späteren Chef der Heeresrüstung und Befehlshaber des Ersatzheeres, von der »Morgenröte des 3. Februar 1933«[15]. Nach 1945 meinten allerdings viele Soldaten, damals eine Sonnenfinsternis gesehen zu haben. Es war Blomberg, der seinen Kameraden »zweckgebundene Vergesslichkeit« vorwarf, als sie sich nicht mehr an die »Erfüllungen« der Vorkriegsjahre erinnern wollten[16].

Das Bild des Dritten Reiches als eines Staates, der auf zwei Säulen ruht, stammt von Hitler selbst. Er gebrauchte es am 30. Januar 1934, dem ersten Jahrestag der so genannten Machtergreifung. Die in der »nationalsozialistischen Bewegung organisierte Volksgemeinschaft« wurde von ihm als politische Säule und alleiniger politischer Willensträger definiert, die Wehrmacht als die militärische Säule und einziger Waffenträger des Reiches[17]. Dieses Bild wiederholte der Führer der NSDAP auf dem Reichsparteitag 1934. Bereits am 9. November 1933 hatte Hitler in einer symbolträchtigen Feier in München vom »höchsten Glück« gesprochen, dass Militär und Volk wieder eins geworden seien und »diese Einheit niemals mehr zerbrechen« werde[18]. Diese Erklärung war zwar Balsam in den Ohren der Soldaten, verletzte aber den Stabschef der SA, Ernst Röhm, ebenso wie Hitlers frühere Beschreibung der Wehrmacht als »wichtigste und sozialistischste Einrichtung des Staates« (3. Februar 1933). Rückgriffe auf die politische Linie Seeckts sind noch in dem offiziellen Artikel des Reichswehrministeriums zu Hitlers 45. Geburtstag erkennbar. Darin wurde die Reichswehr als »Kernstück der nationalsozialistischen Staatlichkeit und Unterpfand der deutschen Zukunft« definiert. Realistischer

---

[13] Geheime Marinedienstvorschrift, Der Kampf der Marine gegen Versailles 1919-1935. Bearb. von Kapitän z.S. Schüssler, Berlin 1937, BA-MA, RMD 4/352, Nr. 15. Vgl. Das Deutsche Reich und der Zweite Weltkrieg, Bd 1, S. 403-410 (Beitrag Deist), und Salewski, Die bewaffnete Macht, S. 20 ff.
[14] Müller, Armee und Drittes Reich, S. 151 (17.3.1933), und Heinrici, Ein deutscher General, S. 339 f. (17.2.1933).
[15] Kroener, Der starke Mann im Heimatkriegsgebiet, S. 199 ff.
[16] BA-MA, N 52/7, Bl. 2 f.
[17] Auch Reichenau benutzte in seinem Aufsatz »Der Soldat des Dritten Reiches« das Bild von den zwei Säulen, als er schrieb: »Die deutsche Wehrmacht [...] als die andere Säule [trägt] neben der Partei den Staat, dessen Waffe ihr anvertraut ist« (BA-MA, MSg 1/1238, S. 71).
[18] Vgl. Salewski, Die bewaffnete Macht, S. 40 f.

war da schon die nachfolgende Einsicht in die dienende Funktion des Militärs: »Die Wehrmacht ist das entscheidende Machtmittel der nationalsozialistischen Staatsführung [...], [das] den Bestand und den Lebensraum des nationalsozialistischen Deutschland« gewährleistet[19]. Ähnliche Töne wie Hitler schlug dessen Vertrauter Walter Buch, der Oberste Richter der Partei, an, als er vor Offizieren des Reichskriegsministeriums davon sprach, beide tragenden Säulen des Staates, NSDAP und Wehrmacht, sollten dem deutschen Volk »den Sieg im Daseinskampf« verbürgen[20]. Auch Generaloberst von Blomberg bemühte die »Zwei-Säulen-Theorie«, als er den Chef der Abteilung Inland im Wehrmachtamt, Oberstleutnant Hermann Foertsch, zum dritten Jahrestag des politischen Umschwungs intern erklären ließ, die Wehrmacht, »neben der Partei eben eine tragende Säule des nationalsozialistischen Reiches«, habe nicht nur sachlich ein »gesteigertes Interesse«, sondern in höherem Sinne die »vaterländische Pflicht«, mit der NSDAP zusammenzuarbeiten. Dabei seien allerdings »nicht Weichheit oder einseitiges, womöglich mit Verzicht auf wesentliche Belange der eigenen Autorität verbundenes Nachlaufen« hilfreich, aber auch nicht »nutzloses, durch Kritiksucht und Meckertum, kurz durch Reaktion gekennzeichnetes Abseitsstehen«. Die Reichswehr müsse sich vielmehr leiten durch »aufrechte Unerschütterlichkeit [...], flammende Hingabe an die Person des Führers« und dessen »schicksalsgebundene Sendung«[21]. Die Reichswehr hielt sich für das »größte Aktivum des neuen Reiches« und war sowohl mit dem »Platz« zufrieden, den ihr Hitler zugewiesen hatte[22], als auch mit »dem Maß von Entwicklungsmöglichkeiten«, das dem Militär vom nationalsozialistischen Staat für seinen eigenen Bereich zugestanden worden war[23].

Diese öffentlichen und internen Erklärungen waren mehr als bloße politische Rhetorik. Aber auch Hitlers ehrlicher Dank für das Stillhalten der bewaffneten Macht während der »Revolutions-« und Gleichschaltungsphase konnte nicht darüber hinwegtäuschen, dass es staatsrechtlich und historisch betrachtet nur eine »Säule« im Dritten Reich gab, und das war die NSDAP. Sie war nach den Gesetzen vom 14. Juli und 1. Dezember

---

[19] Militär-Wochenblatt Nr. 39 vom 18.4.1934, Sp. 1300. Vgl. den Leitaufsatz Blombergs im »Völkischen Beobachter« vom 29.6.1934, »Die Wehrmacht im dritten Reich«. Abgedruckt in den »Richtlinien für den Unterricht über politische Tagesfragen«, Nr. 5, BA-MA, RH 12-5/43.

[20] Vortrag am 14.10.1937, BA-MA, RH 53-7/v. 8.

[21] Manuskript für den Vortrag vor den Ic-Offizieren der Generalkommandos und Marinestationen am 27.1.1936, BA-MA, RW 6/v. 56. Diese Art von »Weisungen politischer Art an Wehrkreisbefehlshaber mittels Ic-Besprechungen« durch das Wehrmachtamt missfiel dem Oberbefehlshaber des Heeres. Vgl. Aufzeichnung Keitel vom Juli 1937, BA-MA, RW 4/v. 37.

[22] Vgl. die Reden Blombergs vor der Truppe in Anwesenheit Hitlers am 6.9.1933 und des Chefs der Heeresleitung, Fritsch, auf der Befehlshaberbesprechung am 15.1.1935. Zit. nach Müller, Das Heer und Hitler, S. 66, 166.

[23] Rede Blomberg vor den Offizieren der 6. Division am 15.9.1933, BA-MA, RH 37/808.

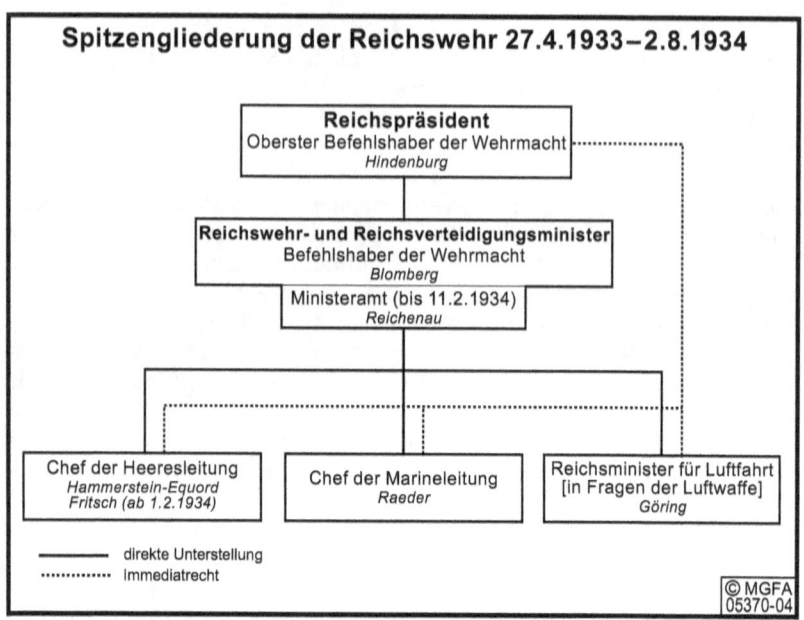

1933 die einzige politische Partei in Deutschland, »Trägerin des Staatsgedankens« und »mit dem Staat unlöslich verbunden«. Die »Zwei-Säulen-Theorie« ist auch deshalb problematisch, weil der Führer der Partei, des Volkes und der Erbauer der ersten Säule ab 2. August 1934 auch Führer des Reiches und oberster Befehlshaber der zweiten war. Ihre staatspolitische Zuverlässigkeit hatte die Reichswehrführung bereits durch die indirekte Teilnahme an der mörderischen Niederschlagung der angeblichen Parteirevolte (»Röhm-Putsch«) bewiesen. Das offizielle Fazit des Ministers lautete: »Sieg und Festigung der nationalsozialistischen Regierungsgewalt [...] Damit [ist] Deutschland erobert. Durch Wehrmacht Sicherung[24].« Mit der eilfertigen Vereidigung der Soldaten auf die Person Hitlers besiegelte die Reichswehr ihr Interessenbündnis mit der Führerdiktatur. Zumal die von Reichenau konzipierte Eidesformel: »Führer des Deutschen Reiches und Volkes Adolf Hitler« ideologischer war als die Formulierung im Gesetz über das Staatsoberhaupt: »Führer und Reichskanzler«. Die Eidfrage spielte allerdings 1934 für die Soldaten keine Rolle. Sie wurde erst 1945 als moralisches Problem entdeckt.

Tatsächlich respektierte Hitler Blombergs Kommandogewalt, und damit die Autonomie des Militärs, auch nach dem 2. August 1934. Folgerichtig erklärte General von Reichenau auf der Ic-Besprechung am 13. Februar 1935, die Reichswehr sei die einzige Organisation des Staates,

---

[24] Liebmann-Aufzeichnung von der Generalsbesprechung am 9.10.1934, BA-MA, MSg 1/1668.

II. Die Wehrmacht nach 1933

die ohne Eingriffe von außen ihr altes Ziel verfolge[25]. Die entstehende Wehrmacht hielt es deshalb nicht für nötig, eine »Prestigepolitik« gegenüber der NSDAP »treiben« zu müssen. Ihre beste Propaganda sei die »erfolgreiche Erziehungsarbeit« der eingezogenen männlichen Jugend »im Geiste des Nationalsozialismus und nach dem Willen ihres Oberbefehlshabers«[26]. Letzterem kam es allerdings vielmehr darauf an, dass die Wehrmacht »die einrückenden Nationalsozialisten zu Soldaten« machte, als dass die Rekruten die ehemaligen »unpolitischen« Reichswehrangehörigen zu Nationalsozialisten bekehrte[27]. Ein Jahr später, am 9. November 1936, zeigte sich Hitler vor seinen alten Mitstreitern stolz darüber, die Reichswehr nicht zertrümmert, sondern als Kader für die »neue deutsche Volksarmee« benutzt zu haben. Bei der Verleihung des Goldenen Parteiabzeichens am 30. Januar 1937 an die Oberbefehlshaber Blomberg, Fritsch (Heer) und Raeder (Marine) sowie den Staatssekretär beim Reichsminister der Luftfahrt, General der Flieger Erhard Milch, bezeichnete Hitler Partei und Wehrmacht noch einmal als die beiden auf ewig verschworenen Garanten für die Behauptung des Lebens des deutschen Volkes. Mit der Auszeichnung dieser Offiziere wollte der »Führer und Oberste Befehlshaber« nicht nur die gesamte Wehrmacht ehren, sondern auch den zahllosen Offizieren und Soldaten danken, die im Sinne der nationalsozialistischen Bewegung treu zu ihm gestanden hatten[28]. Der Minister für Volksbildung und Propaganda irrte, wenn er im Herbst des gleichen Jahres beklagte, die Wehrmacht werde »ein Staat im Staate«[29]. Vielleicht hatte sich Joseph Goebbels auch nur über einen englischen Zeitungsartikel geärgert, in dem Blomberg als der Mann bezeichnet worden war, der in Deutschland die größte Macht besitze, weil er die deutsche Armee, »die einzige wirklich zuverlässige Truppe im Lande«, unter seiner Kontrolle habe[30]. Nach der Zäsur des 20. Juli 1944 war jedenfalls dem neuen Chef des Heerespersonalamtes, Wilhelm Burgdorf, klar, dass es nur noch die fest im Volk und mit der Partei verwurzelte nationalsozialistische Wehrmacht gab. »Wir müssen endlich davon aufhören, von den beiden Säulen

---

[25] Zit. nach Messerschmidt, Die Wehrmacht im NS-Staat, S. 49, Anm. 188.
[26] So Blomberg in seinem Erlass vom 16.4.1935. Vgl. Müller, Armee und Drittes Reich, S. 172.
[27] So wurde Hitler von Reichenau in der Kommandeursbesprechung der 7. Division am 2.12.1935 in München zitiert, BA-MA, RH 26-7/369.
[28] Vgl. den Tagesbefehl von Blomberg vom 30.1.1937, abgedr. bei Absolon, Die Wehrmacht im Dritten Reich, Bd 3, S. 55. Dieser höchste Orden des NS-Staates musste zur Uniform getragen werden, wenn die kleine oder große Ordensschnalle angelegt wurde.
[29] Goebbels, Die Tagebücher, T. 1, Bd 4 (28.10.1937). Zu jener Zeit missfiel ihm, dass die Wehrmacht ihre eigene Propaganda machen wollte.
[30] »Newcastle Chronicle« vom 5.8.1937. Wiedergegeben in einem Schreiben des Reichsführers-SS, gez. Karl Wolff, an die Parteikanzlei in München vom 31.8.1937, USHMM, Washington, RG 15.007M, reel 10.

Partei und Wehrmacht zu reden[31].« Sichtbarer Ausdruck der offiziellen Verbundenheit der Wehrmacht mit dem Nationalsozialismus und ihrer »unverbrüchlichen Treue zum Führer« waren das Tragen des Hoheitsabzeichens der NSDAP an Dienstmütze, Stahlhelm und Uniformrock (seit 17. Februar 1934) sowie die Einführung des »Deutschen Grußes« (seit 23. Juli 1944).

Die einzigartige Stellung des Reichswehrministers im Kabinett Hitler ergab sich zum einen aus dem Vertrauen des Reichspräsidenten sowie aus dem Bündnis, das ersterer mit dem Führer der NSDAP eingegangen war. Zum anderen gab es auch strukturelle Gründe. Entgegen den Bestimmungen des Reichsministergesetzes vom 18. März 1930 und im Unterschied zu seinem Vorgänger Schleicher blieb Blomberg im aktiven Dienst. Kaum zum General der Infanterie befördert (31. Januar 1933), stieg Blomberg bereits sieben Monate später zum einzigen aktiven Generalobersten der Reichswehr auf. Am selben Tag, dem 31. August 1933, wurde sein Kabinettskollege, der Reichsminister für Luftfahrt und Preußische Ministerpräsident, Hauptmann a.D. Hermann Göring, zum charakterisierten General der Infanterie befördert. Eine weitere machtpolitische Veränderung zu Gunsten des Reichswehrministers ergab sich aus Blombergs Ernennung zum Befehlshaber der gesamten Wehrmacht (27. April 1933). Damit hatte er – neben der ministeriellen Verantwortlichkeit – auch die Kommando- und Befehlsgewalt über die Streitkräfte des Reiches inne. Deshalb führte Blomberg im internen Schriftverkehr die Bezeichnung »Reichsverteidigungsminister«, die seine Zuständigkeit gegenüber Göring und dessen formell noch außerhalb der Reichswehr stehenden, getarnten Luftwaffe verdeutlichen sollte. Dasselbe galt ab Sommer 1934 auch gegenüber Heinrich Himmler und dessen im Entstehen begriffener SS-Verfügungstruppe. Die defensiven Definitionen der Aufgaben der »Militärminister« seit 1919, Reichs*wehr*- bzw. Reichs*verteidigung*-, wurden mit der öffentlichen Abschüttlung der »Fesseln von Versailles« im Frühjahr 1935 überflüssig. Mit der Verkündung des neuen *Wehr*gesetzes, am 21. Mai 1935, wurde Blomberg offiziell »Reichskriegsminister und Oberbefehlshaber der Wehrmacht«. Ein knappes Jahr später, an seinem 47. Geburtstag, ernannte der »Führer und Reichskanzler« den obersten Soldaten des nationalsozialistischen Deutschland zum Feldmarschall. Diese Ehrung nach der ersten sicherungspolitischen Bewährungsprobe der Wehrmacht war mehr als nur ein symbolischer Akt. Was Schleicher seit Dezember 1918 vergeblich versucht hatte, war mit Blomberg Realität geworden: Reichspolitik und Militärpolitik waren eins geworden[32]. Die Wehrmacht glaubte in einer Epoche der deutschen Militärge-

---

31 Aktennotiz über Adjutantenbesprechung vom 14. bis 17.10.1944, S. 14, BA-MA, H 6/935.
32 Am 20.4.1936 bekamen auch die Chefs der Heeres- und Marineleitung eine Standeserhöhung. Die Generale Walther von Brauchitsch (Heer), Erhard Milch und Albert Kesselring (Luftwaffe) und die Obristen Georg Lindemann und Ri-

schichte zu leben, »wie sie seit dem großen Kurfürsten« nicht mehr da gewesen sei[33].

Den militärpolitischen Stab des Reichswehrministers leitete bis 1935 der neu ernannte und zum Generalmajor beförderte Walter von Reichenau. Dieser hatte bereits als Chef des Stabes im Wehrkreis I unter Blomberg gedient. Mit dem Umbau des *Minister*amtes zu einem *Wehrmacht*amt am 12. Februar 1934 und der Aufwertung der Wehrmachtabteilung zu einer für »Landesverteidigung« wurden erste Schritte getan, um eine wirkliche Kommandostelle für den Minister *und* den Oberbefehlshaber der Wehrmacht zu bilden. In der Abteilung L sahen Blomberg und Reichenau den Nukleus für einen Wehrmachtgeneralstab. Doch in der außenpolitisch kritischen Situation 1933/34, als Deutschland aus dem Völkerbund austrat und die Abrüstungskonferenz in Genf verließ, stützte sich Blomberg noch auf den Heeresgeneralstab, das Truppenamt, ab. Dessen gerade ernannter Chef, Generalleutnant Beck, wurde so zu seinem Berater für die Gesamtkriegführung gegen mögliche Sanktionen des Völkerbundes[34]. Gleichzeitig bekam Beck den Auftrag, eine neue Spitzengliederung der Streitkräfte in Krieg und Frieden zu entwerfen. Auch die Lenkung der Mobilmachungsvorbereitungen der obersten Reichsbehörden lag zunächst beim Truppenamt. Als Beck am 15. November 1933 den Vorsitz im geschäftsführenden Arbeitsausschuss übernahm, erklärte er, dieses Gremium sei keine wissenschaftliche Kommission, sondern müsse bald zu *praktischen* Ergebnissen kommen. »Ein neuer Krieg dürfe uns nicht wieder so unvorbereitet treffen wie 1914[35].«

Neben seinen militärischen Befugnissen wuchsen Blomberg in den Anfangsjahren des Dritten Reiches weitere ministerielle zu. Offiziell war der Reichswehrminister zwar immer für die Verteidigung des Reiches zuständig gewesen. Aber erst elf Jahre nach einer diesbezüglichen Forderung der Reichswehr wurde vom Reichskabinett ein »Reichsverteidigungsrat« bestimmt (vgl. Grafik S. 30)[36]. Er sollte die Reichsverteidigung im Kriegsfalle zentral planen und lenken. Dieses Gremium, dessen Vorsitz eigentlich der Reichskanzler innehatte, vereinigte unter dem Reichs-

---

chard Ruoff sowie der SS-Führer Paul Hausser wurden befördert. Fritsch und Raeder wurden rangmäßig den Reichsministern gleichgestellt und konnten durch Hitler oder auf Vorschlag Blombergs zu Kabinettssitzungen hinzugezogen werden. Am 20.4.1937 wurden sehr viel mehr Offiziere befördert.

33 Stichworte der Abt. Inland für den Chef des Wehrmachtamtes Reichenau am 13.2.1935, BA-MA, RW 6/v. 56
34 Die »Weisung für die Wehrmacht im Falle von Sanktionen« vom 31.10.1933 hatte zwar Beck entworfen, die übergeordneten »Maßnahmen des Heeres« erließ aber der Chef HL, TA, T1 I Nr. 1000/33, BA-MA, RH 2/25. Geyer, Aufrüstung oder Sicherheit, S. 376, ist entsprechend zu ergänzen.
35 Protokoll der 5. Sitzung, BA-MA, Wi IF5/701b.
36 Protokoll der 2. Sitzung des Arbeitsausschusses der Referenten für die Reichsverteidigung am 26.4.1933, IMT, Bd 36, S. 221. Vgl. ebd., S. 478 ff., sowie Akten der Reichskanzlei, T. 1, S. 290 ff., geheimer Kabinettsbeschluss vom 4.4.1933.

wehrminister die Chefs von Heer und Marine mit den klassischen Ressorts – Äußeres, Inneres, Finanzen, Wirtschaft – sowie den neuen Ministerien für Luftfahrt und Propaganda. Der Reichsverteidigungsrat trat zwar nur einmal zu seiner Konstituierung zusammen, bot aber die rechtliche Grundlage für die Einsetzung eines »Arbeitsausschusses der Referenten für die Reichsverteidigung« aus den einzelnen Ministerien. Der war es, der dann »alle Maßnahmen für die Vorbereitung der Verteidigung des Reiches unter Erfassung und Nutzbarmachung aller Kräfte und Mittel der Nation« koordinierte[37]. Hatten die Zivilbehörden den Reichswehrminister früher bei dieser Aufgabe lediglich zu unterstützen gehabt, so waren sie nun zur Zusammenarbeit verpflichtet. Außerdem hatte sich dieser aller Mitsprache des Kabinetts sowie des Mitprüfungsausschusses des Reichstages bezüglich der Rüstungsfinanzierung entledigen können und brauchte keine wochenlangen »törichten Quatschereien mit Vertretern des Reichfinanzministeriums und des Rechnungshofes« mehr über sich ergehen zu lassen[38]. Finanzielle Sicherheit und Unabhängigkeit boten der Reichswehr endlich die Möglichkeit, langfristig zu planen. Die bewaffnete Macht war, wie ein hoher Marinebeamter 1939 rückblickend meinte, »souverän« geworden[39], auch wenn sie weiterhin von den allgemeinen finanziellen Rahmenbedingungen des Dritten Reiches abhängig blieb.

Nach dem ersten Reichsverteidigungsgesetz[40], das zeitgleich mit dem Wehrgesetz am 21. Mai 1935 erlassen wurde, musste Hitler den »Verteidigungszustand« erst erklären, bevor Blomberg als »Reichskriegsminister und Oberbefehlshaber der Wehrmacht« die vollziehende Gewalt übernehmen konnte. Doch war sich die Wehrmachtführung bewusst, dass Hitler – anders als Friedrich Ebert 1923/24 – »die allumfassende Staatsgewalt [nicht] in nennenswertem Umfange aus der Hand geben« würde[41]. Von dem ihm zustehenden Recht, die vollziehende Gewalt weiter nach unten zu übertragen, wollte der Reichskriegsminister selbst allerdings »grundsätzlich [auch] nur einen beschränkten Gebrauch« machen, um, wie er erläutern ließ, die Zivilbehörden »nicht durch ein Übermaß von

---

[37] Vgl. Niederschrift der 2. Sitzung am 26.4.1933. In: IMT, Bd 26, S. 222. Den Vorsitz für das RWM übernahm zunächst der Chef des Truppenamtes, das Sekretariat die Abt. T2. Vgl. Rebentisch, Führerstaat, S. 118; Geyer, Aufrüstung oder Sicherheit, S. 391, und die Weisung für die Vorbereitung der Reichsverteidigung vom 1.7.1933 (BA-MA, RH 15/v. 56). Vgl. auch die ersten zwei Grundsätze des Reichsverteidigungsministers vom 27.2.1934, gez. i.A. Beck. In: Müller, Das Heer und Hitler, S. 599.
[38] So Fromm am 12.4.1933. Zit. nach Kroener, Der starke Mann im Heimatkriegsgebiet, S. 195. Dessen Wehramt, das spätere Heeresamt, wurde die neue haushaltstechnische Schaltstelle für die gesamte Reichswehr bzw. Wehrmacht.
[39] Zit. nach Geyer, Aufrüstung oder Sicherheit, S. 348.
[40] Abgedr. bei Absolon, Die Wehrmacht im Dritten Reich, Bd 3, S. 339 ff.
[41] So Oberst Alfred Jodl Anfang November 1936. Zit. nach Das Deutsche Reich und der Zweite Weltkrieg, Bd 5/1, S. 5 (Beitrag Umbreit).

militärischen Eingriffen« zu stören[42]. Blomberg war nun gegenüber den anderen Ministern weisungsberechtigt und konnte Rechtsverordnungen erlassen, auch wenn diese von bestehenden Gesetzen abwichen. In den Händen des Reichskriegsministers konzentrierten sich Kommando- und Weisungsbefugnisse – eine Situation, die sich das Militär im Interesse einer einheitlichen Führung der Wehrmacht in Frieden und Krieg seit 1919 erträumt hatte[43]. Eine Ausnahme bildete nur der Reichswirtschaftsminister, der als »Generalbevollmächtigter für die Kriegswirtschaft« während des Verteidigungszustandes auch eine herausgehobene Stellung innehatte, und zwar zur Vorbereitung aller wirtschaftlichen und finanziellen Maßnahmen. Wie der Reichskriegsminister war er nur an die Weisungen Hitlers gebunden, also dem Militär nicht unter-, sondern gleichgestellt. Weil auch die von Blomberg Anfang November 1935 erlassenen »Richtlinien für die einheitliche Vorbereitung der Reichsverteidigung« die verschiedenen Kompetenzen nicht klar genug abgrenzten[44], blieb es bei Überschneidungen. Diese Situation musste zwangsläufig zu Interessenkollisionen zwischen dem Generalbevollmächtigten für die Kriegswirtschaft und dem Reichskriegsminister führen, die auch das gute Verhältnis zwischen Hjalmar Schacht und Blomberg zunächst nur mildern, aber nicht verhindern konnte. Immer wieder beanspruchte das Militär die »Federführung« oder die »Sicherung der Einheitlichkeit«, um die Priorität des Rüstungsbedarfs zu wahren[45]. Meinungsverschiedenheiten sollten eigentlich im Reichsverteidigungsrat beseitigt werden. Aber als im Oktober 1936 Göring zum Beauftragten für den Vierjahresplan ernannt wurde und die kriegswichtigen Grundstoffindustrien expandierten, komplizierten sich die Zuständigkeiten für die zivile Wirtschafts- und Rüstungspolitik noch weiter[46]. Während Schachts Nachfolger als Generalbevollmächtigter für die Kriegswirtschaft, Walther Funk, den Anspruch des Reichskriegsministers auf das unumschränkte Befehls- und Kontrollrecht in den Rüstungsbetrieben und deren Bestimmung erfolgreich abwehren konnte, befand er sich gegenüber Göring von vornherein in einer schwächeren

---

[42] So Jodl auf der 14. Sitzung des Reichsverteidigungsausschusses am 21.4.1937, BA-MA, RW 19/613, Bl. 127. Die vollziehende Gewalt für das Operationsgebiet des Heeres während des Krieges, für die Grenzwehrkreise im Falle eines feindlichen Angriffes vorübergehend und für die Marinefestungsbereiche für die Dauer etwaiger kriegerischer Ereignisse wollte Blomberg dagegen »uneingeschränkt« übertragen.
[43] Vgl. Schottelius/Caspar, Die Organisation des Heeres, S. 320 f., und Absolon, Die Wehrmacht im Dritten Reich, Bd 3, S. 338 f.
[44] WA, L IV a Nr. 3500/35 vom 1.11.1935, mit Organigramm. In: BA-MA, WiIF5/405, T. 2.
[45] Schreiben Major Drews vom 20.8.1935 und Richtlinien vom 1.11.1935, Ziffer 2, BA-MA, WiIF5/405, T. 1 und T. 2.
[46] Vgl. die bei Absolon, Die Wehrmacht im Dritten Reich, Bd 3, S. 76 f., abgedr. Notiz der Abt. L vom 30.12.1936.

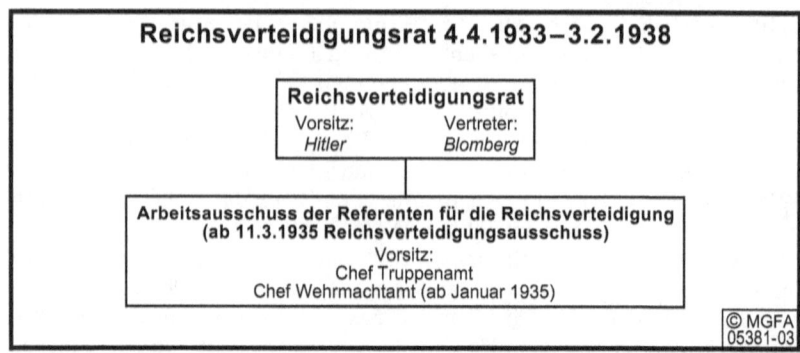

Position[47]. Obwohl es der Wehrmacht weder gelang, ihr Konzept einer »militärischen Kommandowirtschaft« durchzusetzen, noch eine einheitliche Organisation zur Wahrnehmung ihrer wirtschaftlichen Interessen aufzubauen sowie den Verteilungskampf um den »unersetzlichen Sparstoff Mensch« rechtzeitig zu ihren Gunsten zu beenden[48], bestand sie weiterhin darauf, dass ihre Forderungen den »Vorrang vor sämtlichen anderen Organisationen des Reiches« haben sollten, weil im Krieg der Sieg nur von der Wehrmacht errungen werden könne[49]. Die NSDAP, vom Trauma des November 1918 geleitet, wollte unbedingt verhindern, dass bereits im Frieden Unruhe in die arbeitende Bevölkerung hineingetragen wurde. Deshalb sollten die personellen Belange der Wehrmacht erst im Krieg allen anderen vorgehen (Art. 5 WG).

Es waren aber nicht nur die »anderen«, also Partei oder Hitlers Sonderbevollmächtigte, die Blomberg an der Ausübung seiner umfassenden Kompetenzen für Reichsverteidigung, Aufrüstung, Spitzengliederung und strategische Planung hinderten, sondern auch seine eigenen, hochrangigen Kameraden. Besonders Heer (Fritsch und Beck) und Luftwaffe (Göring) stellten ihre jeweiligen Eigeninteressen über das Gesamtinteresse einer zentralisierten Wehrmachtführung gegenüber der politischen Führung[50]. So wollten Fritsch und Beck an der *strategischen* Beratung des politischen Führers in allen wichtigen Fragen der Kriegsvorbereitung *institu-*

---

[47] Vgl. Rebentisch, Führerstaat, S. 118 f. Ende 1939 übernahm Göring fast alle Aufgaben des GBW.
[48] So Keitel im Reichsverteidigungsausschuss am 15.12.1938, BA-MA, RW 19/613, Bl. 11, RS. Daran änderten auch die zwischen OKW und GBW vereinbarten und vom RVR am 10.6.1939 erlassenen »Grundsätze für die Verteilung und den Einsatz der Bevölkerung im Kriege« nichts (BA-MA, RW 4/v. 838). Vgl. Das Deutsche Reich und der Zweite Weltkrieg, Bd 5/1, S. 755 (Beitrag Kroener), und Absolon, Die Wehrmacht im Dritten Reich, Bd 4, S. 6 f.
[49] Verfügung Blomberg vom 6.1.1938, betr. Arbeitsplan der NSDAP im Rahmen der Reichsverteidigung, BA-MA, RH 2/v. 990.
[50] Vgl. die Notiz der Abt. Landesverteidigung im Wehrmachtamt vom 30.12.1936. Abgedr. bei Absolon, Die Wehrmacht im Dritten Reich, Bd 3, S. 76 f.

tionell beteiligt werden[51]. Es hatte im Herbst 1933 auf der Hand gelegen, dass Beck seine einzigartige Stellung bei Blomberg im Sinne des alten Anspruchs des Generalstabes nutzen würde, um einziges operatives Beratungs- und Arbeitsorgan des Oberbefehlshabers der Wehrmacht zu werden. Dies gelang aber nur insofern, als das Heer Mitte Dezember 1933 mit Billigung Blombergs die hektische Entwicklung für den Aufbau eines 300 000-Mann-*Friedens*heeres innerhalb von vier Jahren in Gang setzen konnte[52]. Denn Beck verlor seinen direkten Einfluss auf Blomberg, als das Ministeramt ab Anfang 1934 zu einem echten Wehrmachtamt umgebildet wurde. Wenig später erweiterte Reichenau seine Kompetenzen um eine Dienststelle für Wehrwirtschafts- und Waffenwesen (Leiter Oberst Georg Thomas) und übernahm Anfang 1935 vom Truppenamt auch den Vorsitz im Arbeitsausschuss des Reichsverteidigungsrates. Als der Organisationsfachmann Wilhelm Keitel an die Spitze des Wehrmachtamtes berufen wurde und Oberst Alfred Jodl die Abteilung L übernahm sowie weitere Abteilungen hinzukamen, begann das Wehrmachtamt, seine zentrale Rolle als Führungsorgan des Reichskriegsministers und Oberbefehlshabers besser wahrzunehmen. Immerhin sicherte Blomberg der Heeresführung im September 1937 das militärisch Selbstverständliche zu, nicht über ihren Kopf hinweg zu handeln und sie in seinen »Führungs- und Arbeitsvorgang« einschalten zu wollen. In der Führungskrise 1938 ging Beck so weit, den operativen Stab des Wehrmachtamtes für den Generalstab zu reklamieren[53].

Wer erinnerte sich da nicht an den Satz von Reichswehrminister Wilhelm Groener, der im Herbst 1930 vor höheren Offizieren erklärt hatte: »Im politischen Geschehen Deutschlands darf kein Baustein mehr bewegt werden, ohne dass das Wort der Reichswehr ausschlaggebend in die Waagschale geworfen wird[54].« Aber auch unterhalb der Ebene der Oberbefehlshaber, d.h. innerhalb der Wehrmachtteile, fand ein erbittert geführter Kampf um Machtpositionen statt. Innerhalb der Luftwaffe gab es die Rivalitäten zwischen Staatssekretär und Generalstabschef, die die zwischen Ministerium und Oberkommando widerspiegelten und sich in den vielen geänderten Spitzengliederungen niederschlugen[55]. In der Heeresführung kämpften z.B. fünf dem Chef der Heeresleitung unterstellte, gleichrangige Amtschefs um ihren Einfluss. So wollte Beck sowohl das Heer als »ausschlaggebendsten Faktor« in der Gesamtkriegführung – gegenüber Marine und Luftwaffe – verankert als auch seine Stellung als

---

51 Vgl. Müller, General Ludwig Beck, Dok. 36 vom Dezember 1935, S. 446–469.
52 Vgl. Geyer, Aufrüstung oder Sicherheit, S. 351 f. und 375 f.; Das Deutsche Reich und der Zweite Weltkrieg, Bd 1, S. 408 ff. (Beitrag Deist); Müller, General Ludwig Beck, S. 107 f. und 339 f., sowie Kroener, Der starke Mann im Heimatkriegsgebiet, S. 232 ff.
53 Jodl Tagebuch, Eintrag vom 28.1.1938. Abgedr. bei Müller, Armee und Drittes Reich, S. 249.
54 Zit. nach Kroener, Der starke Mann im Heimatkriegsgebiet, S. 201 f.
55 Vgl. Boog, Die deutsche Luftwaffenführung, S. 215 ff.

primus inter pares der Amtschefs festgeschrieben sehen[56]. Fromm wiederum wollte den Primat der operativen Führung nicht länger akzeptieren.

Am 24. Juni 1937 erließ Blomberg die erste grundlegende »Weisung für die einheitliche Kriegsvorbereitung der Wehrmacht«. Sie stieß bei der Heeresführung auf empfindliche Kritik. Fritsch beschwerte sich persönlich bei Keitel. Mit dieser Weisung habe das Wehrmachtamt, ein »völlig unzulänglicher Apparat«, ihm, dem Oberbefehlshaber des Heeres, Befehle und Weisungen erteilt. Diese Methode empfinde er als Anmaßung. Sie hätte ihm vorher »zur Prüfung, Begutachtung und Vorbereitung der Entscheidung« Blombergs zugeleitet werden müssen. Schließlich bedinge »nicht der äußerliche Umfang des Heeres, sondern sein Gewicht und sein entscheidender Einfluss auf das Schicksal der Nation« die Berechtigung seines Vorranges[57]. Einigkeit herrschte im militärischen Apparat allerdings darüber, der politischen Führung möglichst bald ein kriegsbereites Instrument zur Verfügung zu stellen und damit die Phase der Gefährdung der Aufrüstung von außen schnell zu durchschreiten. Wegen dieses strategischen Ziels ging Schnelligkeit vor Gründlichkeit, Quantität vor Qualität, Risiko vor Sicherheit[58]. Dem Vermeiden eines Zweifrontenkrieges diente auch der von Hitler initiierte Abschluss eines taktischen Nichtangriffpaktes mit Polen am 26. Januar 1934. Offen blieb die Westgrenze. Unter dem Begriff einer »offensiven Abwehr« brachte die Heeresführung zwei Jahre später einen Prozess der Ausweitung und Beschleunigung der materiellen wie personellen Aufrüstung in Gang, der den politischen Absichten Hitlers wirkungsvoll entgegen kam. Einer, der seine Bedenken gegen eine ungebremste Aufrüstung schriftlich fixierte, war der Chef des Allgemeinen Heeresamtes[59]. Sie wurden übergangen.

Gleichzeitig mit dem nach außen gerichteten Reichsverteidigungsgesetz wurde nach innen ein »Gesetz über den Sicherungszustand zum Schutz von Volk und Reich« erlassen. Wenngleich 1935 eigentlich niemand mehr mit inneren Unruhen á la Weimar rechnete, musste die Wehrmacht weiterhin auf die territoriale Ausübung der vollziehenden

---

[56] Jodl Tagebuch, Eintrag vom 28.1.1938. Abgedr. bei Müller, Armee und Drittes Reich, S. 249. Deshalb hielt sich bei Beck auch das Bedauern in Grenzen, als Blomberg wegen seiner zweiten Heirat bei Hitler in Ungnade fiel. Vgl. jetzt Kroener, Der starke Mann im Heimatkriegsgebiet, S. 216 ff.

[57] Notiz Keitel unmittelbar nach der Aussprache mit Fritsch im Juli 1937, BA-MA, RW 4/v. 37.

[58] Zur gleichen Zeit, als die von einem zukunftsorientierten *Angriffs*geist durchflutete Heeresdienstvorschrift Nr. 300/1 für die operative Kriegführung verteilt wurde, erarbeitete die Heeresführung auftragsgemäß Studien, wie Deutschland am besten auf mögliche militärische Sanktionen des Völkerbundes reagieren sollte. Dabei musste sie sich angesichts der tatsächlichen Schwäche der Reichswehr eingestehen, dass militärisch »keine Erfolgsaussicht« bestand. Dennoch zeigte sich die Regierung Hitler um ihrer »Ehre willen« entschlossen, jeder Verletzung der deutschen Souveränität örtlich bewaffneten Widerstand entgegenzusetzen (Weisungen vom 25. und 31.10.1933, BA-MA, RH 2/25).

[59] Kroener, Der starke Mann im Heimatkriegsgebiet, S. 254 ff.

Gewalt im Inneren vorbereitet sein. Nach diesem geheimen Gesetz, das Hitler, Innenminister Wilhelm Frick und Blomberg unterzeichneten, ging »bei drohender Gefahr für die innere Sicherheit« die gesamte vollziehende Gewalt auf Hitler über. Damit war dessen »Diktaturgewalt« bei inneren Krisen, d.h. durchgreifende Maßnahmen und Sondergerichte, formalrechtlich abgesichert und der Artikel 48 der Weimarer Verfassung obsolet geworden[60]. Das Heer hatte den Einsatz von militärischen Verbänden und Einheiten nach Erklärung des Ausnahmezustandes immer als Belastung empfunden[61].

Nachdem die Wehrmacht Anfang Februar 1938 mit dem Sturz Blombergs ihren Einfluß auf die deutsche Militärpolitik verloren hatte, büßte sie wenige Monate später auch die Führungsrolle in der Reichsverteidigung und bei der Ausübung der Exekutivgewalt im »Verteidigungszustand« ein. Denn am 4. September 1938 wurden ein neues Reichsverteidigungsgesetz erlassen (vgl. Grafik S. 35)[62] und der Reichsverteidigungsrat umgebildet (Art. 10 und 11). Diesem oblagen nun im Hinblick auf die »totale Vorbereitung der Nation« auf den Krieg folgende Aufgaben: 1. Zusammenfassung der Probleme für die einheitliche Reichsverteidigung, Aufstellung von Richtlinien zu ihrer Lösung, 2. Erfassung aller Mittel und Kräfte der Nation für die Gesamtkriegführung und 3. Einordnung aller, auch friedensmäßiger Vorhaben nach Dringlichkeit und Ausführungsmöglichkeit in das Gesamtprogramm[63]. Den ständigen Vorsitz im Reichsverteidigungsrat übernahm nun Göring, der Chef des OKW, Keitel, den im geschäftsführenden Ausschuss. Die Oberbefehlshaber der Wehrmachtteile blieben allerdings Mitglieder im Reichsverteidigungsrat. Keitel hatte das Führerprinzip insofern verinnerlicht, als er sich als loyaler Zuarbeiter für den Obersten Befehlshaber der Wehrmacht, Hitler, verstand. Dennoch hielt Keitel an dem alten Anspruch der Wehrmacht fest, dass deren Forderungen für die Reichsverteidigung Vorrang hätten[64]. Nachdem der Reichsverteidigungsrat unter Görings Leitung zweimal in großer Runde getagt hatte (18. November 1938 und 23. Juni 1939), wurde er am 30. August erneut umgebildet, und zwar zum »Ministerrat für die Reichs-

---

[60] Gesetz und Begründung in BA-MA, RH 2/989.
[61] Vgl. die am 22.7. und 11.12.1935 herausgegebenen vorläufigen bzw. endgültigen »Richtlinien für die Verwendung der Wehrmacht im Reichsgebiet bei inneren Unruhen und öffentlichen Notständen«, BA-MA, RH 2/989, und allgemein Das Deutsche Reich und der Zweite Weltkrieg, Bd 5/1, S. 4 f. (Beitrag Umbreit).
[62] IMT, Bd 29, S. 319 ff. Wenig später wurden auch die Richtlinien für die einheitliche Vorbereitung der Verteidigung des Reiches vom 1.11.1935 ersetzt (11.5.1939, BA-MA, RW 4/v. 696).
[63] So Generaloberst Keitel auf der 15. Sitzung des RVA am 15.12.1938, BA-MA, RW 19/613, Bl. 10.
[64] Ebd. Denn am 4.2.1938 hatte Hitler ja festgelegt, dass dem OKW die einheitliche Vorbereitung der Reichsverteidigung auf allen Gebieten obliege, allerdings nach seinen Weisungen.

verteidigung«. Dieser war, nachdem der Mobilmachungsfall für die Masse der Wehrmacht bereits seit fünf Tagen eingetreten war, nur noch für die »einheitliche Leitung der Verwaltung und Wirtschaft« zuständig. Den Vorsitz führte wiederum Göring, die Geschäfte aber der Chef der Reichskanzlei, Hans-Heinrich Lammers. Die Wehrmacht war im Ministerrat allerdings durch den Chef OKW ständig vertreten. In seiner konstituierenden Sitzung am 1. September 1939 erließ der Ministerrat insgesamt 14 Verordnungen. Eine folgenreiche war die Bestellung von 15 Gauleitern der NSDAP zu Reichsverteidigungskommissaren in den Wehrkreisen[65]. Damit verloren die militärischen Befehlshaber die direkte Einwirkungsmöglichkeit auf die Innenpolitik und zivilen Exekutivbehörden, denn für die einheitliche Steuerung der zivilen Verteidigungsmaßnahmen innerhalb der Wehrkreise hatten nun die Reichsverteidigungskommissare zu sorgen. Dies war eine bewusste Abkehr von der im Ersten Weltkrieg geübten Praxis, als die Befehlsgewalt an der inneren Front bei den stellvertretenden Kommandierenden Generalen gelegen hatte[66]. Auch die Geschichte des zweiten Reichsverteidigungsrates und des nachfolgenden Ministerrats, die beide mehr Beratungskörper als Beschlussorgane gewesen sind, verdeutlicht, dass es ab 1938 »im Staat Hitlers weder neben noch unter dem Führer eine Machtkonzentration oder ein Verfassungsorgan mit politischer Entscheidungsgewalt für das Staatsganze geben konnte«[67]. Doch ohne die Beihilfe der Wehrmacht in den Jahren 1933 bis 1938, zunächst durch Tolerierung, dann durch aktive Mitwirkung, »ist der rasche und endgültige Umbau zum totalitären Führerstaat nicht zu denken«[68].

Mehr als der 30. Januar 1933, 30. Juni oder 2. August 1934 markieren der 16. März und 21. Mai 1935 eine Wende in der Militärgeschichte des Dritten Reiches. Die inszenierte Wiedereinführung der allgemeinen Wehrpflicht und der Erlass des Wehrgesetzes bedeuteten das Aus für die professionelle Kader-Reichswehr und den Beginn einer nationalsozialistischen Volks-Wehrmacht. Die Wehrpflicht ergab sich nicht nur aus dem historisch-politischen Selbstverständnis Hitlers wie des Militärs, sondern auch zwangsläufig aus der bereits angelaufenen Aufrüstung. Sie war daher sachimmanent, auch wenn die ersten Heeresvermehrungen 1933/34 mit Freiwilligen erreicht worden waren. Wenngleich das dramatische Wie

---

[65] Vgl. Rebentisch, Führerstaat, S. 119 ff., sowie Absolon, Die Wehrmacht im Dritten Reich, Bd 4, S. 1 ff. und Bd 5, S. 2 ff., sowie Das Deutsche Reich und der Zweite Weltkrieg, Bd 5/1, S. 742 (Beitrag Kroener). Die Dienstanweisung für die RVK wurde am 12.10.1939 gemeinsam von Göring, Funk und dem neu ernannten Generalbevollmächtigten für die Reichsverwaltung, Frick, in Kraft gesetzt, BA-MA, WiIF5/405, T. 2.
[66] Vgl. Deist, Der Kriegszustand nach Art. 68, S. XL ff.; Das Deutsche Reich und der Zweite Weltkrieg, Bd 5/1, S. 9 f. (Beitrag Kroener) und S. 740 (Beitrag Umbreit); Rebentisch, Führerstaat, S. 132 ff., sowie Kroener, Der starke Mann im Heimatkriegsgebiet, S. 294 ff. und 350 ff.
[67] Rebentisch, Führerstaat, S. 132.
[68] Bracher, Die deutsche Diktatur, S. 266.

der Einführung der Wehrpflicht der Heeresführung nicht gefallen hatte, so war ihr dieser lange vorgedachte Schritt hoch willkommen. Denn der weitere Aufbau eines Kriegsheeres von 63 Divisionen (1 431 000 Mann) war strukturell ohne Wehrpflicht nicht möglich, und damit auch die »wenigstens notdürftig[e] Sicherheit unseres Lebensraumes [nicht] gewährleistet«[69]. Zwischen der politischen und militärischen Führung herrschte also Übereinstimmung in der militärpolitischen Zielsetzung. Differenzen in der Folgezeit zwischen Hitler und der Wehrmachtführung einerseits und innerhalb der Heeresführung andererseits ergaben sich allein aus einer unterschiedlichen Beurteilung des Verfahrens, in welcher Weise und in welchem Zeitraum die Rüstungsziele erreicht werden sollten. Die Errichtung einer Luftwaffe als dritter Wehrmachtteil war schon vorher bekannt gegeben worden.

Die symbolträchtige Verkündigung der deutschen Wehrhoheit per Gesetz und Proklamation an das deutsche Volk am 16. März 1935 wurde, wenn auch der Rückgriff auf den Befreiungskrieg gegen Napoleon chronologisch nicht ganz stimmte, von Blomberg und Reichenau in Hörfunk und Zeitungen lautstark begrüßt. Nun habe die deutsche Jugend das »alte stolze Recht zurückerhalten, für den Schutz und die Ehre des deutschen Vaterlandes mit der Waffe einzutreten«[70]. Ende 1919 hatte der damalige Chef des Truppenamtes, Generalmajor Hans von Seeckt, die allgemeine Wehrpflicht als die »natürliche, der geschichtlichen und freiheitlichen Entwicklung des deutschen Volkes entsprechende Wehrverfassung« bezeichnet, »die jedem Deutschen in Fleisch und Blut übergegangen« sei[71]. Auch sein ehemaliger Chef des Stabes und Nachfolger als Chef der Heeresleitung Heye freute sich 1935, dass Hitler den Soldaten den »idealsten

---

[69] Vorschlag des Truppenamtes vom 6.3.1935. Abgedr. bei Müller, General Ludwig Beck, Dok. 24, S. 415-424. Vgl. Das Deutsche Reich und der Zweite Weltkrieg, Bd 1, S. 415-431 (Beitrag Deist).

[70] Grußwort Reichswehrminister vom 22.3.1935. Die preußische Kriegserklärung war zwar am 16.3.1813, der königliche Aufruf »An mein Volk« aber erst am 17.3. ergangen. Vgl. Blombergs Aufsatz im »Völkischen Beobachter« vom 20.3.1935 und Reichenaus Aufsatz »Der Soldat im Dritten Reich«.

[71] Vorlage eines Wehrgesetzentwurfs für den Reichskanzler vom 19.12.1919, BA, R 43 I/609.

Zustand« geschenkt hatte: »eine geeinte *deutsche* Wehrmacht *ohne* Landesgrenzen mit einheitlichem Heer, einheitlicher Luftwaffe und einheitlicher Marine«[72].

In Ausführung des Gesetzes vom 16. März 1935 wurde am 21. Mai 1935 ein neues Wehrgesetz erlassen, das das vom 23. März 1921 ablöste[73]. Wehrdienst war wieder »Ehrendienst am deutschen Volke« und die Wehrmacht der Waffenträger des »deutschen Volkes« sowie dessen »soldatische Erziehungsschule«. Letztere staatspolitische Aufgabe entsprang nicht nationalsozialistischer Überheblichkeit, sondern wiederholte nur den Art. 4, Abs. 2 des Wehrgesetzes des Norddeutschen Bundes vom 9. November 1867. Damals waren Heer und Flotte als die »Bildungsschule der ganzen Nation für den Krieg« definiert worden. Nun, 68 Jahre später, wurde die Militärzeit als letzte und höchste Stufe im Erziehungsgang eines männlichen Deutschen erklärt. Dieser führte vom Elternhaus über die Schule, die Hitlerjugend und den Arbeitsdienst bis zur Wehrmacht. Über das Institut der Wehrpflicht für jeden Mann »arischer Abstammung« vom 18. bis zum 45. Lebensjahr, in Ostpreußen sogar bis zum 55. Lebensjahr (Art. 1, Abs. 1; Art. 4 und 15) hinaus, legte das Gesetz im Falle eines Krieges allen deutschen Staatsangehörigen beiderlei Geschlechts eine Verpflichtung zur »Dienstleistung für das Vaterland« auf (Art. 1, Abs. 3). Die ersten Rekruten des Jahrgangs 1914 rückten am 1. November 1935 in die Kasernen ein, und zwar zunächst für ein Jahr (vgl. Grafik »Ausgebildete Soldaten«, S. 38). Am 24. August 1936 wurde die aktive Dienstpflicht endgültig auf zwei Jahre festgesetzt. Voraussetzung für den Wehrdienst war die Ableistung eines halbjährigen Arbeitsdienstes, zu dem sich die ersten Männer des Jahrgangs 1915 am 1. Oktober 1935 melden mussten.

Der Einmarsch der Wehrmacht in die demilitarisierte Zone am 7. März 1936 war die erste militärische Exekution eines riskanten politischen Entschlusses des nationalsozialistischen Regimes. Die feste Inbesitznahme der Roer–Rhein–Schwarzwald-Linie verbesserte nicht nur die Chancen, dem bereits im Dezember 1933 festgelegten strategischen Ziel näher zu kommen, einen Verteidigungskrieg nach mehreren Fronten mit einiger Aussicht auf Erfolg führen zu können, sondern vergrößerte auch das dringend benötigte Wehrpflichtigen-Potenzial. Dieser außenpolitische Erfolg Hitlers konnte nicht darüber hinwegtäuschen, dass der militärische Wert der Wehrmacht für die nächste Zeit herabsank. Gravierende Faktoren waren das Auseinanderreißen von Truppenteilen für Neuaufstellun-

---

[72] Gen.Oberst a.D. Wilhelm Heye, ehem. Chef HL, Lebenserinnerungen, Bd 2, BA-MA, N 18/4. Vgl. Schwarzmüller, Zwischen Kaiser und Führer, S. 308 f. Heyes Freude war insofern verfrüht, als die Wehrpflicht 1935 noch nicht für das gesamte Reichsgebiet gültig war. Das Saarland war zwar »heimgekehrt«, aber die Rheinlande waren noch immer »demilitarisiert«.

[73] Abgedr., zusammen mit dem Reichsverteidigungsgesetz, bei Absolon, Die Wehrmacht im Dritten Reich, Bd 3, S. 338 ff. Vgl. Salewski, Die bewaffnete Macht, S. 136 ff. und 299 ff., sowie das Militärwochenblatt vom 25.5.1935.

gen, der Verlust der Homogenität des Offizier- und Unteroffizierkorps (Übernahme von insgesamt 56 000 Landespolizeibeamten und älteren Kriegsgedienten, Abgabe von Offizieren an die Luftwaffe sowie Beförderung von Unteroffizieren zu Offizieren[74]), die weiter gegebene zahlenmäßige Schwäche beider Korps, die auch durch die Übernahme von rund 60 000 ehemals österreichischen Soldaten nicht beseitigt wurde, sowie die Umstellung der Ausbildung auf die breite Masse der Wehrpflichtigen, auf neue Waffen und neues Gerät. Die materielle Ausstattung der Wehrmacht hinkte der quantitativen Vergrößerung dennoch hinterher[75]. Wenn Hitler sich am 1. September 1939 vor dem Reichstag damit brüstete, sechs Jahre am Aufbau der deutschen Wehrmacht gearbeitet zu haben, dann traf das insofern zu, als er, ihr Oberster Befehlshaber, die unkoordinierte Expansion der Wehrmachtteile (Heer, Marine und Luftwaffe) zugelassen hatte. Dabei hatten doch Hitler und Blomberg den Gedanken einer *einheitlichen* Wehrmachtführung immer vertreten, auch in der Führungskrise Ende Januar 1938[76].

Mit dem strukturellen Aufwuchs der Reichswehr zur Wehrmacht ging ein geistiger Veränderungsprozess einher[77]. Wehrmachtführung und Oberbefehlshaber von Heer, Marine und Luftwaffe unternahmen vielfältige Anstrengungen, den Soldaten des nationalsozialistischen Staates einen neuen Gemeinschaftsgeist zu vermitteln. Dies wurde als eine staatspolitisch wichtige Aufgabe der Wehrmacht angesehen. Schließlich wollte sie ihre Rolle als »alleiniger Waffenträger der Nation« und als »absolut zuverlässiges« Instrument des Führers auch vor Partei und Volk beweisen[78]. Es galt, Volk und Volksheer, Waffe und Weltanschauung, Professionalität und Politik, Tradition und Neubeginn miteinander zu verbinden, Identität zu schaffen. Dabei griff die Wehrmacht bewusst auf den Mythos der preußischen Heeresreform nach 1806 und den des Frontkämpfers im Ersten Weltkrieg zurück. Das Erziehungsziel der Wehrmacht war nicht nur der gründlich ausgebildete Kämpfer. Neben seiner Waffe sollte der Soldat sich auch »seines Volkstums und seiner allgemeinen Staatspflichten bewusst« sein, sagte Blomberg am 16. April 1935. Hitler selbst meinte im August 1936, Deutschland sei gegenüber dem »weltanschaulich fundierten Angriffswillen des Bolschewismus« verloren, wenn es nicht gelänge, »in kürzester Frist die Wehrmacht in der Ausbildung, in der Aufstellung der Formationen, in der Ausrüstung und vor

---

[74] Vgl. Kap. IV.
[75] Vgl. Das Deutsche Reich und der Zweite Weltkrieg, Bd 1, S. 371–532 (Beitrag Deist), und Schottelius/Caspar, Die Organisation des Heeres, S. 289–399, Güth, Die Organisation der Kriegsmarine, S. 401–499, Köhler/Hummel, Die Organisation der Luftwaffe, S. 501–579.
[76] Vgl. Tagebuch Jodl. In: IMT, Bd 28, S. 358 f.
[77] Vgl. Das Deutsche Reich und der Zweite Weltkrieg, Bd 9/1, S. 488 ff. (Beitrag Förster).
[78] Zur Außenwerbung der Wehrmacht vgl. die offiziellen Zeitschriften, Jahrbücher sowie Bücher von Offizieren. Ebd., S. 493–496.

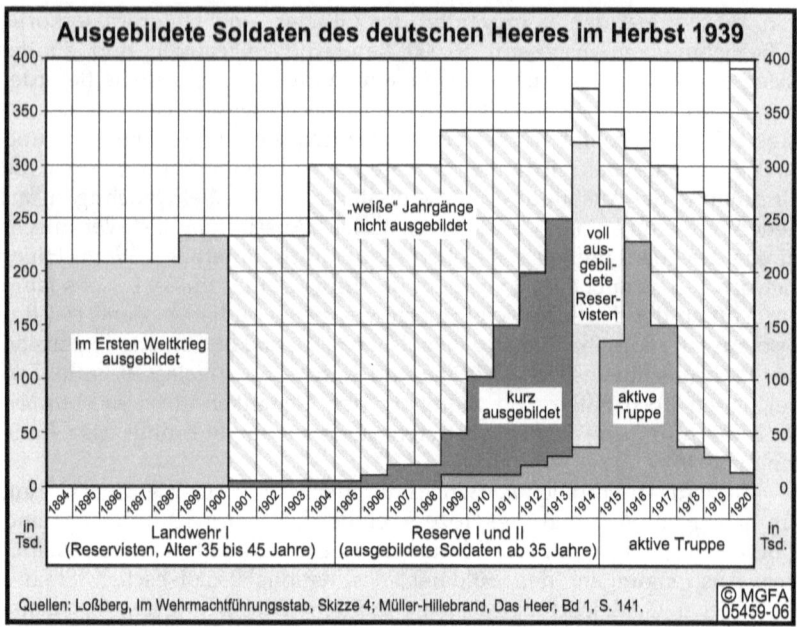

allem auch in der geistigen Erziehung zur ersten Armee der Welt zu entwickeln«. In der Aufbauphase der Wehrmacht ging es also um die Verschmelzung von Nationalstolz, Rassebewusstsein, Hingabe, Opferbereitschaft und Disziplin. Dabei hatten harte Ausbildung, innere Festigung und Erziehung der Truppe Vorrang vor weltanschaulicher Indoktrination. Von den Soldaten wurde das »innere Verständnis und [die] seelische Bereitschaft« gefordert, ihre Pflicht zu tun und sich immer so zu verhalten, »wie es der Führer von uns zu unserem und zum Nutzen unseres Volkes erwarten muss«[79]. Für die Offiziere erfuhr diese Verhaltensmaxime nach dem 20. Juli 1944 eine Steigerung. Der neue Chef des Generalstabes, Generaloberst Heinz Guderian, erwartete, dass jeder von ihnen »ein Statthalter, ein örtlicher Stellvertreter des Führers in seinem Befehlsbereich [sei]. Er hat an jeder Stelle und zu jeder Zeit so zu handeln, als ob der Führer anwesend wäre[80].«

Wie gaben Kommandeure das von Hitler und Blomberg vorgegebene Erziehungsziel an ihre Untergebenen 1936/1937 weiter? General der Kavallerie Maximilian Freiherr von Weichs war erst einmal froh darüber, dass das Volk seit der »nationalsozialistischen Revolution« begonnen

---

[79] Diese Erwartungshaltung hatte Werner Willikens, Staatssekretär im Preußischen Landwirtschaftsministerium, am 21.2.1934 so ausgedrückt: Es sei die Pflicht jedes Einzelnen, »zu versuchen, im Sinne des Führers ihm entgegenzuarbeiten«. Zit. nach Kershaw, Hitler 1889–1936, S. 665.
[80] Verfügung vom 27.8.1944, BA-MA, RH 24-51/108.

habe, »in seiner seelischen Haltung den Gleichschritt des Heeres aufzunehmen«. Aber auch der deutsche Offizier müsse sich ändern, und zwar zum »Sinnbild und Hoheitsträger deutscher Lebensauffassung« werden. In seiner »Liebe zu Volk, Vaterland und Führer« dürfe er sich von niemandem übertreffen lassen. Ein anderer Divisionskommandeur des Heeres forderte auch von den Unteroffizieren, »immer tiefer in die nationalsozialistische Weltanschauung [einzudringen] und sie sich völlig zu eigen« zu machen.

Die Jahre von 1933 und 1939 wurden nicht allein durch Reichsverteidigung, Aufrüstung sowie Verschmelzung von Wehrmacht, Partei und Weltanschauung geprägt. In der Zeit vom Regierungsantritt Hitlers bis zum Überfall auf Polen gab es auch heftige Meinungsverschiedenheiten innerhalb der militärischen Führung über die Kriegsspitzengliederung der Wehrmacht. In sie griff Hitler erst Anfang 1938 ein, als die internen Differenzen zwischen Wehrmacht- und Heeresführung sowie zwischen der Wehrmacht und ihm über den außenpolitischen Kurs des Dritten Reiches seine Drohpolitik gegenüber Wien gefährdeten. Die Struktur des höchsten militärischen Führungsapparates war an sich nicht bloß eine Frage der Organisation, »sondern ein Politikum ersten Ranges«[81]. Die Spitzenorganisation der bewaffneten Macht spiegelte über ihre verfassungsrechtlichen Aspekte hinaus immer auch das politische Selbstverständnis eines Staates und seiner höchsten Repräsentanten wider. Wer an der Spitze des militärischen Führungsapparats stand, konnte auch Einfluss auf politische Entscheidungsprozesse nehmen, zumindest aber beherrschte er deren militärische Umsetzung.

Die Entwicklung der Spitzenorganisation der Reichswehr/Wehrmacht im Dritten Reich vollzog sich in vier Stufen: a) vom 30. Januar 1933 bis zum Tod Hindenburgs (2. August 1934); b) vom 2. August 1934 bis zur Entlassung Blombergs; c) vom 4. Februar 1938 bis zum Attentat auf Hitler und d) vom 20. Juli 1944 bis zur bedingungslosen Kapitulation der Wehrmacht[82]. Die Entwicklung der herausragenden Stellung Blombergs, als Reichswehrminister, Reichsverteidigungsminister, Reichskriegsminister, Oberbefehlshaber der Wehrmacht und stellvertretender Vorsitzender des Reichsverteidigungsrates wurde schon behandelt. Nach dem Tode Hindenburgs und der Personalunion von Staats- und Regierungsverantwortung unterstand der oberste Soldat dem »Führer und Reichskanzler« Hitler. Dessen Rechts- und Machtstellung, auch als Oberster Befehlshaber der Wehrmacht, kodifizierte noch einmal Art. 3 des Wehrgesetzes vom 21. März 1935. Mit der Machtfülle des Reichskriegsministers als Inhaber der militärischen Kommandogewalt, der ministeriellen Weisungsbefugnis sowie der Koordinierungsfunktion im Reichsverteidigungsrat waren die

---

81 Müller, Das Heer und Hitler, S. 205.
82 Vgl. ebd., S. 216 ff.; Dülffer, Überlegungen, S. 145 ff.; Das Deutsche Reich und der Zweite Weltkrieg, Bd 1, S. 500 ff. (Beitrag Deist); Salewski, Die bewaffnete Macht, S. 166 ff., und Absolon, Die Wehrmacht im Dritten Reich, Bde 3-6.

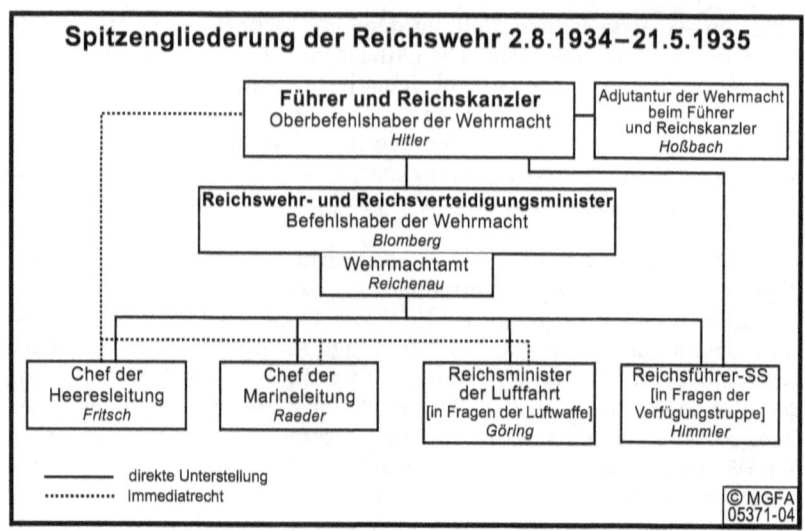

früheren Forderungen der Heeresführung zwar theoretisch realisiert. Aber die militärische Führerrolle über die Gesamtstreitkräfte im Kriegsfall war nicht dem Oberbefehlshaber des Heeres zugefallen, sondern dem der Wehrmacht, Feldmarschall Blomberg. Dieser war nicht Titulargeneral wie Göring, sondern als früherer Chef des Truppenamtes und Wehrkreisbefehlshaber militärisch für höchste Führungsaufgaben qualifiziert.

Reduziert man die zum Teil heftigen Auseinandersetzungen um die Kriegsspitzengliederung der Wehrmacht in den Jahren 1933 bis 1938 auf ihren Kern, so waren diese operativer Natur. Wer leitete die kriegerischen Handlungen? War es wirklich zwingend, dass der Führer des Landkrieges auch der natürliche erste strategische Berater des Oberbefehlshabers der Wehrmacht war? Dass der Chef des Generalstabes des Heeres und »Reichsgeneralstabschef« identisch waren? Die oft nachgezeichnete Frontstellung bei der Beantwortung dieser Fragen und der nach dem militärischen Einfluss auf die »politischen Grundlagen« des Gesamtkrieges verlief erst ab Ende 1935 eindeutig zwischen Ministerium/OKW und Oberkommando des Heeres. Vorher waren sie auch innerhalb der Heeresführung durchaus kontrovers diskutiert worden, und zwar sowohl im Truppenamt als auch zwischen Fritsch und Beck persönlich. Aus ihrem eigentlichen operativen und egoistischen Blickwinkel betrachtet, verlieren diese Auseinandersetzungen viel von der ihnen nach 1945 zugeschriebenen politischen und moralischen Bedeutung.

Die Diskussion um die so genannte Spitzengliederung der Wehrmacht begann Anfang 1934, als der Chef des Truppenamtes seine diesbezügliche

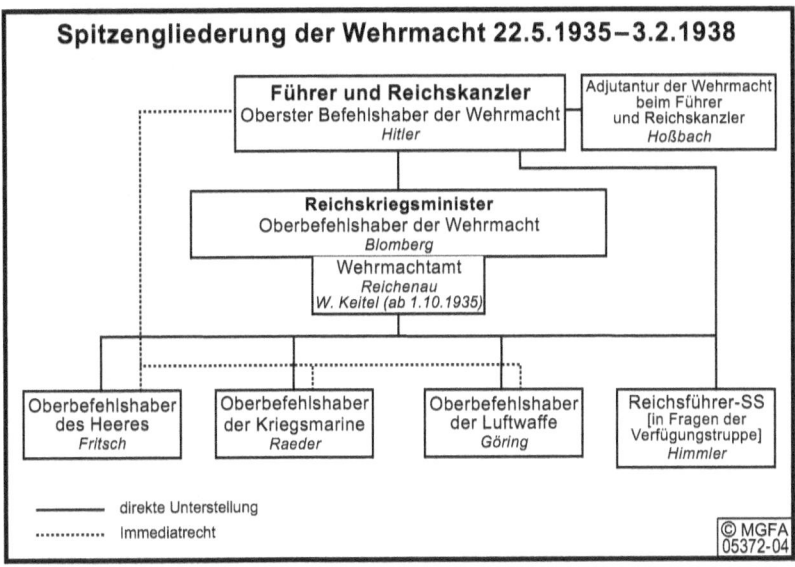

Denkschrift dem Reichswehrminister auftragsgemäß vorlegte[83]. Im Sinne Blombergs anerkannte Beck den Wehrmachtgedanken, d.h. die notwendige Zusammenfassung der drei Teile unter einem »Chef der Wehrmacht«. Dieser sollte zwar deren »einheitliche Führung« sicherstellen und die politische Führung in Fragen der Gesamtkriegführung militärisch beraten. Aber die Leitung der Operationen zu Lande, zu Wasser und in der Luft sowie der Entwurf der Feldzugspläne lag bei den jeweiligen Oberbefehlshabern von Heer, Marine und Luftwaffe, allerdings nach den strategischen Weisungen des Chefs der Wehrmacht. Um diese Aufgabe wahrnehmen zu können, war ihm ein Wehrmachtgeneralstab mit Operationsabteilung zugedacht, jede unmittelbare Einflussnahme auf die Operationen aber ausgeschlossen worden. Mehr als Becks Denkschrift selbst zielten die Anlagen 3 und 4 darauf ab, den »Großen Generalstab« aus den letzten Jahren des Ersten Weltkrieges wieder entstehen zu lassen und in die entscheidende operative Planer- und Beraterfunktion auf der höchsten Führungsebene zu bringen. Dessen Chef, der »1. General-Quartiermeister«, also Beck selbst, weniger der Oberbefehlshaber des Heeres und Vertreter des Chefs der Wehrmacht, sollte »die Prärogative des Heeres in der Wehrmachtführung« gewährleisten[84]. Formal erzielte der Chef des Truppenamtes einen Erfolg. Blomberg bildete sein Ministeramt in Wehr-

---

[83] Am 15.1.1934, abgedr. nebst vier Anlagen bei Müller, Das Heer und Hitler, S. 627 ff. Vgl. auch den Entwurf der Org.Abt (T2) vom 7.12.1933 und die Stellungnahme der Ausb.Abt (T4) vom 16.12.1933. Ebd., S. 622 ff. und 625 f. Vgl. Kroener, Der starke Mann im Heimatkriegsgebiet, S. 216 ff. und 261 ff.

[84] Müller, Das Heer und Hitler, S. 227.

machtamt um und schuf sich in der Abteilung L den von Beck vorgeschlagenen Arbeitsstab für die Herausgabe strategischer Weisungen[85].

Becks hoher Anspruch in einem zukünftigen Kriege musste allerdings den Widerstand des neu ernannten Chefs der Heeresleitung, Fritsch, hervorrufen, wollte letzterer sich nicht beiseite schieben lassen. Die sachlichen Differenzen wurden Ende Mai 1935 geklärt, als der nunmehrige Oberbefehlshaber des Heeres die Dienstanweisung seines Chefs des Generalstabes genehmigte[86]. Beck wurde nicht nur als »erster Berater« von Fritsch anerkannt, sondern auch als »ständiger Vertreter in dessen ministeriellen Funktionen«. Zu diesem Zeitpunkt war aber noch keine endgültige Regelung der Wehrmachtspitzengliederung erlassen worden. Die vorläufige sollte zunächst im nächsten Kriegsspiel erprobt werden[87]. Die weiteren Überlegungen für die Spitzenorganisation der Wehrmacht wurden überlagert von der klaren Frontstellung der Heeresführung gegen die strategische Weisungskompetenz des Wehrmachtamtes einerseits und der Sorge vor einer risikoreichen Politik gegen die Tschechoslowakei andererseits. Die oft zitierte Denkschrift vom 9. Dezember 1935 kritisierte sowohl die politischen Absichten Hitlers als auch den mangelnden organisatorischen Einfluss des Heeres auf die Kriegführung[88]. Das Beharren der Heeresführung auf dem Primat der militärischen Führung des Krieges und auf politischer Einflussnahme im Frieden und Krieg zeugt angesichts der bekannten, eigenen Vorstellungen Hitlers und Blombergs von »bemerkenswerter Realitätsferne« (Wilhelm Deist). Besonders der Reichskriegsminister und dessen neue Mitarbeiter Keitel und Jodl bemühten sich, das Ministerium so umzugestalten, »dass die Belange der Wehrmacht ausschließlich von seinen eigenen Stellen, nicht aber ›federführend‹ von denen der Oberkommandos [der drei Wehrmachtteile] bearbeitet werden«[89]. Dazu sollte das Wehrmachtamt zu einem echten »Wehrmachtführungsstab« aufgebohrt und ein »unmittelbarer« Dienstweg zu den unteren Stellen – neben dem über die Oberkommandos – geschaffen werden. Vorgesehen war auch, die territorialen und truppendienstlichen Befugnisse in den Wehrkreisen zu trennen. Für die Bearbeitung der Wehrmachtangelegenheiten, z.B. Ersatz- und Wirtschaftswesen sowie politische Angelegenheiten, sollten neben die Generalkommandos so genannte Wehrmachtbefehlshaber treten und diese dem Reichskriegs-

---

[85] Vgl. die Vortragsnotizen [des TA] über die Organisation des RWM, o.D., BA-MA, RH 2/1056.

[86] ObdH, TA/TZ Nr. 777/35 vom 31.5.1935, BA-MA, RH 2/195.

[87] Verfügung Blomberg vom 7.3.1935, BA-MA, RH 2/1056.

[88] Vgl. Das Deutsche Reich und der Zweite Weltkrieg, Bd 1, S. 506 f. (Beitrag Deist); Salewski, Die bewaffnete Macht, S. 173 f., und Müller, General Ludwig Beck, S. 120 f.

[89] Vortrag des WA, Ia vom 31.8.1936, betr. Reichskriegsministerium, BA-MA, RW 6/v. 131. Aus einer Marginalie vom 2.11.1936 ergibt sich, dass dieser Vorschlag nach einem Gespräch zwischen den Chefs Inland und Landesverteidigung »vorläufig« zurückgestellt wurde.

ministerium unmittelbar unterstehen. Wenn dieser Vorschlag auch zunächst zurückgestellt wurde, ist doch der Versuch, anstelle der dem Oberbefehlshaber des Heeres unterstellten Wehrkreisbefehlshaber während des Wehrmachtkriegsspiels 1936 nunmehr Wehrmachtbefehlshaber einzusetzen, aktenkundig geworden. Fritsch war schwer verstimmt und reichte seinen Rücktritt ein. Es bedurfte der persönlichen Vermittlung und Zusicherung Blombergs, den Oberbefehlshaber des Heeres vor Entscheidungen, die wesentliche Belange des Heeres berührten, bereits im Frieden zu konsultieren, um Fritsch umzustimmen[90]. Der Machtkampf zwischen Heeresführung und Wehrmachtamt über Rolle und Gewicht des Heeres auf der Ebene der Wehrmachtführung spitzte sich im Sommer 1937 erneut zu, als Blomberg, wie bereits erwähnt, am 24. Juni die von der Abteilung Landesverteidigung konzipierte »Weisung für die einheitliche Kriegsvorbereitung der Wehrmacht« erließ[91]. Diesmal griff der Oberbefehlshaber des Heeres selbst mit einer grundsätzlichen Stellungnahme ein, die Becks Stellvertreter, der Oberquartiermeister I und Generalmajor Erich von Manstein entworfen hatte[92]. Zum einen bestritt die Heeresführung dem Wehrmachtamt, sachlich, strukturell und auch personell zur Erfüllung seiner militärischen und ministeriellen Aufgaben befähigt zu sein. Zum anderen lehnte Fritsch eine von der Heeresführung unabhängige operative Wehrmachtführung erneut ab. Vielmehr müsse der Generalstab des Heeres die Funktion eines Wehrmachtgeneralstabes übernehmen. Diese Denkschrift richtete sich also einzig und allein gegen die Ambitionen des Wehrmachtamtes, die Heeresführung zu mediatisieren, das sich allerdings von einem Heer, Marine und Luftwaffe übergeordneten Wehrmachtdenken hatte leiten lassen. Blomberg legte das Schriftstück, ohne den betroffenen Keitel zu informieren, in seinen Panzerschrank[93].

Für die Wehrmacht galt seit dem 24. Juni 1937 die strategische Weisung Blombergs, »jede sich ergebende politische Gelegenheit militärisch zu nutzen«. Dieses Dokument spiegelte das gewachsene Selbstvertrauen des Dritten Reiches und die Dynamik der Aufrüstung wider. Hitler definierte diese Risikobereitschaft der deutschen Führung am 5. November 1937 so: »größten Gewinn unter geringstem Einsatz« erreichen zu wollen. Für ihn stand seit langem fest, dass die »deutsche Frage«, d.h. der Gewinn von ausreichendem Lebensraum für das deutsche Volk, nur über den Weg der Gewalt gelöst werden könnte. Diesen zu gehen, sei für Deutschland zwar riskant, weil es dabei auf seine »Hassgegner« Großbritannien und Frankreich stoße. Hitler war aber bereit, dieses hohe Risiko einzuge-

---

[90] Tagebuch Jodl vom 27.1., 13.4. und 15.7.1937, IMT, Bd 28, S. 350 und 354 f.
[91] IMT, Bd 34, S. 488 ff.
[92] Abgedr. in: Generalfeldmarschall Keitel, S. 123 ff. Vgl. Müller, General Ludwig Beck, S. 124 ff.
[93] IMT, Bd 28, S. 370 (Tagebuch Jodl vom 6.3.1938).

▲
Reichskanzler Adolf Hitler im
Gespräch mit Reichswehrminister
Werner von Blomberg; ohne Datum
(DHM)

▲
Generaloberst Werner Freiherr von
Fritsch (l.), von Juni 1935 bis März 1938
Oberbefehlshaber des Heeres, zusammen
mit seinem Generalstabschef, General der
Artillerie Ludwig Beck, während eines
Manövers im Jahr 1937
(BArch, Bild 136-B3516/Tellgmann)

◄
Der Chef des OKW von 1938 bis 1945:
General der Artillerie Wilhelm Keitel;
ohne Datum *(AKG)*

hen, weil es in der Politik nun mal keine 51 Prozent Sicherheit gebe. Deutschland müsse eben »blitzartig schnell« vorgehen. Dieser politischen Vorgabe und den militärischen Bedenken der Heeresführung trugen Blomberg und sein Stab – nach Rücksprache mit Hitler – in der geänderten Weisung vom 21. Dezember 1937 insofern Rechnung, als die Staatsführung nun versicherte, »das politisch Mögliche [zu] tun, um Deutschland das Risiko eines Zweifrontenkrieges zu ersparen«, dem es »nach menschlichem Ermessen militärisch und wirtschaftlich nicht gewachsen« sei. Trotzdem blieben Hitler und Blomberg bei der offensiven Strategie, einen Angriffskrieg gegen die Tschechoslowakei vorzubereiten. Nur der genaue Zeitpunkt des Antretens der Wehrmacht, »auch *vor* der erreichten vollen Kriegsbereitschaft Deutschlands«, blieb offen[94].

Der Transformationsprozess, der die pluralistische Weimarer Republik in den nationalsozialistischen Führerstaat verwandelte, erfuhr 1937/38 einen vorläufigen Höhepunkt. Die Wehrmacht wurde strategisch auf Kriegskurs gebracht, strukturell »gleichgeschaltet« und zugleich Hitlers innenpolitische Verfügungstruppe, die SS, vergrößert. Es ist problematisch, die Komplexität der Ereignisse auf so griffige Formeln wie »Hitlers Griff nach der Wehrmacht« (Michael Salewski) oder »Hitlers militärische Machtergreifung« (Reinhard Stumpf) zu bringen. Im Zentrum der Entscheidungen vom Herbst 1937 bis zum Sommer 1938 stand nämlich keineswegs ein grundsätzliches Ringen um die Frage: Frieden oder Krieg, sondern nur eines zwischen jetzt oder später. Es gab auch keine einmütige Haltung der Wehrmacht gegenüber Hitler, weder in seiner Funktion als politischer und militärischer Führer noch in seinem Wunsch, sich eine weitere bewaffnete »Führerexekutive«, die spätere Waffen-SS, zu schaffen. Ebenso wenig stellte sich 1937/38 die von Klaus-Jürgen Müller herausgearbeitete Alternative zwischen dem gleichsam prototypischen Vertreter des politischen Elite-Anspruchs des Generalstabes (Ludwig Beck) und dem der militärischen Funktionselite (Wilhelm Keitel) in dieser Klarheit. Warum, so ließe sich nämlich fragen, drohte ersterer im Fall »Schulung« gegen die Tschechoslowakei 1935 mit seinem Rücktritt und tat dies 1937 im »Sonderfall Otto« gegen Österreich nicht? Warum hatte Beck im Sommer 1938 das Gefühl, »allein« gestanden zu haben[95]? Die oft gescholtenen Keitel, Jodl und der neue Adjutant der Wehrmacht bei Hitler, Rudolf Schmundt, waren beileibe nicht die einzigen Offiziere, die das Führerprinzip verinnerlicht hatten und Weisungen ihres Obersten Befehlshabers loyal ausführten. Die Machtkämpfe belegen auch, wie anspruchsvoll und zugleich retrospektiv die Heeresführung dachte, um selbst strategischen Einfluss auf den politischen Kurs Hitlers

---

[94] Vgl. Das Deutsche Reich und der Zweite Weltkrieg, Bd 1, S. 623 ff. (Beitrag Messerschmidt); Salewski, Die bewaffnete Macht, S. 186 ff., und ADAP, Serie D, Bd 7, S. 548 ff.
[95] Müller, Armee, S. 42 sowie 96 und 100.

zu gewinnen und keine operativen Weisungen aus Blombergs Stab hinnehmen zu müssen.

Im Mittelpunkt der Auseinandersetzungen standen vielmehr Meinungsverschiedenheiten über die Methoden, wann und wie die von allen befürwortete offensive deutsche »Raumpolitik« am besten realisiert werden könnte; ressortspezifische Interessenkonflikte zwischen Wehrmacht- und Heeresspitze um die führende Rolle in der eigentlichen Kriegführung; die überraschende Wiedervermählung Blombergs und die Parteiintrige gegen Fritsch; Hitlers Übernahme der direkten Befehlsgewalt über die Wehrmacht und das damit verbundene Problem ihrer Spitzengliederung[96]. Dabei stand die einheitliche und geschlossene Führung der Wehrmacht nie zur Disposition. Wie Blomberg vor 1938 sah auch Hitler diese als »heilig« an und übernahm sie nur nach längerem Zögern selbst. Als militärischer Führer wollte sich Hitler auf das Wehrmachtamt und einen neu zu ernennenden »Chefadjutanten« seines Vertrauens abstützen. In dieser Situation stiegen Keitel und Schmundt zu Hitlers Vertrauten und Beratern in Wehrmachtfragen auf[97]. Einige Tage blieb auch die Form offen, in der die neue Wehrmachtführung institutionell etabliert werden würde. Als selbst ernannte Nachlassverwalter des »ersten Feldmarschalls des Dritten Reiches« entwarfen schließlich Keitel und Jodl die neue Spitzengliederung der Wehrmacht, die Hitler am 4. Februar und 30. Mai 1938 verfügte (vgl. Grafik auf der folgenden Seite)[98].

Das Problem einer einheitlichen Führung der Wehrmacht hatte sich rasch und endgültig geklärt, als Blomberg Ende Januar 1938 stürzte und Hitler dessen militärische Funktion selbst übernahm. Letzterer war außer sich, dass der Oberbefehlshaber der Wehrmacht, dem er »blind vertraut« hatte, seine Liebe zu einer Frau über die Interessen des nationalsozialistischen Staates stellte[99]. Auch General Beck nahm einen hohen moralischen Standpunkt ein, als er meinte, die Armee »könne nicht dulden, dass der höchste Soldat eine Hure heirate. Er müsse gezwungen werden, sich von der Frau zu trennen oder ausgelöscht werden aus der Liste der Offiziere[100].« So persönlich unglücklich Keitel und Jodl darüber waren, dass Blomberg »gefallen« war, so sachlich froh zeigten sie sich über Hitlers Willen, nicht an der Einheit der Wehrmacht und ihrer Führung zu »rüt-

---

[96] Vgl. Salewski, Die bewaffnete Macht, S. 191 ff.; Das Deutsche Reich und der Zweite Weltkrieg, Bd 1, S. 522 ff. (Beitrag Deist), und Müller, General Ludwig Beck, S. 262 ff.

[97] Vgl. Tagebuch Jodl vom 27.1.1938 (IMT, Bd 28, S. 358 f.).

[98] Abgedr. bei Absolon, Die Wehrmacht im Dritten Reich, Bd 3, S. 500 f. Vgl. auch Keitels Erlass vom 7.2.1938 (Müller, Das Heer und Hitler, Dok. 35, S. 641) sowie die von Hitler am 30.5.1938 erlassenen Ausführungsbestimmungen (Absolon, Die Wehrmacht im Dritten Reich, Bd 4, S. 163 ff.).

[99] Goebbels, Die Tagebücher, T. 1, Bd 3, Einträge vom 26.1. bis 1.2.1938. Ältere Interpretationen gilt es entsprechend zu ändern.

[100] Eintrag Tagebuch Jodl vom 28.1.1938. Zit. nach Müller, Armee und Drittes Reich, S. 248.

II. Die Wehrmacht nach 1933

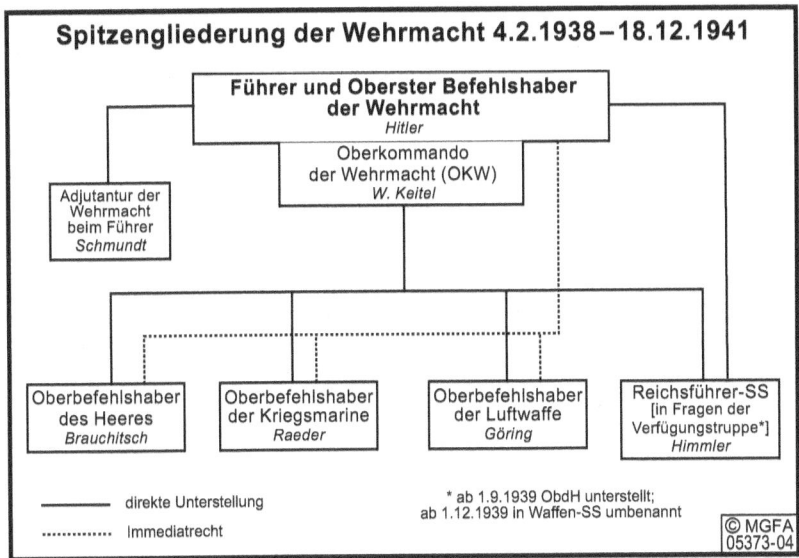

teln«. Damit bliebe »das Werk des 1. Feldmarschalls des 3. Reiches« erhalten und »anderen Kräften« böte sich kein »willkommener Anlass«, um in das Gefüge der Wehrmacht »einzubrechen«[101]. Beide Offiziere waren allerdings auch der Meinung, allein Hitler stände eine Beurteilung von Blombergs Verhalten zu, und nicht dem Offizierkorps.

Da Hitler den erneut gegen den Oberbefehlshaber des Heeres vorgebrachten Vorwurf der Homosexualität ernst nahm und dessen Ehrenwort keinen Glauben schenkte, verschränkte sich die »Affäre Blomberg« mit dem »Fall Fritsch«. In einer außenpolitisch angespannten Lage hatte die »Gleichzeitigkeit des Ungleichzeitigen« weit reichende Folgen. Nach tagelangem Schwanken nutzte Hitler die »schwerste Krise« seines Regimes seit dem 30. Juni 1934 zu einem »großen Revirement« in der politischen und militärischen Führung Deutschlands. Damals, so meinte Hitler zu Keitel am 27. Januar 1938, hätte sich die Partei vor der Wehrmacht schämen müssen. »Möge nie der Tag kommen, wo sich die Wehrmacht vor der Partei schämen muss[102].« Deshalb wies Hitler seinen Propagandaminister an, das »Revirement« in der Presse auf keinen Fall als einen »Triumph der Partei« über die Wehrmacht aufzumachen. Die »wahren Hintergründe« hätten hinter einer Nebelwand zu verschwinden. Im Vorfeld des »Anschlusses« von Österreich war Hitler nämlich daran gelegen, die deutsche Führung, und speziell die der Wehrmacht, nicht in einem

---

[101] Ebd., Einträge vom 27./28.1. (S. 248 f.) und 2.2.1938 (S. 250).
[102] Ebd., S. 248 f. Dieser Tag war – aus der Sicht der Partei – der 20.7.1944, das Attentat auf Hitler.

»Schwächezustand« erscheinen zu lassen[103]. Ihm ging es darum, den österreichischen Bundeskanzler Kurt Schuschnigg »nicht Mut fassen, sondern [weiter] zittern« zu lassen[104]. Die unblutige Angliederung Österreichs bedeutete die Erreichung eines der größten Ziele des deutschen Revisionismus nach dem Ersten Weltkrieg und zugleich einen persönlichen Triumph Hitlers *und* Becks. Denn für den Fall »Otto« war der Chef des Generalstabes des Heeres in jene operative Spitzenstellung gelangt, für die er jahrelang gekämpft hatte, allerdings nur für diese »eine geschichtliche Minute«[105]. Die Generalität der 8. Armee berichtete »in begeisterten Worten« von dem Jubel, mit der die österreichische Bevölkerung die deutschen Truppen empfangen hätte. »Das nationale Hochgefühl des März 1938 verdrängte die Unruhe im Offizierkorps über die Blomberg-Fritsch-Krise[106].«

Über Schuld oder Unschuld des Oberbefehlshabers des Heeres war kriegsgerichtlich noch nicht befunden, da waren die Entscheidungen für eine umfassende personelle und strukturelle Umgliederung der Wehrmacht- und Heeresführung bereits gefällt worden. Diese Organisations- und Personalveränderungen wurden in verschiedenen Erlassen sowie internen und externen Verlautbarungen, darunter einer Rede Hitlers vor dem Reichstag, der uninformierten Truppe und der Öffentlichkeit bekannt gegeben. Den relevanten Erlass Hitlers über die Führung der Wehrmacht vom 4. Februar 1938, bezeichnet Michael Salewski als das »neue Grundgesetz« der Wehrmacht[107], denn er beendete deren Eigenständigkeit. Hitler übernahm den »unmittelbar persönlichen« Befehl über die bewaffnete Macht, seine Weisungen in »Kommandosachen« bedurften keiner ministeriellen Gegenzeichnung mehr. Nun bestimmte das nationalsozialistische Führerprinzip die Wehrmacht nicht nur institutionell, sondern auch strategisch und weltanschaulich. Eine rein »militärische« Strategie konnte es in dem »totalen Krieg der Zukunft«[108] nicht mehr geben, weil diese von der Rassen- und Lebensraumpolitik des »Führers« bestimmt wurde. Die Wechselwirkung zwischen Strategie und Politik, Krieg und Ideologie, Waffe und Weltanschauung radikalisierte sich ab 1939, als der Nationalsozialismus begann, sich als Besatzungsregime in Europa zu etablieren. Siege *und* Niederlagen eröffneten ihm neue Entfaltungsmöglichkeiten zur Totalität[109].

---

[103] Goebbels, Die Tagebücher, T. 1, Bd 3, Eintrag vom 1.2.1938, S. 423-425.
[104] Eintrag Tagebuch Jodl vom 31.1.1938, zit. nach Müller, Armee und Drittes Reich, S. 250. Deshalb wurde die am 10.3.1938 vor dem Reichskriegsgericht gegen Fritsch eröffnete Verhandlung vertagt.
[105] Müller, Das Heer und Hitler, S. 237 f.
[106] Hürter, Hitlers Heerführer, S. 149.
[107] Salewski, Die bewaffnete Macht, S. 208. Ähnlich bezeichnet Bracher die Führergewalt als Grundgesetz des Dritten Reiches.
[108] Chef OKW, Nr. 647/38 vom 19.4.1938, betr. Die Kriegführung als Problem der Organisation. In: IMT, Bd 38, S. 37.
[109] Vgl. Förster, From Blitzkrieg to Total War, S. 89-107.

Mit Hitlers unmittelbarer Führung hatten weder Raeder noch der neu ernannte Oberbefehlshaber des Heeres, Generaloberst Walther von Brauchitsch, Schwierigkeiten. Doch deren Oberkommandos hatten den Kampf um die Spitzengliederung der Wehrmacht keineswegs aufgegeben und produzierten weiter Denkschriften (7. und 11. März 1938)[110]. Zu einer »konzertierten Aktion« gegen das Oberkommando der Wehrmacht kam es aber nicht, weil Göring sich glatt versagte und die Marine den immerhin abgeschwächten Exklusivanspruch des Heeres auf Stellung des »Reichsgeneralstabschefs« nicht gelten lassen wollte. Dennoch fühlten sich Keitel und Jodl herausgefordert, ihre grundlegenden Gedanken zur Spitzenorganisation der bewaffneten Macht zu Papier zu bringen. Sie taten dies am 19. April 1938 mit der Denkschrift »Die Kriegführung als Problem der Organisation«[111]. Mit sachlogischen Argumenten wird darin die Notwendigkeit einer zentralen und umfassenden Organisation für das »autoritäre« Dritte Reich zur Führung des »totalen« Gesamtkrieges der Zukunft dargelegt. »Nur die Einheit und Geschlossenheit von Staat, Wehrmacht und Volk verbürgen im Kriege den Erfolg.« Sie war allerdings noch nicht auf allen in der Denkschrift aufgezählten Gebieten zufriedenstellend gelöst. Der Organisation der politischen Führung des Krieges, des Volkes im Kriege sowie der Führung des Waffenkrieges hinkten die des Wirtschaftskrieges und der »kämpfenden Nation« noch immer hinterher. Semantische Anklänge an die alten Vorstellungen der Reichswehr bzw. Heeresführung und eine gewisse Unentschiedenheit ergaben sich auch noch aus der Verwendung des Wortes »Generalissimus« für den Oberbefehlshaber der Wehrmacht.

Als Hitlers militärischer Stab fungierte ab Februar 1938 das Wehrmachtamt, nun »Oberkommando der Wehrmacht (OKW)« genannt. Damit avancierte General Keitel zwar zu Hitlers ständigem Berater für die Führung der Gesamtwehrmacht, übte in dessen Auftrag auch die ministeriellen Geschäfte von Blombergs Reichskriegsministerium aus, besaß aber keine Kommandogewalt gegenüber Heer, Luftwaffe und Marine[112]. Hatte die Wehrmacht bis zum 4. Februar 1938 im Wesentlichen mit einer Stimme gesprochen, entstand unter der neuen kriegsherrlichen Spitze ein komplexes, aber nicht antagonistisches Geflecht von OKW und immediat gestellten Oberbefehlshabern sowie deren Oberkommandos und unterstellten Kommandobehörden. Diese vielstimmige Wehrmachtführung wurde vom Chef OKW dennoch als die »beste und folgerichtigste Organisation« für den autoritären Staat Adolf Hitlers ausgegeben. In dessen Logik lag anscheinend, dass Keitel die Oberbefehlshaber von Heer, Marine und Luftwaffe bitten musste, nicht nur die einheitliche Führung der

---

[110] Beide sind abgedr. bei Dülffer, Überlegungen, S. 160 ff.
[111] IMT, Bd 38, S. 36 ff.
[112] Vgl. Müller, Armee und Drittes Reich, Dok. 107, S. 252 (4.2.1938); Müller, Das Heer und Hitler, S. 641 (7.2.1938), sowie Absolon, Die Wehrmacht im Dritten Reich, Bd 4, S. 163 ff. (39.5.1938).

Wehrmacht durch Hitler und das OKW anzuerkennen, sondern sich und ihren Aufgabenbereich nur als ein »Teil des Ganzen [zu] betrachten und der Wehrmacht willig [zu] geben, was diese an Einheit in Organisation und Führung« brauche. Ihre Opfer an Eigenständigkeit würden aber in der »Stunde der Gefahr« ihre Früchte tragen.

Nach außen wurde die so genannte Blomberg-Fritsch-Krise natürlich als »Konzentration und Stärkung der politischen, militärischen und wirtschaftlichen Kräfte des Reiches«[113] verkauft und als Beweis vollkommener Identität von Wehrmacht und Nationalsozialismus vertreten. »So wie die deutsche Wehrmacht diesem Staat des Nationalsozialismus in blinder Treue und blindem Gehorsam ergeben ist, so sind dieser nationalsozialistische Staat und seine führende Partei stolz und glücklich über unsere Wehrmacht[114].« Beide Wertungen waren Propaganda und entsprachen nicht der Realität. Die Übernahme der Kommandogewalt durch Hitler und die Einrichtung des OKW garantierten trotz Keitels entsprechender Bitte um Kooperation weder die erwünschte Geschlossenheit der Wehrmacht, die Systematisierung der militärischen und wirtschaftlichen Kriegsvorbereitungen noch das Ende des Denkschriften-Krieges innerhalb der Wehrmachtführung oder die Identifizierung *aller* Wehrmachtoffiziere mit dem Nationalsozialismus.

Den neu gefassten Teil der Weisung »Grün« nahm nämlich der Chef des Generalstabes am 3. Juni 1938 zum Anlass, die Spitzengliederung erneut aufzuwerfen, und zwar in einer an Brauchitsch adressierten »Anti-OKW-Denkschrift«[115]. Beck polemisierte darin nicht so sehr gegen Hitlers »unabänderlichen Entschluss«, die Tschechoslowakei in absehbarer Zeit zu »zerschlagen«, sondern vielmehr gegen die Missachtung des Generalstabes und die Überschätzung der Leistungsfähigkeit des Heeres. Die Spitzengliederung der Wehrmacht, so zeigt das mehrfache Vorgehen Becks, »war eben doch nicht einfach nur eine organisatorische Angelegenheit, sondern ein Komplex von höchster politischer Bedeutung«[116]. Weil das interne Echo auf Hitlers personelle und strukturelle Umbildung der Wehrmacht- und Heeresführung sowie auf den eingeschlagenen Kriegskurs durchaus zwiespältig war, kann von einer Einheitsfront der Ablehnung keine Rede sein. Ein »geschlossener Wille« war im höheren Offizierkorps nicht vorhanden. Becks einstiger Stellvertreter, Erich von Manstein, unterstützte zwar dessen Kampf gegen das OKW, aber er stimmte nicht mit ihm überein, dass die »höchste militärische Führung für die politischen Entschlüsse mitverantwortlich« sei[117]. Er wollte aber das notwendige Vertrauensverhältnis zwischen Hitler und der Heeres-

---

[113] Domarus, Hitler. Reden und Proklamationen, Bd 1, S. 786.
[114] Ebd., S. 796 f.
[115] Müller, General Ludwig Beck, S. 139.
[116] Ebd., S. 136.
[117] Müller, Das Heer und Hitler, S. 336. Ähnlich argumentierte General der Infanterie Ernst Busch. Vgl. Hürter, Hitlers Heerführer, S. 150.

führung nicht gestört wissen. Nach der Besprechung der Gruppenbefehlshaber und Kommandierenden Generale des Heeres am 4. August 1938 in Berlin, die Brauchitsch auf Becks Drängen anberaumt hatte, registrierte Jodl zwar, dass aus der »Miesmacherei« der Auffassungen Hitlers ein »ungeheurer politischer Schaden« und eine Gefahr für die Stimmung der Truppe erwachsen sei. Aber dem »Genie des Führers« werde es zweifellos gelingen, diese – wie die Stimmung des Volkes – »in ungeahnter Weise zur rechten Zeit empor [zu] reißen«[118].

Um dem Heer die noch fehlende »Kraft des Gemüts« zu geben, entschloss sich Hitler zu einem ungewöhnlichen Schritt. Er lud die operativen Gehilfen der höchsten militärischen Führer, die späteren Generalstabschefs der Heeresgruppen und Armeen, zu sich auf den Berghof ein, um ihnen seine Sicht der Dinge persönlich darzulegen. Vorher hatte Beck Gelegenheit, seine bekannte Denkschrift vom 16. Juli 1938 zu erläutern[119]. Leider gibt es von diesem Treffen bei Hitler am 10. August 1938 keine verlässliche Quelle. Erlebte dieser wirklich eine Enttäuschung? Gut belegt ist auch die folgende Versammlung der Generalität in Jüterbog nicht. Gelang es Hitler, sie zu überzeugen? Einer Stabsbesprechung beim VII. Armeekorps in München können wir zumindest keinen Dissens zwischen Heer und Hitler entnehmen: »Krieg oder Frieden liegen nicht in der Hand des Soldaten. Die Entscheidung hat der Politiker. Wir wissen aus vielen Kundgebungen, wie ernst der Führer diese Frage nimmt. Wir wissen aber auch, dass sich der Führer auf seine Wehrmacht, das Schwert seines Willens, verlassen kann.« Zusammen mit der »überlegten und überlegenen Staatsführung« sei diese der »Garant für die Sicherheit des Volkes«[120].

Anfang August 1938 erkannte auch Beck, dass die Voraussetzungen für einen selbstbewussten, mitverantwortlichen Generalstabschef des Heeres nicht mehr gegeben waren, er mit seiner Auffassung folglich allein stand. Seine Generalskameraden bevorzugten enges militärisches Ressortdenken. Beck hatte sie aber nicht nur militär-*politisch* nicht überzeugen können, sondern auch auf seinem ureigensten Gebiet, der militär-*fachlichen* Analyse der befohlenen Operation gegen die Tschechoslowakei, war die Generalität ihm nicht gefolgt. Darüber hinaus können Becks *politisch-moralische* Vorstellungen nicht darüber hinwegtäuschen, dass auch er einem »Hitlerismus« huldigte und die Notwendigkeit einer offensiven Politik bejahte, um Deutschland »einen größeren Lebensraum« zu sichern[121]. Das schloss die Lösung der »tschechischen Frage« in naher Zukunft mit ein. Was der Generalstabschef des Heeres allerdings intern scharf kritisierte, war nicht die Institution des »Führers und Obersten Befehlshabers«, sondern nur dessen vorzeitige, zu riskante Kriegspolitik

---

[118] Zit. nach Salewski, Die bewaffnete Macht, S. 239.
[119] Vgl. Müller, Das Heer und Hitler, S. 338.
[120] Notiz vom 26.8.1938, BA-MA, RH 53-7/39.
[121] Vgl. Müller, Generaloberst Ludwig Beck, S. 79 und 82.

sowie deren rassenpolitische Begründung[122]. Als sich die internationale Krise wegen der Sudentenfrage im September 1938 zuspitzte, ein europäischer Krieg drohte, wurde die Stimmung der Generalität gedrückter. Hitler erklärte zwar, ein anderes deutsches Volk als das von 1918 werde marschieren, aber Generalleutnant Gotthard Heinrici notierte besorgt in sein Tagebuch, die »jubelnde Begeisterung von 1914« fehle[123]. Der Divisionär in Münster war zu Recht überzeugt, dass Hitler keinen *europäischen* Krieg wünschte, aber er, Beck und viele andere hatten seit Herbst 1933 tatkräftig mitgeholfen, jenes »schlagkräftige Instrument« für eine »starke Außenpolitik« des Reiches zu schmieden[124], das es Hitler 1938 erlaubte sollte, die Westmächte und die Tschechoslowakei politisch zu erpressen und ein Jahr später über Polen »herzufallen«. Aber ob die Wehrmacht nach Können und Kräften auch einem Krieg gegen die Westmächte gewachsen sein würde, das war eine offene Frage.

Nicht Hitlers »militärische Machtergreifung« (Reinhard Stumpf) oder dessen »Griff nach der Wehrmacht« (Michael Salewski) hatte die Militärelite aufgebracht, sondern bloß dessen praktische Auswirkungen für ihre eigene Stellung, im Gefüge der Wehrmacht wie in dem des Dritten Reiches. Dabei beschnitt doch die Einrichtung eines Oberkommandos der Wehrmacht das Immediatrecht der Oberbefehlshaber von Heer und Marine bei Hitler in keiner Weise. Gerade Brauchitsch und Raeder versuchten – ähnlich wie Göring –, ihre enger gewordene Bindung an den Obersten Befehlshaber in stärkerem Maße für die Belange *ihres* Wehrmachtteils zu nutzen. In Keitels Erfolg, die einheitliche Wehrmachtführung erhalten zu haben, lag zugleich die Ursache seiner Schwäche. Der Chef des OKW war zwar Hitlers militärischer »Sekretär«, vergleichbar denen für Partei, Verwaltung, Propaganda, Sicherheit, und den Oberbefehlshabern als Reichsminister protokollarisch gleichgestellt, aber er besaß außerhalb seines eigentlichen Bereichs keinerlei Befehlsgewalt[125]. Im Reichsverteidigungsausschuss oblag Keitel zwar die Aufgabe, die Kriegsvorbereitungen zu koordinieren. Aber es gab im Dritten Reich keine Institution zur Abgleichung gesamtstrategischer Kriegsentscheidungen wie im britischen Committee- oder amerikanischen Joint-Chiefs-of-Staff-System. Nur in

---

[122] Vgl. Müller, Das Heer und Hitler, S. 319 und 328 f. Die »Blomberg-Fritsch-Krise« verschränkt sich zwar mit dem vom Heer als Problem angesehenen Aufbau von bewaffneten SS-Truppen. Aber es trifft nicht zu, wie Müller, Armee und Drittes Reich, S. 75 meint, dass die SS den entscheidenden Durchbruch zur Expansion erst nach dem inszenierten Sturz von Fritsch erzielen konnte. Vgl. Kap. III.

[123] Zit. nach Hürter, Hitlers Heerführer, S. 151, Anm. 146. Vgl. auch Kap. VI.

[124] Vortrag des Chefs der Heeresorganisationsabteilung (T2) im Truppenamt und Geschäftsführers des Arbeitsausschusses des RVR, Oberstleutnant Georg von Sodenstern, vom November 1933, betr. Was muss der Politiker vom Wehrwesen wissen?, BA-MA, WiIF5.701b.

[125] Zur Gliederung des OKW 1938/39 vgl. Absolon, Die Wehrmacht im Dritten Reich, Bd 4, S. 161 ff.

II. Die Wehrmacht nach 1933

Hitler selbst liefen alle Fäden der konkurrierenden Machtzentren der Wehrmacht zusammen sowie die der Partei, Wirtschaft und Verwaltung. Er war souveräner Herr über Krieg und Frieden. Denn auch Hitler hatte aus dem Ersten Weltkrieg seine Lehren gezogen. Er war nicht gewillt, sich wie Kaiser Wilhelm II. von Generalen zur Seite drücken zu lassen. Als wirklicher »Führer« des Deutschen Reiches wollte Hitler nicht irgendeinen Krieg führen, sondern den großen Krieg um Lebensraum. Nach sechs Jahren Herrschaft über Deutschland zog er im Februar 1939 selbst Bilanz. Die Nation habe zwar ein vorher nicht für möglich gehaltenes Maß an politischer und militärischer Sicherheit erreicht. Auch werde der nationalsozialistische Staat, der bereits Österreich und das Sudetenland umschloss, von der überwältigenden Mehrheit des deutschen Volkes bejaht. Aber darin sah Hitler nur eine Verpflichtung, bei der endgültigen Lösung des deutschen »Raumproblems« nicht zu erlahmen, »sondern das Eisen zu schmieden, solange es heiß ist«[126].

Im Zuge der konkreten Kriegsvorbereitungen, also ab 1938, bekam auch die »geistige Kriegführung« der Wehrmacht eine neue Dynamik. Nun reichte es nicht mehr, Geist und Moral der Truppe entsprechend dem erteilten militärischen Auftrag zu heben und zu festigen, das Vertrauen in die oberste Führung zu stärken und ein Gefühl von der Überlegenheit des eigenen Staates, seines Volkes und seiner Ideen zu erzeugen. Nein, nun übernahm auch die Wehrmacht das alte Erziehungsziel der Partei: den *politischen Soldaten*[127]. Um der angestrebten Synthese von Soldatentum und Weltanschauung näher zu kommen, brauche der Offizier nicht »politischer Kommissar der Partei« werden. Seiner dualen Rolle im anvisierten Weltanschauungskrieg – als taktischer Führer und geistiger Erzieher seiner Soldaten – werde er gerecht, wenn er von der nationalsozialistischen Idee erfüllt sei, neben militärischer Professionalität auch »unbeirrbare Gefolgschaftstreue zum Führerwillen« sowie seinen Soldaten den Sinn des deutschen Lebenskampfes erkläre und sie so mit der erforderlichen Kampfentschlossenheit »beseele«[128].

Zur selben Zeit verstärkte die Wehrmacht auch die antisemitische Stoßrichtung innerhalb ihrer »nationalpolitischen« Erziehung der Soldaten. Das Attentat auf Ernst von Rath in Paris am 7. November 1938 nahm das OKW zum Anlass, den gegen Deutschland gerichteten »jahrhundertealten Vernichtungswillen« des internationalen Judentums zu thematisieren. Dessen »letzten Angriff« habe das Dritte Reich mit weiteren (Entrechtungs-) Maßnahmen und einer finanziellen »Sühneleistung« von

---

[126] Rede vor den Truppenkommandeuren des Heeres am 10.2.1939. Zuletzt abgedr. bei Müller, Armee und Drittes Reich, Dok. 167, S. 365–375.

[127] Vgl. den Vortrag vom Chef AWA, Oberst Hermann Reinecke, auf dem dritten nationalpolitischen Lehrgang der Wehrmacht am 2.12.1938, BA-MA, RW 6/v. 156. Vgl. Das Deutsche Reich und der Zweite Weltkrieg, Bd 9/1 (Beitrag Förster).

[128] So Percy Ernst Schramm in seiner Einführung zum KTB OKW, Bd 1, S. 210 E.

einer Milliarde Reichsmark beantwortet[129]. Selbst der einer Intrige des NS-Regimes zum Opfer gefallene Generaloberst von Fritsch war im Dezember 1938 davon überzeugt, dass u.a. erst die Schlacht gegen die Juden gewonnen werden müsse, damit Deutschland wieder mächtig werden könne. Diese noch nicht entschiedene Auseinandersetzung hielt der verabschiedete Oberbefehlshaber des Heeres für die schwerste[130]. Auch Hitler rechnete nicht mit einem leichten Kampf. Denn er ordnete an, alle Deutschen zum »fanatischen Glauben an den Endsieg« zu erziehen.

Bei dieser schweren Aufgabe wollte der »Führer und Oberste Befehlshaber« nicht abseits stehen. Nach dem nicht vollständig gelungenen Triumph in München lag ihm daran, Vertrauen in seine weitere riskante expansionistische Strategie zu erwecken und damit der »Miesmacherei« im Offizierkorps entgegenwirken[131]. Hitler gab sich überzeugt, dass nur der Offizier seine Politik »kühn und energisch« nach außen vertreten würde, der deren Axiome begriffen hatte. Die Weltanschauung des Nationalsozialismus sei schließlich keine »Tageserscheinung«. Aufgabe der Wehrmacht sei es, den nationalsozialistischen Staat zu erhalten. Er habe sich vorgenommen, führte Hitler am 10. Februar 1939 offen vor den Truppenkommandeuren des Heeres und deren Chefs des Stabes aus, das deutsche »Raumproblem« zu lösen. Dieser Gedanke beherrsche sein ganzes Dasein. Eine wirklich dauerhafte Lösung könne nur durch die Anpassung des »Lebensraumes« an die wachsende Volkszahl erreicht werden. Sei das erreicht, besäße Deutschland damit die Anwartschaft auf die Herrschaft in Europa[132].

Auch über den Charakter des nächsten großen Krieges ließ Hitler das Offizierkorps, jung und alt, nicht im Unklaren. Da nun mal rassische Erkenntnisse Völker in den Kampf trieben, werde der kommende Krieg ganz anders sein als der Erste Weltkrieg, nämlich »ein reiner Weltanschauungskrieg, d.h. bewusst ein Volks- und Rassenkrieg« sein. Um diesen gewinnen zu können, müsse der Offizier seine Soldaten auch weltanschaulich führen, nicht bloß taktisch. Denn erst die Verbindung von Waffe und Weltanschauung würde die Truppe letzten Endes begeistern, sie vorwärts reißen. Diese Synthese sei es, die »die Nation allein in einem langen Krieg aufrechterhalten« werde. Um diesen zu gewinnen, fuhr Hitler fort, reiche die Treue- und Gehorsamspflicht des Offiziers nicht aus. Sie müssten vielmehr »gläubigen Herzens« hinter seiner weltan-

---

[129] Vgl. die entsprechenden Artikel in den offiziellen Richtlinien und Schulungsheften für den weltanschaulichen Unterricht vom 1.12.1938 und vom Sommer 1939, BA-MA, RWD 12/30, sowie Das Deutsche Reich und der Zweite Weltkrieg, Bd 9/1, S. 502-505 (Beitrag Förster).

[130] Reynolds, Der Fritsch-Brief, S. 370.

[131] Vgl. den Befehlsentwurf des OKW vom 19.10.1938. In: Müller, Armee und Drittes Reich, S. 179 f.

[132] Rede vom 10.2.1939, zit. nach: Ebd., S. 365-375. Am 18. und 25.1.1939 hatte Hitler bereits zum jüngsten Offizierjahrgang der Wehrmacht und deren höheren Befehlshabern gesprochen. Vgl. ebd., S. 360-365.

schaulichen, staatspolitischen Führung stehen; denn er betrachte sich eben auch als ihr oberster weltanschaulicher »Führer«, dem sie ebenfalls auf Gedeih und Verderb verpflichtet seien. Diese Überzeugung steigerte Hitler im Verlaufe seiner Rede am 10. Februar 1939 zu der Forderung, »dass selbst, wenn ich in meinem Kampf für die Weltanschauung vom ganzen Volk im Stich gelassen würde, dass dann erst recht der ganze deutsche Soldat, das gesamte Offizierkorps, Mann um Mann, vor und neben mir steht«[133]. Ganz ähnlich hatte bereits der neue Oberbefehlshaber des Heeres, Generaloberst Walther von Brauchitsch, die letzte Aufgabe des Offizierkorps beschrieben: »Es ist der Bannerträger [der NS-Weltanschauung], der auch dann unerschütterlich [ist], wenn alles andere versagen sollte[134].«

Hitlers kompromisslose Haltung bei der Expansion Deutschlands und dessen Auffassung vom Offizierkorps als seiner »Elitetruppe« und »allerletzten Garde« im Weltanschauungskrieg gewinnen ihre Bedeutung erst vor dem Hintergrund seiner Reichstagsrede am 30. Januar 1939. Damals hatte Hitler öffentlich erklärt: »Wenn es dem internationalen Judentum innerhalb und außerhalb Europas gelingen sollte, die Völker noch einmal in einen Weltkrieg zu stürzen, dann wird das Ergebnis nicht die Bolschewisierung der Erde, und der Sieg des Judentums, sein, sondern die Vernichtung der jüdischen Rasse in Europa.« Getreu seiner Maximen erinnerte der Oberste Befehlshaber und weltanschauliche Führer der Wehrmacht seine Generale im Herbst 1939 daran, dass es seit Kriegsbeginn nicht bloß darum gehe, Danzig mit dem Schwert »heim ins Reich« zu holen, sondern um die Sicherung des deutschen Lebensraumes. Dieser »Rassenkampf« würde auch die Entscheidung bringen, »wer in Europa und damit in der Welt herrschen soll«[135]. Der politische Rückgriff auf das »weltbewegende Prinzip des Rassenkampfes« und dessen besonderer »Symbolik« für den Krieg entzog Hitlers Handeln gleichsam der persönlichen Verantwortung. Er sah sich als Vollstrecker einer historischen »Mission« für das auserwählte deutsche Volk, das es gegen dessen Todfeind, das Judentum, zu schützen galt. Über ein Naturgesetz konnte es keine Diskussion geben. Ob die militärischen Führer sich damals an Berenhorsts »Aphorismen« erinnerten? Der hatte 1805 geschrieben: »Die Gemeinen sind die Basis, Obristen und Hauptleute die Säulen einer vollendeten militärischen Rotunde; sie tragen die mächtige Kuppel; sie tragen – wenn's seyn muss – einen hohlen Herkules oben auf derselben, lange den Stürmen und den Ungewittern entgegen[136].«

---

[133] Ebd., S. 373.
[134] Erlass vom 18.12.1938, betr. Die Erziehung des Offizierkorps. Ebd., S. 181.
[135] Rede vom 23.11.1939, zit. nach Groscurth, Tagebücher eines Abwehroffiziers, S. 414.
[136] Zit. nach Untersuchungen zur Geschichte des Offizierkorps, S. 190 (Beitrag Papke).

Die Wehrmacht hatte von sich aus hart gearbeitet, um ein kriegsfähiges Instrument aufzustellen. Die Entscheidung über ihren tatsächlichen Einsatz lag aber nicht in militärischer Hand. 1939 glaubte die Wehrmacht ihrem politisch erfolgreichen Führer, dass England und Frankreich wieder das Risiko eines großen Krieges scheuen würden, der »Fall Weiß« gegen den ungeliebten Nachbarn im Osten ein regionaler Konflikt bleiben würde[137]. Bereits am 3. September wurde allerdings deutlich, dass Deutschland bei der Durchsetzung seiner Aggressionspolitik wieder der alten Weltkriegskoalition gegenüberstand, obwohl Russland diesmal auf deutscher Seite stand, die USA sich noch nicht offen zu ihrer »special relationship« mit Großbritannien erklärt hatten und nach dem operativen Erfolg die Hoffnung aufkeimte, die kriegerische Auseinandersetzung mit den starken Westmächten könne vermieden werden.

Der Feldzug gegen Polen war die erste wirkliche professionelle Herausforderung der Wehrmacht als Instrument einer expansiven NS-Politik. Die Einmärsche in die entmilitarisierte Zone entlang des Rheins, nach Österreich, in das Sudetenland und in Prag waren unblutig verlaufen. Ins Rheinland hatte Hitler die Wehrmacht quasi »zum Jagen tragen«, im Vorfeld der Operationen gegen die Tschechoslowakei massive Einwände aus dem Weg räumen müssen. Bei der ersten Kampfhandlung des »jungen nationalsozialistischen Heeres« gegen Polen wollte das Heer unter Hitlers Oberbefehl nicht nur »kämpfen und siegen«. Den »Fall Weiß« sah der Oberbefehlshaber des Heeres auch als politische Bewährung der Armee an, um deren Stellung und Einfluss im kommenden Frieden zu sichern[138]. Hitlers offizielle Propagandisten wurden im September 1939 zwar nicht müde, den starken deutschen Willen zum Sieg und die Doktrin zur Vernichtung während der Operationen hervorzuheben[139]. Aber jedem Verantwortlichen war der Unterschied zwischen dem August 1914 und dem September 1939 klar. Es fehlte die Kriegsbegeisterung. Goebbels wertete dies aber positiv: »Die jetzige Stimmungslage sei eine festere, für den weiteren Krieg bessere als vor 25 Jahren[140].« Rückblickend auf jene Tage im September 1939 urteilte der Chef des Stabes der Seekriegsleitung während des Krieges: »Das deutsche Volk ging daher nach schweren Zeiten mit bereits angespannten Nerven, mit zusammengebissenen Zähnen, aber innerlich stark gefestigt, im gläubigen Vertrauen auf seine starke straffe Führung, hart und entschlossen in seinen neuen Freiheitskampf[141].« Das Ausbleiben einer schmerzhaften Reaktion der Westmächte

---

[137] Vgl. Hürter, Hitlers Heerführer, S. 156 ff.
[138] Tagesbefehl vom 1.9.1939, BA-MA, RH 53-7/v. 1069. Vgl. die Verfügung von Brauchitsch vom 25.10.1939, abgedruckt in: Offiziere im Bild von Dokumenten, S. 277.
[139] Dietrich, Auf den Straßen des Sieges.
[140] Aktennotiz des Gruppenleiters Heer bei OKW/WPr über Goebbels' Vortrag vor den Chefs der Propagandakompanien vom 9.1.1940, BA-MA, RH 1/v. 58.
[141] Schreiben Admiral Kurt Fricke an den japanischen Vizeadmiral Naokuni Nomura vom 9.6.1942, BA-MA, RM 7/377.

verbesserte die Stimmung in Deutschland deutlich. Sie erweckte sogar den Wunsch nach Frieden. An einer solchen »weichen, sentimentalen« Gefühlslage der Deutschen war dem NS-Regime aber überhaupt nicht gelegen, sondern nur an deren »sicherer Zuversicht auf den Endsieg«[142], denn ab 27. September 1939 drängte Hitler auf eine sofortige Westoffensive. Die Heeresführung setzte dagegen auf ein defensives Abwarten.

Der europäische Krieg, den Hitler am 1. September 1939 entfesselte, war aber von Anfang an kein bloßer Waffenkrieg, sondern auch ein weltanschaulicher Kampf nach außen und innen. Allein der Sieg und die glorreiche Zukunft des rassisch stärkeren deutschen Volkes zählten: eine grundlegende Revision des Westfälischen Friedens (!), nicht bloß des von Versailles, sowie die rassische Umgestaltung Deutschlands und Europas. Im harten Kampf für die eigene Rasse, und damit gegen alles Fremde, konnte es keine gesetzlichen Bindungen, wie etwa das Kriegsvölkerrecht, oder moralische Skrupel geben, weder an der Front noch in der Heimat. Ideologische Vorstellungen verschränkten sich mit vermeintlichen Erfahrungen aus dem Ersten Weltkrieg. Johannes Hürter spricht in diesem Zusammenhang von den »Schattenseiten 1939/40«, wobei der »kleine Ostkrieg« in vielem das Schreckensbild des »großen Ostkrieges« vorweggenommen habe, »allerdings in bescheidener Dimension«[143]. Im Interesse der »*inneren*« Front wurden nach dem 1. September 1939 der Repressionsapparat des NS-Regimes perfektioniert, die Verfolgung der Juden gesteigert, in so genannten Euthanasie-Aktionen »unwertes Leben ausgemerzt«, um die kämpfende deutsche »Volksgemeinschaft« von »Staats- und Reichsfeinden«, von »unnützen Essern« und anderen »Volksschädlingen« zu befreien. Mit den schon lange vorbereiteten Instrumenten eines brutalen Sonderstrafrechts und der Verhaftung von karteimäßig erfassten Personen als Teil der militärischen Mobilmachung sowie Strafverordnungen über Kriegswirtschaftsvergehen und Kriegskriminalität wurden auch die Möglichkeiten von SS, Polizei, Justiz und Militärjustiz drastisch verschärft.

Im Interesse der »*äußeren*« Sicherheit gelang es Himmler, sich eine weitere staatliche Aufgabe zu sichern. Am 7. Oktober 1939 wurde er von Hitler zum »Reichskommissar für die Festigung deutschen Volkstums« ernannt und mit der »Ausschaltung des schädigenden Einflusses von volksfremden Bevölkerungsteilen« beauftragt. Vom Sommer 1941 her betrachtet, erscheint das besetzte Polen als ein bloßes Experimentierfeld der nationalsozialistischen Rassenideologie und Bevölkerungspolitik. Die mörderische »Endlösung der Judenfrage« war aber 1939 noch kein konkretes Ziel. Ob sich Generale und Offiziere an Himmlers Reden vom Januar 1935 und 1937 erinnerten, als sieben so genannte Einsatzgruppen und ein Einsatzkommando der Sicherheitspolizei und des SD mit einer Gesamtstärke von etwa 2700 Mann in Polen einrückten, ist nicht bekannt.

---

[142] Weisung an die Propagandakompanien vom 8.12.1939, BA-MA, RH 19 III/377.
[143] Hürter, Hitlers Heerführer, S. 177.

Dem Heer, dem diese Einheiten bis zur Übernahme der Zivilverwaltung (26. Oktober 1939) unterstanden, war anfangs nur mitgeteilt worden, dass sich das Unternehmen »Tannenberg« der SS gegen alle »reichs- und deutschfeindlichen Elemente rückwärts der kämpfenden Truppe« richtete. Selbst die Spitzen von Wehrmacht und Heer erfuhren den vollen Umfang des Mordprogramms erst Mitte Oktober 1939. Sie gaben sich damit zufrieden, es nicht selbst durchführen oder verantworten zu müssen, und scheuten davor zurück, das gesamte Offizierkorps darüber aufzuklären. Die mörderischen Maßnahmen von SS und Polizei richteten sich vornehmlich gegen die führenden polnischen Schichten. Mehrere zehntausend Personen wurden in den Landesteilen ermordet, die Deutschland annektierte. Auch viele Juden wurden getötet, doch bis zum Sommer 1941 standen noch Umsiedlung und räumliche Konzentration der jüdischen Bevölkerung im Vordergrund. Zusammen mit Polen und Zigeunern wurden sie ins »Generalgouvernement«, den polnischen Reststaat, verfrachtet, den »Mülleimer« der deutschen »Herrenrasse«. Dies waren die ersten Schritte zu einer grundlegenden »Flurbereinigung« des gewonnenen Lebensraumes.

Die Verbrechen der SS in Polen sind bekannt. Aber bereits 1961 identifizierte ein Pionier der Holocaustforschung, Raul Hilberg, die Wehrmacht als einen weiteren, aktiven Faktor des nationalsozialistischen Vernichtungsprozesses insgesamt[144]. Seit damals hat die internationale Forschung die Legende von der »sauberen« Wehrmacht systematisch zerstört. Obwohl kein Auftrag von oben vorlag, beteiligten sich viele Soldaten *eigenmächtig* an den SS-Exekutionen, plünderten oder erschossen, »teils in einer Freischärlerpsychose befangen, willkürlich und in großer Zahl Kriegsgefangene und Zivilisten«, Polen wie Juden[145]. Gegen diese »ernsten Erscheinungen« oder »Landsknechtmanieren« im Heer, aber auch gegen straffällig gewordene SS-Männer waren Befehlshaber kriegsgerichtlich eingeschritten. Einer wirklichen Bestrafung der Täter wirkten allerdings Hitlers Gnadenerlass vom 4. Oktober und die Einführung einer Sondergerichtsbarkeit für die SS im Felde am 17. Oktober 1939 entgegen[146]. Nach Ablösung der Militärverwaltung blieb den Kommandeuren nur die Form des Protestes an vorgesetzter Stelle gegen die anhaltenden Mordaktionen der SS im Osten. Der Oberbefehlshaber des Heeres griff diese aber nicht auf, sondern verteidigte die staatliche »Volkstumspolitik« als notwendig für die dauerhafte Sicherung des deutschen Lebensraumes. Weil der Heeresführung das »harte« Vorgehen der SS nicht generell missfiel, sondern nur der »Blutrausch« der Beteiligten, war Brauchitsch daran

---

[144] Hilberg, The Destruction of the European Jews. Eine deutsche Übersetzung erschien erst Jahrzehnte später. Vgl. Das Deutsche Reich und der Zweite Weltkrieg, Bd 5/1, S. 3–345 (Beitrag Umbreit), Rossino, Hitler Strikes Poland; Böhler, Auftakt, und Hürter, Hitlers Heerführer, S. 178 ff.
[145] Das Deutsche Reich und der Zweite Weltkrieg, Bd 5/1, S. 42 (Beitrag Umbreit).
[146] Vgl. Vieregge, Die Gerichtsbarkeit.

II. Die Wehrmacht nach 1933

interessiert, »die mit diesem Volkstumskampf zu erwartenden, dem Geist der Mannszucht des Heeres schädlichen Vorgänge und Handlungen von der Truppe fernzuhalten«. Die Soldaten sollten nicht verrohen[147]. Ähnlich argumentierte ein paar Monate später, am 22. Juli 1940, ein Truppenführer, der 1939 noch zu den Kritikern der SS gehört hatte, der Oberbefehlshaber der 18. Armee, Generaloberst Georg von Küchler: »Der an der Ostgrenze seit Jahrhunderten tobende Volkstumskampf bedarf zur endgültigen völkischen Lösung einmaliger, scharf durchgreifender Maßnahmen [...] Der Soldat hat sich aus diesen Aufgaben anderer (staatlicher) Verbände herauszuhalten und sich auch nicht durch Kritik [...] einzumischen[148].« Diesen Umschwung in der Akzeptanz der Morde der SS durch die Heeresgeneralität hatten zwei Ereignisse bewirkt: Himmlers persönliche Erläuterung vom 13. März 1940, dass er nur auf Befehl Hitlers handele, sowie der unerwartet schnelle militärische Triumph über Frankreich im Sommer 1940. Johannes Hürter spricht in diesem Zusammenhang von einem Transformationsprozess der bewaffneten Macht, wobei dieser Begriff »nicht nur Umwandlung, sondern Wandel, nicht nur Manipulation, sondern Anpassung meint«[149]. Kurz vor Beginn des Unternehmens »Barbarossa« erfuhr das Ostheer aus berufenem Munde, Brauchitsch und Himmler hätten sich darüber verständigt, den zwischen Heer und SS über Polen entbrannten Streit endgültig zu begraben. Dies war auch notwendig, sollte doch auch der erste Waffenträger in dem bereits anvisierten verbrecherischen »Vernichtungskampf« gegen den »jüdischen Bolschewismus« funktionieren, d.h. ihn Seite an Seite mit Himmlers besonderen Organen gewinnen.

Hitlers eigentlicher Krieg, der Blitzkrieg gegen die Sowjetunion 1941, bedeutet eine Zäsur in der Geschichte der Wehrmacht, des Dritten Reiches und des Zweiten Weltkrieges. Zum einen weitete sich der europäische Krieg im Dezember 1941 zum globalen Konflikt aus. Zum anderen wurde das Verhältnis zwischen der Wehrmacht und ihrem weltanschaulichen Führer enger. Hitlers Sinngebung für den »Fall Barbarossa« am 30. März 1941 beschränkte sich nämlich nicht auf militärische und wirtschaftliche Ziele. Der Krieg gegen die Sowjetunion war kein bloßer »Kampf der Waffen«, sondern auch die Auseinandersetzung zweier antagonistischer Weltanschauungen sowie die entscheidende territoriale Erweiterung des deutschen Lebensraumes[150]. Für die Erreichung des gigan-

---

[147] Verfügung des ObdH vom 7.2.1940. In: Krausnick/Wilhelm, Die Truppe des Weltanschauungskrieges, S. 104.
[148] Ebd., S. 112. Vgl. III. AK, Abt. Ic vom 20.9.1940, betr. Einstellung zu den Juden, BA-MA, RH 24-3/36.
[149] Hürter, Hitlers Heerführer, S. 607 f.
[150] Diese Ansprache in der neuen Reichskanzlei bezeichnete schon Andreas Hillgruber als »Schicksalsstunde des deutschen Heeres« (Hillgruber, Hitlers Strategie, 2. Aufl., S. 527). Seit der Edierung von Hermann Hoths Notizen braucht sich niemand mehr allein auf Halders Kriegstagebuch zu stützen. Vgl. die synopti-

tischen »Kriegszwecks« zum Nutzen des deutschen Volkes – Sieg, Vernichtung, Ausbeutung und Beherrschung – waren vier Instrumente, so genannte Säulen, vorgesehen: Wehrmacht, SS, Vierjahresplan und Verwaltung[151]. Zur effektiven Meisterung dieser großen Aufgabe wurden die Bereiche von Hitlers »4 Beauftragten« nicht etwa klar getrennt, sondern eng verzahnt.

Um das verhasste Sowjetsystem schnell zum Einsturz zu bringen und den erwarteten Widerstand im Rücken der Wehrmacht auszuschalten, sollte die »jüdisch-bolschewistische Intelligenz« physisch beseitigt werden. Die rasche Vernichtung wirklicher oder vermeintlicher Gegner im Operationsgebiet sollte »deutsches Blut« sparen helfen.

Es ist schlichtweg falsch, weiterhin anzunehmen, nach dem 22. Juni 1941 hätten nur Hitlers besondere Weltanschauungstruppen – die berüchtigten Einsatzgruppen der Sicherheitspolizei und des SD, ihre »grünen Helfer«, die Polizeibataillone der Ordnungspolizei, sowie die oft übersehenen Waffen-SS-Brigaden unter dem so genannten Kommandostab Reichsführer-SS[152] – den Todesstoß gegen das Wahnbild des jüdischen Bolschewismus geführt. Richtig ist vielmehr, dass deren rassenpolitisch motivierte Erschießungen der Juden und Kommunisten von Anfang an durch das brutale Vorgehen des Heeres gegen die »Träger der jüdisch-bolschewistischen Weltanschauung« in der Roten Armee, die Kommissare, »bolschewistische Hetzer«, Saboteure und Juden unterstützt wurden. Es war das Oberkommando des Heeres, das auch den ersten Entwurf für den »verbrecherischen Befehl« (Heinrich Uhlig), die »Kommissarrichtlinien«, vom 6. Juni 1941 vorlegte[153]. Die im Auftrag Hitlers durchzuführenden »Sonderaufgaben« Himmlers zur »endgültigen Beseitigung des Bolschewismus« stießen nicht auf Protest, obwohl bekannt war, dass das Mord bedeutete. Anders als noch im Krieg gegen Frankreich waren dessen Organe willkommen. Individuelle Ablehnung der SS war eine Sache, militärische Entlastung beim Niederringen des gemeinsamen Feindes durch dessen »politisch-polizeiliche Bekämpfung« rückwärts der kämpfenden Truppe eine andere.

Hitlers Vernichtungskonzept gegen den »jüdischen Bolschewismus« konnte zum integralen Bestandteil der militärischen Kriegführung, Strategie und Mord zu einem unlösbaren Knoten verknüpft werden, weil Offiziere und Juristen in den Oberkommandos von Wehrmacht, Heer und

---

sche, englische Präsentation von Förster/Mawdsley, Hitler and Stalin, S. 61–103, und die deutsche bei Hürter, Hitlers Heerführer, S. 5 ff.

[151] So der Generalquartiermeister des Heeres auf der großen Besprechung am 4.6.1941. Vgl. Das Deutsche Reich und der Zweite Weltkrieg, Bd 4, S. 424 f.

[152] Vgl. Curilla, Die deutsche Ordnungspolizei, und Cüppers, Wegbereiter der Shoah.

[153] Vgl. Das Deutsche Reich und der Zweite Weltkrieg, Bd 4, S. 435 ff.; Förster, Verbrecherische Befehle, S. 146, sowie die statistisch angelegte Dissertation von Felix Römer zur Geschichte des »Kommisarbefehls«, die vor ihrer Fertigstellung steht.

Luftwaffe auch davon überzeugt waren, dass zwischen dem nationalsozialistischen Deutschland und der bolschewistischen Sowjetunion eine unüberwindbare Kluft klaffte, rassisch und weltanschaulich. Deshalb erschien es ihnen gerechtfertigt, die Truppe den »weltanschaulichen Kampf« der SS mit durchfechten zu lassen, Hitlers Weisungen in »Weltanschauungssachen« in »Befehle in Dienstsachen« (Hans Buchheim) umzusetzen. Deshalb wurde für die als kurzen Feldzug geplante Auseinandersetzung das Kriegsvölkerrecht suspendiert, die Militärgerichtsbarkeit eingeschränkt und eine präventive Amnestie für Verbrechen von Soldaten an Sowjetbürgern in und ohne Uniform verfügt. Die relevanten Erlasse und Richtlinien der Wehrmacht- und Heeresführung vom 13. März, 28. April, 13., 19. und 24. Mai, 6., 8. und 16. Juni 1941 sowie die »Grüne Mappe« vom Juni 1941 legten die Grundlage dafür, dass deutsche Kriegführung, Befriedungs- und Wirtschaftspolitik im Osten eine völlig neue Dimension erhielten. Die bewusste Verzahnung von ideologischen und militärischen, strafenden und vorbeugenden, skrupellosen und fürsorglichen Gesichtspunkten trug erheblich dazu bei, die Rechtswidrigkeit der Erlasse und Richtlinien zu verschleiern und den millionenfachen Tod von Unschuldigen in Kauf zu nehmen. Die befohlene Erschießung der Kommissare in der Roten Armee durch die Truppe war im Rahmen des von Hitler propagierten Weltanschauungskrieges und Vernichtungskampfes zwar konsequent, aber ebenso rechtswidrig wie die Hinrichtung von Zivilisten beim bloßen *Verdacht* der Freischärlerei. Der so genannte Gerichtsbarkeitserlass vom 13. Mai 1941 war aber – im Unterschied zu den Richtlinien für die Erschießung von kriegsgefangenen Kommissaren – nicht in toto verbrecherisch. Denn die Tötung von tatsächlichen Partisanen oder Saboteuren wurde vom damals geltenden Kriegsvölkerrecht gedeckt.

Als Fazit der beiden Erlasse, ihrer schriftlichen Zusätze und mündlichen Erläuterungen rekapitulierte ein Armeerichter vor Angriffsbeginn: »Jeder Soldat muss wissen, dass er sich aller Angriffe im Kampf zu erwehren hat, dass er in zweifelhaften Fällen Festgenommene dem nächsten Offizier vorzuführen hat. Jeder Offizier muss wissen, dass er Festgenommene erschießen oder laufen lassen kann, dass politische Kommissare auszusondern und zu erschießen sind. Jeder Bataillonskommandeur muss wissen, dass er kollektive Gewaltmaßnahmen [gegen Ortschaften und deren Bewohner] anordnen kann[154].« Um dem verantwortlichen Offizierkorps und der ausführenden Truppe solche Exekutionen von Einzelpersonen oder größere Strafaktionen »etwas schmackhafter« zu machen, wurde das Sicherheitsbedürfnis der Soldaten in einer feindlichen, heimtückischen Umwelt betont[155]. Nach den Erfahrungen in Polen befürchtete die Heeresführung – wohl nicht zu Unrecht – fatale Auswirkungen des weltanschaulichen Kampfes auf die Disziplin, nämlich einen »Blutrausch«

---

[154] Das Deutsche Reich und der Zweite Weltkrieg, Bd 4, S. 438 f.
[155] Vgl. ebd., S. 413 ff.

der Truppe. Deshalb verbot sie *eigenmächtiges* Handeln und band die befohlenen, verbrecherischen Maßnahmen an die Entscheidung eines Offiziers. So war die militärische und persönliche Verantwortung für die Wahl der Mittel im Vernichtungskampf gegen den »jüdischen Bolschewismus« auf die Schultern eines heterogenen und seit Jahren ideologisch aufgeladenen Offizierkorps verlagert worden. Das nach 1945 überlieferte Unbehagen des Heeres gegen Hitlers ideologisch motivierte Kriegführung im Osten vor dem 22. Juni 1941 richtete sich allerdings weit mehr gegen die Ausschaltung der Kriegsgerichtsbarkeit, von der Truppenführer eine Lockerung der Mannszucht befürchteten, als gegen den »Kommissarbefehl«[156].

Dass der deutsch-sowjetische Krieg tatsächlich eine besondere Qualität bekam, lag sicher am brutalen deutschen Vorgehen und deren einheimischen »Selbstschutzkräften«. Aber der Überfall von Wehrmacht und SS auf ihren sowjetischen Verbündeten wurde von Stalin in einer Weise erwidert, die dem auf deutscher Seite vorher gezeichneten hässlichen Bild von der »asiatischen« Kriegführung der Roten Armee grelle Farben verlieh. Auch der sowjetische Diktator definierte den Kampf gegen das nationalsozialistische Deutschland nicht als einen »gewöhnlichen Krieg« zwischen zwei Armeen, sondern als einen erbarmungslosen »Volkskrieg« gegen den »deutschen Faschismus«. Diese öffentliche Absichtserklärung vom 3. Juli 1941, die vorangegangenen Massenerschießungen von politischen Häftlingen in den westlichen Grenzgebieten und die Exzesse gegen deutsche Kriegsgefangene begriff Hitler wiederum als willkommene Gelegenheit, sein Vernichtungsprogramm noch überzeugender als Kriegsnotwendigkeit auszugeben. Er wollte alles »ausrotten, was sich gegen uns stellt«[157]. Der verständliche Wunsch der Truppe nach Sicherheit im Rücken wurde Ende Juli 1941 dazu benutzt, generell hartes Durchgreifen zu befehlen. Eine Rolle für die schärfere Behandlung der Bevölkerung und der versprengten Rotarmisten spielte auch, dass der Verlauf der Operationen nicht den deutschen Erwartungen entsprach. Die »Weite des Raumes«, die Härte der Kämpfe gegen den »ersten echten Gegner«, der organisiertere Widerstand im Hinterland und die eigenen Verluste trugen dazu bei, dass sich die Kluft zwischen Auftrag und Kräften der Wehrmacht ständig vergrößerte. Deshalb sollte die entstehende Partisanenbewegung nicht durch »juristische Bestrafung der Schuldigen« bekämpft werden, sondern durch die Verbreitung von Schrecken. Der eigentlich zeitlich befristete Gerichtsbarkeitserlass wurde verlängert und ergänzt.

---

[156] Vgl. die in den Vierteljahrsheften für Zeitgeschichte geführte Diskussion zwischen Johannes Hürter und Felix Römer auf der einen Seite und Gerhard Ringshausen und Hermann Graml auf der anderen (Hürter, Was wusste die Militäropposition vom Judenmord; Ringshausen, Der Aussagewert; Graml, Massenmord; Hürter/Römer, Alte und neue Geschichtsbilder).

[157] Aufzeichnung Martin Bormanns über die Besprechung vom 16.7.1941. In: IMT, Bd 38, S. 88.

Die Truppe wurde ausdrücklich ermahnt, eine vorherige Festnahme von Geiseln zur Haftung für »zukünftiges Unrecht« gegenüber der Besatzungsmacht sei nicht erforderlich. Terror gegen die Zivilbevölkerung und ad hoc zu befehlende »Sühnemaßnahmen«, d.h. summarische Erschießungen von vornehmlich Juden und Kommunisten, sowie die Zerstörung ganzer Ortschaften wurden zum gängigen Mittel erhoben, um ja keine »Lust zur Widersetzlichkeit« aufkommen zu lassen[158]. Die Zivilbevölkerung in der besetzten Sowjetunion geriet so zwischen den Hammer der sowjetischen Partisanen und den nationalsozialistischen Amboss der Wehrmacht und SS. Die Tatsache, dass die Truppe noch immer nicht an allen Stellen mit der erwarteten Härte und Brutalität gegen Juden und Kommunisten durchgriff, nahm das OKW zum Anlass, noch einmal daran zu erinnern, dass die Juden die »Hauptträger des Bolschewismus« seien. Wenige Tage später wurde dieser »Kriegsbrauch mit östlichen Mitteln« auf alle besetzten Gebiete übertragen. Keitel informierte die dortigen militärischen Befehlshaber, Hitler halte die Todesstrafe für »50-100 Kommunisten« als Sühne für »ein deutsches Soldatenleben« angemessen[159]. Die verantwortlichen Generale besaßen also immer noch einen gewissen Handlungsspielraum, den sie so oder so nutzen konnten[160].

Im Herbst 1941, als die Blitzkriegsillusion vollends geschwunden war und die Wehrmacht sich auf eine Überwinterung in der Sowjetunion einzustellen begann, meinte ein Armeeoberbefehlshaber, seine Soldaten noch einmal über den eigentlichen Sinn des Krieges gegen die Sowjetunion aufklären zu müssen. Im Kampf gegen das »jüdisch-bolschewistische System« müsse das Heer umdenken. Diese Art der Auseinandersetzung sei nicht mehr mit der traditionellen, allein militärischen Rolle des Soldaten zu vergleichen. Im Ostraum sei der Soldat »nicht nur ein Kämpfer nach den Regeln der Kriegskunst, sondern auch Träger einer unerbittlichen völkischen Idee und der Rächer für alle Bestialitäten, die deutschem und artverwandtem Volkstum zugefügt« worden seien. Feldmarschall von Reichenau war weiter der Meinung, seine Soldaten würden nur dann ihrer »geschichtlichen Aufgabe« gerecht, wenn sie den »jüdischen Bolschewismus« erbarmungslos ausrotteten und damit das deutsche Volk von der »asiatisch-jüdischen Gefahr ein für allemal« befreiten[161]. Natürlich lobte Hitler dessen Verfügung vom 10. Oktober 1941 als ausgezeichnet. Reichenaus Haltung und ideologisch aufgeladene Interpretation des Militärs im Weltanschauungskrieg war keineswegs singulär. Andere

---

[158] Hitlers Weisungen, Nr. 33a vom 23.7., und Verfügung Brauchitsch vom 25.7.1941, BA-MA, RH 22/271.
[159] Verfügung vom 16.9.1941, BA-MA, RW 4/v. 601.
[160] Vgl. die einschlägigen Aufsätze von Reemtsma (Über den Begriff »Handlungsspielräume«) und Herbert (Vergeltung).
[161] Vgl. Das Deutsche Reich und der Zweite Weltkrieg, Bd 4, S. 1050 f., und ebd., Bd 9/1, S. 533 ff. (Beiträge Förster).

Truppenführer erklärten sich damit »voll einverstanden« (Feldmarschall Gerd von Rundstedt), betrachteten den Befehl als »bindende Richtschnur« (General der Flieger Karl Kitzinger) oder wollten dessen Gedankengänge jedem ihrer Soldaten »einimpfen« (General der Infanterie Hans Reinhardt). Wieder andere gaben ihn kommentarlos an die Truppe weiter (Generalleutnant Walter von Seydlitz-Kurzbach) oder erließen eigene, aber dennoch auf derselben Wellenlänge liegende Befehle. Einer von ihnen, Generaloberst Hermann Hoth, meinte auch, dass der »Ostfeldzug [...] anders zu Ende geführt werden [müsse] als z.B. der Krieg gegen die Franzosen«. Deshalb forderte der Oberbefehlshaber der 17. Armee am 17. November 1941 seine Soldaten auf, kein Mitleid oder Weichheit gegenüber der Bevölkerung zu zeigen, keine Sorglosigkeit und Gutmütigkeit gegenüber Partisanen, dafür aber Herrentum und NS-Weltanschauung, gesunde Gefühle des Hasses und der Überlegenheit sowie Verständnis für die erbarmungslose Ausrottung von Kommunisten und Juden. Noch ein Armeeoberbefehlshaber, General von Manstein, war davon überzeugt, der Kampf auf Leben und Tod gegen das »jüdisch-bolschewistische System« könne nicht allein nach den europäischen Kriegsregeln geführt werden. Dieses müsse »ein für allemal ausgerottet werden. Nie wieder darf es in unseren europäischen Lebensraum eingreifen[162].«

Solche Befehle hatten natürlich Konsequenzen, auch wenn Reichenau zu seinem Leidwesen bei Truppenbesuchen feststellen musste, dass seine ideologischen Vorgaben noch immer nicht zum geistigen Allgemeingut seiner Soldaten geworden waren. Deshalb forderte er von den Offizieren, endlich dafür zu sorgen, »dass auch der letzte Mann weiß, worum es geht und weshalb im Ostraum Maßnahmen getroffen werden, die in kultivierten Ländern nicht zur Anwendung kommen«. Es ist also keine Überinterpretation des Historikers, wenn er auf die Besonderheiten des deutsch-sowjetischen Krieges aufmerksam macht. Es genügte eben nicht, nur seine Pflicht zu tun, was viele ehemalige Soldaten in ihren Memoiren betonen. Am 6. November 1941, dem Jahrestag der Oktoberrevolution, sprach auch Stalin zum ersten Mal von einem »Vernichtungskampf«. Diese Absichtserklärung benutzte das Heer als Beweis für das »Mordgelüst [einer] völlig vertierten [sowjetischen] Führung«, um wiederum den Kampfwillen seiner Soldaten gegen den Ansturm des »roten Gesindels« zu steigern[163].

Auch 1942 schien Abschreckung durch gnadenlose Bestrafung immer noch die Erfolg versprechende Methode zu sein, den zunehmenden Widerstand in den besetzten Gebieten zu brechen, trotz kontraproduktiver Erfahrungen. Im Rahmen des militärischen Lagevortrages am 10. März

---

[162] Befehl vom 20.11.1941. In: Ebd., Bd 4, S. 1053 f. Dort findet sich auch der von Hoth.
[163] Dieser Befehl, der auch die »besondere Billigung« Hitlers gefunden hatte, wurde vom I. Armeekorps am 10.1.1942 an die Truppe verteilt, BA-MA, RH 26-291/27.

1942 erklärte Hitler, dass man nicht umhinkommen werde, »ganze Millionen der Bevölkerung auszurotten, da es sich um einen Rassenkrieg handele und wir später absolute Sicherheit in diesen von uns beherrschten Gebieten haben müssten«[164]. Die Praxis der so genannten Bandenbekämpfung im Operationsgebiet des Heeres und in den Reichskommissariaten, die meist gemeinsam von Heer und SS durchgeführt wurde, sah entsprechend aus. Für die ersten drei Monate (1. September–1. Dezember 1942) konnten Himmler und sein »Bevollmächtigter« im Osten, Erich von dem Bach-Zelewski, Hitler stolz melden, dass insgesamt 24 900 »Banditen«, 14 257 »Bandenhelfer und -verdächtige« sowie 363 211 Juden erschossen worden seien[165]. Trotz schwieriger Quellenlage lässt sich bei den so genannten Bandenunternehmen eine deutliche Aufgabenverteilung und ein abgestuftes Verhalten der einzelnen, beteiligten Teile des NS-Staatsapparates feststellen. Die Sicherheitspolizei war der Hauptakteur und beging den größten Teil der Verbrechen. Zumindest beim Unternehmen »Winterzauber« (Februar/März 1943) spielte die Wehrmacht nur eine periphere Rolle[166]. Der 1941 nicht gerade zimperlich vorgegangenen 339. Infanteriedivision erschien es Anfang November 1942 an der Zeit, die Truppe daran zu erinnern, »dass Juden nur dann zu erschießen seien, wenn sie als Partisan oder ihre Helfer festgestellt seien [...] Erschießen von Frauen, sofern sie nicht gleichfalls als Partisanen oder ihre Helfer festgestellt seien, und von Kindern, sei nicht die Aufgabe der Truppe«[167]. Diese differenzierte Vorgehensweise von Heeresverbänden bei der »Bandenbekämpfung« erregte das Missfallen Hitlers. Mit deutlicher Kritik an einzelnen, ungenannten Kommandeuren ließ er wenige Wochen später die Truppe wissen, sie sei im Kampf »um Sein oder Nichtsein« berechtigt und verpflichtet, »ohne Einschränkung auch gegen Frauen und Kinder [allerbrutalste] Mittel anzuwenden«, wenn sie nur zu dem angestrebten Erfolg führten, »dieser Pest [der Banden] Herr zu werden«. Der Oberste Befehlshaber verfügte, keinen Deutschen »wegen seines Verhaltens im Kampf gegen Banden oder ihre Mitläufer disziplinarisch oder kriegsgerichtlich zur Rechenschaft« zu ziehen[168]. War im Frühjahr 1941 der Verfolgungs-

---

[164] BA-MA, Msg 1/1508.
[165] Vgl. Longerich, Der Rußlandkrieg, S. 92 f.
[166] Vgl. Birn, »Zaunkönig« an »Uhrmacher«, S. 99–118, und allgemein Matthäus, »Reibungslos und planmäßig«, S. 254–274.
[167] Merkblatt vom 2.11.1942. Zit. nach Hilberg, Wehrmacht und Judenvernichtung, S. 25. Während die 707. Infanteriedivision im März 1942 noch »rücksichtslosestes Durchgreifen« gegen Frauen und Kinder gefordert hatte, verbot der Befehlshaber im rückwärtigen Heeresgebiet Mitte, General der Infanterie z.V. Max von Schenckendorff, am 3.8.1942 die Erschießung von Frauen und Kindern. »Flintenweiber« waren allerdings ausgenommen. Abgedr. im Ausstellungskatalog der neuen Hamburger Wehrmachtsausstellung, Verbrechen der Wehrmacht, S. 452.
[168] OKW/WFSt/Op (H) vom 16.12.1942, Kriegsarchiv Prag, Kdo Stab RFSS, Karton 4, Mappe 21, und BA-MA, RH 19 VII/8. Vgl. Hitlers Lagesprechungen, S. 65 ff. (1.12.1942).

zwang bei Verbrechen und Vergehen der Truppe für die Zeit des Blitzsieges über die Sowjetunion aufgehoben worden, waren im Spätsommer des gleichen Jahres der mörderische »Kriegsbrauch mit östlichen Mitteln« auf alle besetzten Gebiete übertragen (16.9.) und Anfang Dezember 1941 mit dem »Nacht-und-Nebel-Erlass« die Militärgerichtsbarkeit weiter eingeschränkt worden, so erging im Winter 1942 für den Daseinskampf gegen die »Anti-Hitler-Koalition« ein ausdrückliches Verfolgungs*verbot*.

Nicht nur beim »Vernichtungskampf« gegen die Sowjetunion kam es zu einer Vermischung von militärischen und ideologischen Zwecken. In Serbien regte sich der Widerstand gegen die deutsche Besetzung allerdings erst *nach* dem Blitzsieg gegen Jugoslawien. Die Wehrmacht statuierte daraufhin Exempel und verbreitete Terror. Doch auch »schärfste Mittel« konnten die Ordnung im besetzten Land nicht wiederherstellen. Als Begründung für summarische, verbrecherische Erschießungen wurde auf dem Balkan neben der besonderen Mentalität der dort lebenden Bevölkerung auch das Rachemotiv für die Niederlage Österreich-Ungarns im Ersten Weltkrieg bemüht. Während die Wehrmacht in Frankreich 466 Geiseln erschoss (September 1941 bis Mai 1942), fielen der »Vergeltungspolitik« General Franz Böhmes fast 28 000 Menschen zum Opfer, 7756 »Aufständische« sowie 20 149 »Sühnepersonen« (September 1941 bis Februar 1942). Unter letzteren waren etwa 1000 österreichische und deutsche Juden und Jüdinnen sowie alle erwachsenen männlichen Juden in Serbien! Dem OKW war die exzessive Auslegung des Begriffs »militärische Notwendigkeit« immer noch nicht genug. Es kritisierte die zu geringe Zahl der »Liquidierten« und die zu hohe Anzahl der Gefangenen[169]! Erst im Mai 1942 übernahm die SS die »schwierige Aufgabe (!)«, die im KZ Sajmiste bei Belgrad eingesperrten etwa 7000 jüdischen Frauen und Kinder zu ermorden.

Auch auf Kreta war der deutsche Inselkommandant Kurt Student 1941 mit »äußerster Härte« gegen Hunderte von Kretern vorgegangen, als sich die Bevölkerung an der Abwehr der deutschen Invasion aus der Luft beteiligt hatte. Nach seiner Ansicht verdienten »Mörder und Bestien« keine ordentlichen Gerichte. Angesichts des warnenden Beispiels Serbien machte es wenige Monate später der deutsche Befehlshaber Saloniki-Ägäis der Truppe zur Pflicht, mit »schärfsten Mitteln« gegen erste Anzeichen von Widerstand durchzugreifen, »auch wenn einmal dabei Unschuldige mit betroffen« seien. Solchen rechtswidrigen Anordnungen wurden allerdings die Versicherung mitgegeben, dass »Fehlgriffe« von Untergebenen »gedeckt« würden, wenn die militärischen Maßnahmen gegen die »Banden« »ganz«, d.h. ohne kleinliche, förmliche Bedenken,

---

[169] Vgl. Manoschek, Kriegsverbrechen, S. 123 ff., und Verbrechen der Wehrmacht, S. 508 ff. und 536 ff.

ergriffen werden würden[170]. Spätestens im Sommer 1943 ging der viel beschworene »letzte Rest des deutschen Ansehens und der deutschen Stellung in Griechenland verloren«, als die 1. Gebirgsdivision das epirotische Dorf Kommeno aus nichtigem Anlass zerstörte und 317 wehrlose Einwohner jedes Alters und Geschlechts tötete. Ein ähnliches Verbrechen wurde vier Monate später von der 117. Jägerdivision in Kalavryta verübt, während die in Klissura und Distomo auf das Konto der SS gingen[171].

Schärfer noch als im Krieg gegen die Sowjetunion, deren Bevölkerung das verbriefte Recht zum spontanen, freiwilligen Waffengreifen gegen den deutschen Überfall (Art. 2 HLKO) abgesprochen worden war, erklärte die Wehrmachtführung in Italien den regulären militärischen Widerstand königstreuer Truppen im September 1943 zum todeswürdigen Verhalten und seine Träger zu Freischärlern. Auf Kephalonia wurde überhaupt kein Pardon gegeben. Als sich über 5300 italienische Offiziere, Unteroffiziere und Mannschaften ergaben, wurden sie auf Befehl Hitlers vom 18. September 1943 von Heeresverbänden kaltblütig erschossen. Nur wenige deutsche Offiziere weigerten sich. Vielmehr schärften die Feldmarschälle Albert Kesselring und Erwin Rommel ihren Soldaten ein, dass »irgendwelche sentimentalen Hemmungen gegenüber Badoglio-hörigen Banden« in italienischer Uniform »völlig unangebracht« seien[172]. Bei ihrem langsamen Rückzug aus Italien hinterließ die Wehrmacht eine breite Blutspur, weil nach dem 8. September 1943 Hitlers »Bandenbekämpfungs«-Befehl vom 16. Dezember 1942 galt. Die Anweisungen wurden zwar im April 1944 offiziell gemildert, doch die schwierige operative Lage und das Sicherheitsbedürfnis der Truppe mussten auch danach weiter zur Rechtfertigung brutalster Mittel gegen eine widerspenstige Zivilbevölkerung herhalten.

Auffällig bei dieser Art von militärischer Befriedung als Teil der NS-Politik ist zum einen, dass die Wehrmacht zur »Sühne« von nicht schnell aufgeklärten Sabotageakten auf bestimmte Gruppen der einheimischen Bevölkerung und deren summarische Hinrichtung zurückgriff. Auffällig ist zum anderen die Diskrepanz zwischen der hohen Zahl getöteter »Partisanen« oder »Banden« und den wenigen eigenen Verlusten oder geringen erbeuteten Waffen, sowie der kleine Unterschied zwischen als verdächtig festgenommenen und später erschossenen Personen. Solche pauschalen Exekutionen lassen sich mit dem regelmäßig angeführten Sicherheitsbedürfnis der Truppe gegenüber »feigen Anschlägen« im Rücken der Front allein nicht rechtfertigen. Sie machen vielmehr den ideolo-

---

[170] So der Kommandeur der in Nordgriechenland eingesetzten 164. ID, Gen.Lt Flottmann, am 24.9.1941, BA-MA, RH 26-164/7. Die bald darauf eintreffende Verfügung Keitels vom 16.9.1941 empfand er als klärend und hilfreich.
[171] Vgl. Fleischer, Schuld ohne Sühne, S. 208 ff., und Verbrechen der Wehrmacht, S. 531 ff. und 566 ff.
[172] 23.9.1943, BA-MA, RM 7/1333 und RH 27-24/26. Vgl. Schreiber, Deutsche Kriegsverbrechen gegenüber Italienern, S. 222 ff. Italien wird in der Wehrmachtsausstellung leider nicht betrachtet.

gischen Hintergrund des so genannten militärischen Kriegsbrauchs und die Affinität zum mörderischen Vorgehen der SS unübersehbar. Stereotypen wie »Der Jude ist der Partisan, der Partisan ist der Jude«; »kommunistische Umtriebe«; »rohe Balkan-Mentalität«; »Recht ist, was dem deutschen Volk [bzw.] dem Sieg nutzt«, sowie Thesen der Mitschuld am Ersten Weltkrieg oder Bündnisverrat drückten die Hemmschwelle bei der Truppe tief hinab. Im instrumentalen Verhalten der Wehrmacht zur Realisierung von nationalsozialistischen Zielen verquickten sich Lebensraumprogrammatik, rassischer Hochmut, Führer-Glaube, Unsicherheit und ein unbegrenztes Vertrauen in die Methoden der Gewalt. Die Truppe handelte in einem Geflecht von Vorgaben von oben, Reaktion des Gegners, Nachsteuern von oben und Eigeninitiativen. Das Motto »Befehl ist Befehl« gilt keineswegs schlechthin[173].

Das Verhalten der Truppe war immer befehls-, motivations- und situativ bedingt. Bei befohlenen »Sühnemaßnahmen«, d.h. in der Regel summarischen Exekutionen und/oder Zerstörung ganzer Ortschaften, kam es auf die Befehlslage und den Offizier an Ort und Stelle an. Bei ihm lag die Entscheidungsgewalt über Leben und Tod der dort angetroffenen Menschen. Er musste entscheiden, ob Juden, Kommunisten oder echte Partisanen unter ihnen waren, einzelne Ortsansässige Partisanen oder deren Helfer oder Sympathisanten waren oder nur als verdächtig erschienen. Auch pauschale Anordnungen halfen dem Offizier da nicht viel. In solchen komplexen Lagen kam es auf seinen Charakter, seine Zivilcourage, Mentalität und ideologische Überzeugung an. Er wiederum war vom Gehorsam und der Loyalität seiner Soldaten abhängig. Die Truppe wurde angehalten, schnell, hart und erbarmungslos auf jede Form von Widerstand zu reagieren, sollte aber nicht zu »sinnlosen Mördern« werden.

Wie aber bewertet man das Erschießen von Hunderten von (jüdischen) Zivilisten und »Niederlegen« ganzer Dörfer wegen des pauschalen Verdachts, »Banden« als Rückhalt gedient zu haben? Vor dem Weltanschauungskrieg gegen die Sowjetunion hatte Brauchitsch noch die Illusion gehegt, sein Konzept eines tadellosen »Ritts auf dem Tiger« realisieren zu können. Im Verlauf des Krieges bekamen Phänomene wie Externalisierung des Bösen, Dehumanisierung des Gegners, Gleichgültigkeit, Gewöhnung, Abstumpfung und Enthemmung eine größere Bedeutung für die aktive Mitwirkung der Wehrmacht am verbrecherischen Rassenkampf des Nationalsozialismus als ideologische Überzeugungen. Im so genannten harten Kampf ums Dasein gegen den »infernalischen Vernichtungswillen« des Bolschewismus und seiner vielgestaltigen Helfer hatten die von Hitler definierten Interessen des deutschen Volkes absolute Priorität. Sein oder Nichtsein lautete die Devise, nicht Recht oder Menschlichkeit. Dieser hohe Maßstab galt auch für andere Bereiche, in denen die Wehrmacht für die Zwecke der NS-Politik instrumentalisiert wurde: die un-

---

[173] Vgl. Verbrechen der Wehrmacht, S. 580 ff.

menschliche Behandlung der sowjetischen Kriegsgefangenen, die Ausplünderung der besetzten Gebiete für ihre eigene Versorgung und die der Heimat, die Zwangsrekrutierung und Deportation von Arbeitskräften für sich und die deutsche Volkswirtschaft sowie die Politik der »verbrannten Erde«.

Nach dem Scheitern des 20. Juli 1944 bekam die Wehrmacht die ganze Wut der NSDAP zu spüren. Die Empörung über den »feigen Stoß in den Rücken« setzte bei der Partei lange aufgestaute, hasserfüllte Energien frei, um alte, offene Rechnungen mit der Generalität und dem Generalstab des Heeres zu begleichen. Aus Eigeninteresse nahmen Hitler und seine Paladine die Gesamtheit der Soldaten und ihrer Offiziere aber aus der Schusslinie und statuierten blutige Exempel nur an der »ganz kleinen Clique ehrgeiziger, gewissenloser und zugleich verbrecherischer, dummer Offiziere« (21. Juli 1944). Die Wehrmacht sollte sich zwar schämen, aber dem NS-Regime kam es darauf an, ihr Selbstvertrauen, ihren Kampfwillen und ihre Zuversicht nicht durch unkluge Bemerkungen von Parteigrößen zu beeinträchtigen. Es sollte nicht der Eindruck entstehen, dass die Zerschlagung der Heeresgruppe Mitte auf das »verräterische Handeln höherer Truppenführer zurückzuführen sei«[174].

Die dauernde Gleichsetzung von Hitlers Zielen mit den Interessen des Dritten Reiches ist wohl mit als Ursache dafür anzusehen, dass viele Soldaten nach 1945 bei sich selbst eine »gespaltene Bewusstseinslage« diagnostizierten. Einerseits hätten sie die nationalsozialistische Weltanschauung abgelehnt, es andererseits aber für ihre Pflicht gehalten, »als Soldat für Deutschland einzustehen«[175]. Die totale Niederlage der Wehrmacht und ihre bedingungslose Kapitulation bedeuteten keineswegs das Ende des Nationalsozialismus in Deutschland. Hohe Offiziere distanzierten sich und ihre Soldaten zwar von den »scheußlichen Verbrechen« des Nationalsozialismus, wollten aber weiterhin die »eifrigsten Wächter« über das »Schönste und Beste« sein, was ihnen diese Weltanschauung gegeben habe, nämlich eine geschlossene Volksgemeinschaft. Denn im Unterschied zu 1918 sei das deutsche Volk »nicht zerrissen«[176]. Am 15. Mai 1945 kam Dönitz, der Nachfolger Hitlers als Staatsoberhaupt und

---

[174] Vgl. Rundfunkrede Hitler vom 21.7.1944 (Archiv der Gegenwart, S. 6457), Fernschreiben Bormann vom 24.7.1944 (BA, NS 8/190), und 1. Armee, NS-Führung vom 24.7.1944 (BA-MA, RH 19 IV/250).
[175] Schmidt, Kindheit und Jugend unter Hitler, S. 219. So auch Feldmarschall Wilhelm Ritter von Leeb am 26.7.1945: »The German officer has done nothing but his duty in this war«; Protokoll einer abgehörten und ins Englische übersetzten Unterhaltung Leebs mit Generaloberst Heinz Guderian und General der Panzertruppen Leo Frhr. Geyr von Schweppenburg, NA, Washington, RG 238, frames 1157-62.
[176] Unterhaltung zwischen Leeb, Guderian und Schweppenburg, NA, Washington, RG 238, frames 1157-62; und Rede Großadmiral Karl Dönitz an das Offizierkorps des Standortes Flensburg vom 9.5.1945, abgedr. bei Salewski, Die deutsche Seekriegsleitung, Bd 2, S. 653.

oberster Befehlshaber der Wehrmacht, auf dieses Thema zurück und meinte, ein solcher Wahnsinn der Parteien, wie er vor 1933 in Deutschland geherrscht habe, dürfe nicht wieder Platz greifen[177].

Fünf Jahre später wurde in der pluralistischen Bundesrepublik Deutschland wieder über eine militärische Zukunft nachgedacht, ohne dass eine geistige Auseinandersetzung über das Verhältnis »Wehrmacht und Nationalsozialismus« stattgefunden hatte. Es lag eben »ein gewisses Maß an *vorsätzlicher* Bewusstseinsspaltung darin, einerseits Nürnberg, die Nürnberger Verfahren, die Kriegsverbrecherprozesse überhaupt in Bausch und Bogen abzulehnen [...], andererseits aber den Freispruch für ›Generalstab und OKW‹ zum Wiederaufbau, dann sogar zur Steigerung des Selbstwertgefühls zu nutzen, mit der Konstruktion, Schuld trage nur Hitler und der Nationalsozialismus«, die Wehrmacht stünde ohne Fehl und Tadel da, den weltanschaulichen Krieg hätten nur SS und Gestapo geführt[178]. Erst die im Grundgesetz festgelegte politische Ordnung ermöglichte es, die Forderung des Wehrgesetzes von 1919 zu erfüllen: eine Wehr-Macht »auf demokratischer Grundlage« aufzubauen. Mit dem Leitbild eines »Staatsbürgers in Uniform« als idealtypischer Rollenbeschreibung eines Angehörigen einer »demokratischen Volksarmee« (Theodor Blank) gelang den zivilen und militärischen Planern der westdeutschen Streitkräfte eine überzeugende Antwort auf die uralte wehrpolitische Frage: »Sollen wir die Nation selbst zum Heer, oder wollen wir die Soldaten zu Bürgern machen[179]?«

---

[177] Zit. nach Hillmann, Die Reichsregierung in Flensburg, S. 54.
[178] Meyer, Zur Situation der deutschen militärischen Führungsschicht, S. 620. Meine Hervorhebung.
[179] Vgl. Nägler, Innere Führung, S. 321–339, und Schlaffer, »Schleifer« a.D.?, S. 615–698. Vgl. auch Wolf Graf von Baudissin. 1907 bis 1933. Modernisierer zwischen totalitärer Herrschaft und freiheitlicher Ordnung (in Vorbereitung).

III. Wehrmacht, Nationalsozialismus und SS: Konkurrenz und Zusammenarbeit der »Waffenträger«

Das Thema »Wehrmacht und Nationalsozialismus« spielt eine wichtige Rolle in der Historiographie der nationalsozialistischen Diktatur, nicht nur in der militärgeschichtlichen. Dabei richtete sich das Interesse zunächst auf die Friedensjahre und einseitig auf die höchsten Repräsentanten der Reichswehr/Wehrmacht sowie deren Ministerien und Kommandobehörden: Groener, Schleicher, Blomberg, Reichenau, Fritsch, Beck, Brauchitsch, Halder, Keitel und Jodl. »Erst in zweiter Linie und eher sporadisch wurden die Namen weiterer Generale genannt«[1], z.B. die Gruppe der »Logistiker des Krieges«[2] oder die späteren Oberbefehlshaber an der Ostfront. Strukturelle Aspekte des Verhältnisses von Wehrmacht und Nationalsozialismus blieben unterbelichtet. Rühmliche Ausnahmen sind die Untersuchung von Reinhard Stumpf über die Wehrmachtelite[3] und Kroeners Biografie über Friedrich Fromm. Letztere behandelt nämlich auch die Strukturprobleme der materiellen und personellen Aufrüstung der Reichswehr und Wehrmacht von 1919 bis 1944.

Die bewaffnete Macht der Weimarer Republik wird normalerweise mit der Reichswehr gleichgesetzt. Tatsächlich aber gab es neben ihr zahlreiche Kampfbünde und Parteiarmeen. Diese paramilitärischen Organisationen waren zwar nicht zur Aufrechterhaltung der inneren oder äußeren Sicherheit legitimiert, hatten aber entscheidenden Einfluss auf das Klima der Gewalt in der jungen deutschen Demokratie[4]. Dieses nahezu unkontrollierte Nebeneinander von »Waffenträgern« änderte sich grundlegend mit der Kanzlerschaft Hitlers. Zum einen befreite er seine Parteiarmee, die SA, rasch von der lästigen Konkurrenz auf der Straße, indem alle *nicht* nationalsozialistischen Wehrverbände aufgelöst oder wie im Falle des »Stahlhelm« stufenweise in die SA eingegliedert wurden. Zum anderen wurde sie und die ihr unterstellte, kleine SS dadurch staatlich legitimiert, dass sie als »Hilfspolizei« bei der Durchführung der ersten Phase der nationalsozialistischen »Revolution« eingesetzt und bezahlt wurde.

---

1 Hürter, Hitlers Heerführer, S. 123. Vgl. Das Deutsche Reich und der Zweite Weltkrieg, Bd 9/1, S. 469-640 (Beitrag Förster).
2 Kroener, Der starke Mann im Heimatkriegsgebiet, S. 17.
3 Die Wehrmacht-Elite.
4 Vgl. Diehl, Paramilitary Politics.

Die befohlenen Aufgaben einer langfristigen »Wiederwehrhaftmachung« und sofortigen Verteidigung des Vaterlandes gegen mögliche gewaltsame Sanktionen von außen stellten die kleine Reichswehr vor Probleme. Eine endgültige Wehrkonzeption war zwar angedacht, aber aus innenpolitischen und außenpolitischen Gründen noch nicht beschlossen worden. Für beide möglichen Varianten, Berufsheer und Miliz oder Kaderheer und Wehrpflicht, hatte die Reichswehr seit den zwanziger Jahren die organisatorischen Grundlagen gelegt. Obwohl die politische Entscheidung über den entscheidenden Träger des Wehrwillens, Reichswehr oder SA, noch nicht gefallen war, erschienen vormilitärische Ausbildung wehrwilliger Männer durch die und militärische Kurzausbildung in der SA taugliche Instrumente zu sein, die professionellen Streitkräfte im Volk zu verankern. Auch beim Aufbau einer Verteidigung in der eigentlich entmilitarisierten Zone entlang des Rheins war die Reichswehr auf die SA und entsprechende Polizeieinheiten der Länder angewiesen. Der Preis für dieses Paktieren war eine Konkurrenzsituation mit einem Wehrverband, dessen Unterstützung man zwar bedurfte, der aber die Führungskompetenz des zahlenmäßig unterlegenen Berufsmilitärs bestritt und das vermittelte militärische Know-how dazu nutzen wollte, sich als entscheidender Waffenträger zu etablieren. Die ehrgeizigen Ambitionen von Hitlers Stabschef für die SA, Hauptmann a.D. Ernst Röhm, eine eigene Wehrmacht zu gründen, »haben die Reichswehr vielleicht erbittert, aber nicht um ihre Daseinsberechtigung fürchten lassen«[5]. Über die von Blomberg verfügte vormilitärische Erziehung der männlichen Jugend durch die SA, die militärische Ausbildung jüngerer SA-Männer zum Dienst im Grenzschutz, die Kontrolle über den Finanzhaushalt deren Ausbildungswesens (AW) sowie die Gestellung einer jederzeit einsetzbaren SA-Personalreserve von 250 000 Mann war der tatsächliche Einfluss der Reichswehr auf die SA stärker als umgekehrt[6]. Blomberg sah letztere zwar als »zu begrüßende Einrichtung« des NS-Staates an, aber das militärisch wertvolle »Menschenmaterial« der SA bedurfte doch »der Entwicklung und Pflege durch uns Soldaten«[7]. In deren Chef des Ausbildungswesens, SA-Obergruppenführer Friedrich-Wilhelm Krüger, hatte die Reichswehr zudem einen Ansprechpartner, der ihre spezifischen Belange und Forderungen verstand und vertrat[8]. Bezüglich des Verhältnisses von Wehrmacht und SA ist es wenig hilfreich, den Blick allein auf das Spannungsverhältnis zwischen Reichswehrführung und Röhm zu richten. Denn dabei wird leicht übersehen, dass zu den ehemaligen Offizieren und »Stahlhelm«-

---

5   Kroener, Der starke Mann im Heimatkriegsgebiet, S. 206.
6   Vgl. Salewski, Die bewaffnete Macht, S. 69 f.
7   Zit. nach Müller, Armee und Drittes Reich, S. 63.
8   Vgl. Kroener, Der starke Mann im Heimatkriegsgebiet, S. 207 f. und 226 f. Nach Auflösung des Ausbildungsstabes lehnte Krüger allerdings ein Angebot der Wehrmacht ab und trat zur SS zurück, in die er Ende 1930 eingetreten war. Vgl. Thompsen, Friedrich-Wilhelm Krüger, S. 320-331.

Angehörigen auf der oberen und mittleren Führungsebene der SA eine vertrauensvolle Arbeitsatmosphäre herrschte. So war z.B. Max Jüttner, Chef des Führungshauptamtes des Obersten SA-Führers, ein Regimentskamerad Fromms.

Vereinnahmungstendenzen zeigten sich auch bei der Reichswehr. So ging die Schiffbauplanung der Marine vom März 1934 bereits von der Einführung der Wehrpflicht aus. Die durch sie erwartete strukturelle Vergrößerung der personellen Basis der Wehrmacht war auch eine zwingende Notwendigkeit für die Realisierung des Heeres-Programms vom Dezember 1933 gewesen. Als Termin hatte das Truppenamt den Oktober 1934 eingestellt[9]. Die Ein- und Durchführung der Wehrpflicht würde den militärpolitischen Sieg der Wehrmacht und das Ende aller SA-Ambitionen bedeuten. In völliger Selbstüberschätzung sowie Missachtung der bekannten Wehrvorstellungen Hitlers und Blombergs erklärte deren Stabschef am 1. Februar 1934 das gesamte Gebiet der Landesverteidigung noch einmal zur »Domäne der SA«.

In der Literatur ist bis in die jüngste Zeit von einem so genannten Loyalitätswettlauf zwischen Reichswehr und SA um die Gunst Hitlers die Rede[10]. In Wirklichkeit musste sich die Reichswehr gar nicht als die bessere Möglichkeit für die Realisierung des »Volksheeres« darstellen. Wusste das Militär doch seit dem 3. Februar 1933 definitiv, dass die Einführung der Wehrpflicht im Rahmen der Reichswehr keine Frage des Ob, sondern nur noch des Wann war. Nicht sie litt in Wirklichkeit unter Existenzangst, sondern die SA. Ein Jahr nach seinem Amtsantritt – am 2. und 28. Februar 1934 – bezog Hitler noch einmal deutlich Standpunkt zu Gunsten eines Volksheeres, das die Reichswehr aufstellen, gründlich ausbilden und ausrüsten sollte. Diese neue Armee müsse nach fünf Jahren für jede Verteidigung, nach acht Jahren auch für den Angriff geeignet sein[11]. Eine Miliz nach italienischem Muster erschien Hitler als untauglich für die Erreichung seiner raumpolitischen Ziele. Davon ging auch der Chef des Truppenamtes, Generalleutnant Beck, Mitte Januar 1934 aus, als er Blomberg seinen Vorschlag für die Kriegsspitzengliederung der Wehrmacht auftragsgemäß vorlegte und die Oberste SA-Führung dem »Reichsverteidigungsminister und Chef der Wehrmacht« unterstellt hatte, und zwar auf der Ebene der Oberbefehlshaber der Wehrmachtteile[12].

Wenn die Reichswehr Probleme mit dem Totalitätsanspruch des Nationalsozialismus und seinen Organisationen hatte, dann meist nur auf der unteren Ebene, und auch dort eher im formalen Bereich. Das natürli-

---

[9] Vgl. Geyer, Aufrüstung oder Sicherheit, S. 351 ff.; Das Deutsche Reich und der Zweite Weltkrieg, Bd 1, S. 409 ff. (Beitrag Deist), und Müller, General Ludwig Beck, S. 169 ff.
[10] Vgl. Thamer, Die Erosion einer Säule, S. 420 f.
[11] So Hitler am 29.2.1934, zit. nach Müller, Armee und Drittes Reich, S. 195.
[12] Denkschrift vom 15.1.1934, Anl. 1. Abgedr. bei Müller, Das Heer und Hitler, S. 630.

che Konkurrenzverhältnis zwischen den beiden Waffenträgern wurde allerdings durch die Spannungen zwischen verschiedenen nationalsozialistischen Führungsgruppen überlagert, obwohl Röhm selbst immer wieder seine Loyalität gegenüber Hitler beteuert hatte. Dieser innerparteiliche Machtkampf wurde im Sommer 1934 durch den Führer der Bewegung blutig entschieden. Die mörderische Ausschaltung der SA-Führungsspitze brachte endgültige Klarheit darüber, dass die Reichswehr den Kern der im Aufbau befindlichen großen Wehrmacht auf der Basis der allgemeinen Wehrpflicht bilden würde. Am 30. Juni und 20. August 1934 wiederholte Hitler intern und öffentlich seine früheren Bekenntnisse zur Reichswehr als einzigem Waffenträger der Nation, obwohl Blomberg die beschlossene Bewaffnung einer weiteren Organisation – der SS – intern bereits bekannt gegeben hatte. Nach außen sprach die Reichswehrführung vom 30. Juni und 3. August als »historischen Tagen der Wehrmacht«, die in Hitler wieder einen »obersten Kriegsherrn im preußischen Sinne« habe[13]. Am 10. September 1934 in Nürnberg stellte Hitler die Reichswehr noch einmal als zweite Säule des Staates heraus[14]. Befriedigt konnte Blomberg einen Monat später vor den Befehlshabern feststellen, dass die äußere »Sicherung« des von der NSDAP siegreich eroberten Deutschlands bei der Wehrmacht läge[15]. Das Missverständnis über Begriffe wie »Waffenmonopol« und »einziger Waffenträger« mag daher rühren, dass diese damals keine einheitliche Definition erfuhren und die Generalität nach 1945 Bedarf sah, Hitler Wortbruch vorzuwerfen.

Mitte der dreißiger Jahre war die Rollenverteilung zwischen Wehrmacht und SS im Frieden jedenfalls klar. Erstere war allein für die Sicherung der Nation nach außen zuständig, die SS nach innen. Ähnlich argumentierte auch der »Reichsführer« der SS, Himmler, als er am 13. Januar 1935 auf Einladung Blombergs in der Militärärztlichen Akademie in Berlin vor großem und hochrangigem militärischen Publikum zum ersten Mal »Die Aufgaben der SS« erläutern durfte[16].

Die SS kennt jeder. Als Teil des nationalsozialistischen Unrechtstaates hat sie einen gesicherten Platz in unseren Vorstellungen vom Dritten Reich und Zweiten Weltkrieg. Mehr noch als der Begriff »Wehrmacht« lässt der der SS (»Schutzstaffel« Adolf Hitlers) eine Vielzahl von Bildern

---

[13] Richtlinien für den Unterricht über politische Tagesfragen, Nr. 2, abgeschlossen 30.1.1935, BA-MA, RH 12-5/v. 43. Zum Gebrauch in der Truppe vgl. Das Deutsche Reich und der Zweite Weltkrieg, Bd 9/1, S. 487 (Beitrag Förster). Zur »geschichtlichen Bedeutung des 30. Juni« vgl. die Richtlinien, Nr. 6 (1934), BA-MA, RH 12-5/43.

[14] An diesem Reichsparteitag der NSDAP hatten zum ersten Mal auch Abordnungen der Reichswehr teilgenommen und ihr Können vorgeführt.

[15] Liebmann-Aufzeichnung vom 9.10.1934, BA-MA, MSg 1/1668.

[16] Vgl. die Umsetzung der Einladung für die Heeresgeneralität durch Fritsch vom 31.12.1934 sowie den gedruckten Redetext Himmlers in den Reichswehr-»Richtlinien für den Unterricht über politische Tagesfragen«, Nr. 2, abgeschlossen 30.1.1935, BA-MA, RH 1/v. 13a und RH 12-5/v. 43.

entstehen, die so verschieden sind wie die Standpunkte und Blickwinkel der Betrachter. Der Grund liegt zum einen in der assoziativen Verknüpfung der SS mit den scheußlichsten Staatsverbrechen des Dritten Reiches. Zum anderen wurde sie – unbeschadet ihrer strukturellen, funktionalen und personellen Heterogenität – von Anfang an mit simplen Legenden umhüllt und für diverse Botschaften benutzt. Diese verweigerten schon in der Vergangenheit klare Antworten auf nüchterne Fragen und wirken bis in die Gegenwart fort. Die noch immer großen Lücken im Allgemeinwissen der Öffentlichkeit über die SS werden leider durch mediale Großereignisse wie Fernsehserien auch nicht geschlossen. Transportieren diese doch mehr emotionalisierende Bilder als gesicherte Informationen. Umso notwendiger erscheint »historische Aufklärung als Methode« (Jürgen Kocka), damit das Bild der SS nicht länger »in der Geschichte schwankt«.

Was wissen wir über die Waffen-SS? Was war die Waffen-SS eigentlich? »Garde des Führers«, »Feuerwehr der Ostfront«, »pangermanische Armee« oder gar »vierter Wehrmachtteil«? Waren die Angehörigen der bewaffneten SS spezielle »politische« Soldaten oder »Soldaten wie andere auch«? War diese Truppe tatsächlich dafür ausgebildet und erzogen, als militärischer Arm der SS das »zusätzliche Element der Erbarmungslosigkeit auf das moderne Schlachtfeld«[17] zu bringen oder waren ihre taktische Funktion und ideologische Prägung komplexerer Natur?

Die Geschichte der SS als Schutzstaffel beginnt schon vor 1933: nämlich durch die Berufung Himmlers zum (dritten) Reichsführer-SS (1929), Etablierung einer »Parteipolizei« unter Reinhard Heydrich und eines rassischen Ausleseamtes unter Richard Walther Darré (1931). Im Frühjahr 1934 hatte Himmler auch das Kommando über alle politischen Polizeien im Reich (Gestapo) übertragen bekommen. Aber den eigentlichen Aufstieg zur schlagkräftigen und bewaffneten »Führerexekutive« verdankt die SS ihrer bestandenen Bewährungsprobe in der parteiinternen »Röhm-Affäre« und der gestärkten Machtstellung Hitlers nach dem Tode Hindenburgs. Der 30. Juni 1934 war für die SS ein viel bedeutenderer Tag als für die Reichswehr. Als Dank für ihre mörderische Loyalität zum Parteiführer befreite dieser die SS von der Unterordnung unter die in Misskredit geratene SA, erhob sie zu einer selbstständigen politischen Organisation der NSDAP und gab ihr Waffen. Kennzeichnend für die neuartige Form der »Führergewalt« war die Verschmelzung von Partei- und Staatsfunktionen zu einem Machtinstrument, das allein Hitler legitimierte, also nicht an allgemeine Rechts- oder Gesetzesnormen gebunden war.

Der Aufbau bewaffneter SS-Truppen verlief vom Sommer 1934 in verschiedenen Bahnen. Erst Ende 1939 wurden diese organisatorisch zu-

---

[17] Vgl. Die SS. Elite unter dem Totenkopf, S. 10.

▲
Heinrich Himmler, Reichsführer-SS und
Chef der Deutschen Polizei, 1941
(BArch, Bild 183-S62673)

▲
SS-Gruppenführer Paul Hausser
war im Februar 1941 der erste
Kommandeur der 2. SS-Panzer-
division »Das Reich«; ohne Datum
(BArch, Bild 146-1977-093-33)

◄
SS-Obergruppenführer Josef
»Sepp« Dietrich war Kommandeur
der 1. SS-Panzerdivision »Leibstan-
darte-SS-Adolf-Hitler«, 28.6.1943
(BArch, Bild 183-J06632)

sammengeführt und mit Waffen-SS bezeichnet[18]. Die SS-Verfügungstruppe wurde »nach der grundsätzlichen Entscheidung« Hitlers sowie Besprechungen zwischen Blomberg und Himmler ab Ende September 1934 aufgestellt. Die entsprechenden Richtlinien für die »SS-Verfügungstruppe« erließ Blomberg in seiner Funktion als Reichsverteidigungsminister[19]. Demnach waren zwar drei Regimenter, eine Nachrichtenabteilung und drei Führerschulen vorgesehen. Zunächst aber wurde nur ein Regimentsverband in Berlin aufgestellt, die »Leibstandarte Adolf Hitler« unter dem am 1. Juli 1934 zum Obergruppenführer beförderten Sepp Dietrich. Die Aufgaben der »bewaffnet stehenden Verfügungstruppe« waren auf »besondere innenpolitische« beschränkt, die sie von Hitler gestellt bekam. Im Kriegsfall stand dieser Verband allerdings der Wehrmacht zur Verfügung. Die Vorbereitung auf diese *militärische* Aufgabe sollte nach Blombergs Weisungen bereits im Frieden erfolgen. Dieser übertrug seine Befehlsbefugnis der Heeresleitung. Wehr-, dienst- und besoldungsrechtlich wurden die Freiwilligen der Verfügungstruppe der Reichswehr gleichgestellt. Himmler seinerseits garantierte, dass er keine »Nebenarmee« anstrebe und in »militärischen Fragen« dem Minister »gehorche«. In weltanschaulichen Fragen der SS würde er allerdings »über sich nur den Führer« anerkennen[20].

Der Entscheidung Hitlers vom Herbst 1934 folgten zähe Verhandlungen über Modalitäten der Aufstellung, Ausbildung und Bewaffnung der Verfügungstruppe. Heer und SS waren nämlich von gegenseitigem Misstrauen über die wahren Absichten der anderen Seite erfüllt. Während die NSDAP eine Militärdiktatur befürchtete und bereit war, ihre bewaffneten Einheiten auch gegen das viel stärkere Heer einzusetzen, um den Führer und seine Bewegung zu schützen[21], drängten sich der Heeresführung Parallelen mit der Entwicklung der SA auf, obwohl die SS in den dreißiger Jahren keine wirkliche militärische Konkurrenz darstellte. Die militä-

---

18 Zur Waffen-SS gehörten laut Himmlers Befehl vom 1.12.1939 folgende Verbände und Einrichtungen sowie deren Ersatzeinheiten: die Verfügungs-, Totenkopf- und Polizeidivision sowie die Junkerschulen und Totenkopfstandarten. Die sich auf diesen Befehl beziehende, spätere Verfügung des OKW kann als Gütesiegel der Wehrmacht gewertet werden (8.3.1940). Am 22.4.1941 dehnte Himmler den Begriff Waffen-SS auf die KL-Verbände aus. Vgl. Wegner, Hitlers Politische Soldaten, S. 127 ff.; Höhne, Der Orden unter dem Totenkopf, S. 430, und Die Waffen-SS und Polizei, S. 6, sowie Waffen-SS und Ordnungspolizei.
19 Am 24.9.1934, BA-MA, RH 2/1158a, abgedr. bei Müller, Armee und Drittes Reich, leider mit falscher Funktions- und Zahlenangabe. Die Ausführungsbestimmungen ergingen am 18.12.1934. Vgl. Förster, Die weltanschauliche Erziehung, S. 87-114.
20 Vgl. Aufzeichnung Becks vom 14.10.1934. In: Müller, Armee und Drittes Reich, S. 213. Vgl. Wegner, Hitlers Politische Soldaten, S. 85 ff., und die Grafik »Spitzengliederung der Reichswehr 2.8.1934-21.5.1935«, S. 40.
21 Vgl. den Befehl von Theodor Eicke vom 6.4.1936. Zit. nach Wegner, Anmerkungen, S. 406.

rische Ausbildung der Verfügungstruppe erfolgte zwar nach den Vorschriften des Heeres, verlief aber in der Praxis uneinheitlich. Während z.B. Sepp Dietrichs Leibstandarte vom elitären Infanterieregiment 9 (Potsdam, Spandau) ausgebildet wurde, dominierten in der Standarte »Deutschland« (München) Ausbilder aus der ehemaligen Landespolizei[22]. Den internen Vereinheitlichungsbestrebungen der 1936 eingerichteten »Inspektion der Verfügungstruppe« unter dem charakterisierten Generalleutnant a.D. und SS-Brigadeführer Paul Hausser widersetzte sich Sepp Dietrich besonders hartnäckig. Diese hatten mit Himmlers Ernennung zum »Chef der Deutschen Polizei im Reichsministerium des Innern« (17. Juni 1936) eingesetzt. Endgültige Klarheit und nachträgliche Legalisierung der bewaffneten SS brachte Hitlers Erlass vom 17. August 1938. Er bestätigte zum einen die politische Funktion der SS-Verfügungstruppe als Organ unmittelbarer Führergewalt. Zum anderen definierte er deren doppelte Verwendung im Mobilmachungsfall: 1. im Rahmen des Kriegsheeres durch den Oberbefehlshaber des Heeres, 2. im Inneren nach Hitlers Weisungen[23]. Die bewaffneten Einheiten der SS blieben aber *per definitionem* im Frieden weiterhin außerhalb der Wehrmacht und an »besondere innerpolitische Aufgaben« gebunden. Hitlers nun uneingeschränkte Stellung als Kriegsherr und eingeschlagener aggressiver politischer Kurs sowie Himmlers Machstreben sind als Ursachen dafür zu nennen, dass die Verfügungstruppe mit ehemaligen Wachmannschaften der Konzentrationslager (»SS-Totenkopfverbände«) sowie der »Polizeiverstärkung« (»SS-Totenkopfstandarten«) vereinigt wurde[24]. Bereits nach dem Einmarsch in Österreich hatte Hitler sich dahingehend geäußert, die SS-Verfügungstrupp*en* (!) müssten »in Zukunft jederzeit nach innen wie nach außen einsatz- und marschfähig« sein[25]. Die SS-Verfügungstruppe, die Ende Dezember 1938 14 234 Mann umfasste, vereinte in »sich die Vorzüge einer politischen Avantgarde und inneren Eingreiftruppe mit den Charakteristika eines militärischen Feldverbandes«[26]. Die Wehrmacht hatte zu der Zeit, wie es in einem Erfahrungsbericht von Himmlers persönlichem Stab hieß, eingesehen, dass sich die bewaffneten SS-Einheiten

---

[22] Vgl. den Bericht des Befehlshabers im Wehrkreis VII (München) vom 11.7.1935. In: Müller, Armee und Drittes Reich, S. 216 f. Ein Ausbilder war Georg Ritter von Hengl, der noch im gleichen Jahr zum Heer wechselte. Seine Stelle besetzte Hans Jüttner, Oberleutnant, später Himmlers Chef des Stabes in der Führung der Waffen-SS.
[23] IMT, Bd 26, S. 190 ff., und Müller, Armee und Drittes Reich, S. 222-224. Vgl. die vom OKW/WFA LII am 17.9.1938 erlassenen Durchführungsbestimmungen (BA-MA, RW 4/v. 611), und Hitlers ergänzenden Erlass vom 18.5.1939 (Müller, Armee und Drittes Reich, S. 226-228). Vgl. die Grafik »Spitzengliederung der Wehrmacht 4.2.1938-18.12.1941«, S. 47.
[24] Zu den Totenkopfverbänden und -standarten vgl. nun Cüppers, Wegbereiter der Shoah, S. 21-32.
[25] Aktennotiz für Himmler vom 22.3.1938, abgedr. in Müller, Das Heer und Hitler, Dok. 39, S. 650.
[26] Wegner, Hitlers Politische Soldaten, S. 118.

»ein Lebensrecht erworben [hatten] und sie sich mit diesem neuartigen Gebilde ein für alle mal abzufinden« habe[27]. Das im höheren Heeresoffizierkorps weiter bestehende Misstrauen gegenüber der SS versuchte der Oberbefehlshaber des Heeres dadurch abzubauen, dass er im Vorfeld des deutschen Angriffs auf Polen Richtlinien für die Zusammenarbeit von Heer und SS-Verfügungstruppe erließ. Damit wollte Brauchitsch »schon im Frieden ein gegenseitiges Verhältnis des Vertrauens und der Kameradschaft« schaffen, das die Voraussetzung sei »für den gemeinsamen Kampf Schulter an Schulter«[28]. Der Dienst in den inzwischen militarisierten SS-Totenkopfverbänden wurde allerdings immer noch nicht als Wehrdienst anerkannt.

Über seine »besonderen innerpolitischen Aufgaben« klärte Himmler die Wehrmacht im Januar 1937 auf. Doch neben seinen Vorstellungen von »Sicherheit im Innern« und den Aufgaben der Polizei, sprach der Reichsführer-SS auch den Fall eines künftigen Krieges an. Dann würde nämlich neben dem Kampf des Heeres, der Marine und der Luftwaffe ein vierter »Kriegsschauplatz« entstehen: Innerdeutschland. SS und Polizei hätten es dort aber nicht mit einem Gegner im militärischen Sinne zu tun, sondern mit »unsere[m] natürlichen weltanschaulichen Gegner: de[m] internationalen jüdisch-freimaurerisch geführten Bolschewismus«. Es sei seine Aufgabe, Innerdeutschland auf Biegen und Brechen gesund zu erhalten, weil sonst die drei anderen kämpfenden Teile »wieder den Dolchstoß bekämen«[29]. Seinen »Kriegsschauplatz Innerdeutschland«, der sich mit der geplanten Eroberung von Lebensraum erweitern würde, wollte Himmler zum einen über die ergebenen Mitstreiter kommandieren, die den jeweiligen »SS-Hauptämtern« vorstanden: Gottlob Berger (Ergänzung, KZ- und Totenkopfverbände sowie zunächst auch Verfügungstruppe, später Hans Jüttner); Kurt Daluege (Ordnungspolizei = Schutz- und Gemeindepolizei, Gendarmerie)[30]; Richard Walther Darré (Rasse, Siedlung, Weltanschauung), Reinhard Heydrich (SD und Sicherheitspolizei = Kriminal- und Politische Polizei)[31]. Als seine Statthalter in den Wehrkreisen und besetzten Gebieten, als Koordinatoren der verschiedenen SS-Aufgaben und »sturste Vertreter« seiner Befehle sollten zum anderen die »Höheren SS- und Polizeiführer« fungieren[32].

---

[27] Januar 1939. Müller, Armee und Drittes Reich, S. 225.
[28] Verfügung vom 20.6.1939. Müller, Das Heer und Hitler, Dok. 44, S. 666 f.
[29] Vortrag Himmlers auf dem ersten nationalpolitischen Lehrgang der Wehrmacht. In: IMT, Bd 39, S. 228 f. Zum Kontext vgl. Das Deutsche Reich und der Zweite Weltkrieg, Bd 9/1, S. 496 ff. (Beitrag Förster). Ein Heeresgeneral schrieb an seine Eltern: »Er referiert auch ganz interessant über die ihm unterstellten Konzentrationslager. Ich kann mir vorstellen, dass dort teilweise ein fürchterliches Volk zusammengetrieben ist.« Zit. nach Hürter, Hitlers Heerführer, S. 138, Anm. 88.
[30] Vgl. Wilhelm, Die Polizei im NS-Staat.
[31] Vgl. Banach, Heydrichs Elite, und Wildt, Generation des Unbedingten.
[32] Vgl. die einschlägige Arbeit von Birn, Die Höheren SS- und Polizeiführer.

Der vom Reichswehr-/Kriegsminister Werner von Blomberg vorangetriebenen Politisierung von Reichwehr/Wehrmacht vergleichbar, war die im Oktober 1934 einsetzende »weltanschauliche Schulung« von SS und Polizei kein bloßes ideologisches Anliegen der Führung, sondern auch Mittel zur Homogenisierung des neu gebildeten, uneinheitlichen Herrschaftsinstrumentes. Es galt, verschiedene Organisationsformen, Rechtsverhältnisse, Strukturen, Aufgaben und Überzeugungen zu harmonisieren sowie die Spannungen zwischen Elitestreben und Expansionsbedürfnis, zwischen Quantität und Qualität auszugleichen. Stärker als die Wehrmacht institutionalisierte die SS die Verschmelzung von Ideologie und Ordensgedanken als Erziehungsziel. Die Verbindung von Weltanschauung und Waffe, Politik und Professionalität, Tradition und Neubeginn sollte sowohl die Durchführung des jeweiligen »Führerauftrages« sicherstellen, als auch die gewünschte *corporate identity* schaffen. Die SS hatte aber auch viele Gesichter und Charaktere. Die Bandbreite ihres Führerkorps nach Herkunft, Bildung, Persönlichkeit, politischer Zuverlässigkeit und militärischem Können reichte von Darré bis Franz Six, von Daluege bis Heydrich, von Werner Best bis Odilo Globocnik, von Paul Hausser, dem Berufssoldaten alter Schule, über Felix Steiner, den militärischen Reformer, Jüttner, den Organisationsfachmann, und Berger, den emsigen Rekrutenbeschaffer, bis zum »treuen Landknecht« Dietrich und dem brutalen KZ-Wächter Theodor Eicke[33]. Noch »in schwerster Kriegszeit« sah sich Himmler gezwungen, seine Unterführer zu mahnen, mehr an ihre gelobte Treue und übernommenen Pflichten zu denken, als weiter »persönliche Eigenarten und Allüren zu pflegen«[34]. Ein halbes Jahr später beklagte eine interne Studie das »Auseinanderleben« innerhalb des Führerkorps der SS und verglich die Differenzen zwischen und abschätzige Bemerkungen über den jeweils anderen Teil der Schutzstaffel mit der »Entfremdung« von Verfügungstruppe und Totenkopfverbänden vor 1939[35]. Vor dem Hintergrund ihrer Doppelrolle glaubte die Waffen-SS, »die Einheit zwischen den bewährten politischen Soldaten und den Waffenträgern innerhalb der Partei« zu verwirklichen[36]. Die Waffen-SS war also von ihren Anfängen bis zu ihrem Ende untrennbarer Bestandteil der SS. Eine Herauslösung würde sie, wie Himmler im Herbst 1943 meinte, zu einer »zufällig schwarz angezogenen Division des Heeres« machen[37].

---

[33] Buchheim/Broszat/Jacobsen/Krausnick, Anatomie des SS-Staates, Bd 1, S. 13–253; Wegner, Schutzstaffeln (SS); Wegner, Anmerkungen; Die SS. Elite unter dem Totenkopf; Matthäus/Kwiet/Förster/Breitman, Ausbildungsziel Judenmord?, und Cüppers, Wegbereiter der Shoah.

[34] Befehl an alle Befehlshaber und Kommandeure der Waffen-SS und Polizei vom 9.12.1942, BA, NS 19/alt 288.

[35] Aktennotiz vom 5.3.1943, betr. Entwicklung des Führerkorps, BA-MA, NS 34/39.

[36] So Hausser auf der Gruppenführertagung am 23.1.1939. Zit. nach Höhne, Der Orden unter dem Totenkopf, S. 415.

[37] Rede vom 4.10.1943, zit. nach Wegner, Anmerkungen, S. 410. Mehner, Die Waffen-SS und Polizei, S. 6, meint dagegen, im Frühjahr 1943 sei die Feldtrup-

III. Wehrmacht, Nationalsozialismus und SS

Andererseits sollte sich die Waffen-SS in geschlossenen Verbänden an der Front gegen den äußeren Feind bewähren und Blutopfer bringen, um so jene Autorität zu erringen, die sie als Teil der gedachten »Staatstruppenpolizei« für den Kampf im Inneren brauchte[38]. Die Waffen-SS war also der einzige Teil der SS, für die neben den Weisungen Himmlers auch die des Oberbefehlshabers des Heeres bindend waren. Nur Generale vom Kommandierenden eines Armeekorps aufwärts waren allerdings berechtigt, den Ausbildungsstand der Waffen-SS zu überprüfen und zu kritisieren. Mit dem X-Fall ging nicht nur die vollziehende Gewalt im Operationsgebiet vom Führer und Reichskanzler auf den Oberbefehlshaber des Heeres über, der sie gleich weiter auf die Armeeoberbefehlshaber übertrug, sondern das Heer übernahm auch die Befehlsgewalt über die SS-Verfügungstruppe und die Polizeikräfte, die nun als Feldgendarmen und Geheime Feldpolizei in seinen Reihen dienten[39].

Auch die von interessierter Seite oft vorgebrachte pauschale Klage über den rasanten Aufbau der Waffen-SS zu Lasten des Heeres trifft so nicht zu. Im Januar 1935 hegte Fritsch die Illusion, die Reichswehr könne aus dem Konkurrenzkampf mit der SS-Verfügungstruppe als Sieger hervorgehen[40]. Noch Ende 1937 strebte die Heeresführung an, Himmlers Vertreter in den Wehrkreisen, die »Höheren SS- und Polizeiführer«, deren Befehlshabern zu unterstellen. Bis Ende August 1939 hatte die Verfügungstruppe nicht einmal den ihr fünf Jahre zuvor zugestandenen personellen Rahmen füllen können (ca. 23 000 Mann). Erst der Krieg schuf neben weiteren Chancen für den personellen und materiellen Ausbau auch jene Sachzwänge, die die Waffen-SS »über den Rahmen des politisch ursprünglich Intendierten weit hinaustrieb«[41]. Im Sommer 1944 erreichte sie den formidablen Umfang von 594 443 Mann, von denen 368 654 in der Feldtruppe dienten[42]. Auch das Gesicht der SS wandelte sich im und durch den Krieg. Der Schwerpunkt der SS lag nun eindeutig bei der Waffen-SS, nicht mehr bei der Allgemeinen SS, die einmal das »weltanschauliche Herzstück des Ordens« (Bernd Wegner) gewesen war[43]. Aus der Sicht der Bevölkerungen, die unter der deutschen Hegemonie über Euro-

---

pe selbstständig geworden. Ab Oktober 1944 sprach Himmler allerdings von der Waffen-SS als viertem Wehrmachtteil.
[38] Vgl. Hitlers Grundsätze zur Notwendigkeit der Waffen-SS, die der Wehrmacht am 16.8.1940 übermittelt wurden, BA-MA, RW 4/v. 703.
[39] OKW/WFA, L I/II/IV vom 24.8.1939, betr. Anordnungen auf Sondergebieten zum »Fall Weiß«, Kriegsarchiv Prag, Reichskriegsgericht, 39/9-8. Vgl. Das Deutsche Reich und der Zweite Weltkrieg, Bd 5/1, S. 28-46 (Beitrag Umbreit).
[40] Vgl. Müller, Das Heer und Hitler, S. 166.
[41] Wegner, Anmerkungen, S. 413.
[42] Vgl. Wegner, Hitlers Politische Soldaten, S. 210, Tafel 8. Der Bericht von Richard Korherr über die Stärke der SS vom 30.6.1944 ist in: BA, NS 19/1471.
[43] Vgl. die internen »Bemerkungen zur zentralen Lenkung des Führereinsatzes in der SS« vom 26.6.1943, BA-MA, NS 34/39. Ein Jahr später war die gesamte SS nur 200 000 Mann stärker als die Waffen-SS, nämlich 794 941.

pa zu leiden hatten, war diese Unterscheidung von geringerem Interesse. Sie fassten die verschiedenen Teile der SS einfach unter dem Schreckenswort »Gestapo« zusammen[44].

Weil die Wehrmacht der SS und Polizei von Anfang an nicht *grundsätzlich* ablehnend gegenüberstand, konnten Nützlichkeitserwägungen überwiegen. »Die der SS gestellten rassischen und politischen Aufgaben [reichten jedenfalls] nicht aus, das Übergewicht des militärischen Charakters und Inhaltes der Organisation zu beseitigen«[45]. Trotz aller Konkurrenz und der Schmälerung der eigenen personellen wie materiellen Ressourcen überwog beim Heer doch die Aussicht auf eine zusätzliche kampfkräftige Division, die sich »aus körperlich und weltanschaulich (im Sinne des Wehrgedankens) bestem Menschenmaterial in fast ausschließlich wehrfähigem Alter« zusammensetzte und über ein gut ausgebildetes Führerkorps verfügte[46]. 1935/36 füllte die Wehrmacht jedenfalls ihre noch immer kleinen Reihen mit 56 000 Polizisten auf, inklusive rund 1200 Offizieren[47]. Im September 1939 erhöhte sich deren Zahl um weitere 13 600, davon wurden fast 8500 als Feldgendarmen eingesetzt. Eine ähnlich enge personelle und funktionelle Verflechtung von Wehrmacht und SS lag bei der Geheimen Feldpolizei (GFP) vor. Das Führungspersonal (Feldpolizeibeamte) der »politischen Abwehrexekutive« des Heeres kam ausnahmslos aus Heydrichs Sicherheitspolizei (Gestapo oder Kriminalpolizei), während die geeigneten, abkommandierten Wehrmachtangehörigen nur zu *Hilfs*feldpolizeibeamten (im Unteroffizierrang) ernannt wurden. Hinzu trat noch militärisches Unterpersonal. Die Mobilmachung der Geheimen Feldpolizei im August 1939 litt vor allem darunter, dass aus dem gleichen Personalpool je 200 Gestapo-Beamte für die Aufstellung der SS-Einsatzgruppen benötigt wurden[48]. An der Spitze der Geheimen Feldpolizei, und zwar als Feldpolizeichef des Heeres und seit 1940 der Wehrmacht, stand SS-Standartenführer Wilhelm Krichbaum. Dieser war seit 1933 Angehöriger der Gestapo. Der Auftrag der GFP-Gruppen (15 im Jahre 1939 und 43 fast doppelt so große 1941) im Operationsgebiet glich dem der Gestapo im Reich und der Einsatzgruppen im Krieg. Zum Schutz der Heeresoperationen sollte die Geheime Feldpolizei (Heeresdienstvorschrift 150g vom 24. Juli 1939) »alle volks- und staatsgefährdenden Bestrebungen, insbesondere Spionage, feindliche Propaganda und Zersetzung erforschen und bekämpfen«. Ihr Hauptaugenmerk im Operationsgebiet galt dem »vor-

---

[44] Vgl. Die Gestapo im Zweiten Weltkrieg.
[45] Stellungnahme des Truppenamtes/Org.Abt vom 12.10.1934, BA-MA, RH 2/1158b. Abgedr. in Auszügen von Müller, Armee und Drittes Reich, Dok. 77, S. 211-212, hier S. 212.
[46] Ebd., S. 211 f.
[47] Vgl. die statistischen Unterlagen des Chefs des Ordnungspolizei, Daluege, für die Befehlshaberbesprechung vom 1.-4.2.1942, BA, R 19/336. Zu den Offizierzahlen vgl. Das Deutsche Reich und der Zweite Weltkrieg, Bd 1, S. 421 (Beitrag Deist) und Bd 5/1, S. 753 (Beitrag Kroener).
[48] Vgl. KTB der 2. Abt. des GenStdH, 2. Staffel vom 15.8.1939, BA-MA, RH 2/885.

beugenden Schutz« der Truppe. Im Zivilverwaltungs- und Heimatkriegsgebiet stand der Wehrmacht – wie im Frieden – die Gestapo als geheimpolizeiliches Exekutivorgan zur Verfügung[49]. So nahm die Gestapo auf Anordnung der Wehrmacht, wie im Mobilmachungs-Kalender unter Ziffer 11352 festgelegt, im Rahmen der vorbeugenden Verbrechensbekämpfung »verdächtige Personen« nach ihrer A 1-Kartei am 1. September 1939 in »Schutzhaft«[50]. Schon vorher wurden »nicht erziehbare« Soldaten, d.h. nach Bestrafung und gescheiterter »Bewährung«, ins KZ eingeliefert[51].

Die bis September 1939 erreichten strukturellen und personellen Verflechtungen zwischen Heer und SS bildeten die *eine* Grundlage für ihre nicht immer spannungsfreie Zusammenarbeit. Die *andere* bildeten die Erfahrungen, die die beiden staatlichen Waffenträger in der vorausgegangenen Expansion des deutschen Staatsgebietes, mit »friedlichen« und kriegerischen Mitteln (Hans Umbreit), gewonnen hatten. Von diesen Einsätzen kamen beide Staatsapparate mit verschiedenem, mentalen Gepäck zurück, das ihr späteres Handeln jeweils *mit*bestimmte, auch wenn letzteres in erster Linie von den Hitlerschen Vorgaben abhängig blieb. Bei den Einmärschen der Wehrmacht in Österreich, im Sudetenland sowie in Böhmen und Mähren erwies sich die einheitliche Handhabung der Exekutivgewalt als schwierig. Das Durcheinander der vielen »nach Wien« strebenden Staatsapparate, die in Österreich »außerhalb der gesetzlichen Grenzen« vorgenommenen Massenverhaftungen von politischen Gegnern und Juden durch die Sicherheitspolizei sowie der besondere »Besatzungsauftrag« für die SS im Sudetenland gaben dem Heer zwar zu denken. Aber gleichzeitig gab dessen Generalstabschef, Franz Halder, die relevante Anordnung Hitlers nicht nur kommentarlos an die Kommandobehörden weiter, sondern forderte sie auf, die Geheime Feldpolizei mit »schärfsten Weisungen« zu versehen sowie selbst »rücksichtslos« gegen »Kommunisten, sonstige Staatsfeinde und Verbrecher« vorzugehen, sie nicht als Kriegsgefangene zu behandeln und sie, »soweit erforderlich, aus dem Operationsgebiet abzuschieben und der Gestapo zu übergeben«[52]. Die Ausübung der vollziehenden Gewalt in einer ideologisch motivierten Expansion umfasste eben doch »ein politisch sehr heißes Eisen« und erforderte mehr als bloße »Organisation und gesunden Menschenverstand«, wie der verantwortliche Generalquartiermeister im

---

[49] Vgl. Geßner, Geheime Feldpolizei; Das Deutsche Reich und der Zweite Weltkrieg, Bd 4, S. 422 (Beitrag Förster) und 5/1, S. 184 f. (Beitrag Umbreit), und OKH/GenStdH/GenQu, Abt. Kriegsverwaltung Nr. II/2161/41 vom 30.4.1941, BA-MA, RH 22/271.
[50] Vgl. RVA/OKW/WFA, L IV a Nr. 2065/39 vom 25.8.1939 und KTB GenStdH, 2. Abt, Eintrag vom 1.9.1939, BA-MA, RH 2/885.
[51] Vgl. Absolon, Die Wehrmacht im Dritten Reich, Bd 5, S. 373 und 377.
[52] OKH/GenStdH/3. Abt., Nr. 1020/38 vom 29.9.1938, BA-MA, RH 19 XVI/8. Vgl. Umbreit, Deutsche Militärverwaltungen, S. 40 f., und Das Deutsche Reich und der Zweite Weltkrieg, Bd 5/1, S. 12 ff. (Beitrag Umbreit)

März 1939 in Briefen an seine Frau meinte[53]. Die Heeresführung zog jedenfalls den Schluss, dass diese Aufgabe angesichts »unsichtbarer Gewalten« zu einer Farce zu werden drohte, und wollte sie nicht länger als unbedingt notwendig wahrnehmen.

Diesem Wunsch kam Hitler nach der Besetzung Polens weit entgegen. Er ließ dem Heer durch Generaloberst Keitel am 17. Oktober 1939 ausrichten, es solle doch froh sein, mit dem »ungeheuer harten, aber bewussten Volkstumskampf« nichts zu tun zu haben. Die große politische Bedeutung dieser Zielsetzung war der Wehrmacht allerdings seit dem Frühjahr 1939 bekannt. Sie wusste auch, was sich hinter dem Heydrichschen Ausdruck »Flurbereinigung« verbarg. »Der Heeresführung reichte es aus, dass sie das Mordprogramm [der SS] nicht zu verantworten hatte. Die Absicht wurde offenbar akzeptiert[54].« Denn die Heeresführung war Ende August 1939 mit Himmler und Heydrich »schnell überein[gekommen]«, als es darum gegangen war, deren mörderisches Unternehmen »Tannenberg« mit den militärischen Operationen des Heeres zu harmonisieren. Hinzu kamen bis Ende September 1939 23 geschlossene Einheiten der Ordnungspolizei als »erwünschte Walze« (Halder) für so genannte Säuberungsaktionen im rückwärtigen Armeegebiet und fast 6000 Polizisten im Einzeldienst[55]. Die spezifische Doppelrolle der Waffen-SS spiegelt sich auch in ihrer ersten Kriegsverwendung wider. Während die Leibstandarte, die Regimenter »Germania« und »Deutschland« sowie der Pioniersturmbann Dresden im Verbande des Heeres gegen polnische Streitkräfte kämpften, wurden die drei Totenkopfstandarten »Oberbayern«, »Brandenburg« und »Thüringen« als zusätzliche Sicherungskräfte im Rücken der 10. (Walter von Reichenau) und 8. Armee (Johannes Blaskowitz) eingesetzt[56].

Die Verbrechen der SS in Polen sind bekannt. Weniger selbstverständlich ist das Wissen über das Verhalten der Wehrmacht. Denn diese beließ es nicht dabei, dass die dem Heer unterstellten Einsatzgruppen der Sicherheitspolizei und des SD »neben ihr«, d.h. im Operationsgebiet und in den zur Annexion vorgesehenen Teilen Polens, auf Befehl Hitlers zehntausende Polen und Juden umbrachten. Die Wehrmacht leistete diesem Morden häufig genug Vorschub. Einzelne Soldaten nahmen eigenmächtig an SS-Exekutionen teil, der Oberbefehlshaber Ost, Feldmarschall Gerd von Rundstedt, befahl, »mit den schärfsten Mitteln brutal« gegen jeden Versuch der Sabotage oder Unbotmäßigkeit vorzugehen, und das Heer erschoss willkürlich und in großer Zahl Kriegsgefangene und Zivilisten,

---

[53] Das Deutsche Reich und der Zweite Weltkrieg, Bd 5/1, S. 15 f. und 25 (Beitrag Umbreit).
[54] Umbreit, Die Verantwortlichkeit, S. 748.
[55] Vgl. den Bericht Daluege vom 20.8.1940, BA, R 19/395, und Umbreit, Deutsche Militärverwaltungen, S. 158 ff.
[56] Vgl. Sydnor Jr., Soldiers of Destruction, S. 37 f. Eine deutsche Übersetzung erschien 2002 (Sydnor, Soldaten des Todes). Vgl. auch Cüppers, Wegbereiter der Shoah, S. 34 ff.

Polen wie Juden⁵⁷. Mehr als die Methoden interessierte das Ergebnis: Ruhe und Ordnung im »Rücken der fechtenden Truppe«. Dieses grelle Bild der Zusammenarbeit von Heer und SS in Polen wäre nicht vollständig gezeichnet, würde das kriegsgerichtliche Einschreiten der militärischen Befehlshaber gegen bekanntgewordene Verbrechen unterstellter Soldaten und SS-Männer vergessen werden. Einer wirklichen Bestrafung der überführten Täter wirkte allerdings Hitlers Gnadenerlass vom 4. Oktober 1939 entgegen. Ihm folgte vierzehn Tage später die Einführung einer Sondergerichtsbarkeit für die SS im Felde. Danach und nach Aufhebung ihrer Unterstellung blieb den militärischen Kommandeuren nur die Form des schriftlichen und mündlichen Protestes gegen die anhaltenden Mordaktionen der SS an vorgesetzter Stelle. Der Oberbefehlshaber des Heeres griff diese aber nicht auf, sondern verteidigte die staatliche »Volkstumspolitik« als notwendig für die dauerhafte Sicherung des deutschen Lebensraumes. Weil der Heeresführung das »harte« Vorgehen der SS nicht generell missfiel, sondern nur der »Blutrausch« der Beteiligten, war Brauchitsch mehr daran interessiert, »die mit diesem Volkstumskampf zu erwartenden, dem Geist der Mannszucht des Heeres schädlichen Vorgänge und Handlungen von der Truppe fernzuhalten«. Die Soldaten sollten nicht verrohen⁵⁸. Als Grenzsteine zwischen der eigenen, brutalen Anwendung des Kriegsrechts und der volkstumspolitischen Ausrottung der SS gab die militärische Führung in Polen folgende Devisen aus: einerseits »turning a blind eye«, andererseits Konzentration auf »rein soldatische Aufgaben« und die Pflege »enger Kameradschaft« mit den Dienststellen der Partei und der Verwaltung⁵⁹! Dennoch blieb das Verhältnis zwischen Heer und SS gestört, und letztere kam nicht umhin, ihr Vorgehen zu erklären. Dies tat Himmler am 13. März 1940, und zwar unter Berufung auf Hitlers persönlichen Auftrag⁶⁰. Da es für Westeuropa kein vergleichbares volkstumspolitisches Programm gab, fiel es dem Heer nicht schwer, die Teilnahme von SS-Einsatzgruppen am Einmarsch zu verhindern, was Heydrich beklagte. Als erwünschte Exekutive gegen Spionage, Zersetzung, Landesverrat und Sabotage konnte die Abwehr allerdings die Geheime Feldpolizei einsetzen. Die faktische Präsenz der Sicherheitspolizei in Brüssel und Paris – in Uniformen der Feldpolizei – wurde im Herbst 1940 nachträglich von der Heeresführung legalisiert und diesen Einheiten das Tragen der eigenen Uniform gestattet. Erst im Februar 1941 gewann die SS eine uneingeschränkte Exekutivbefugnis

---

57 Vgl. Umbreit, Deutsche Militärverwaltungen, S. 141 ff.; Rossino, Hitler Strikes Poland; Böhler, Größte Härte; Hürter, Hitlers Heerführer, S. 177 ff., und Kap. II, S. 57 ff.
58 Verfügung des ObdH vom 7.2.1940. In Krausnick/Wilhelm, Die Truppe des Weltanschauungskrieges, S. 104.
59 Tagesbefehl des neuen OB Ost, Blaskowitz, vom 26.10.1939, BA-MA, RH 36/65.
60 Vgl. Hürter, Hitlers Heerführer, S. 187.

gegenüber der Bevölkerung[61]. Zu diesem Zeitpunkt waren die Augen aller Staatsapparate bereits auf den Osten gerichtet.

Mit dem Angriff auf die Sowjetunion am 22. Juni 1941 glaubte Hitler zum einen, die letzte Großmacht auf dem europäischen Kontinent ausschalten, das sowjetische System zum Einsturz bringen und ausreichenden Lebensraum für das deutsche Volk erwerben zu können. Zum anderen sollte der schnelle Feldzug dazu dienen, den weltanschaulichen Gegner, den »jüdischen Bolschewismus« zu vernichten. Mit den Augen von 1945 gesehen, erscheint das kleine, zerstückelte Polen als das »große Experimentierfeld« des NS-Regimes und seiner rassistischen Herrschaftsmethoden für die großen besetzten sowjetischen Gebiete[62]. Endgültige territoriale Festlegungen wollte Hitler bis zum Abschluss der Operationen nicht treffen. Aber alle dazu im Osten förderlichen Maßnahmen – Erschießen, Aussiedeln usw. – sollten trotzdem in Angriff genommen werden[63]. Für die Erreichung des gigantischen »Kriegszwecks« gegenüber der Sowjetunion, nämlich Sieg, Vernichtung, Beherrschung und Ausbeutung, waren vier vollziehende Gewalten, so genannte Säulen, vorgesehen: Heer, SS, Verwaltung und Vierjahresplan. Wenngleich diese unterschiedlichen Staatsapparate zur Zusammenarbeit verpflichtet wurden und der Oberbefehlshaber sogar meinte, die »oberste Instanz« im Operationsgebiet spielen zu können, konkurrierten die vier Führerexekutiven miteinander, maßten sich die Organe Himmlers und Görings uneingeschränkte Kompetenzen an. Die Folge war nicht nur »ein Wirrwarr sich widersprechender Weisungen, verschiedenartiges Auftreten deutscher Dienststellen gegenüber den Russen« und eine »Maßlosigkeit politischen Denkens«, sondern auch, dass die deutsche Herrschaft bei der Bevölkerung schnell verhasst war und der von Stalin und der Kommunistischen Partei verordnete »erbarmungslose« Widerstand bei ihr bald auf immer größere Sympathie stieß.

In diesem besonderen Krieg gegen einen besonderen Gegner sollte die Zusammenarbeit von Heer und SS ihren organisatorischen Zenit und zugleich rechtlich-moralischen Nadir erreichen. Kurz vor Beginn des Unternehmens »Barbarossa« erfuhren die Chefs der Generalstäbe des Ostheeres u.a., dass sich Brauchitsch und Himmler darüber verständigt hätten, den zwischen Heer und SS entbrannten Streit über die Morde in Polen endgültig zu begraben. Diese Klarstellung sollte wohl mit dazu beitragen, dass beide Waffenträger den bereits anvisierten »Vernichtungskampf« gegen den »jüdischen Bolschewismus« Seite an Seite durch-

---

[61] Vgl. Das Deutsche Reich und der Zweite Weltkrieg, Bd 5/1, S. 185 f. (Beitrag Umbreit).
[62] Vgl. Bracher, Die deutsche Diktatur, S. 444, Rich, Hitler's War Aims, vol. 2, S. 326 ff.; Das Deutsche Reich und der Zweite Weltkrieg, Bd 4, S. 413 ff. (Beitrag Förster), und Bd 5/1, S. 77 ff. (Beitrag Umbreit).
[63] Das Deutsche Reich und der Zweite Weltkrieg, Bd 4, S. 1071 (Beitrag Förster), Besprechung am 16.7.1941.

führten. Die für diesen Zweck notwendigen organisatorischen Abstimmungen zwischen Heer und SS begannen nicht erst Anfang März 1941, wie lange angenommen wurde[64], sondern bereits Wochen früher. Und zwar zu einem Zeitpunkt, an dem die Wehrmacht- und Heeresführung Hitlers radikale, weltanschauliche Weisungen noch nicht kannte. Auslöser waren wohl eigenständige Überlegungen des Generalquartiermeisters, General der Artillerie Eduard Wagner, für die Sicherung und Verwaltung des rückwärtigen Operationsgebietes. Es fehlten ihm nämlich sowohl die für notwendig erachteten Sicherungskräfte als auch der Spielraum, dafür große Kampfverbände von der Front abzuziehen. Deshalb griff die Operationsabteilung des Generalstabes Mitte Januar 1941 auf das von der Ordnungspolizei für den Westen gemachte Angebot von Polizeiregimentern zurück[65]. Die entscheidende Phase der Planungen, wie die SS organisatorisch im Operationsgebiet des Heeres verankert werden konnte, um »die jüdisch-bolschewistische Intelligenz zu beseitigen«, begann allerdings erst Anfang März 1941. Widerstand in der Wehrmacht- und Heeresführung gegen den entsprechenden »Sonderauftrag« Hitlers an Himmler, verbunden mit größtmöglichen Freiheiten bei der Durchführung von selbstständigen »Exekutivmaßnahmen« gegenüber der sowjetischen Zivilbevölkerung und der Einschränkung der militärischen Gewalt, ist nicht aktenkundig geworden. Nur ein Referent in der Seekriegsleitung kommentierte dies mit den Worten: »Das bedeutet einiges!« Die konkreten Abstimmungen zwischen Heer und SS, zwischen Eduard Wagner und Heydrich, mündeten in das Abkommen vom 26. März 1941, das dann vier Wochen später von Brauchitsch formal erlassen wurde[66]. Es regelte allerdings nur den Einsatz der vier Einsatzgruppen der Sicherheitspolizei und des SD (rund 2500 Mann). Bereits am 2. April 1941 ergänzte Halder deren Zielgruppen im Osten – Emigranten, Saboteure, Terroristen usw. – für

---

[64] So auch in Das Deutsche Reich und der Zweite Weltkrieg, Bd 4, S. 414 f. und 421 ff. (Beitrag Förster).

[65] Aufzeichnung vom 15.1.1941, gez. i.A. Gehlen, BA-MA, RH 2/v. 1325. Allerdings sollte der Polizei die beabsichtigte Verwendung im Osten aus Tarnungsgründen (!) vorerst nicht bekannt gegeben werden. Die Heeresführung plante auch rumänische, ungarische und slowakische Verbände als Sicherungskräfte ein, obwohl die betroffenen Länder noch nichts von ihrer aktiven Rolle im »Fall Barbarossa« wussten. Vgl. Förster, Hitlers Verbündete, und Ungváry, Das Beispiel der ungarischen Armee.

[66] OKH/GenStdH/GenQu, Abt. Kriegsverwaltung Nr. II/2101/41 vom 28.4.1941, BA-MA, R II 22/155. Zwei Tage später wurde der Einsatz der GFP im rückwärtigen Heeresgebiet geregelt, und zwar mit OKH/GenStdH/GenQu, Abt. Kriegsverwaltung Nr. II/2161/41 vom 30.4.1941, BA-MA, RH 22/271. Vgl. Himmler, Der Dienstkalender, Einträge vom 10., 14., 15. und 25.3. sowie 5., 8. und 16.4.1941. Das darin enthaltene Datum der Abwehrbesprechung beim OKW (S. 130, Anm. 35) ist in 6./7.6.1941 zu korrigieren. Am 21.4. lag auch Himmlers Entwurf für einen entsprechenden Befehl des ObdH über die Einsetzung von HSSPF im Osten vor, der dann unter dem Sigel »Reichsführer-SS« am 21.5.1941 erging (BA-MA, RH 20-16/1012).

den beabsichtigten Balkanfeldzug selbständig um zwei weitere: »Kommunisten, Juden«. Deren Tötung sollte »*außerhalb* der Truppe« erfolgen[67]. Zu diesem Zeitpunkt wusste aber die Heeres- und höhere Truppenführung bereits, dass Hitler auch dem Heer einen »Vernichtungskampf« gegen das »Gift der Zersetzung«, die »bolschewistischen Kommissare und GPU- [i.e. Staatliche Politische Verwaltung] Leute« sowie die »kommunistische Intelligenz« zugedacht hatte. Das nationalsozialistische Deutschland führe nämlich keinen Krieg, so Hitler am 30. März 1941 in der Reichskanzlei, um das Führerkorps des »Todfeindes« zu konservieren. Durch die Beseitigung der Funktionäre in und ohne Uniform würde das Sowjetsystem schneller einstürzen[68]. Wegen des Mangels an eigenen Sicherungskräften, aber auch wegen der tief verwurzelten Geringschätzung des Slawen- und Judentums sowie der Ablehnung des Bolschewismus ließen sich OKW und OKH auf eine enge Partnerschaft mit den Organen Himmlers ein. Nach den schlimmen Erfahrungen in Polen hätten sie eigentlich auf der Hut sein müssen. Aber die militärische Führung zeigte sich gewillt, den von Hitler geforderten »weltanschaulichen Kampf« an der Seite der SS mit durchzufechten, wie Halder am 6. Mai 1941 in seinem Diensttagebuch notierte. Sie war allerdings daran interessiert, die Durchführung der Zusammenarbeit mit Sicherheitspolizei, SD, Geheimer Feldpolizei, Ordnungspolizei und den besonderen Waffen-SS-Brigaden über die Ic-Abteilungen der höheren Kommandobehörden des Heeres zu regeln. Schließlich war als »Grundprinzip« der Zusammenarbeit zwischen Brauchitsch und Himmler »erreicht« worden, dass die eigentliche »Durchführung politischer Aufträge des Führers nicht die Sache des Heeres sein« sollte, sondern der SS[69]. Die Heeresführung wollte den Schein einer einheitlichen militärischen Führung in ihrem Operationsgebiet wahren, obwohl sie Teile ihrer Exekutivgewalt an Himmler und Göring verloren hatte[70].

Die Waffen-SS hatte inzwischen einen strukturellen Wandel durchgemacht. Seit Ende des Feldzuges gegen Polen war nicht nur die »Leibstandarte« verstärkt, die »Verfügungsdivision« programmatisch in »Das Reich« umbenannt worden (21. Dezember 1940), sondern wurden auch die »Totenkopfstandarten« und Polizeiverstärkungen sowie die Ordnungspolizei

---

[67] Das Deutsche Reich und der Zweite Weltkrieg, Bd 4, S. 423 (Beitrag Förster).
[68] Ebd., S. 427 und 416 (17.3.1941), sowie Hürter, Hitlers Heerführer, S. 1 ff. Bereits am 26.3.1941 hatten Göring und Heydrich das Problem erörtert, dass die Truppe wissen müsse, »wen sie praktisch an die Wand zu stellen habe«: GPU-Leute, Politkommissare, Juden usw. Zit. nach Aly, Endlösung. Die relevanten Erlasse und Richtlinien an das Heer ergingen am 19. und 24.5. sowie 8.6.1941.
[69] So die Erläuterung des Generalquartiermeisters gegenüber den zuständigen Offizieren der Kommandobehörden des Ostheeres am 16.5.1941, BA-MA, RH 20-16/1012.
[70] OKH/GenStdH/Oqu IV Nr. 200/41 vom 11.6.1941, gez. i.A. Halder, BA-MA, RH 2/3012. Vgl. Pohl, Die Kooperation zwischen Heer, SS und Polizei.

weiter militarisiert. Letztere stellte ab Februar 1940 eine »Polizeidivision«, die allerdings noch nicht als vollgültiger Frontverband gewertet und erst zwei Jahre später in die Waffen-SS übernommen wurde. Während die Ausbildung der im Herbst 1939 aufgestellten »Totenkopfdivision« unter Gruppenführer Eicke unter Aufsicht der 2. Armee (Maximilian Freiherr von Weichs) erfolgte[71], wurde die Leitung des professionellen Aufbaus der »Totenkopfstandarten« zu Kavallerie- und Infanteriebrigaden im besetzten Polen einem neu aufgestellten »Befehlshaber Ost der Waffen-SS« übertragen[72]. Rasanter war der personelle Aufwuchs. Knapp zwei Jahre nach Kriegsbeginn belief sich die Gesamtstärke der Waffen-SS bereits auf rund 160 400 Mann. Diese immense Vergrößerung gegenüber dem 1. September 1939 war auch Ausdruck ihrer gewollten Tendenz zur Multinationalität. Denn die Eroberung so genannter germanischer Länder wie Dänemark, Norwegen, Belgien (Flamen) und Holland sowie die deutschen Minderheiten in Polen und den Balkanländern hatten dem SS-Hauptamt unter Berger ganz neue Dimensionen zur Werbung von Freiwilligen eröffnet. Die ersten beiden multinationalen Standarten »Westland« und »Nordland« wurden bereits im Frühjahr und Sommer 1940 aufgestellt und bildeten im Sommer 1941 die Division »Wiking«.

Der Inkorporation von Ausländern trug auch der weltanschauliche Ausbildungsplan der Waffen-SS Rechnung. Ab 1940/41 sollten außer den alten Themen wie Volk, Reich, Lebensraum die »Blutsgemeinschaft aller germanischen Völker« und das »großgermanische Reich« im Unterricht und »immer und überall« behandelt werden. Die ideologische Ausrichtung der Unterführer und Mannschaften litt jedoch darunter, dass auch die Masse der volksdeutschen Rekruten der deutschen Sprache entweder nur teilweise oder überhaupt nicht mächtig war. Der besondere Nachdruck, den die Waffen-SS auf Motivation und Korpsgeist, auf ihre *corporate identity* legte, entsprang auch dem Wissen um ihre Heterogenität. Die Verbindung von Waffe und Weltanschauung, Professionalität und Politik, Tradition und Reform sollte Einheitlichkeit im Denken und Handeln, die unbedingte Erfüllung des jeweiligen Auftrages sicherstellen. Die Waffen-SS hatte aber weder eine eigene ideologische Doktrin noch wurde sie zu bloßer brutaler Rücksichtslosigkeit gegenüber Freund und Feind angehalten. Die zentralen Dienstanweisungen zur weltanschaulichen Erziehung der SS galten ab Oktober 1934 auch für sie[73].

Während die vier Einsatzgruppen der Sicherheitspolizei und des SD als eine erste, schnelle »Walze« zur Beseitigung der »jüdisch-bolschewistischen Intelligenz« im rückwärtigen Armeegebiet vorgesehen waren, oblag einem besonderen »Kommandostab Reichsführer-SS« mit drei Waffen-SS-Brigaden die gründliche »Flurbereinigung« im rückwärtigen Hee-

---

[71] Vgl. Sydnor Jr., Soldiers of Destruction, S. 101 und 106 ff.
[72] Vgl. Cüppers, Wegbereiter der Shoah, S. 31 f.
[73] Vgl. Förster, Die weltanschauliche Erziehung, S. 93 ff., und Cüppers, Wegbereiter der Shoah, S. 98 ff.

resgebiet (über 19 000 Mann). Dieser ging auf die persönliche Initiative Himmlers zurück. Am Vorgehen der Waffen-SS, wie an dem der Polizeibataillone, lässt sich besonders gut ihre bereits 1934 festgeschriebene Doppelrolle zeigen: »Säuberungs- bzw. Durchkämmaktionen« und Sicherungsaufgaben im Hinterland auf Befehl militärischer Kommandeure sowie Sonderaufträge im Rahmen des nationalsozialistischen Mordprogramms[74]. Um deren Durchführung zu sichern, wurde den SS-Männern oft eine deutlicher militärisch angelegte Begründung gegeben. Schon vorher waren spezielle Richtlinien für den politisch-weltanschaulichen Unterricht über die UdSSR erlassen worden. Darin wurde auch zu »äußerster Härte« gegenüber dem Feind aufgefordert[75]. So geschah zwar die Ermordung von über 14 000 Juden in den Pripyat-Sümpfen durch die Waffen-SS-Kavalleriebrigade unter Standartenführer Hermann Fegelein nicht unter den Augen der Wehrmacht, aber der Befehlshaber im rückwärtigen Heeresgebiet Mitte, General der Infanterie z.V. Max von Schenckendorff, in dessen Auftrag der Verband des Kommandostabes dieses Gebiet »säuberte«, wusste sehr wohl, dass mit der allgemeinen Formel »Niederdrückung der Juden« keine wirklich militärische Sicherungsaufgabe gemeint war. Er nahm das radikale Vorgehen Fegeleins dennoch zustimmend zur Kenntnis und empfahl es seinen drei Sicherungsdivisionen zur Nachahmung[76].

Wagners Verhandlungen mit der SS hatten auch auf dem Gebiet der eigentlichen polizeilichen Sicherung des eroberten Territoriums zu einem für das Heer annehmbaren Ergebnis geführt. Einerseits wurde je ein motorisiertes Polizeibataillon den neun Sicherungsdivisionen beigegeben und unterstellt. In personellen, gerichtlichen und disziplinarischen Angelegenheiten unterstand es aber weiterhin dem Chef der Ordnungspolizei. Als Heeresgefolge trugen die Ordnungspolizisten einen gelben Ärmelstreifen mit der Aufschrift: Deutsche Wehrmacht. Ihre Eingliederung ins Heer sollte in »kameradschaftlicher Weise« erfolgen[77]. Andererseits wurde je ein Polizeiregiment in den drei rückwärtigen Heeresgebieten disloziert. Es unterstand dem jeweiligen Höheren SS- und Polizeiführer, konnte aber bei Bedarf vom militärischen Befehlshaber angefordert werden. Weitere Einheiten standen zur Verfügung Dalueges oder der Ein-

---

[74] Vgl. Cüppers, Wegbereiter der Shoah, S. 64 ff.
[75] Abgedr. bei Matthäus/Kwiet/Förster/Breitman, Ausbildungsziel Judenmord?, Dok. 14, S. 198–201, hier S. 201.
[76] Vgl. Förster, Das andere Gesicht des Krieges, S. 159 f.; Birn, Zweierlei Wirklichkeit?, S. 276 ff., und Cüppers, Wegbereiter der Shoah, S. 137 ff. Völlig ungenügend, weil beschönigend Yerger, Riding East, S. 97 ff.
[77] OKH/GenStdH/GenQu, Abt. Kriegsverwaltung Nr. II/563/01 vom 13.5.1941 und Besprechung bei GenQu am 16.5.1941, BA-MA, RH 26-454/6 und RH 20-16/1012.

III. Wehrmacht, Nationalsozialismus und SS

satzgruppen[78]. Insgesamt entsandte die Ordnungspolizei 430 Offiziere und 11 640 Männer in die besetzten sowjetischen Gebiete[79].

Die faktische Zusammenarbeit in den besetzten sowjetischen Gebieten zwischen den verschiedenen Organen Himmlers und den militärischen Dienststellen, darunter auch die Geheime Feldpolizei und Feldgendarmerie, lässt sich besonders gut an den Lehrgängen studieren, die dem »Erfahrungsaustausch« über die unterschiedlich durchgeführte »Partisanenbekämpfung« in Weißrussland zwischen den eingesetzten Staatsapparaten dienten. Der erste fand vom 24. bis 26. September 1941 in Mogilev statt, dem Dienstsitz Schenckendorffs[80]. Neben dem einladenden Befehlshaber und zahlreichen Angehörigen seines Stabes waren auch Repräsentanten des OKH, der Heeresgruppe Mitte, der Sicherungsdivisionen, Sicherungsregimenter, Polizeibataillone, Waffen-SS sowie der Militärverwaltung und Wirtschaftinspektion anwesend (über 60 Personen). Bei dem von Oberstleutnant der Schutzpolizei Max Montua organisierten »Kursus« referierten nicht nur die verschiedenen Kommandeure über ihre jeweilige Vorgehensweise, trugen der Höhere SS- und Polizeiführer Mitte, SS-Gruppenführer Erich von dem Bach-Zelewski, und der Chef der Einsatzgruppe B, Gruppenführer Arthur Nebe, über das »Erfassen von Kommissaren und Partisanen« und den »Einsatz von V-Leuten« bzw. über »Die Judenfrage mit besonderer Berücksichtigung der Partisanenbewegung« und die »Zusammenarbeit mit dem SD« vor. Nein, es wurde auch die »systematische Überprüfung« von zwei Ortschaften in der Umgebung »ernstfallmäßig und schlagartig« vorgeführt. Obwohl das Polizeibataillon 322 in Knjashizy, 14 Kilometer nordwestlich von Mogilev, weder »Partisanen« noch »ortsfremde Personen« ermitteln konnte, erschoss es in Zusammenarbeit mit dem SD 13 Juden und 19 Jüdinnen[81]. Wen konnte es da überraschen, dass Teilnehmer an dieser »Schule des Terrors« zu ihren Einheiten zurückkehrten und für den künftigen Kampf gegen die Partisanen die Devise ausgaben: »Wo der Partisan ist, ist der Jude, und wo der Jude ist, ist der Partisan[82].« Das Scheitern des Blitzkrie-

---

[78] OKH/GenStdH/GenQu, Abt. Kriegsverwaltung Nr. II/807/41 vom 14.6.1941 nebst 4 Anlagen, BA-MA, RH 22/12. Vgl. die Gliederung des HSSPF im rückwärtigen Heeresgebiet Mitte vom 24.6.1941, BA-MA, RH 22/224.

[79] Vgl. die statistischen Unterlagen Dalueges für die Befehlshaberbesprechung vom 1.-4.2.1942, BA, R 19/336.

[80] Vgl. Das Deutsche Reich und der Zweite Weltkrieg, Bd 4, S. 1043 f. (Beitrag Förster), und Cüppers, Wegbereiter der Shoah, S. 221 ff.

[81] Programm, Teilnehmerverzeichnis sowie Meldungen der ausführenden Einheiten sind in Faksimile abgedruckt im Katalog zur so genannten Wehrmachtausstellung, Verbrechen der Wehrmacht, S. 464 ff. Der Lehrgang wurde 1942 wiederholt, BA-MA, RH 22/231. Zu weiteren Beispielen der Kooperation von Heer, SS und Polizei vgl. die Beiträge von Pohl, Die Kooperation zwischen Heer, SS und Polizei, und Angrick, Das Beispiel Charkow, sowie Hürter, Hitlers Heerführer, S. 517 ff.

[82] Zit. nach Krausnick/Wilhelm, Die Truppe des Weltanschauungskrieges, S. 248. Die sich auf beiden Seiten steigernde Radikalität im Umgang mit dem weltan-

ges gegen die Sowjetunion und die überraschende Gegenoffensive der Roten Armee veränderten die Auftragslage der Waffen-SS. Anfang 1942 waren alle Verbände an der Ostfront in erbitterte Abwehrkämpfe verwickelt. Doch schon bald nahmen Wehrmacht und SS ihren gemeinsamen Kampf gegen den »jüdischen Bolschewismus« wieder auf, und zwar im Rahmen der so genannten Bandenbekämpfung. Auch auf dem Personalsektor wurde die Zusammenarbeit zwischen Heer und Waffen-SS verstärkt. Nachdem Anfang Dezember 1941 bereits der glänzend beurteilte und »besonders bewährte« Stabsoffizier Maximilian von Herff an die SS abgegeben worden war, setzte in den nachfolgenden Jahren ein reger Austausch von Generalsoffizieren ein[83].

---

schaulichen Gegner hebt dagegen Arnold, Die Wehrmacht, hervor. Zu diesem Zusammenhang von »Kriegführung und Radikalität« vgl. auch Shepherd, War in the Wild East, und Megargee, War of Annihilation.

[83] Zu Herff, dem späteren Chef des SS-Personalamtes, vgl. BA-MA, Pers 6/7675 und die dort vorhandene Kopie der BDC-Akte, Nr. 5. Zum Wandel des Offizierkorps 1942/43 siehe Kap. IV.

IV. Manipulation oder Evolution? Die Wehrmacht-Elite in der zweiten Kriegshälfte

Die alternative Fragestellung nach Manipulation oder Evolution suggeriert zum einen, dass unter dem Nationalsozialismus eine »gezielte soziostrukturelle Veränderung« des deutschen Offizierkorps, also eine Elitenmanipulation stattfand[1]. Zum anderen kann gefragt werden, ob sich die Wehrmachtelite von selbst den Auswirkungen der Aufrüstung und den harten Bedingungen des Krieges anpasste und damit wandelte[2]. Die personalpolitische Entwicklung des deutschen Offizierkorps in der zweiten Kriegshälfte lässt sich jedenfalls mit der Ernennung von Hitlers Chefadjutanten der Wehrmacht, Generalmajor Rudolf Schmundt, zum Chef des Heerespersonalamtes (in Personalunion) am 1. Oktober 1942 allein nicht erklären. Wie in vielen anderen historischen Fällen gab es auch in diesem Fall keine klare Dichotomie, sondern eine spezielle Mischung aus beidem: intentionale Eingriffe Hitlers *und* Kriegsnotwendigkeiten sowie Entgegenkommen oder Verschleppung durch die militärische Bürokratie. Deshalb erscheint es notwendig, die von Hitler angestrebte »*grundlegende Änderung in der Handhabung der Personalpolitik*«[3] in den Zusammenhang von Führerstaat, Wehrmacht und Krieg einzuordnen und unter den heuristischen Prämissen von Intention *und* Struktur, Kontinuität *und* Diskontinuität zu untersuchen[4]. Diese Perspektive, die die Geschichte des Dritten Reiches und seiner Wehrmacht als eine Geschichte begreift, den Zweiten Weltkrieg nicht als »wenig ergiebigen Ausnahmezustand« für

---

[1] Diese Position vertritt nachdrücklich Stumpf, Die Wehrmacht-Elite, S. 341.
[2] Hürter, Hitlers Heerführer, S. 608 ff., spricht in Bezug auf die von ihm untersuchte militärische Elite an der Ostfront von ihrer »Transformation«. Sie sei so bedeutsam und folgenschwer gewesen wie die Transformation Deutschlands nach 1933, vom bürgerlichen Rechts- und Normenstaat zum totalitären Maßnahmenstaat. Für Hürter meint der Begriff der strukturellen (generationell, sozial, institutionell) und individuellen (militärfachlich, politisch, moralisch) Transformation »nicht nur Umwandlung, sondern Wandel, nicht nur Manipulation, sondern Anpassung«.
[3] Tätigkeitsbericht Chef HPA, Eintrag vom 2.10.1942, S. 2, Hervorhebung durch den Verfasser. Zu Schmundt, dem »fehlgeleiteten Idealisten«, vgl. auch Stumpf, General der Infanterie Rudolf Schmundt.
[4] In diese Richtung zeigen Förster, Vom Führerheer der Republik; Kroener, Generationserfahrungen; Knox, 1 October 1942, und Kunz, Wehrmacht und Niederlage, S. 122, Anm. 428. Alle vier Autoren betonen allerdings den Einschnitt des 1.10.1942. Vgl. auch den diachronischen Aufsatz von Knox, The Prussian Idea.

die Deutung des Führerstaates ansieht und sie auch nicht am 8. Mai 1945 enden lässt, hat die Gesamtinterpretationen der deutschen Geschichte von 1933 bis 1945 bislang allerdings wenig beeinflusst[5]. Noch bei der Präsentation seiner neuen Hitler-Biografie im Jahre 2000 wurde Ian Kershaw vorgeworfen, auf militärische Dinge zu ausführlich eingegangen zu sein. Angloamerikanische Forscher tun sich da leichter, auch weitergehende Fragen (»Wie modern war Hitlers soziale Revolution? Wäre die deutsche Leistungsgesellschaft auch ohne dessen egalitäres Programm entstanden?«) zu beantworten[6].

In einer älteren deutschen Studie über Hitlers Selbstverständnis als Revolutionär wurden zwar dessen Vorstellungen auf innen-, sozial- und wirtschaftpolitischem Gebiet ernst genommen, er als vehementer Befürworter der Chancengleichheit aller Volksgenossen im Rahmen einer neuen, rassisch bestimmten Volksgemeinschaft beschrieben[7]. Aber auffällig an Rainer Zitelmanns Zugriff ist, dass das militärische Führerkorps als wesentlicher Teil der neuen Elite des nationalsozialistischen Deutschland links liegengelassen wird. Dabei hätte doch Hitlers Kriegerstaatsmodell, dessen sozialdarwinistische Auffassung vom permanenten Lebenskampf des deutschen Volkes, es eigentlich nahegelegt, auch die Auswirkungen auf die Streitkräfte zu untersuchen. Denn die politischen Grundzüge des Nationalsozialismus für den Aufbau einer neuen Gesellschaft – Volkstum, Egalitarismus und Führerprinzip[8] – galten natürlich auch für die Wehrmacht, die »sozialistischste Einrichtung« (Adolf Hitler) des Dritten Reiches.

Grundsätzlich sollte der Weg nach oben jedem Deutschen offen stehen und das für das neue Deutschland benötigte Führerkorps, die »politischen Soldaten«, auf eigens eingerichteten »Ordensburgen« ausgebildet werden[9]. Die »beste [personelle] Auslese« des deutschen Volkes für dessen »Kampf ums Dasein« sollte nach einem »einheitlichen Grundplan« erfolgen. Dabei waren der Persönlichkeits- und Rassewert sowie der Selbsterhaltungstrieb wichtiger als Herkunft, Vermögen oder Bildung[10]. Dem nationalsozialistischen Ideal einer »wahrhaft deutschen« Volksgemeinschaft, d.h. ohne »jüdische Blutsbeimischungen«, entsprach auf militärischem Gebiet ein Volksheer. Folgerichtig verkündete Hitler nach erfolgreicher Wiedereinführung der allgemeinen Wehrpflicht in seinem Schlussappell auf dem Parteitag der NSDAP in Nürnberg im September

---

[5] Zum für Hitler konstitutiven Zusammenhang von Staats-, Gesellschafts- und Militärverfassung zum Zwecke einer kriegerischen »Raumpolitik« vgl. Kap. I.
[6] Vgl. Knox, October 1942, S. 801 ff.
[7] Zitelmann, Hitler.
[8] Vgl. Bracher, Grundlagen.
[9] Hitlers Rede vom 24.4.1936 zur Eröffnung der Ordensburg Crössinsee/Pommern, BA, NS 19/4017. In Sonthofen und Vogelsang standen zwei weitere Schulen.
[10] Diese drei »fundamentalen Grundsätze der nationalsozialistischen Bewegung« variierte Hitler immer wieder. Siehe u.a. seine Rede vom 26.6.1927, BA, NSD 71/56, und Hitler, Hitlers zweites Buch, S. 106.

IV. Manipulation oder Evolution? 95

1936 unter großem Beifall der Angetretenen, in Zukunft werde die personelle Auslese nach der sichtbaren Befähigung zum Führer vorgenommen. Jeder Soldat trage den Marschallstab in seinem Tornister[11]. Denn der neue deutsche Offizier sollte sich im Wesentlichen aus den »breiten Volksmassen, den Arbeitern und Bauern [rekrutieren], nationalsozialistisch ausgerichtet und zum Dienst an Staat und Volk erzogen« sein.

Mit diesem Grundsatz griff Hitler öffentlichkeitswirksam auf ältere personalpolitische Vorstellungen zurück. Eignung und Leistung oder »glänzende Führereigenschaften« waren nämlich keine neuen Kriterien. Seit 1808 konnten Soldaten im preußisch-deutschen Militär als Anerkennung besonderer »Tapferkeit, Tätigkeit und Überblick« im *Krieg* befördert werden. Ein Jahrhundert später, nach dem Zusammenbruch 1918, gab es diese Ausnahme von der Regel nur noch kurzzeitig im Freiwilligen Landesjägerkorps, und zwar »wegen heldenhaften Verhaltens«. Im nationalsozialistischen Deutschland sollten allerdings diese Leistungskriterien bei Einstellungen und Beförderungen spezifisch und bereits im *Frieden* angewandt werden. Bevorzugte Beförderungen unter friedensmäßigen Bedingungen hatte es zwar schon Anfang des 19. Jahrhunderts gegeben[12]. Aber die am 13. Mai 1936 von Hitler verfügte zukünftige Auswahl der Berufssoldaten als Führer und Erzieher für Wehrmacht und Volk »nach schärfsten rassischen Gesichtspunkten« war etwas Neues für die Streitkräfte[13]. In dieser internen personalpolitischen Anordnung, »über die gesetzlichen Vorschriften hinaus«, offenbarte sich der ausgrenzende Effekt einer rassisch definierten, militarisierten Volksgemeinschaft ebenso wie in dem den »Nürnberger Gesetzen« angepassten Wehrgesetz vom 21. Mai 1935. Danach konnten »Juden« keinen aktiven Wehrdienst leisten und die in der Wehrmacht dienenden »jüdischen Mischlinge« nicht Vorgesetzte von »deutschen« Soldaten werden[14]. Nur »Arier« hatten in den Streitkräften eine Bewährungs- und Aufstiegschance; denn nur sie konnten den in der »soldatischen Erziehungsschule« dienenden Männern »deutsches Wesen und deutsche Art« vorleben[15]. Trotz dieses gesellschaftspolitischen Bruchs arbeitete die Wehrmacht mit der Partei eng zusammen, um Volk und Armee, Weltanschauung und Waffe, Tradition

---

[11] Der Parteitag der Ehre, S. 295 f. und 305 f.
[12] Seit 1816, vgl. Untersuchungen zur Geschichte des Offizierkorps, S. 131; Thaer, Generalstabsdienst, S. 222 und 228 (Einträge vom 15. und 18.8.1918), und Die deutsche Revolution, S. 142 f. (1.12.1918).
[13] BA-MA, RH 53-7/v.1204. Gedruckt in: Müller, Das Heer und Hitler, S. 621. Die Wortwahl entsprach Hitlers Zielsetzung für das allgemeine Führerkorps.
[14] Diese Änderung erfolgte am 26.6.1936. Vgl. Absolon, Die Wehrmacht im Dritten Reich, Bd 3, S. 353 f.
[15] Vgl. die Verfügung des Kommandeurs der 1. Panzerdivision, General der Kavallerie Maximilian von Weichs, vom 2.3.1937, die die volle Zustimmung des ObdH, General von Fritsch, gefunden hatte. Gedruckt in: Offiziere im Bild von Dokumenten, Dok 103. Vgl. Das Deutsche Reich und der Zweite Weltkrieg, Bd 9/1, S. 484-505 (Beitrag Förster).

und Neubeginn miteinander zu verschmelzen. Alle bejahten den quantitativen Aufwuchs und strukturellen Umbau der selektiven Reichswehr zu einem wirklichen Volksheer. Der Kriegsminister redete im Frühjahr 1937 der Einführung des nationalsozialistischen Leistungsprinzips das Wort, weil er darin eine der wichtigsten Forderungen des neuen deutschen Sozialismus [...] für die soldatische Elite des Volkes« erblickte. Allerdings wollte Blomberg Beförderungen »ohne Rücksicht auf Herkunft, Stand und Geldbeutel des Vaters« nur schrittweise einführen und betonte, Volksschulbildung reiche für den Offizierberuf nicht aus[16]. Schließlich galt noch das Abitur als Einstellungsvoraussetzung.

Natürlich sind Begriffe wie *Volksgemeinschaft, Volksheer, politisches Soldatentum* und *totaler Krieg* als heuristische Mittel zu verstehen, also idealtypisch. Sie spiegeln nicht die Realität der deutschen Gesellschaft, der Wehrmacht oder des Krieges wider. Wie schätzte Hitler die sozialen Folgen der nationalsozialistischen Revolution am Ende seines politischen und physischen Lebens ein? Dabei hatte er natürlich gewusst, dass er während des Krieges einen »ganz neuen Offiziersstand« nur beschränkt aufbauen konnte. Denn zunächst kam es darauf an, den Krieg zu gewinnen. Bis zum Sieg wollte er »im alten Stil weitermachen«[17]. Mitte Februar 1945 beklagte der Führer der NSDAP, dass der Krieg zwanzig Jahre zu früh gekommen sei. Deshalb sei es nicht gelungen, eine »neue nationalsozialistische Auslese« heranreifen zu lassen, und man hätte sich »mit dem vorhandenen Menschenmaterial begnügen« müssen. »Das Ergebnis sieht danach aus!« Dadurch, dass die nationalsozialistische Konzeption mit der praktisch möglichen Verwirklichung nicht übereingestimmt habe, sei »aus der Kriegspolitik eines revolutionären Staates, wie dem Dritten Reich, notwendigerweise eine Politik reaktionärer Spießbürger« geworden[18].

Es liegt nun an uns Historikern herauszufinden, ob Hitler mit seiner resignierenden und arroganten Analyse recht hatte, ob, wie und wann das rassisch-elitäre Prinzip der Führerpersönlichkeit auf sein Kriegsinstrument durchgeschlagen hat. Auch nach seinem eigenen Zeitplan hätte Hitler den Idealzustand einer nationalsozialistischen deutschen Gesellschaft wohl nie erlebt. Denn am 25. Januar 1939 erläuterte er den höheren Befehlshabern der Wehrmacht, dass man allein zur Schaffung eines neuen Führungskorps hundert Jahre brauche. Aber wenige Tage später, am 10. Februar 1939, sprach der Oberste Befehlshaber andererseits davon, dass die Bildung der Volksgemeinschaft in und ohne Uniform, schon weit

---

[16] Rede vom 27.4.1937 vor den Kreisleitern der NSDAP auf der Ordensburg Vogelsang. Gedruckt in Untersuchungen zur Geschichte des Offizierkorps, S. 269. Vgl. die gerade erlassenen Offizierergänzungsbestimmungen vom 26.4.1937 (Dienstvorschrift 8/3). Zwei Tage nach Feldmarschall von Blomberg sprach Hitler zu seinen »Parteigenossen«. Vgl. Es spricht der Führer, S. 111 ff.
[17] Goebbels, Die Tagebücher, T. 2, Bd 2, S. 168 (25.1.1944).
[18] Hitler, Hitlers Politisches Testament, S. 72 f. (14.2.1945).

IV. Manipulation oder Evolution?

vorangekommen sei, »die propagandistische Phrase immer mehr eine lebende Wirklichkeit« werde[19]. Letztere glaubte Hitler im Sommer 1940 vollendet, als er den Triumph über Frankreich seiner Kriegführung und dem Schwung seiner »nationalsozialistischen Revolutionsarmee« zuschrieb[20]. Im Frühjahr 1944 sah der Oberste Befehlshaber die Lage wieder negativer und wollte während der laufenden Operationen »nachholen, was nachgeholt werden könne«[21]. Von seinen Offizieren erwartete Hitler nicht nur kämpferischen persönlichen und politischen Einsatz« für die Ziele des Nationalsozialismus, sondern auch Dankbarkeit ihm persönlich gegenüber. Anders als Stalin habe er die »militärische Intelligenz« nicht ausgerottet, sondern auf deren Einsicht und Erziehung bei der Durchsetzung seiner Ideen gesetzt und die Sonderstellung der Offiziere gegenüber dem Volk erhalten[22]. Nach dem 20. Juli 1944 hatte Hitler indes keinerlei Skrupel mehr, eine große Anzahl von Offizieren umbringen zu lassen.

Um Hitlers Initiative und das Wirken seines militärischen Chefadjutanten, Generalmajor Schmundt, besser verstehen zu können, ist es notwendig, einen genaueren Blick zurückzuwerfen. Kann wirklich von einem Einschnitt in die militärische Personalpolitik, ja sogar von einer regelrechten »Elitenmanipulation« gesprochen werden? Welche Entwicklung hatte das deutsche Offizierkorps bereits vor 1942 durchlaufen? Mit der durch Versailler Vertrag und Reichsgesetz nach dem Ersten Weltkrieg verfügten Abschaffung der allgemeinen Wehrpflicht und Bildung kleiner professioneller Streitkräfte zu Wasser und zu Lande war eine hundertjährige militärische Tradition beendet worden. Der neue Waffenträger des deutschen Volkes, die Reichswehr (Reichsheer und Reichsmarine), war quantitativ auf insgesamt 115 000 Mann, inklusive 5300 Offiziere begrenzt worden. Sie hielt sich nicht einmal für fähig, Deutschland gegen einen polnischen Angriff zu verteidigen, geschweige denn einen modernen, »totalen« Krieg aktiv zu führen. Wenngleich das Selbstverständnis der Reichswehr zwischen Führerheer und Volksheer schwankte, so arbeitete deren militärische und politische Führung doch auf ein Eliteinstrument hin, das – für den anvisierten Fall der Wiedereinführung

---

[19] Beide Reden in: BA, NS 11/28. Letztere ist abgedruckt in: Dülffer/Thies/Henke, Hitlers Städte, S. 289-313.

[20] Vgl. die offizielle Verlautbarung des OKW vom 2.7.1940, die von der »revolutionären Dynamik des 3. Reiches und seiner nationalsozialistischen Führung« spricht, BA-MA, RW 4/v. 37.

[21] Rede vor Generalen und Offizieren im Platterhof (Obersalzberg) am 26.5.1944, Wilhelm, Hitlers Ansprache, S. 141 ff. Dabei hatte Hitler wohl vergessen, dass er 1934 zwei inaktive Generale der Reichswehr hatte ermorden lassen. Zum Kontext dieser Rede vgl. Das Deutsche Reich und der Zweite Weltkrieg, Bd 9/1, S. 602-620 (Beitrag Förster).

[22] Rede Hitlers vor den Befehlshabern im Heimatkriegsgebiet sowie deren Verwaltungschefs, Chefärzten und Sachbearbeitern für Wehrbetreuung bzw. wehrgeistige Führung. Vgl. die Aufzeichnungen General Zenetits, BA-MA, RL 19/69.

der Wehrpflicht – dem neuen Volksheer sofort als vollkommen ausgebildeter Führungskader zur Verfügung stand. Eine selektive Personalauswahl, eine spezifische staatspolitische Einstellung und eine exklusive Menschenführung verhinderten, dass aus der Reichswehr die im Wehrgesetz vom 23. März 1921 eigentlich geforderte »Wehrmacht der Republik« (§ 1), also des ganzen Volkes, wurde. Dafür war mit dem »Offizierkorps des Reichsheeres und der Reichsmarine eine militärische Führungsschicht entstanden, die in der neueren deutschen Geschichte nicht ihresgleichen« hatte[23].

Die sehnlichst erhoffte strukturelle Wende in der Wehrverfassung des Deutschen Reiches veranlasste Adolf Hitler dann im Frühjahr 1935. Das Tempo der allgemeinen Aufrüstung – 1935 war die Verfünffachung des Heeres befohlen worden – und die Schaffung eines neuen Wehrmachtteils, der Luftwaffe, überforderten das zwar qualifizierte, aber quantitativ schwache Offizierkorps der Reichswehr. Erste Abhilfe brachten die Beförderung von weit über tausend Berufsunteroffizieren zu Offizieren[24], die Übernahme von 2500 Offizieren der aufgelösten, militarisierten Landespolizeien[25], von 5435 kriegsgedienten Ergänzungsoffizieren[26] sowie 1600 Offiziere des 1938 inkorporierten österreichischen Bundesheeres[27]. Dadurch wurden der Wehrmacht nicht nur viele ältere Offiziere zugeführt, was später personalpolitisch negativ zu Buche schlagen sollte. Dem exklusiven Führerkorps der ehemaligen Reichswehr wurden dadurch auch zu einem frühen Zeitpunkt viele Kräfte zugeführt, die entweder Parteimitglieder gewesen waren oder im Sinne der nationalsozialistischen Frontkämpferideologie die soziale Öffnung der neuen Wehrmacht befürworteten. Insgesamt umfasste das Heeresoffizierkorps, einschließlich der Reserveoffiziere, am 1. September 1939 etwas über 89 000 Mann. Von den 15 800 *aktiven* Heeresoffizieren (ohne Sonderlaufbahnen) hatte nur noch etwa ein Siebtel bereits in der Reichswehr gedient. Zu Beginn des Krieges war das Offizierkorps der Marine bereits auf fast das Fünffache des Bestandes von 1933 angewachsen (1100:4992). Das der neu aufgestellten Luftwaffe hatte sich sogar um fast das Achtfache vergrößert, nämlich von

---

[23] Untersuchungen zur Geschichte des Offizierkorps, S. 200. Vgl. Salewski, Das Offizierkorps der Reichs- und Kriegsmarine; Hürten, Das Offizierkorps des Reichsheeres.

[24] Einer von ihnen war Georg Zellner, der als Oberfeldwebel pro forma zum Leutnant ernannt und am selben Tage zum Oberleutnant befördert wurde, BA-MA, PA 62220. Rang- und Besoldungsdienstalter wurden auf den Tag der Beförderung zum Ofw zurückdatiert. Vgl. Filges, Leitfaden.

[25] Darunter der Alt-Nazi und spätere Armeepionierführer 6 (AOK 6) Herbert Selle, BA-MA, Pers 6/8027.

[26] Einer von ihnen war der Wehrwirtschaftsoffizier Lothar Nagel, der im Sommer 1941 zu den aktiven Truppenoffizieren übergeführt wurde, BA-MA, Pers 6/8090.

[27] Von denen wurden zwei Generaloberst und Heeresgruppenoberbefehlshaber: Alexander Löhr und Lothar Rendulic.

1100 auf 8366 Offiziere (zwischen April 1935 und Dezember 1938). Fast 900 von ihnen hatte das Heer abgegeben[28].

Die mit dieser rasanten Vergrößerung des Offizierkorps verbundene Einbuße an innerer Geschlossenheit und bürgerlich-adliger Homogenität war im Hinblick auf die Schaffung eines *Volksheeres* gewollt. Diesen Verlust an »Standesbewusstsein« sollten die Offiziere der Wehrmacht durch besondere »soldatische Führereignung, nationalsozialistische Gesinnung und Haltung« ausgleichen. Zwar wurde noch von Offizier*korps,* Offizier*wahl,* Offizier*ehre,* Offizier*pflicht* und *Korps*geist gesprochen, aber diese Begriffe entsprachen nicht mehr der Heterogenität der militärischen Funktionselite[29]. So sehr die militärische Führung die äußeren Formen eines einheitlichen Offizierkorps zu wahren suchte, die Entscheidung, was unter den traditionellen Begriffen zu verstehen war, lag längst schon

---

[28] Vgl. die Beiträge von Absolon, Das Offizierkorps, S. 248, und Boog, Das Offizierkorps der Luftwaffe, S. 275. Der personelle Aderlass des Heeres zu Gunsten der Luftwaffe verstärkte sich bis April 1942 auf 978 Offiziere und 2317 Offizieranwärter (BA-MA, H 4/26, Zusammenstellung der Stärken).

[29] Vgl. Kroener, Generationserfahrungen, S. 219 ff.

beim Einzelnen, speziell beim Einheitsführer. Besonders im Krieg stand er »für seine Kompanie, sein Bataillon, seine Kampfgruppe, sein U-Boot, seine Staffel ein, die er durchzubringen hatte«[30]. Doch die Vorgaben der hohen Führung waren nicht einheitlich. Sie wollte weder Offiziere mit »Beamteneigenschaften« noch mit »Landsknechtsmanieren« haben, sondern »ganze Kerle«, »Kämpfer«, ohne den definitorischen Rahmen für diese Art von Führern festzulegen. Eines allerdings war allen Offizieren als gemeinsame Aufgabe geblieben: die taktische Führung und charakterliche Erziehung der Truppe. Hitler und viele Generale betonten das *politische* Soldatentum und erwarteten Gläubigkeit. Die Oberkommandos allerdings mussten erleben, dass nicht jeder Offizier beide Aufgaben im Sinne der politischen und militärischen Führung miteinander vereinen konnte. Hinzu kam, dass im Krieg zwar große Verluste an *soldatischen*[31] Führern eintraten, diese aber weder quantitativ noch qualitativ ersetzt werden konnten, tausende von Offiziersdienstposten unbesetzt blieben.

Es ist eine Tatsache, dass das NS-Regime vor Beginn des Krieges keine *grundsätzliche* soziale Öffnung in Richtung auf ein »Volksoffizierkorps« (Rudolf Absolon) durchzusetzen versuchte. Andererseits eröffnete der forcierte Aufbau der Wehrmacht ab 1935 leistungsbereiten und politisch aufgeschlossenen Offizieren und Unteroffizieren ungeahnte Beförderungsmöglichkeiten, die sicherlich nicht motivationshemmend wirkten. Es begann die Zeit der militärischen »Karrieren«[32]. Eine andere Folge der rasanten Aufrüstung der Wehrmacht war, dass eine »Ausbildungslücke« entstand. Jüngere Generale und die zum General heranstehenden Obersten waren den an sie herantretenden Aufgaben der höheren Truppenführung nicht unbedingt gewachsen und bedurften einer »eingehenderen Schulung als bisher«[33]. Dieser Trend sollte sich im Krieg verstärken.

Das schon in der professionellen »Wehrmacht der Republik« Rangdienstalter genannte Patent des Offiziers blieb auch in der Wehrpflicht-Wehrmacht des Dritten Reiches lange Zeit die Grundlage für dessen Aufstieg, ebenso wie das Abitur als Eingangsvoraussetzung. Rangdienstalter und Reihenfolge der *planmäßigen* Beförderungen – einschließlich der zum Leutnant – richteten sich nach den dienstlichen Leistungen und der allgemeinen Beurteilung. Der personalpolitische Ordnungsfaktor der »formalen Anciennität« (Rainer Wohlfeil) wurde auch durch die Erlasse Hitlers, die den rassischen Persönlichkeitswert und besondere soldatische Leistungen betonten, nicht völlig über Bord geworfen. Dadurch war es

---

[30] Untersuchungen zur Geschichte des Offizierkorps, S. 203.
[31] Nach den »Berufspflichten des deutschen Soldaten« vom 25.5.1934 beruhte soldatisches Führertum auf Verantwortungsfreude, überlegenem Können und unermüdlicher Fürsorge.
[32] Vgl. die Biogramme von 25 Heeresgeneralen bei Hürter, Hitlers Heerführer, S. 620 ff.
[33] Vgl. Schreiben Chef des Generalstabes VII. AK, Oberst i.G. Hermann von Witzleben, an den Leiter der Ausbildungsabteilung im OKH, Oberst i.G. Schneckenburger, vom 26.9.1939, BA-MA, RH 53-7/v. 108.

IV. Manipulation oder Evolution?

den vermittelnden Dienststellen der Wehrmacht, also den Personalämtern, möglich, bewährte Grundsätze des Beförderungswesens beizubehalten, besonders bei den bevorzugten Generalstabsoffizieren. Nach den Beurteilungs- und Beförderungsrichtlinien des Heeres und der Marine von 1936/37 hatten die Vorgesetzten den Persönlichkeitswert und »soldatischen Charakter« des Offiziers oder Offizieranwärters in den Vordergrund zu stellen und neben den starken auch dessen schwache Seiten hervorzuheben. Im Unterschied zu den bis dahin geltenden Richtlinien sollte nun Leistung die Richtschnur für einen schnelleren oder langsameren Beförderungsablauf sein. Insbesondere das Heer verlangte »ehrliche, rücksichtslos wahre, selbstlose, mit einem Wort ganze Männer«. Es hatte auch nicht unbedingt geschadet, wenn Offiziere ihre »hohe kriegerische Qualität« bereits im »bürgerlichen Friedensleben« zeigten[34].

Mit der Vorbereitung auf den Krieg trat das Anciennitätsprinzip allerdings in den Hintergrund, auch bei der Marine. Anfang 1939 hatte das Heer sowohl die »vorzugsweise Beförderung« als auch das Vorpatent für besonders geeignete Frontoffiziere im Range eines Hauptmanns, Majors und Oberstleutnants eingeführt, die frühzeitig in verantwortliche Stellen gebracht werden sollten. Ähnliche Beförderungsvorteile gab es weiterhin für Generalstabs- und (technische) Hochschuloffiziere[35]. Auf Wunsch Hitlers wurden wenig später – und zwar an seinem 50. Geburtstag (20. April 1939) – auch 70 Hauptleute, die vor dem 31. Dezember 1919 Soldat geworden waren und durchgedient hatten, zum Major befördert sowie 170 Offiziere im Rangdienstalter verbessert[36]. Vier Jahre zuvor waren bereits sämtliche Hauptleute, die am Ersten Weltkrieg teilgenommen hatten, Stabsoffizier geworden. Dabei wurde das Kriterium der Eignung einfach angenommen[37]. Weitere Sonderbeförderungen gab es anlässlich des Endes des Spanischen Bürgerkrieges, des 25. Jahrestages des Beginns des Ersten Weltkrieges und der Schlacht von Tannenberg sowie am 19. Juli 1940. An diesem Tag wurden mehrere hundert Offiziere wegen ihrer »Führungsverdienste« und »Tapferkeit« im Westfeldzug beför-

---

34 HDv 291 vom 11.5.1936 und MDv 15/13 vom 12.5.1937. Vgl. Absolon, Die Wehrmacht im Dritten Reich, Bd 3, S. 294 ff. und 303 f., sowie Absolon, Das Offizierkorps, S. 260 f. Vgl. auch Stumpf, Die Wehrmacht-Elite, S. 338.

35 Vgl. Absolon, Die Wehrmacht im Dritten Reich, Bd 3, S. 298 f. Im Frühjahr 1941 ließ Hitler das Heer wissen, dass er die generellen Vorpatentierungen von Generalstabsoffizieren nicht mehr wünsche (BA-MA, H 4/26, 6.4.1941).

36 Vortragsnotiz Bodewin Keitel vom 7.5.1941, BA-MA, H 4/26. Bereits am 1.1.1939 waren 85 weltkriegsgediente Hauptleute vier Jahre früher als vorgesehen zum Major befördert worden. Bis zum 1.4.1941 waren außerdem insgesamt rund 290 Truppenoffiziere vorpatentiert worden.

37 Einer der am 20.4.1935 vorzeitig zum Major beförderten Offiziere war der Kompaniechef Bruno Ritter von Hauenschild (BA-MA, Pers 6/608). Solche pauschalen Beförderungen von Offizieren blieben kein Spezifikum der Wehrmacht. Sie gab es auch in der Bundeswehr, allerdings von zum nächsten Dienstgrad befähigten Stelleninhabern. Eine solche Aktion Anfang der 70er Jahre wurde als »Schmidt-Spende« oder »Aktion Abendsonne« bezeichnet.

dert, darunter einer zum Reichsmarschall, zwölf zum Feldmarschall und zwanzig zum Generaloberst[38].

Gleich nach Kriegsausbruch hatte Hitler darauf gedrängt, das personalpolitische Mittel der bevorzugten Beförderung verstärkt anzuwenden, und zwar zunächst zu Gunsten jener Leutnante und Oberleutnante, die sich als Kompanieführer vor dem Feind besonders bewährt hatten. Unter Hinweis auf seine Erfahrungen im Ersten Weltkrieg wollte der Oberste Befehlshaber der Wehrmacht auch die hinsichtlich Beförderung und Verwendung bestehenden Unterschiede zwischen Reserveoffizieren und ihren aktiven Kameraden eingeebnet wissen[39]. Für das Aufsteigen auf der Stufenleiter der militärischen Ränge sollten allein Persönlichkeit und Leistung sowie hervorragende Taten in der kämpfenden Truppe entscheidend sein, nicht der Status oder die Laufzeit im Rang[40]. Diese Ansicht Hitlers hatte dessen Chefadjutant der Wehrmacht bereits im Herbst 1940 mitgeteilt. Wenngleich das Heerespersonalamt das Leistungsprinzip für eine Beförderung im Grundsatz anerkannte, wollte es doch den ideellen Wert des Dienens nicht vernachlässigt sehen: das Vorrecht des Offiziers, sich im Krieg für sein Vaterland einzusetzen, »ohne dafür besonderen geldlichen Lohn zu fordern«. Anerkennungen und Auszeichnungen sollten Dank genug sein. Weiterhin hob das Heerespersonalamt darauf ab, dass es die besonderen Leistungen des 100 000-Mann-Heeres ohnehin immer »besonders bewertet« habe und dessen aktive Offiziere es mindestens bis zum Dienstgrad Oberst bringen würden. Dieses »allergrößte Wohlwollen« sei allerdings eine Zugabe der besonderen Anerkennung und nicht als »ein erworbenes Recht auf Grund der Leistung« zu verstehen. Der Chef des Heerespersonalamtes, Generalmajor Bodewin Keitel, lehnte auch den wohl vom Wehrmachtadjutanten angeführten Vergleich mit der Luftwaffe ab. Und zwar mit dem Argument, dass sich viele Offiziere finden ließen, »deren Können bei der Konkurrenz des Heeres bereits als E[rgänzung] Btl.Kdr. am Ende [gewesen wäre], die jetzt Generale der Flieger [seien] Es gehe nicht an, dass ein Heeresoffizier, der als Regimentskommandeur versagt, sich in der Stelle eines Stadtkommandanten bewährt [habe], das Patent eines Generalmajors« erhalte[41].

---

[38] Vgl. Absolon, Die Wehrmacht im Dritten Reich, Bd 3, S. 261 f., und Kap. IV. Im August 1940 wurden auch 140 ältere Truppenoffiziere bis zu zwei Jahre vorpatentiert, während nur 15 Generalstabsoffiziere rangdienstaltersmäßig verbessert wurden (Vortragsnotiz vom 7.5.1941, BA-MA, H 4/26).

[39] Vgl. Absolon, Das Offizierkorps, S. 262 f. Als ehemaliger Gefreiter kann Hitler diese Unterschiede nur indirekt »erfahren« haben. In der zweiten Kriegshälfte wurden beim Heer 14 Reserveoffiziere zu Generaldienstgraden, knapp 200 zu Obersten und etwa 1000 zu Oberstleutnanten befördert.

[40] Vgl. LVBl 1942, 6. Ausgabe vom 9.2.1942, Nr. 286, S. 164 f. (Richtlinien Hitlers für die Beförderung von Offizieren dB vom 27.1.1942).

[41] Unsigniertes Memorandum vom 28.11.1940, BA-MA, H 4/26. Keitels Vorschlag, keine Charakterverleihungen mehr vorzunehmen, entsprach Hitler am 4. Dezember 1940 mit einem »Führerbefehl«.

IV. Manipulation oder Evolution?

Vor dem Krieg gegen die Sowjetunion erfuhr das Heer noch einmal, dass der Oberste Befehlshaber das Leistungsprinzip sowohl bei der Partei als auch bei der Wehrmacht »auf das schärfste« vertrete und der Generalstabsoffizier nicht höher bewertet werden dürfe als der Truppenoffizier. Bei militärischen Führern bis einschließlich Kommandierendem General komme es nicht so sehr auf deren operatives Können an, sondern auf die »Charakterwerte: Tapferkeit, Zielbewusstheit und Energie«[42]. Hitler bevorzuge Offiziere aus der Truppe, besonders den »Blüchertyp und nicht den ›neunmal Klugen‹ aus dem Generalstab«. Der Krieg biete eine »einzigartige Gelegenheit« für die Auslese dieser Persönlichkeiten. Deshalb habe Hitler, so teilte sein Heeresadjutant mit, z.B. Generalleutnant Erwin Rommel zum Kommandierenden General des Afrika-Korps ernannt und nicht den vom Personalamt vorgeschlagenen ehemaligen Generalstäbler Erich von Manstein. Den wolle Hitler als Armeeführer sehen, weil dessen operatives Können in dieser Führungsaufgabe besser zur Auswirkung käme. Der Chef des Heerespersonalamtes seinerseits ließ Hitlers Chefadjutanten wissen, dass er sich ernsthaft bemühen werde, die gewünschten Persönlichkeiten möglichst jung in die höchsten Führerstellen zu bringen, brach allerdings auch eine Lanze für die Verdienste des Generalstabes, der nämlich »die genialen Gedanken« Hitlers mit »peinlichster Genauigkeit« überprüfe, vorbereite und durchführe[43].

Der Trend zur Leistungsbeförderung, zur »Führerauslese im Kampf« und zu »durchgreifenden Maßnahmen« bei der »restlosen Erfassung« des Offiziernachwuchses aus der Truppe[44] beschleunigte sich aufgrund der erheblichen Offizierverluste an der Ostfront. Bis Ende April 1942 waren allein 19 000 Heeresoffiziere gefallen, 12 464 Reserveoffiziere und 6536 aktive[45], also fast ein Viertel des gesamten Heeresoffizierkorps (154 759). Nach Ansicht des Heerespersonalamtes war die Offizierersatzlage deshalb »sehr angespannt«, allerdings »rechnerisch«, d.h. unter Berücksichtigung des Notetats, ausgeglichen. Denn seit dem 1. August 1941 waren insgesamt 22 000 Soldaten zum Offizier befördert worden, mit Masse Kriegsoffiziere (19 000) und mehr als die Hälfte ohne Abschluss eines

---

[42] Mitteilung des Heeresadjutanten, Major Gerhard Engel, Nr. 197/41 vom 6.4.1941, BA-MA, H 4/26.
[43] Notizen Keitels nach Rücksprache mit Oberst Schmundt, o.D., wohl noch April 1941. Ebd.
[44] HVBl 1942, Teil B, Nr. 262, S. 154 f. (OKH/PA/Ag P 1, Nr. 1761/42 vom 19.3.1942).
[45] Vgl. Das Deutsche Reich und der Zweite Weltkrieg, Bd 5/1, S. 904 (Beitrag Kroener).

◄ Der Chefadjutant der Wehrmacht bei Hitler, General der Infanterie Schmundt. Ab 1942 war er auch Chef des Heerespersonalamtes, das ...
(BArch, Bild 183-J27812/Frentz)

► ... seit 1938 General der Infanterie Bodewin Keitel geleitet hatte; beide Bilder ohne Datum
(BArch, Bild 146-2006-0191)

Offizierlehrganges (12 000)⁴⁶. Seine Absicht, Offiziere mit nachgewiesener »Führerfähigkeit« an der Front in der Beförderung vorzuziehen, und zwar »ohne Rücksicht auf Vordermänner, auf Dienstalter oder gar Herkunft«, hatte Hitler auch seinem italienischen Verbündeten mitgeteilt, und zwar mit der sozialdarwinistischen Begründung: »Der Krieg darf nicht nur ein Töter, sondern er muss auch ein Erneuerer des Lebens sein⁴⁷.«

Ziel dieser auch durch die faktische Lage erzwungenen personellen »Sondermaßnahmen« war es, das »Führerkorps« in der Wehrmacht zu verjüngen, einschließlich der Offiziere der Reserve und der Sonderlaufbahnen. Unabhängig von diesen Bestimmungen konnten weiterhin besonders tapfere Offiziere vorpatentiert oder Unteroffiziere und Mannschaften, die »besondere Führereigenschaften« an der Front bewiesen hatten, ohne Rücksicht auf Dienstalter und Dienstgrad zum (Kriegs-)offizier befördert werden⁴⁸. Am 14. Januar 1942 hörte das Heerespersonalamt von Hitlers Chefadjutanten wiederum, dass einerseits jüngere Offiziere schneller in verantwortliche Stellen kommen, andererseits die höheren Führerstellen mit »Kerls« besetzt werden sollten⁴⁹. Letzteren Wunsch Hitlers, der »im Einklang« mit den Kriegsnotwendigkeiten stand, nahm die Luftwaffe zum Anlass, die Beförderung zum General und innerhalb der Generalsdienstgrade neu zu regeln. Insbesondere die zum General der Flieger sollte »völlig losgelöst« von der im Generalleutnants-Rang verbrachten Dienstzeit erfolgen⁵⁰. Auch das Heerespersonalamt erließ am 17. Februar 1942 neue Bestimmungen zur bevorzugten Beförderung und Rangdienstalterverbesserung für aktive und Reserveoffiziere⁵¹. Kriterium für die Chance, »in jugendlicher Frische« bis zum General aufzurücken, waren neben entsprechender Bewährung im »Kampf« an der Front oder in verantwortlichen Stabsstellen der Persönlichkeitswert, »Nerven und Charakterstärke«.

---

[46] Ausführungen Bodewin Keitels vor den Adjutanten der HGr Nord sowie des AOK 16 und 18 am 17.5.1942, mit Stand 1.4.1942, BA-MA, RH 19 III/510. Darunter war Heinz Söffker, der am 1.4.1940 vom Feldwebel zum Leutnant d.R. befördert und mit Wirkung vom 1.10.1941 als aktiver Leutnant im Heer angestellt wurde (RDA 1.6.1940), BA-MA, PA 52981.
[47] Brief vom 29.12.1941. In: ADAP, Serie E, Bd 1, Dok. 62, S. 109.
[48] OKH/HPA, Nr. 50/42 vom 12.1.1942, Abschrift, Kriegsarchiv Prag, 8. SS-Kav.Div., Karton 4. Für die Luftwaffe siehe LVBl 1942, 35. Ausgabe vom 31.8.1942, S. 2165 vom 18.8.1942, S. 1180, BA-MA, RL 32/20.
[49] Am 14.1.1942 (BA-MA, MSg 1/1508). Im Oberkommando des Heeres gab es durchaus kritische Stimmen, die einen totalen Umbruch und das Ende der preußisch-deutschen Tradition gekommen sahen.
[50] Erlass des Chefs LPA vom 20.1.1942. In: Untersuchungen zur Geschichte des Offizierkorps, S. 317. Vgl. die Richtlinien des Kommandeurs des Regiments »Hermann Göring« für die Anfertigung von Beurteilungen für Offiziere und Offizieranwärter vom 18.4.1942, BA-MA, RL 32/30.
[51] Untersuchungen zur Geschichte des Offizierkorps, S. 303-306, sowie BA-MA, RH 2/156. Vgl. Absolon, Das Offizierkorps, S. 262.

Wie aber sollten »überdurchschnittliche Führerpersönlichkeiten« erkannt werden? Nur durch die Beurteilung der Vorgesetzten, die ja neben Schwächen auch die starken Seiten ihrer Offiziere hervorheben sollten? Oder etwa durch Sondergutachten gleichgestellter Offiziere? Das Heerespersonalamt jedenfalls war am Urteil der Oberbefehlshaber der Heeresgruppen und Armeen über die eingeleiteten Strukturveränderungen interessiert. Diesen wiederum wurde erlaubt, »besonders geeignete Truppenkommandeure« zu fragen. Ein Kommandierender General war der Meinung, die Truppe müsse bei der richtigen Führerauslese mitwirken, denn sie könne nur dann Vorzügliches an der Front leisten, »wenn die richtigen Führer an der richtigen Stelle« stünden[52]. Im Vorfeld der zweiten deutschen Sommeroffensive an der Ostfront und in zuversichtlicher Stimmung, was deren Verlauf anging, erließ der kommissarische Chef des Oberkommando des Heeres, Generalfeldmarschall Wilhelm Keitel, Anfang Juni 1942 Richtlinien für die angestrebte Verjüngung des aktiven Offizierkorps. Sie sollten das Verständnis der Weisungen Hitlers und die Mitarbeit der Truppe fördern, um die durch den Krieg gebotene »einmalige Gelegenheit« zur Führerauslese auszunutzen. Maßgebend für den zukünftigen Beförderungsablauf sei allein der Grundsatz der Leistung. Diese Richtlinien, die das Heerespersonalamt erarbeitet hatte, unterschieden zwischen der bevorzugten Beförderung von »a) Offizieren, die auf Grund außergewöhnlicher Persönlichkeitswerte und hervorragender dienstlicher Leistungen für die Verwendung in hohen und höchsten Führerstellen geeignet erscheinen und ohne Rücksicht auf Dienst- und Lebensalter in entsprechenden Stellen [...] verwendet oder eingesetzt werden sollen«, und der Vorpatentierung von »b) Offizieren, die auf Grund besonderer Leistungen oder auf Grund hervorragender Tapferkeitsdaten [...] entsprechend früher zur Beförderung zum nächsthöheren Dienstgrad heranstehen bzw. infolge des Vorpatents befördert werden«. Alle übrigen Offiziere, d.h. die, die nur »Befriedigendes« leisteten und nicht »aus der Masse« herausragten, sollten planmäßig befördert werden[53]. Von diesen Offizieren, die ihre Stellung nur »ausfüllten [bzw.] gut ausfüllten« und

---

[52] Vgl. die Anregungen General Franz Mattenklotts für den OB der 11. Armee vom 4.5.1942, BA-MA, RH 24-42/258. Die Anfrage vom 21.4.1942 sowie die den Generalstab betreffenden Erfahrungsberichte der Truppe vom 5.7.1942 sind in BA-MA, RH 2/156 greifbar. Zur selben Zeit erschien in der wehrmedizinischen Zeitschrift Der deutsche Militärarzt ein Artikel über »Psychiatrische Hinweise zur militärischen Führerauslese unter besonderer Berücksichtigung charakterologischer und erbbiologischer Gesichtspunkte« (Illing, Psychiatrische Hinweise). Bereits zwei Jahre früher war in der Militärwissenschaftlichen Rundschau Erich Wenigers Aufsatz »Führerauslese und Führereinsatz im Kriege und das soldatische Urteil der Truppe« erschienen (Weniger, Führerauslese [1940] und [1941]).

[53] OKH/Chef PA, Nr. 4300/42 vom 7.6.1942. BA-MA, RH 2/156. Das Heerespersonalamt unterstand Keitel, dem Chef OKW, im Rahmen seiner OKH-Befugnisse seit Ende Dezember 1941. Es wurde erst mit Schmundts Inthronisation im Herbst 1942 »führerunmittelbar«.

IV. Manipulation oder Evolution?

deshalb zukünftig in ihrer »Karriere« angehalten wurden, forderte Keitel Verständnis für die »gelegentlich entstehenden Härten«. Allerdings schärfte er Vorgesetzten und deren Personalbearbeitern ein, bei der zukünftigen Führerauslese nach Leistung »strengste Rechtlichkeit« walten zu lassen[54]. Am 5. Juli 1942 musste der Chef des Heerespersonalamtes Hitler allerdings mitteilen, dass die Oberbefehlshaber einheitlich davor warnten, »*nur* die Tapferkeit und das Draufgängertum für bevorzugte Beförderungen und RDA-Verbesserungen zu bewerten, da diese Tatsachen allein nicht die Führerpersönlichkeit« ausmachten[55].

Die Diskussion um das »Erkennen der wirklichen Führerpersönlichkeiten« ging also weiter. Im Nachgang zu den bereits ergangenen Richtlinien schärfte der eigentliche Chef des Heerespersonalamtes, General der Infanterie Bodewin Keitel, dem Heer ein, nur denjenigen Offizier zu fördern, der Anlagen zeige, »die ihn unter seinen Kameraden hervorheben, und zwar neben Draufgängertum allgemeines soldatisches Können, Charakteranlagen und Persönlichkeitswerte«. Außerdem sollte nur der Offizier vorgeschlagen werden, der »Fähigkeiten als Vorbild und Erzieher, auch in weltanschaulicher Hinsicht« besitze[56].

Mit diesen beiden Verfügungen vom Frühsommer 1942, die die Leistungsbeförderung in zwei Haupttypen aufspaltete, wurde die so genannte grundlegende Änderung der Personalpolitik vom Herbst des gleichen Jahres praktisch schon vorweggenommen, obwohl die traditionelle Beförderung nach Dienstalter noch der Regelfall blieb[57]. Denn über so viele Truppenführer/Generalstabsoffiziere mit außergewöhnlichen Persönlichkeitswerten und hervorragend tapfere Offiziere, die ihre älteren und weniger draufgängerischen Kameraden laufbahnmäßig überholen konnten, verfügte das deutsche Heer von 1942 auch wieder nicht. Noch gravierender wurde das Ausbluten der kriegserfahrenen Offiziere nach den Niederlagen von Stalingrad (2. Februar 1943), Tunis (11. Mai 1943) und Kursk (Abbruch des Unternehmens »Zitadelle« am 13. Juli 1943). Ab August 1943 sanken die durchschnittlichen Offizierverluste des Heeres nicht mehr unter 150 pro Tag[58] und stiegen in den Monaten Au-

---

[54] Um offensichtliche Härten im unteren Offizierkorps abzustellen, durften ab September 1942 langgediente ehemalige Unteroffiziere und Kriegsoffiziere, die sich als Kompanieführer vor dem Feind bewährt hatten, »ohne Rücksicht auf das Rangdienstalter« zur Beförderung zum Hauptmann dB [des Beurlaubtenstandes] bzw. DAL CI vorgeschlagen werden (OKH/PA, Ag. P 1, Nr. 6399/42 vom 5.9.1942, gez. B. Keitel, BA-MA, RH 26-90/42).
[55] Nr. 201/42 vom 5.7.1942, gez. B. Keitel, BA-MA, RH 2/156.
[56] OKH/Chef PA, Nr. 5150/42 vom 12.7.1942, BA-MA, RH 2/156.
[57] Zu einer anderen Bewertung kommt Stumpf, Die Wehrmacht-Elite, S. 327.
[58] Vgl. Das Deutsche Reich und der Zweite Weltkrieg, Bd 5/2, S. 950 (Beitrag Kroener).

gust und September 1944 sogar auf durchschnittlich 240 und 317,5 pro Tag an[59].

Das Beförderungssystem des Offizierkorps hatte also schon vor dem Herbst 1942 Karrieremöglichkeiten geboten. So war ein normaler Heeresoffizier, der am 1. April 1933 Hauptmann gewesen war, neun Jahre später Oberst. Bis zum Hauptmannsdienstgrad hatte er allerdings 17 Jahre gebraucht[60]. Schneller war Otto Heidkämper (Jahrgang 1901, Leutnant am 1. April 1922), der am 1. April 1934 zum Hauptmann und am 1. Juni 1942 zum Oberst befördert wurde[61]. Sehr gute Beurteilungen seitens des Chefs des Generalstabes des Heeres hatten z.B. dafür gesorgt, dass die bevorzugte Beförderung bei dem Generalstäbler Adolf Heusinger (Jahrgang 1897) fast zum Regelfall geworden war, und zwar die zum Oberst (1. August 1940), Generalmajor (1. Dezember 1941) und Generalleutnant (1. Januar 1943). Zu letzterem Zeitpunkt war Heusinger erst 45 Jahre alt[62]! Ein Durchschnittsoffizier hätte dafür mindestens 32 Dienstjahre gebraucht, also ein Lebensalter von 51 Jahren gehabt. Schon mit der vorletzten Beförderung hatte der Chef der Operationsabteilung nicht nur seinen vier Jahre älteren und dienstgradgleichen Kameraden Hermann Balck überholt, der erst im August 1942 Generalmajor wurde. Der Generalstäbler Heusinger wurde später allerdings von Balck sowohl eingeholt (Generalleutnant 1. Januar 1943), als auch übertroffen. Denn als hochdekorierter, »mitreißender« und »nationalsozialistisch überzeugter« Truppenführer« wurde letzterer noch im gleichen Jahr (1. November 1943) General der Panzertruppe. Auch Kurt Zeitzler, zwei Jahre älter als Heusinger, war

---

[59] Vgl. Schmundt, Tätigkeitsbericht, S. 284, und Overmans, Deutsche militärische Verluste, S. 238-243.
[60] Chef HPA, Nr. 1/42 pers vom 30.4.1942, BA-MA, RH 2/156. Vgl. Keitels ältere Vortragsnotiz vom 7.5.1941, Anlage 4, BA-MA, H 4/26.
[61] BA-MA, Pers 6/613. Trotz sehr guter Beurteilungen und wärmster Befürwortungen seiner Vorgesetzten war die Vorpatentierung dieses Generalstabsoffiziers Ende April 1942 abgelehnt worden.
[62] Noch krasser fällt der Vergleich der Karriere von Heusinger mit der des gleichaltrigen Generalstabsoffiziers Eberhard Kinzel aus. Beide wurden am 1.4.1925 Oberleutnant, wobei Kinzel in der Rangliste 100 Plätze vor Heusinger stand. Ersterer wurde zwar vier Wochen vor Heusinger Oberstleutnant, letzterer aber ein Jahr vorpatentiert. Kinzel wurde erst am 1.2.1941 Oberst und am 1.1.1943 Generalmajor, allerdings noch im September des gleichen Jahres erreichte er den Rang eines Generalleutnants, und zwar als Chef des Stabes der Heeresgruppe Nord. Dieser Karriereunterschied lässt auch die Betonung des Operativen (Ia) bei Heusinger vor dem der Feindnachrichtengewinnung (Ic) – Kinzel – erkennen. 1943 profitierte letzterer von der Herausstellung der Front. Als Vergleich zu den beiden Generalstabsoffizieren sei hier die Karriere eines sehr gut beurteilten, gleichaltrigen Truppenoffiziers angeführt (Jg. 1896): 1.11.1923 Oberleutnant, 1.10.1928 Hauptmann, 1.4.1935 Major (»Hitler-Spende«), 1.1.1938 Oberstleutnant, 1.11.1940 Oberst, 1.4.1942 Generalmajor (vorzugsweise) und 1.1.1944 Generalleutnant (vorzugsweise), d.h. mit 47 Jahren. (BA-MA, Pers 6/608). Den jüngsten Generalleutnant stellte allerdings die Luftwaffe, und zwar im November 1944 mit dem erst 32-jährigen Adolf Galland.

IV. Manipulation oder Evolution?

später als dieser Generalmajor geworden, und zwar am 24. Januar 1942 als Chef des Stabes der 1. Panzerarmee. Dafür wurde Zeitzler nur acht Monate später, nun Chef des Generalstabes und Heusingers Vorgesetzter, direkt General der Infanterie[63]. Wenngleich auch Generalstäbler, so fehlte Zeitzler für dieses Amt die langjährige Erfahrung in der Zentrale. Für ihn sprachen allerdings seine Beurteilungen an der Front: »starke Persönlichkeit, eiserner Wille, unerhörte Arbeitskraft, [...] großes operatives Verständnis, Herz für die Truppe«[64].

Bereits vor der dynamisierten Reform war also Hitlers Forderung, »junge, unverbrauchte Führer in die höchsten Führerstellen zu bringen«, vom Heerespersonalamt erfüllt worden, wenngleich nicht im gewünschten Umfang. Dies lag weniger am mangelnden Willen als an den strukturellen Gegebenheiten des Offizierkorps. Als positive Beispiele konnte das Heerespersonalamt immerhin auf die Armeeführer Erwin Rommel und Walter Model (beide 51 Jahre) sowie Eduard Dietl und Friedrich Paulus (beide 52 Jahre) verweisen[65]. Letzteres Alter war das Durchschnittsalter der Divisionskommandeure. Alle anderen Armee- oder Heeresgruppenoberbefehlshaber waren 55 Jahre oder älter. Das Durchschnittsalter dieser oberen militärischen Elite hatte im September 1939 noch bei 59,6 Jahren gelegen und war im Osten zwischen Ende Juni 1941 und Ende Januar 1942 um zwei Jahre gesunken (von 58 auf 56). Das Durchschnittsalter der wichtigen Mitarbeiter der Truppenkommandeure, der Chefs der Generalstäbe, lag Anfang Juli 1942 bei 48 Jahren und zehn Monaten (Heeresgruppe), 46 Jahren und fünf Monaten (Armee) sowie 43 Jahren und fünf Monaten (Korps). Das Gesamtbild dieser *jungen* operativen Elite wurde leicht getrübt durch die Tatsache, dass der Chef des Stabes des LIX. Armeekorps, ein Oberst *der Reserve*, bereits 61 Jahre und drei Monate alt war[66]. Erfolgreich bei der Umsetzung von Hitlers Weisungen war das Heerespersonalamt unter Bodewin Keitel auch bei der Verjüngung des unteren Offizierkorps gewesen. Das Alter der Hauptleute und Majore sank um drei bis fünf Jahre auf 33,5 und 26,5. Vom Oberstleutnant aufwärts trat wegen der »ungünstigen [Alters-] Schichtung dieser Jahrgänge« im Allgemeinen nur eine Verjüngung um ein halbes Jahr ein[67].

---

[63] Vgl. die biografische Skizze von Stahl, Generaloberst Kurt Zeitzler.
[64] Am 27.3.1942 durch Generaloberst Ewald von Kleist, BA-MA, Pers 6/65. Nachdem Zeitzler am 1.2.1944 zum Generaloberst befördert worden war, wurde er am 15.8.1944 abgelöst und am 31.1.1945 aus dem aktiven Wehrdienst entlassen.
[65] Schmundt, Tätigkeitsbericht, S. 4 (3.10.1942). Vgl. deren Biogramme, außer dem von Rommel, bei Hürter, Hitlers Heerführer, S. 620 ff. Am 9.9.1944 konnte Generalleutnant Wilhelm Burgdorf Hitler nur insgesamt fünf Armeeführer unter 55 Jahren melden. In der Zwischenzeit waren Dietl gestorben, Paulus gefangen genommen sowie Rommel und Model bereits zu Heeresgruppenoberbefehlshabern ernannt worden.
[66] Aufstellung vom Anfang Juli 1942, BA-MA, RH 2/156, Anl. 76.
[67] Vgl. Bericht Keitel vom 30.4.1942 (BA-MA, RH 2/156), und Ausführungen bei der HGr Nord vom 17.5.1942 (BA-MA, RH 19 III/510).

Erfolgreich waren Regime und oberste Führung auch bei der sozialen Öffnung des Heeresoffizierkorps gewesen. Eine zeitgenössische soziologische Erhebung mit den Daten von rund 35 000 Offizieranwärtern des Heeres aus dem Dezember 1942 lässt erkennen, welche Fortschritte das Heerespersonalamt bereits in der ersten Kriegshälfte auf dem Gebiet der sozialen Öffnung des Offizierkorps gemacht hatte. So ergibt der Vergleich des aktiven Friedensjahrgangs 1936 mit dem von 1942 (11. Jg., aktive *und* Reserveoffizierbewerber) folgende Daten:

	1936	1942
Anteil aus sozial gehobenen Schichten	52,6 %	25,5 %
aus mittleren Schichten	38,9 %	54,3 %
aus sozial unteren Schichten	8,5 %	20,2 %
Schulbildung		
Abitur	(keine Angaben, aber Einstellungsvoraussetzung)	59,9 %
höhere Schule	(k.A.)	18,8 %
Mittelschule	(k.A.)	9,5 %
Volksschule	(k.A.)	11,8 %
Konfession		
evangelisch	75,5 %	56 %
katholisch	24,2 %	30,7 %
gottgläubig	k.A.	12,3 %
Partei/Gliederungen	k.A.	39,5 %

Im Ergebnis lässt sich festhalten, dass der Anteil der Offizieranwärter aus den so genannten offizierfähigen Schichten in den ersten Jahren des Krieges bereits halbiert worden war, und zwar durch die Einbeziehung der Reserveoffizierbewerber. Zudem hatte sich der Anteil von Offizierbewerbern aus den traditionell nicht offizierfähigen Schichten und mit geringerer Schulbildung bis Ende 1942 mehr als verdoppelt. Gleichzeitig war der Anteil derjenigen, die der NSDAP oder einer ihrer Gliederungen – Jungvolk, Hitlerjugend, SA, SS, NSKK und NSFK – angehörten, seit 1936 um fast das Vierzigfache angewachsen[68]. Das nationalsozialistische Wehrmachtoffizierkorps sollte nämlich »populär« sein, d.h. nicht nur aus einer Schicht der Gesellschaft stammen, sondern die deutsche Volksgemeinschaft in ihrem ganzen Spektrum repräsentieren. Dieses Ziel erläuterte General Schmundt den Teilnehmern des ersten Lehrgangs für höhere Adjutanten (die neuen Personalbearbeiter von der Division aufwärts)

---

[68] Das Deutsche Reich und der Zweite Weltkrieg, Bd 5/2, S. 865 und 876 (Beitrag Kroener). Zur Frage der Mitgliedschaften in NS-Organisationen bei einer Infanteriedivision vgl. Das Deutsche Reich und der Zweite Weltkrieg, Bd 9/1, S. 686–690 (Beitrag Rass).

IV. Manipulation oder Evolution?

am 17. November 1942 so: »Ein Arbeiter zum anderen: ›Na, was ich da gehört habe, wie die Offiziere den behandeln! Halt die Fresse‹ [bekommt er zu hören], 'mein Sohn *ist* Offizier[69].« Durch den Wandel seiner sozialen Struktur nahm das Wehrmachtoffizierkorps tatsächlich den Charakter eines »Volksoffizierkorps« an. Der Beruf überwog den Stand. Zwischen September 1939 und April 1945 fiel allein der Anteil des Adels bei den Oberbefehlshabern der Heeresgruppen und Armeen von 63,6 auf 19,4 Prozent[70]. Betrachtet man die Generalität insgesamt, so fällt auf, dass nur zehn Prozent der Admirale adlig waren, aber 20,3 Prozent beim Heer und 13,1 Prozent bei der Luftwaffe[71]. Bei den Generalfeldmarschällen gehörten am 1. Mai 1944 sogar noch fast zwei Drittel dem Adel an. Einen einheitlichen Korpsgeist hatte die Wehrmacht allerdings von Anfang an nicht besessen. Die Aufhebung des Bildungs- und Standesprivilegs der Offizieranwärter sowie die gestoppte Bevorzugung der Generalstabsoffiziere destabilisierten das Binnenklima der Wehrmacht weiter[72].

Die egalisierende Tendenz der Personalpolitik in der Wehrmacht auf dem Weg zu einem wirklichen »Volksheer« hatte also bereits 1935 eingesetzt. Sie bekam allerdings ab Herbst 1942 eine neue Dynamik. Antreiber, nicht Manipulatoren, waren Hitler und sein Chefadjutant und neuer Chef des Heerespersonalamtes. Schmundt vertrat die »grundsätzlichen Fragen« der erwünschten Personalpolitik auch gegenüber den anderen Wehrmachtteilen[73]. Neben alten nationalsozialistischen Ausleseprinzipien drängten vor allem die »unterschiedliche und schwierige Schichtung des dem kleinen 100 000-Mann-Heer entstammenden« Heeresoffizierkorps[74] sowie der erhebliche Offiziermangel auf eine Änderung des *Status quo*. Zu jenem Zeitpunkt waren allein im Feldheer über 14 000 Offizierdienstposten unbesetzt. Ausgehend von seinen alten sozialpolitischen Zielen für ein einheitliches, volksnahes *Führer*korps nutzte Hitler die Folgen des Abnutzungskrieges gegen eine übermächtige Koalition, um dem »nationalsozialistischen Leistungsprinzip« auch innerhalb der Wehrmacht dauerhaft Geltung zu verschaffen. Dieser Trend setzte allerdings nicht erst »nach der zweiten Generalskrise«[75] 1942 ein, sondern, wie schon erwähnt, bereits nach den blutigen Verlusten des gescheiterten Blitzkrieges 1941.

---

[69] Rede in der Kriegsakademie in Berlin, BA-MA, RH 12-1/75. Hervorhebung durch den Verfasser.
[70] Vgl. Absolon, Das Offizierkorps, S. 262 f.
[71] Vgl. Stumpf, Die Wehrmachtelite, S. 276-284.
[72] Vgl. Das Deutsche Reich und der Zweite Weltkrieg, Bd 5/2, S. 860 (Beitrag Kroener).
[73] Vgl. dessen Schreiben an den Chef des Luftwaffenpersonalamtes vom 17.5.1943. Schmundt teilte Generaloberst Bruno Loerzer mit, dass Hitler den beigefügten Erlassen des HPA vom 11. und 14.5.1943 zugestimmt und angeordnet habe, die darin niedergelegten Grundsätze unter Berücksichtigung der jeweils besonderen Verhältnisse zu beachten, BA-MA, RL 3/51.
[74] Dies ist die Einschätzung vom Chef HPA vom 6.7.1942, BA-MA, RH 2/156.
[75] So Stumpf, Die Wehrmacht-Elite, S. 327.

Eine wesentliche Herabsetzung des Durchschnittsalters der Divisionskommandeure und Obersten war aber bis Juli 1942 noch nicht eingetreten. Denn das aktive Offizierkorps und die Masse der E[rsatz]-Offiziere oder aus Polizei und österreichischem Bundesheer übernommenen Offiziere waren überaltert und mittelmäßig[76]. Das Heerespersonalamt unter Bodewin Keitel unterstützte deshalb zwar Hitlers Standpunkt, »die Besten zu fördern und frühzeitig in höhere und höchste Führerstellen zu bringen«, machte aber geltend, dass die jüngeren, zahlenmäßig stärkeren Offizierjahrgänge (von 1934 ab) bis Dezember 1941 in der Masse höchstens Kompanieführer waren. Sie hatten also, von wenigen Bataillonsführern abgesehen, bis dahin keine Möglichkeit gehabt, »sich im Rahmen größerer Aufgaben zu bewähren«. Zudem befand sich ein großer Teil dieser jüngeren Offiziere – »und sicher wohl die besten« – bei Stäben oder in der Ausbildung zum Generalstab. Es galt also, aus dem Kreis der überdurchschnittlichen Offiziere »baldmöglichst die Überragendsten zu erkennen und sie in die oberen Kdr.-Stellen zu bringen«. Ebenso »gebieterisch« fordere die bekannte Offiziersituation, besonders tüchtige Generalstabsoffiziere dafür freizugeben sowie die Generalstabs- und Frontzeit »in ein gerechtes Verhältnis zueinander« zu bringen[77]. Seine alte Absicht vom Winter 1941/42 wiederholte Hitler im Herbst 1942 auch gegenüber seinem kroatischen Verbündeten und machte sie gegenüber dem jüngsten Offizierjahrgang der Wehrmacht öffentlich[78].

Die konkreten Einzelmaßnahmen, die dem rassistisch unterlegten Leistungsprinzip folgend die Personalpolitik der *Wehrmacht* dauerhaft verändern sollten, wurden sukzessive ab Oktober 1942 erlassen und sind in den Heeresakten am besten nachweisbar. Den ersten relevanten Erlass, der sich ausdrücklich auf die *mehrfach* geäußerte »Willensmeinung des Führers« bezieht, erließ allerdings das Luftwaffenpersonalamt[79]. Entge-

---

[76] Nach Ansicht des HPA vom 6.7.1942, S. 7 (BA-MA, RH 2/156).
[77] Ebd., S. 8. Über solche Sofortmaßnahmen hinaus machte sich das HPA im Sommer 1942 auch Gedanken über die »Friedensplanung«. Knox, 1 October 1942, S. 813, nennt diese »bizarre reflections [...] at the fiery heart of the greatest war in history«, den die deutsche militärische Führung zu jenem Zeitpunkt aber noch für gewinnbar hielt.
[78] Vgl. Staatsmänner und Diplomaten, Bd 2, S. 117. Der tatsächliche Tag (23.9.1942) der Unterredung mit dem kroatischen Staatsführer Ante Pavelić im vorgeschobenen Hauptquartier in Vinnica/Ukraine bzw. der Ausführungen Hitlers über die im modernen Krieg gegebene Notwendigkeit eines ganz jungen Offizierkorps, und zwar »in glühenden Farben«, ergibt sich aus der Niederschrift eines weiteren Teilnehmers an dieser Besprechung. Vgl. Glaise von Horstenau, Ein General im Zwielicht, S. 147. Zu Hitlers Rede im Sportpalast am 28.9.1942 vgl. Absolon, Wehrgesetz und Wehrdienst, S. 229, allerdings mit falschem Datum.
[79] Am 16.10.1942 (BA-MA, H 6/190). Abgedruckt in Untersuchungen zur Geschichte des Offizierkorps, Dok. 35, S. 318. Die Akten der Marine fehlen fast vollständig, während von den Luftwaffendokumenten immerhin einige zentrale Stücke erhalten geblieben sind, so die am 22.12.1942 erlassenen Richtlini-

gen der oft geäußerten Meinung, dass die Entwicklung bei der Marine »ganz anders«[80] verlief oder erst mit dem neuen Oberbefehlshaber Karl Dönitz ein anderer Schwung in die Personalpolitik hineinkam[81], ist festzuhalten, dass bereits Großadmiral Erich Raeder die relevanten Wünsche Hitlers berücksichtigt hatte. Mit seiner Verfügung vom 9. Januar 1943 für die Auswahl des Marinenachwuchses trat der langjährige Oberbefehlshaber nachdrücklich für eine soziale Öffnung der Offizierlaufbahn ein. »Allein mit der seit Jahren erfolgten Übernahme von ausgezeichneten Unteroffizieren [sei] dem vorausschauenden Gedanken des Führers noch nicht genügend Rechnung getragen« worden. Die Auswahl von »soldatischen Führereigenschaften« müsse die gesamte Jugend des deutschen Volkes umfassen. Raeder bestand aber darauf, dass mit »Ehrgeiz und Draufgängertum allein« keine Führungsstellung in der Marine errungen werden könne. Da aber nicht jeder Offizieranwärter die erforderliche »gute Bildung« mitbringe, müsse die Ausbildungszeit entsprechend verlängert und denjenigen mit Mittel- und Volksschulabschluss das noch fehlende Wissen in Mathematik, Physik und Sprachen in besonderen Kursen vermittelt werden. »Dann wird das Offizierkorps der Kriegsmarine getreu unserer Tradition und doch erfüllt mit neuem Geiste im kriegerischen und später auch im friedlichen Einsatz auf allen Meeren in der Führung unserer Mannschaften und Kriegsschiffe das Bestmögliche leisten, und die deutschen Marineoffiziere werden auch in Zukunft als wohlgebildete soldatische und ritterliche Repräsentanten den Ruf des nationalsozialistischen Großdeutschland überall in der Welt zu mehren wissen[82].«

Natürlich setzten Dönitz und sein noch von Raeder ernannter Chef des Marinepersonalamtes, Konteradmiral Martin Baltzer, die von Hitler vorgegebene Linie konsequent um. Die entsprechenden Richtlinien und Merkblätter ergingen am 23. Februar bzw. im Frühjahr 1943. Nicht mehr Herkunft und Bildung sollten den Weg und Wert des Offiziernachwuchses der Marine bestimmen, sondern allein Charakter und Leistung. Wie von jedem Soldaten, so fordere der »großdeutsche Freiheitskampf« auch vom Offizier »Härte, Entsagung, Mut, Draufgängertum und letzte, freudige Einsatzbereitschaft für Führer, Volk und Vaterland«. Bevorzugt sollten diejenigen befördert werden, die hervorragende Führereigenschaften »in schwierigen Lagen vor dem Feind« gezeigt hätten. In der Regel sollten solche Offiziere ohne Antrag sofort befördert werden, denen die Schwerter zum Ritterkreuz des Eisernen Kreuzes verliehen worden

---

en zur bevorzugten Beförderung (BA-MA, H 6/190). Schmundts Tätigkeitsbericht ist allerdings erst nachträglich erstellt worden (vgl. Schmundt, Tätigkeitsbericht, S. IX).
[80] So Stumpf, Die Wehrmacht-Elite, S. 338. Vgl. die Aussagen im allgemein gehaltenen Aufsatz von Salewski, Das Offizierkorps der Reichs- und Kriegsmarine, S. 224-229.
[81] So Absolon, Die Wehrmacht im Dritten Reich, Bd 6, S. 484.
[82] Der Oberbefehlshaber der Kriegsmarine/M Wehr IIIa Nr. 10573/42 vom 9.1.1943, BA-MA, RM 8/1769.

waren. Das Eichenlaub konnte zu einer Vorpatentierung genutzt werden. Allgemein wurden Beförderungen von der »Kriegsbewährung, der Leistungsfähigkeit und der Verwendungsmöglichkeit« des einzelnen Offiziers, ohne Rücksicht auf sein Dienstalter, abhängig gemacht. Besonders befähigte und überall verwendbare Offiziere, vom älteren Kapitänleutnant aufwärts, sollten schneller als bisher befördert werden, um sie noch in jungen Jahren in führende Stellungen zu bringen. Für den durchschnittlichen Marineoffizier stellte der Dienstgrad eines Kapitäns zur See die höchste Stufe dar. Allerdings sollten Stabsoffizierdienstgrade »verdient« und nicht »erdient« werden[83].

Diese zweite Stufe der personellen Reform der Wehrmacht ruhte auf drei Säulen, und zwar der Beförderungs-, Laufbahn- und Einstellungspolitik. Nicht nur wurde die gleichmäßige Beförderung aller Offiziere abgeschafft, sondern die gravierenden Unterschiede zwischen den verschiedenen Offizierlaufbahnen sollten verschwinden und die Truppenführer an der Front gefördert werden. Es wurden auch die Bildungsvoraussetzungen für Offizieranwärter (Wegfall des Abiturs) gelockert und die Bewerbung (Wegfall der persönlichen Vorstellung beim Regimentskommandeur, der psychologischen Eignungsuntersuchungen und der Offizierwahl) vereinfacht. Mehr noch, der immer größer werdende Bedarf an Offiziernachwuchs im Heer, besonders bei der Infanterie und den Panzergrenadieren, ließ es nicht mehr zu, bei den Kursen der jeweiligen Waffengattung einen qualifizierten Bewertungsmaßstab anzulegen. Den Kommandeuren der Waffenschulen des Ersatzheeres gab Schmundt deshalb genaue, prozentuale Richtlinien vor. Demnach sollten sie 70 Prozent der Offizieranwärter als geeignet, 20 Prozent als bedingt geeignet und zehn Prozent als ungeeignet erklären[84]. Letztere Bestimmung wurde später sogar auf zwei Prozent abgesenkt, um den Führernachwuchs der Wehrmacht »auf eine möglichst breite Grundlage zu stellen«. Dagegen meldete allerdings der »Höhere Offizier für Jäger- und Gebirgsjäger-Einheiten« beim General der Infanterie im OKH Mitte März 1945 Bedenken an. Diese Bestimmung führe nämlich dazu, dass besonders die Oberfähnriche d.R. »jeden gesunden Ehrgeiz vermissen« ließen, weil sie ja wüssten, dass sie vor ihrem Fronteinsatz noch zum Leutnant befördert würden, »wenn sie nicht grob gegen die Ehrenhaftigkeit verstoßen« hätten. Oberst Buchner schlug vor, die numerische Beschränkung der Eignung zum Offizier fallen zu lassen, den Kommandeuren der Schulen einen größeren Einfluss auf die Auswahl als bisher einzuräumen und nur den Oberfähnrich zu befördern, der neben einer harten Erziehung auch über ein »gediegenes Wissen und Können« verfüge[85]. Junge, fachlich nicht unbedingt

---

[83] Vgl. Absolon, Die Wehrmacht im Dritten Reich, Bd 6, S. 484; Anhang zum Teil III der MDv Nr. 885 (BA-MA, RHD 4/885), und Schreiben Baltzer an Schmundt vom 24.6.1944 (BA-MA, H 6/190); Hervorhebung durch den Verfasser.
[84] Schmundt, Tätigkeitsbericht, S. 64 f. (7.5.1943).
[85] Schreiben vom 19.3.1945, gez. Oberst Buchner, BA-MA, RH 12-1/110.

qualifizierte Offiziere konnten also als Führer von Zügen, Kompanien oder Batterien »in kritischen Lagen zu einem erheblichen Risiko«[86] für ihre Untergebenen werden.

Zum allgemeinen Leitbild für die neue »Gestaltung des Führerkorps der Wehrmacht« wurde der Offizier mit angeborenen »Führerqualitäten« erhoben. Er sollte allein wegen seiner außergewöhnlichen Persönlichkeit und erfolgreichen Bewährung vor dem Feind befördert werden. Demgegenüber hatten »bloße« Generalstabsoffiziere, Spezialisten und Akademiker in den Hintergrund zu treten. »Gerechtigkeit in der Beförderung [sei] unmöglich.« Zum Soldaten gehöre eben auch die Fähigkeit, ein Übergangenwerden hinzunehmen. Sonst habe er den Beruf verfehlt und solle Beamter werden. Dort gebe es bei der Beförderung einen »Paternosterbetrieb: einer hinter dem anderen«. Die eingeleiteten Personalmaßnahmen seien auf die Gewinnung des Krieges ausgerichtet. Kompromissloser Grundsatz: »Der Offizier bewährt sich an der Front[87].« In die höhere Truppenführung, in der in der ersten Kriegshälfte noch die ehemaligen Stabsoffiziere des Ersten Weltkrieges dominiert hatten, sollten nun jüngere »willensstarke, einsatzbereite und krisenfeste Männer« kommen, die »keine Lage für aussichtslos hielten«, Zuversicht ausstrahlten und ihre Soldaten »in entscheidender Stunde hart und unbeirrbar« führten. Wie der legendäre Frontoffizier des Ersten Weltkrieges sollte der vorzugsweise zu fördernde Offiziertypus ein populärer Führer sein, für den seine Männer durchs Feuer gingen. Soldatisches Können und »Soldatenglück«, die so genannte Fortune, reichten allerdings nicht zur Förderung. Der nationalsozialistische Leistungsbegriff beinhaltete auch eine eindeutige, kompromisslose Einstellung zur »Judenfrage«, die als *ein* »kriegsentscheidender Teil der nationalsozialistischen Haltung des Offiziers definiert und beurteilt wurde[88]. Im harten »Schicksalskampf« des deutschen Volkes gegen den »Vernichtungswillen des jüdisch-bolschewistischen Weltfeindes« und seiner »plutokratischen Helfershelfer« kam es also neben militärischer Tüchtigkeit, Tapferkeit und erfolgreichem Krisenmanagement an der Front, Vitalität und Stehvermögen, Gläubigkeit und Fanatismus, auch auf politische Zuverlässigkeit und weltanschauliche Überzeugung an. Dieses kämpferische, rassistische Leitbild des Offiziers ersetzte auch das traditionelle Elitebild des Generalstabsoffiziers, dem es Deutschland nach dem Ersten Weltkrieg anscheinend in erster Linie zu verdanken gehabt hatte, »am Bolschewismus vorbeigekommen« zu sein[89].

---

[86] Das Deutsche Reich und der Zweite Weltkrieg, Bd 5/2, S. 951 (Beitrag Kroener).
[87] Grundsätzliche Ausführungen Schmundts vom 17.11.1942, BA-MA, RH 12-1/75.
[88] Vgl. die Verfügung Schmundts vom 31.10.1942, BA-MA, RH 53-7/v. 709, und dessen o.a. Rede in der Kriegsakademie. Ab Januar 1943 taucht deshalb in den regelmäßigen Offizierbeurteilungen des Heeres der Punkt »nationalsozialistische Haltung« auf. Bei der Luftwaffe war die Einstellung zu Staat, Partei und Weltanschauung bereits ab 1939 für erwähnenswert erachtet worden.
[89] So der ehemalige Generalquartiermeister Wilhelm Groener an Reichswehrminister Gustav Noske am 14.8.1919, in: Dreetz, Denkschrift der deutschen Ober-

Wie schon Anfang 1942 gab es auch im Herbst des gleichen Jahres Kritik an den Zielen der neuen Personalpolitik, allerdings nur in Tagebüchern oder im vertrauten Kreis. So äußerten prominente Vertreter der älteren Generation (Ulrich von Hassell) und des Generalstabes (Ludwig Beck) ihren Unwillen an der »Zerstörung aller Tradition der alten Armee« und an der unaufhaltsam fortschreitenden »Dekomposition der Armee«[90]. Aber es gab auch Zustimmung oder eigene Vorschläge für den Aufbau eines geeigneten, jungen Führerkorps im Krieg. Der Nachfolger Halders im Amt des Chefs des Generalstabes des Heeres wollte z.B. nicht nur die »Stellung des Führers im Kampf ganz besonders heben«, sondern auch »alle jungen Führerpersönlichkeiten [...] sofort von ihren Sonderlaufbahnen abdrehen und restlos der Front zuführen«[91]. Von einer nationalsozialistischen Manipulation ohne Wissen oder Mithilfe der Wehrmachtelite kann also keine Rede sein, auch wenn Halder im Juni 1942 noch »der Sicherstellung einer sachgemäßen Durchführung des Generalstabdienstes den Vorrang« vor dem »Drang der Generalsoffiziere in die Truppe« gegeben hatte[92]. Mit seinem Vorschlag von Mitte November 1942 setzte Zeitzler allerdings nur den ausdrücklichen Wunsch Hitlers um, das ganze Wehrmachtoffizierkorps so zu reorganisieren, dass es nur aus wirklichen Führern bestand. »Ich brauche [im Krieg] keine Männer, die als Vergnügungs- oder Filmoffiziere tätig sind. Da stehe ich auf dem Standpunkt, dass diese in Beamtenuniform gehen müssen und nicht Offizier sein dürfen! Es muss darin einen Unterschied geben: Offizier kann nur der sein, der sich mit der Waffe und der Führung beschäftigt. Das andere sind Beamte[93]!« Auch in der Frage des Generalstabes legte Hitler sich noch einmal fest. In Zukunft sollte es nur noch *ein* Offizierkorps geben. Die

---

sten Heeresleitung, Dok. 5, S. 608. Vgl. Seeckts Aufruf an die Generalstabsoffiziere vom 7.7.1919. Abgedr. in: Offiziere im Bild von Dokumenten, S. 217 f. Allerdings äußerte Groener am 24.8.1919 auch, »der Generalstabsoffizier soll, muss und ist der am besten bewährte Frontoffizier«.

[90] Vgl. Hassell, Die Hassell-Tagebücher, S. 333. Leider ist darin die zweite Äußerung, nämlich die des ehemaligen Generalstabchefs des Heeres Beck (1933-1938), nicht mehr enthalten. Sie ist allerdings in der ersten Ausgabe der Tagebücher (Hassell, Vom andern Deutschland), S. 281 (1.11.1942), nachzulesen. Der von Beck benutzte Ausdruck war ein alter Kampfbegriff Hitlers gegen das Judentum (»Ferment der Dekomposition«). Er wurde auch von Schmundt in dessen Rede in der Kriegsakademie vom 17.11.1942 zitiert. Ulrich von Hassell hatte durchaus erkannt, dass die neue personalpolitische Offensive sowohl auf ältere Tendenzen als auch auf den »immer bedenklicher werdenden Offiziermangel« zurückging.

[91] Vorschlag vom 18.11.1942, den Zeitzler an den Chef HPA und den Chef des Heeresstabes im OKW, Generalleutnant Walter Buhle, schickte, BA-MA, RH 8/v. 1885.

[92] Persönliches Schreiben an »seine« Chefs der Generalstäbe vom 9.6.1942, BA-MA, RH 2/157.

[93] Schreiben der Adjutantur Hitlers an Himmler vom 27.10.1942, gez. Schulze[-Kossens], BA, NS 19/3943. Zur Entstehung des Truppensonderdienstes vgl. Stumpf, Die Wehrmacht-Elite, S. 177.

Unterschiede zwischen dem Truppen- und dem Generalstabsoffizierkorps sollten beseitigt werden. »Der tüchtigste Offizier muss in der Truppenführung Verwendung finden.« Als Idealzustand stellte sich Hitler vor, an der Front bewährten Offizieren eine zusätzliche Generalstabsausbildung zu geben, die sie befähigte, zuerst ein brauchbarer Führergehilfe in der höheren Führung zu sein und anschließend als junge, physisch und psychisch unverbrauchte Generale selbst größere Verbände zu führen. Es sei »eine Sünde wider den Geist, wenn derartige Führerpersönlichkeiten in Stabsstellungen verbraucht« und »ihrem eigentlichen Element, nämlich der Führung von Truppen, entzogen« würden[94]. Diese Ideen vertrat Zeitzler vehement, auch wenn es infolge Personalmangels zunächst dabei blieb, dass die Masse der Generalstabsoffiziere keine Gelegenheit zur Bewährung in der Truppenführung bekam. Von seinen Gehilfen forderte der neue Chef des Generalstabes neben Kompetenz, Improvisiertalent, wahren Meldungen und Härte besonders das Ausstrahlen von Glauben: »Glauben an unseren Führer, Glauben an unseren Sieg, Glauben an unsere Arbeit[95].«

Da die erwünschte »Gabe zum Führer vor dem Feind«, die so genannte Führerqualität, angeboren und nicht durch schriftliche »Friedensbeurteilungen« zu ermitteln war, standen nicht nur Hitler und Schmundt vor der bereits erwähnten Schwierigkeit, die erwünschten »ganzen Männer«, die »Kerls«, in der Wehrmacht zu finden. Die Auslese der »harten, entschlussfreudigen Führer« sollte in Zukunft auch nicht mehr durch die jeweiligen Personalämter erfolgen, sondern neuerdings durch die Kommandeure. Diese wurden dabei, ab Division aufwärts, vom neuen Institut der höheren Adjutanten beraten. Für einen solchen Posten, den traditio-

---

[94] Verfügung des Luftwaffengeneralstabschefs vom 28.10.1942, mit der Jeschonnek die Gedanken Hitlers bekannt machte, BA-MA, RL 3/51. Vgl. Schmundt, Tätigkeitsbericht, S. 6 (5.10.1942). Für den Bereich des Heeres ging – auf Befehl Hitlers – die traditionelle Zuständigkeit des Chefs des Generalstabes für die Personalien der Generalstabsoffiziere am 17.10.1942 auf das HPA über, das die neue Unterabteilung P 3 schuf. Die entsprechende Dienstanweisung erging am 17.11.1942. Diese Maßnahme war im Generalstab des Heeres durchaus umstritten. Vgl. die Stellungnahme des langjährigen Chefs der Abteilung GZ, Oberst i.G. Gustav Heistermann von Ziehlberg, vom 29.9.1942, Hptm. i.G. Thilo notierte in seinem Tagebuch: »Rote Hosen sollen nun abgeschafft werden. Generalstabsoffiziere rangieren nach Beförderung an letzter Stelle. Es muss doch gelingen, den letzten einheitlichen Körper der Wehrmacht zu zerschlagen« (BA-MA, N 664/3, 14.11.1942), BA-MA, RH 2/157.

[95] Vgl. dessen Ansprachen an seine engsten Mitarbeiter im OKH am 26.9.1942 und an die Teilnehmer des 7. Generalstabslehrganges am 3.11.1942 (BA-MA, RH 2/157). Den offensichtlichen Mangel an Einsatz als Führer hatte auch schon Halder durch entsprechende, kürzere Kommandierungen und Verwendungen im Truppendienst ausgleichen wollen, damit der Generalstabsoffizier »engste Verbindung mit der Truppe« halten konnte. Vgl. dessen Schreiben vom 9.6.1942 (Ebd.) und die Beurteilung Ziehlbergs vom 9.5.1943 nach dreimonatiger Frontbewährung als Rgt.Kdr. bei der 12. Inf.Div (Pers 6/615).

nellen IIa, kamen nun nur noch solche Generalstabsoffiziere infrage, die sich als Führer vor dem Feind bewährt hatten, im Truppendienst durch besondere Tüchtigkeit hervorgetreten und vom nationalsozialistischen Gedankengut durchdrungen waren. Nach einer, der Bedeutung seiner Stellung entsprechenden, besonderen Schulung und Ausbildung sollte der höhere Adjutant in der Lage sein, dem Kommandeur »verantwortungsbewusst die rechten Vorschläge zu machen, [um] wahre Kämpfernaturen in die Führerstellen [an der Front] zu bringen«. Jeder Einsatz einer Führerpersönlichkeit in einer Stelle unter seiner Eignung, so Hitler Mitte Januar 1943, sei »ein Verbrechen am Siege«[96].

Alle die Offiziere, die durch das Raster dieser besonderen »Führerauslese« fielen, sollten den bevorzugt beförderten Truppenführern mit merklichem Abstand folgen. »Eine gleichmäßige Beförderung aller« widerspreche dem nationalsozialistischen Leistungs- und Führerprinzip, »dem die Wehrmacht in höchster Verantwortung für den Endsieg verpflichtet sein« sollte[97]. Wegen der allgemein angestrebten »Jugendlichkeit der Wehrmacht« wurden allerdings die seit Kriegsausbruch erheblich verkürzten Beförderungszeiten der Subalternoffiziere bis zum Hauptmann zunächst beibehalten, ab der Beförderung zum Major aber gestoppt. Ein Leutnant brauchte z.B. bis zu seiner Beförderung zum Oberleutnant dreieinhalb Jahre Gesamtdienstzeit, davon zwei Jahre als Offizier, und war etwa 22,5 Jahre alt. Hatte ein Heeresoffizier ohne Vorpatentierung bis zum Herbst 1942 etwas über zwölf Jahre gebraucht, ehe er Stabsoffizier geworden war, so verlängerte sich die Gesamtdienstzeit nun um vier Jahre[98].

	bis November 1942	ab November 1942
zum Hauptmann	6 Jahre, 2 Monate	6 Jahre, 2 Monate
zum Major	12 Jahre, 1 Monat	16 Jahre
zum Oberstleutnant	19 Jahre, 1 Monat	21 Jahre
zum Oberst	26 Jahre	24 Jahre

Ab Mai 1943 wurden weitere Schritte unternommen. Nun brauchte ein Offizier eine drei Jahre und vier Monate längere Gesamtdienstzeit bis zur Beförderung zum Hauptmann.

---

[96] Vgl. Handbuch für höhere Adjutanten vom 30.8.1944 (BA-MA, RHD 23/9), das die alte Verfügung (OKH/PA, Nr. 23/42 vom 6.11.1942) ersetzte (BA-MA, H 6/259,1). Vgl. Hitlers Verfügung vom 19.1.1943. In: Untersuchungen zur Geschichte des Offizierkorps, Dok. 18, S. 276.

[97] Verfügung Schmundts (i.A. Hitlers) zur Förderung von Führerpersönlichkeiten vom 4.11.1942. In: Untersuchungen zur Geschichte des Offizierkorps, Dok. 20, S. 286.

[98] Verfügungen von Schmundt vom 23.11.1942 und 11.5.1943 (Ebd., S. 293 ff. bzw. S. 295 ff.) sowie den Bericht B. Keitels vom 30.4.1942 und dessen Ausführungen bei der HGr Nord vom 17.5.1942 (BA-MA, RH 2/156 und RH 19 III/510). Vgl. Absolon, Die Wehrmacht im Dritten Reich, Bd 6, S. 481, und Adjutantenbesprechung im HPA vom 14.-17.10.1944 (BA-MA, H 6/935).

IV. Manipulation oder Evolution?

Nach der formalen Beseitigung der besonderen Dienstalterliste C im Mai 1943[99], die die darin aufgeführten Kriegsoffiziere als Diskriminierung empfunden hatten, gab es für alle Truppenoffiziere (Generale, Generalstabsoffiziere, Offiziere) nur noch eine Liste, die spätere DAL T. Sanitäts-, Veterinär- und Offiziere im Waffenwesen wurden allerdings weiter in einer eigenen geführt (DAL S). Diese Offiziere in Sonderverwendung wurden in einem gleichbleibenden Abstand von zwei Jahren in jedem Dienstgrad hinter den Offizieren im Truppendienst befördert. Sie wurden also erst mit durchschnittlich 37 Jahren Major. Eine Beförderung zum General war für diese Offiziere im Allgemeinen nicht vorgesehen, was für normale Truppenoffiziere aber ab Mai 1943 nach insgesamt 29 Jahren Gesamtdienstzeit zum Generalmajor oder 32 Jahren zum Generalleutnant möglich war. Eine weitere Präzisierung der Beförderungszeiten für Offiziere der DAL T wurde im Februar 1944 vorgenommen[100]. In der Luftwaffe wurde ein durchschnittlicher Stabsoffizier des Truppendienstes ab Juni 1943 schneller befördert als im Heer, und zwar zum Major und Oberstleutnant jeweils zwei Jahre sowie zum Oberst und Generalmajor jeweils drei Jahre früher[101]. Bereits Ende 1938 hatte sich die Luftwaffe wegen ihrer »besonders gearteten Verhältnisse« vom Heer »freigemacht«. Fliegeroffiziere wurden ihren Kameraden vorgezogen und zwei Jahre früher zum Hauptmann befördert. Diese Zeit sollte später wieder ausgeglichen werden, damit zum Generalmajor heranstehende Offiziere das gleiche Dienstalter hatten[102]. Die Richtlinien für vorzugsweise Beförderungen wurden 1943/44 immer weiter ausgedehnt. Zuerst auf die höheren Adjutanten, dann auf besonders ausgewählte Truppenoffiziere in höheren Kommandobehörden und Schulen, auf Sanitäts- und Veterinäroffiziere, die im Rahmen der kämpfenden Truppe eingesetzt waren, auf Truppenteile von Reserve-Korps, die sich bei der »Bandenbekämpfung« im rückwärtigen Gebiet bewährt hatten, und schließlich am 20. März 1944 auf die NS-Führungsoffiziere, und zwar rückwirkend zum 1. Januar 1944.

Die Vorschriften über bevorzugte Beförderungen und Rangdienstalterverbesserungen galten ab November 1942 auch für Reserveoffiziere im Truppendienst. Ein Jahr später meinte Schmundt befriedigt feststellen zu können, dass sich die bevorzugten Beförderungen »besonders günstig ausgewirkt« hätten. Nun könnten Reserveoffiziere auch zum Oberst/Kapitän aufsteigen. 1943 waren das beim Heer immerhin 52 gewesen, und im Unterschied zu 1940 (3) waren 1943 insgesamt 469 Reserveoffizie-

---

[99] Vgl. Schmundts ältere Vortragsnotiz vom 9.10.1942, BA-MA, H 4/26.
[100] Chef HPA, Adjutantenhinweis Nr. 9 vom 1.2.1944, BA-MA, H 6/260. Vgl. den Zusammendruck von grundsätzlichen Verfügungen für die Personalbearbeitung von Truppenoffizieren, die das OKH am 1.7.1944 erließ, BA-MA, RHD 23/5.
[101] Untersuchungen zur Geschichte des Offizierkorps, Dok. 38, S. 324. Vgl. die seit November 1942 geltenden Beförderungsrichtlinien für die Allgemeine bzw. Waffen-SS. Ebd., S. 326 ff.
[102] Verfügung Görings vom 6.12.1938. Abgedruckt in: Rangliste der Generale der deutschen Luftwaffe, S. 139.

re zum Oberstleutnant befördert worden. Schmundt zeigte sich Anfang 1944 auch froh darüber, dass das zahlenmäßige Verhältnis von jungen aktiven Offizieren des Heeres zu ihren Reserveoffizierkameraden sich innerhalb eines Jahres geändert hatte. Hatte es am 1. Oktober 1942 noch 1:7 betragen, so war es am 1. Oktober 1943 auf 1:5,5 gesunken. Noch »erfreulicher« für den Chef des Heerespersonalamtes war der Anstieg des aktiven Offiziernachwuchses im Vergleich zu dem der Reserve. Hatte es bis weit in den Krieg hinein (1941/42) noch 1:6 betragen, so belief sich das Verhältnis im Jahre 1943 auf 1:3,5[103]. 1944 (1. Januar-30. November) wurden fast viermal so viele Reserveoffizieranwärter zum Offizier befördert wie aktive (44 235:10 187)[104]. Natürlich bemühte sich nicht nur das Heer, junge und tüchtige Reserveoffiziere zum Übertritt in das aktive Offizierkorps zu veranlassen, und zwar bei den Waffengattungen, die »die größten Blutopfer bringen« mussten[105]. Hauptleute über 30 Jahre und Majore über 35 Jahre waren allerdings nicht erwünscht, dagegen diejenigen Reserveoffiziere, die bereits vor dem Krieg drei Jahre ohne Unterbrechung gedient hatten oder seit Herbst 1937 direkt nach Schule und Arbeitsdienst Soldat geworden waren. Als Grundlage für den planmäßigen Beförderungsablauf der Reserveoffiziere wurde Anfang Dezember 1944 das Rangdienstalter festgelegt, und nicht mehr feste Laufzeiten. Danach konnte z.B. ein Major d.R. im Truppendienst (RDA 1. März 1941) zum Oberstleutnant befördert werden, während ein Angehöriger der DAL S dafür ein höheres Rangdienstalter (1. Oktober 1940) vorweisen musste[106].

1944 versuchte der Chefadjutant Hitlers, sich einen Überblick darüber zu verschaffen, welche Früchte die Strukturmaßnahmen seit seinem Amtsantritt getragen hatten. Rein quantitativ gesehen, konnte Schmundt auf sein Wirken stolz sein. Allein im Heer waren seit dem 1. Oktober 1942 insgesamt fast 40 000 Offiziere (aktiv, d.R. und z.V.) bevorzugt befördert worden[107]. Auch die Anzahl der jungen Leutnante hatte gesteigert werden können. Waren im ersten Kriegsjahr (1. Juni 1939 bis 31. Mai 1940) 32 851 Soldaten zum Offizier des Heeres befördert worden, so waren es z.B. im Jahr 1944 über 23 600 mehr (56 469)[108].

---

[103] Schmundts Auswertung der von der Ag P 1 (Oberstleutnant Isbert) erstellten statistischen Übersicht über die Entwicklung des Offizierkorps vom 26.8.1939-1.10.1943, IWM AL 2507 (23.1.1944).

[104] Ag P 1/1 vom 23.2.1945. Ebd. Für den Hinweis auf beide Quellen danke ich meinem Kollegen MacGregor Knox, London.

[105] Chef HPA, Adjutantenhinweis Nr. 10 vom 23.3.1944, BA-MA, H 6/260. Im Frühjahr 1942 gab es im Heer insgesamt 117 934 Reserveoffiziere, davon 55 445 Leutnante und 33 842 Oberleutnante, BA-MA, H 4/26.

[106] Vgl. Absolon, Die Wehrmacht im Dritten Reich, Bd 6, S. 488 (6.12.1944).

[107] Unterlagen der Zentralabteilung für einen Vortrag von Oberst Helmuth Bachelin vor den stellvertretenden Kommandierenden Generalen vom 7.12.1944, BA-MA, H 6/263. Im gleichen Zeitraum waren 43 771 Heeresoffiziere planmäßig befördert wurden, aber nur bis zum Dienstgrad Generalleutnant.

[108] Vgl. Ag P 1/1 vom 23.2.1945, Anl. 3, IWM, AL 2507. Die in Das Deutsche Reich und der Zweite Weltkrieg, Bd 5/2, S. 860 f., Anm. 292 (Beitrag Kroener), ange-

IV. Manipulation oder Evolution?

Hitlers Chefreformer ging es allerdings auch darum, die noch immer nicht deckungsgleichen Beförderungsgrundsätze von Heer, Marine, Luftwaffe und Waffen-SS zu vereinheitlichen, »um unerwünschte Vergleiche und Berufungen auszuschalten«[109]. Als Anlage übersandte Schmundt den zuständigen Personalämtern Anfang Juni 1944 zahlenmäßige Zusammenstellungen über jüngste und älteste, planmäßig und bevorzugt beförderte Heeresoffiziere sowie deren Durchschnittsalter. Auf der Basis der ihm überlassenen Unterlagen erstellte das Heerespersonalamt eine Übersicht für die gesamte Wehrmacht und die Waffen-SS.

Gegenüberstellung des Lebensalters der jüngsten und ältesten Offiziere und des Durchschnittsalters der Offiziere in den einzelnen Dienstgraden, Stand Juni 1944[110]

Dienstgrade	jüngste Offiziere				älteste Offiziere				Durchschnittsalter vorzugsweise bef.				planmäßig bef.				Zusammen			
	H	Lw	KM	SS	H	Lw	KM	SS	H	Lw	KM	SS	H	Lw	KM	SS	H	Lw	KM	SS
Generalfeldmarschall	53				–															
Generaloberst	52				57															
General	51	51	49	48	54	–	59										53			
Generalleutnant	45	49	47	37	52	–	44										53			
Generalmajor	39	40	44	38	58	63	–	54	47	44	–	47	51	–	–	–	49	49	48	
Oberst	34	31	38	33	52	52	–	55	48	–	–	38	48	49	–	46	48	48	48	43
Oberstleutnant	29	30	36	28	50	53	–	61	36	36	–	32	44	42	–	45	40	40	45	35
Major	25	26	28	28	38	38	–	53	30	30	–	31	37	33	–	37	34	31	38,5	34
Hauptmann	23	23	25	23	36	31	–	53	29	25	–	30	30	28	–	31	29	26	29	31
Oberleutnant	21	22	22	20	33	26	–	53	27	–	–	28	26	22	–	28	27	22	23,5	28

gebene Zahl von 54 422 bezieht sich nach dieser Aufstellung bei den Reserveoffizieren nur auf die Zeit bis zum 30.11.1944.

[109] Gleichlautendes Schreiben Schmundts an die Chefs der betreffenden Personalämter vom 5.6.1944, BA-MA, H 6/190. Die Anlage ist abgedruckt in: Untersuchungen zur Geschichte des Offizierkorps, Dok. 32, S. 314 f.

[110] BA-MA, H 6/190. Für die technische Unterstützung danke ich Michael Poppe, Freiburg. Vom Heer sind in der Grafik nur Offiziere der DAL T berücksichtigt. Für die Art der Berechnung bei den anderen Wehrmachtteilen (ohne SS) fehlen die notwendigen Angaben. Bei letzterer ist auch nicht klar, ob in den Zahlen nur die Waffen-SS oder auch die Allgemeine SS enthalten sind. Paul Hausser (geb.: 7.10.1880) wurde erst nach der Invasion Obergruppenführer (= General). Natürlich sind die eher politischen Ränge eines »Reichsmarschall« (Göring) oder »Reichsführer-SS« (Himmler) nicht aufgeführt. Die Leerstellen bei der Marine resultieren daraus, dass das MPA nicht alle Fragen des HPA beantwortet hatte. Am 1.9.1944 dienten in der Wehrmacht (ohne Waffen-SS) 315 053 Truppenoffiziere. Zwischen dem 1.9.1939 und 31.8.1944 hatte die Wehrmacht (einschl. Waffen-SS) 71 706 blutige Offizierverluste zu verzeichnen (BA-MA, H 6/263). Zum Lebens- bzw. Durchschnittsalter der planmäßig und vorzugsweise beförderten Heeresoffiziere am 1.1.1945 vgl. IWM, AL 2507 (23.2.1945).

Diese punktuelle Aufstellung (Stichtag 1. Juni 1944) weist zum einen viele Urteile über die besonders schnelle Beförderungspolitik der SS ins Reich der Fabel. Zum anderen sind Unterschiede zu den Karrieren von einzelnen Generalen/Admiralen allzu natürlich, da das Organigramm nur einen willkürlichen Stichtag widerspiegelt oder vorhandene Daten aus unbekannten Gründen nicht aufgenommen wurden. Der Luftwaffenoffizier Dietrich Peltz wurde mit 29 Jahren Generalmajor (Mai 1944), während Wolfram von Richthofen mit 42 Jahren Generaloberst (1942) und mit 47 Jahren Feldmarschall (Februar 1943) wurde. Letzterer war am Tage der Beförderung drei Jahre jünger als der jüngste Heeresmarschall (Rommel) und vier Jahre jünger als der jüngste Großadmiral (Dönitz) und noch zwei Jahre jünger als der jüngste Generaloberst des Heeres im Januar 1944 (Zeitzler, 49 Jahre). Im November 1944 wurde Adolf Galland mit 32 Jahren zum Generalleutnant befördert[111]. Bei der Luftwaffe fehlen in der Gegenüberstellung neben Richthofen drei weitere Marschälle und zehn Generalobersten. Bei der Marine fehlen z.B. Raeder als ältester Großadmiral (68 Jahre) und Walter Warzecha als jüngster (53) sowie Otto Schniewind als Generaladmiral (56)[112].

Bereits am nächsten Stichtag (1. August 1944) hatte das Heer in einigen Rängen aufgeholt. So waren z.B. der jüngste General der Infanterie und Generalleutnant nun 49 bzw. 45 Jahre alt. Der Trend der Verjüngung setzte sich in der zweiten Hälfte des Jahres 1944 fort. Hans Krebs wurde mit 46 Jahren General der Infanterie, Wolfdietrich von Xylander mit 41 Generalleutnant und Harald von Hirschfeld mit 32 Jahren Generalmajor. Unter besonderen Umständen war der 31-jährige Major Otto-Ernst Remer direkt zum Oberst befördert worden[113]. Am 20. April 1945 wurde Hirschfeld noch von Erich Bärenfänger übertroffen, der, wie schon der Luftwaffenoffizier Galland vor ihm (November 1942), mit 30 Jahren Generalmajor wurde[114]. Der älteste aktive Offizier der Wehrmacht bei Kriegsende war mit 69 Jahren Feldmarschall Gerd von Rundstedt, nachdem Generalmajor z.V. Max Zunehmer als 76-jähriger im April 1942 in die Führerreserve versetzt worden war[115]. Obwohl die Generalstabsoffiziere im Frühjahr

---

[111] Vgl. Stumpf, Die Wehrmacht-Elite, S. 291 ff., und Rangliste der Generale der deutschen Luftwaffe, S. 15 ff.

[112] Vgl. Rangliste der Deutschen Kriegsmarine nach dem Stande vom 1. September 1944 (MDv Nr. 293), BA-MA, RMD 2/1.

[113] Ende Januar 1945 meinte Hitler, dass Offizierkorps habe es als Schmach empfunden, dass er Major Remer sofort zum Oberst befördert habe (Untersuchungen zur Geschichte des Offizierkorps, S. 280). Der Stand vom 1.1.1945 ergibt sich aus Anlage 4 zur Aufstellung der Ag P1 vom 23.2.1945, IWM, AL 2507.

[114] Bereits im Juli 1944 hatte es Hitler nicht eingesehen und als »geradezu lächerlich« bezeichnet, warum ein 30-jähriger Mann nicht General oder Generalleutnant sein solle, »wenn ein Napoleon mit 27 Jahren Erster Konsul werden konnte«. Vgl. Hitlers Lagebesprechungen, S. 265.

[115] Am 27.1.1945 erwähnt Hitler zwar einen 73-jährigen Courbière, doch der Kommandeur der 338. ID, Gen.Lt. René de l'Homme de la Courbière, war gerade erst 58 Jahre alt geworden.

IV. Manipulation oder Evolution?

1944 nur drei Prozent des Heeresoffizierkorps (204 643) umfaßten, belief sich ihr Anteil an den vorzugsweisen Beförderungen auf elf Prozent. Von hundert Generalstabsoffizieren wurden 96,7 bevorzugt befördert, nur 3,3 planmäßig[116]. Den wehrmachtspezifischen Typus des Frontoffiziers des Heeres der zweiten Kriegshälfte macht Bernhard Kroener an denjenigen Bataillons- und Regimentskommandeuren fest, die den noch friedensmäßig ausgebildeten Geburtsjahrgängen (1914-1918) entstammten und dem Nationalsozialismus gegenüber aufgeschlossen waren. Sie nahmen quasi eine Mittelposition ein zwischen den älteren, noch traditioneller erzogenen Stabsoffizieren und Generalen sowie den jüngsten *Volks*-Offizieren der Jahrgänge 1925 bis 1927, die weniger die Merkmale einer manipulierten Elite als vielmehr die eines letzten Aufgebotes widerspiegeln[117]. Sowohl Himmler als auch das Heerespersonalamt wollten im Herbst 1944 keinen Regiments- oder Bataillonskommandeur über 40 oder 35 Jahre sowie keinen Kompaniechef über 30. Zusätzlich verlangte Himmler, dass in den ihm unterstehenden Heeresdivisionen jeder Bataillonskommandeur das EK I und jeder Kompaniechef das EK II besitzen sollte[118].

Lebensalter bzw. Verjüngung des aktiven Heeresoffizierkorps (ohne E-Offiziere) 1939-1944[119]

Dienstgrade	1.8.1939		1.4.1942		Dezember 1944 jüngster		Dezember 1944 ältester	
	jüngster	ältester	jüngster	ältester	Vorzugsweise bef.	planmäßig	Vorzugsweise bef.	planmäßig
Generalfeldmarschall	–	–	60	62			53	
Generaloberst	57	59	51	63	49		57	
General	51	61	52,5	66	46		61	
Generalleutnant	51	60	50,5	65	41	48	63	62
Generalmajor	51	60	49,25	59,25	32	46	67	62
Oberst	46,75	57	43,5	58,75	31	40	56	57
Oberstleutnant	41,75	53	38	52,25	27	35	49	50
Major	38,75	49,5	32	47,75	24	28	47	44
Hauptmann	28	46,75	27	41,25	21	25	48	48
Oberleutnant	k.A.	k.A.	k.A.	k.A.	20	20	39	36

---

[116] HPA, ZA IIIa Nr. 1535/44 vom 20.6.1944, gez. Bachelin. In: BA-MA, RH 2/1341.
[117] Vgl. Kroener, Auf dem Weg, S. 678 f.
[118] Vgl. Verfügung Himmler vom 1.10.1944 (BA-MA, H 6/172), und Adjutantenbesprechung im HPA vom 14.-17.10.1944 (BA-MA, H 6/935).
[119] Altersschichtung der Offiziere vom Mai 1942 (BA-MA, H 4/26) bzw. Vortragsunterlagen vom 7.12.1944 (BA-MA, H 6/263). Der Stand von Ende Mai 1944 ist greifbar, in: BA-MA, RH 2/1341. Die Gesamtzahlen der planmäßig und vorzugsweise beförderten Heeresoffiziere (aktiv und d.R.) nach Dienstgraden in der Zeit vom 1.1.-31.12.1944 bis 1.1.-28.2.1945 ergibt sich aus Ag P1/1 vom 23.2.1945, Anl. 2, IWM, AL 2507.

Seit den verlustreichen Rückzugsschlachten des Sommers 1944 an den beiden Hauptfronten besaß die Wehrmacht keinen personellen Spielraum mehr. Nach Keitels späterer Erinnerung hatte der »Kampf um den Menschen« bereits im Winter 1941/42 begonnen[120]. Am 2. September 1944 ordnete Schmundts Stellvertreter im Amt des Heerespersonalchefs, Generalleutnant Wilhelm Burgdorf, an, bis auf weiteres keine grundsätzlichen Verfügungen mehr aus- und mit den bis dahin erlassenen weiterzuarbeiten[121]. In der Personalpolitik der Wehrmacht ging es auch gar nicht mehr um die »heldenmütige Auslese« der Besten, sondern nur noch darum, überhaupt Soldaten und Bewerber zu finden, die zum Offizier geeignet schienen. Auch die negativen Seiten der Personalreform, die Überbetonung des zupackenden jungen Kämpfertyps bei der Leistungsbeförderung einerseits und die laufende Beförderung von älteren, truppenfernen Weltkriegsoffizieren andererseits, hatten sich schon seit längerem bemerkbar gemacht. General Burgdorf, seit 12. Oktober 1944 auch Chefadjutant der Wehrmacht bei Hitler, war der Meinung, dass es in diesem Krieg keinen Offizier gebe, der nicht dreimal befördert worden sei. So konnte es nicht ausbleiben, dass »Kerls« zu früh in verantwortungsvolle Führerstellen gekommen waren, so wie es auch Generale oder Oberste gab, die keine Division oder kein Regiment führen konnten. Manchem Offizier fehlte es entweder an Lebenserfahrung, Praxis oder fachlichem Können. Das Heer schulte deshalb Kommandeure auf so genannten Divisionsführer-Lehrgängen[122]. Die andere Möglichkeit, jüngere ungeeignete, aber gesunde 45-jährige »Führer« zu entlassen, wurde verworfen, weil zur gleichen Zeit ältere, bedingt kv-taugliche Männer (bis Jahrgang 1886) zum Wehrdienst eingezogen wurden[123]. Ein weiteres Mittel, das selbstinduzierte Personalproblem zu lösen, war die Dienstgradherabsetzung. Sie scheiterte am Widerstand der Wehrmacht. Hinweise auf die britische Personalpolitik wurden z.B. von der Luftwaffe »allein schon vom ideellen Gesichtspunkt« als fragwürdig abgelehnt[124]. Der Zurückversetzung eines Offiziers vom »acting-rank« in den alten Dienstgrad würde immer der Anschein und der Beigeschmack einer Degradierung ohne Schuld anhaften. Obwohl in der Luftwaffe ein Kommandierender General als Kompanieführer in einem Fallschirmregiment diente, wehrte sich Göring noch Ende Januar 1945 vehement gegen Hitlers Absicht, Rang und Dienststellung zur Deckung zu bringen. Er wollte solche Leute lieber in ihrem Dienstgrad belassen und entsprechend ihrer Eignung an Unterstellen einsetzen. Andererseits stimmte der Oberbefehlshaber der Luftwaffe

---

[120] Generalfeldmarschall Keitel, S. 293.
[121] Schmundt, Tätigkeitsbericht, S. 233 (2.9.1944).
[122] Vgl. den Lehrplan des 5. Lehrgangs, der vom 15.6.–10.7.1943 an der Kriegsakademie in Berlin stattfand (BA-MA, N 91/9).
[123] Vgl. Verfügung HPA vom 24.1.1945 (BA-MA, H 4/18), und Lagesprechung vom 27.1.1945 (Untersuchungen zur Geschichte des Offizierkorps, S. 278).
[124] Vortragsbemerkungen vom 8.10.1944, BA-MA, RL 5/793.

IV. Manipulation oder Evolution?

Hitlers grundsätzlicher Auffassung zu, dass der Soldatenberuf ein kämpferischer sei und ein geborener Truppenführer in kürzester Zeit das lernen könne, was seinem Rang entsprach. In einer Mittagslage verwies Hitler u.a. auch auf seine persönliche Karriere: »Das müssen sie lernen. Das ist keine Schande. Ich musste ja auch lernen, Reichskanzler zu sein. Ich war früher Parteiführer und mein eigener Herr gewesen. Als Reichskanzler war ich Untergebener des Reichspräsidenten.« Den Hinweis Hitlers, er sei auch eine Zeitlang Regierungsrat in Braunschweig gewesen, konterte Göring mit der Bemerkung, dass er diese Dienststellung nicht ausgeübt habe. »Sagen Sie das nicht«, antwortete Hitler. »Ich habe dem Lande großen Nutzen gebracht[125].«

Der Oberste Befehlshaber der Wehrmacht bestand allerdings darauf, dass »irgendein Ausweg« aus der verzwickten personellen Situation der Wehrmacht gefunden werden müsse. Am 31. Januar 1945 erließ General Burgdorf einen Befehl, der die »Verwendung der Offiziere des Heeres im 6. Kriegsjahr« nach Hitlers Vorgaben regelte. Mit dem Appell, im »schweren Schicksalskampf des deutsches Volkes [diesem] ein Beispiel für Einsatzfreudigkeit zum Dienst mit der Waffe zu geben«, versuchte der Chef des Heerespersonalamtes die Entscheidung abzumildern, dass alle truppendienstfähigen Offiziere ab Jahrgang 1886 (einschließlich Beamte und Sonderführer), die »auf Grund ihrer Leistungen und ihres Könnens [keine] dienstgradmäßige Verwendung mehr finden können«, entlassen werden sollten, und zwar nach § 24, Abs. 3 des Wehrgesetzes von 1935 (mangelnde Verwendungsmöglichkeit entsprechend dem Dienstgrad). Anschließend sollten sie sofort wieder mit dem Offizierdienstgrad eingezogen werden, der ihrer »Eignung für den Truppendienst« entspreche, z.B. bei der Infanterie als Bataillons-, Kompanie- oder Zugführer. Die Wiedereinberufung als Offizier erfolgte allerdings im z.V.-Verhältnis. In der Truppe durften solche Offiziere nur in Ausnahmefällen verwendet werden. Versehrte Offiziere des Zweiten wie des Ersten Weltkrieges wurden nicht erst entlassen, sondern gleich in Stellungen verwandt, die bis zu zwei Dienstgrade unter ihrem eigentlichen lagen. Diejenigen tauglichen Truppenoffiziere des Heeres, und zwar bis zum Oberst einschließlich, die ab 1939 in Stäben gedient hatten und nicht »neuzeitlich« ausgebildet worden waren, hatten sofort an einem entsprechenden Lehrgang im Offizier-Ausbildungs-Regiment teilzunehmen[126].

---

[125] Lagebesprechung am 27.1.1945. In: Untersuchungen zur Geschichte des Offizierkorps, S. 277 ff., hier S. 285.
[126] Chef HPA, Nr. 61/45 vom 31.1.1945, i.A. des Führers, gez. Burgdorf, BA-MA, H 11/47-31. Eine andere Abschrift ist in BA, NS 19/772. Quantitative Ergebnisse dieser Verfügung bis zum Kriegsende liegen leider nicht vor. Hatte es im Heer 1941 noch 115 Generalmajore z.V. gegeben, so sank deren Zahl rapide innerhalb der nächsten zwei Jahre (53 am 1.10.1942 und 22 am 1.10.1943). Zu den Maßnahmen, die das NS-Regime ab Sommer 1944 unternahm, um die Wehrmacht insgesamt zu reformieren, d.h. das militärische Instrument des Dritten

Ein wenig beachtetes Feld in den ambivalenten Beziehungen zwischen Wehrmacht und SS ist der Personaltransfer zwischen den drei Wehrmachtteilen und der Waffen-SS. Kurz nach dem 20. Juli 1944 wurde z.B. das ganze Generalkommando des V. Armeekorps nebst Korpstruppen »in voller personeller und materieller Ausstattung« übergeben, das dann als XI. SS-Armeekorps unter der Führung von Obergruppenführer Matthias Kleinheisterkamp (Chef des Stabes Oberst i.G. Leo Hepp, Ia Major i.G. Fritz Schirrmacher) zum Einsatz kam[127]. Allein zwischen Januar und September 1944 wurden 519 Heeresoffiziere an die Waffen-SS abgegeben[128]. Da ein solcher Fall 1996 in der deutschen Medien- und der Berliner Universitätslandschaft Aufsehen erregte, ist sorgfältige Einzelprüfung notwendig und genau zwischen Kommandierungen und Versetzungen in den »Befehlsbereich des Reichsführers SS und Chefs der Deutschen Polizei« oder aber definitiven Übertritten zur Waffen-SS zu unterscheiden. Erstere erlaubten natürlich die Rückkehr in den Befehlsbereich des OKH, letztere konnten nur auf eigenen Antrag des Offiziers stattfinden, ein Grundsatz, an dem die Wehrmachtführung bis in die letzten Monate des Krieges festhielt[129].

Auf den freiwilligen, ungewöhnlichen Übertritt von Oberst von Herff zur SS Ende 1941 wurde im vorangegangenen Kapitel schon hingewiesen (vgl. S. 92). Wenngleich einzelne qualifizierte SS-Führer bereits seit 1940 an Generalstabslehrgängen des Heeres teilgenommen hatten, und zwar mit unterschiedlichem Erfolg, wurde die Frage des Generalstabsnachwuchses für die wachsende Zahl von SS-Generalkommandos und Divisionen für die Waffen-SS zu einem drängenden Problem. Schließlich verfügte sie über keine eigene Generalstabsausbildung. Der chronische Mangel an geeigneten Offizieren ließ sich aber mit den wenigen beim Heer ausgebildeten längst nicht mehr decken. Deshalb sah sich der Kommandierende General des bis dato einzigen SS-Korps, Paul Hausser, Mitte März 1943 zu dem Vorschlag gezwungen, »junge Generalstabsoffiziere des Heeres, die den Wunsch dazu haben, in die Waffen-SS zu übernehmen, und im Austausch SS-Führer, welche für die Generalstabslaufbahn vorgesehen sind, zur Ausbildung zu Kommandobehörden des Heeres im Wechsel zu kommandieren«[130]. Dieser Vorstoß für einen *regelmäßigen* Austausch fiel deshalb bei Himmler nicht auf fruchtbaren Boden, weil er befürchtete, damit das Fundament der rassischen und menschli-

---

Reiches zu einer wirklichen »nationalsozialistischen Volksarmee« zu machen, vgl. Kap. V.
[127] Vgl. Wegner, Hitlers Politische Soldaten, S. 290 f., und Generalstabsstellenbesetzung in der Waffen-SS, Stand vom 1.8.1944, BA, NS 33/27. Vgl. die Liste der zur Waffen-SS versetzten und kommandierten Generalstabsoffiziere, o.D., BA-MA, RH 7/v. 665.
[128] Zusammenstellung des HPA vom 31.10.1944, BA-MA, RH 7/v. 637.
[129] Vgl. Absolon, Die Wehrmacht im Dritten Reich, Bd 6, S. 153 ff.
[130] Schreiben an Himmler vom 15.3.1943. Zit. nach Wegner, Hitlers Politische Soldaten, S. 289.

IV. Manipulation oder Evolution?

chen Auslese und Erziehung des Führerkorps der Waffen-SS »eigenhändig und persönlich [zu] zertrümmer[n]«[131]. Dabei hatte doch der Reichsführer-SS schon im Sommer 1942 um beschleunigte Abstellung von namentlich genannten Offizieren für seine Truppe gebeten und ein Jahr später weitere 23 Offiziere für die Aufstellung des III. (germ.) SS-Panzerkorps erbeten[132]. Die Entwicklung des Krieges machte Himmlers weltanschaulichen Purismus zunichte.

Am 7./8. Mai 1945 kapitulierte die Wehrmacht bedingungslos. Im Unterschied zur militärischen Niederlage von 1918 stellten die siegreichen Alliierten das Fortbestehen deutscher Streitkräfte unter nationaler Befehls- und Kommandogewalt grundsätzlich infrage. Deutschland sollte demilitarisiert werden. Es war der Kalte Krieg zwischen den ehemaligen Verbündeten, besonders dessen heiße Phase in Korea, der die politische Lage grundlegend veränderte. Bereits am 12. November 1955 konnte der zuständige Minister Theodor Blank den ersten 101 freiwilligen Soldaten in Bonn ihre Ernennungsurkunden aushändigen. Im Unterschied zur Weimarer Republik hatte der westdeutsche Staat sechs Jahre Vorlauf vor seinem militärischen Instrument gehabt, obwohl die politische Entscheidung für eine deutsche Beteiligung an der westeuropäischen Verteidigung schon 1950 gefallen war. Planung und Aufbau der Bundeswehr lag von vornherein eine demokratische Programmatik zugrunde. Aber es waren ehemalige Reichswehroffiziere, also militärische Fachleute von gestern, die noch in den Kategorien von Korpsgeist und Elite dachten, die die personellen und erzieherischen Grundlagen für eine Armee von morgen festlegten. Für die ersten »Offiziere« mit Angestellten- oder Gutachterstatus in der Dienststelle Blank galt noch die personalpolitische Faustregel: »unbedingte Zuverlässigkeit vor Eignung«[133]. Ein ehemaliger Stabsoffizier der Marine hielt die Aufgaben des Offizierkorps einer »neuen Wehrmacht« sogar für »größer und schwieriger als früher«. Schließlich mussten neben der militärischen Aufgabe, ein schlagkräftiges, diszipliniertes Kampfinstrument zu schaffen, auch zwei innenpolitische gelöst werden. Einerseits sollten die Streitkräfte »harmonisch in die Verhältnisse der Parlamentsdemokratie« eingegliedert werden. Andererseits galt es, sie »glaubwürdig, strahlungskräftig und anziehend für die Jugend der Bundesrepublik [sowie] für weite Kreise des Volkes bis hinein in die Ostzone« zu machen. Um diese schwierigen Aufgaben überhaupt erfüllen zu können, sollte das zukünftige Offizierkorps folgenden »sehr hohen Anforderungen« genügen: Integrität, Charakter, hohes Bildungsniveau, po-

---

[131] Ebd., S. 290.
[132] Ebd.
[133] Vgl. Meyer, Zu Fragen der personellen Auswahl, S. 359. Zur »Wiederverwendung von Generalen« und der »Neubildung militärischer Eliten in Deutschland und Österreich nach 1945« vgl. Stumpf, Die Verwendung von Generalen. Mit der Notwendigkeit und Ausbildung eines Generalstabes »in heutiger Zeit« befasste sich beim Führungsstab des Heeres eine »Kommission für Generalstabsfragen«, die 1958/59 Teilstudien vorlegte (BA-MA, BH 1/921).

litische Urteilsfähigkeit, militärische Bewährung im Frieden sowie Verhalten im wirtschaftlichen Existenzkampf nach dem Kriege. Wie für viele offizielle Personalplaner stand auch für Kapitän z.S. a.D. Edward Wegener fest, dass es einen solchen selektiven Offizierstand wie den der professionellen Reichswehr nicht mehr geben sollte. Man ging damals davon aus, dass die soziale Zusammensetzung der Abiturienten-Jahrgänge für eine »gesunde Mischung« des Offiziernachwuchses bürge, wenn sichergestellt sei, »dass aus ihnen ohne Ansehen des Herkommens nur nach wirklicher Eignung gesiebt« werde[134]. Das Leistungsprinzip, allerdings unter geänderten Prämissen, wurde wieder als das sozialste Ausleseverfahren angesehen. Es hatte Vorrang vor der Anciennität. Die militärische Seite in der Dienststelle Blank sah die Aufgaben des »Personalmanns« in der Aufbauzeit für wichtiger an als die eines operativen »Chef des Generalstabes« alter Art. Dennoch konnte sie es nicht verhindern, dass diese wichtige Planstelle im Oktober 1955 mit einem Zivilisten besetzt wurde[135]. Um die anvisierten 21 500 Offizierstellen für Hauptleute und Leutnante überhaupt besetzen zu können, musste die Bundeswehr auf solche jüngeren Truppen- und Kriegsoffiziere der Wehrmacht zurückgreifen, die nach nationalsozialistisch beeinflussten Leistungskriterien ausgewählt worden waren. Nicht nur dieser »Kämpfertyp« der Wehrmacht hatte als Ausbilder mit den taktischen Anforderungen von Streitkräften im Bündnis zu kämpfen. Sondern auch die wenigen eingestellten Angehörigen der Waffen-SS waren als Erzieher nur bedingt geeignet, die Prinzipien der Inneren Führung engagiert und überzeugend zu vertreten[136]. Deshalb

---

[134] Besprechungspunkte für Zusammenkunft mit Dienststelle Blank betr. Personalauslese, gez. Wegener, vom 10.9.1954, BA-MA, MSg 1/586. Zu Edward Wegener, Angehöriger des »Meisel-Kreises« und 1954 Pressereferent bei den Phönix-Gummiwerken in Hannover, vgl. AWS, Bd 1, S. 729 und Bd 3, S. 1063 (Beiträge Meyer). Bereits Anfang Januar 1950 hatte Admiral a.D. Gottfried Hansen dem Bundestagsausschuss für Beamtenrecht drei Denkschriften zur Frage der Beförderungen in der Wehrmacht zugeschickt. Ihm ging es »um die Anerkennung der Reinheit unserer einstigen Wehrmacht« und ihres unpolitischen Charakters (BA-MA, MSg 1/865). Zum Umgang der Marine mit dem »schwierigen Erbe« des Nationalsozialismus vgl. Krüger, Das schwierige Erbe (1997). Für die Handhabung des Personalwesens im deutschen Heer hatte sich 1947/48 bereits die kriegsgeschichtliche Abteilung der US-Army interessiert. Vgl. die beiden Ausarbeitungen von Gen.Maj. a.D. Bachelin in: BA-MA, MSg 1/865.

[135] Vgl. AWS, Bd 3, S. 1063.

[136] Vgl. Kroener, Strukturelle Veränderungen, S. 294 f., und Rautenberg, Planungen zur Offizierausbildung künftiger deutscher Streitkräfte, S. 374 f. Bis Ende 1956 waren 71 ehemalige Waffen-SS-Angehörige im Offizierrang unterhalb der Obristenebene in die Bundeswehr eingestellt worden. Vier Jahre später waren es immerhin 159 Offiziere. Fünf von den in Himmlers Befehlsbereich kommandierten oder versetzten Heeresoffizieren wurden General. Bei einem Gesamtumfang des Offizierkorps von 17 700 waren das aber insgesamt nur 0,9 Prozent. Darunter waren auch ein paar wenige, die in Totenkopfeinheiten oder dem Kommandostab RFSS gedient hatten. Vgl. Meyer, Soldaten wie an-

IV. Manipulation oder Evolution?

musste so manche auf Kriegsauszeichnungen und älteren militärischen Formen begründete Karrierehoffnung bereits Anfang der sechziger Jahre begraben werden[137]. Der Einbau der Bundeswehr in die demokratische Gesellschaft der Bundesrepublik Deutschland war gewollte Diskontinuität. Mit dem »Staatsbürger in Uniform« als idealtypische Rollenbeschreibung des Angehörigen einer »demokratischen Volksarmee« (Blank) mit aktiver Truppe gelang den zivilen und militärischen Planern der Bundeswehr eine überzeugende Antwort auf das von Karl von Rotteck hundert Jahre zuvor im Zusammenhang mit der Wehrpflicht aufgeworfene Problem: Sollen wir die Nation selbst zum Heer oder wollen wir die Soldaten zu Bürgern machen?

---

dere auch?, S. 594, und die relevanten Schreiben und Grafiken in: BA-MA, BW 2/20024 und 20025, und Weißbuch 1985, S. 241.

[137] Vgl. den Schriftwechsel zwischen dem KG des III. Korps, Gen.Lt. Heinz Gaedtcke, und dem Inspekteur des Heeres, Gen.Lt. Alfred Zerbel, im Frühjahr 1964, BA-MA, BH 1/5703. Seit 1.1.1959 war die erfolgreiche Teilnahme an einem Stabsoffizierlehrgang Voraussetzung für die Beförderung zum Major. Von den 3622 Berufsoffizieren des Heeres des Geburtsjahrgangs 1935 und älter waren immerhin 25 Prozent (915) nicht mehr zum Stabsoffizier vorgesehen (Stand 7.2.1965). Für diesen und andere Hinweise danke ich meinem Kollegen Michael Poppe, Freiburg.

V. Der 20. Juli 1944 als strukturelle Zäsur

Das Attentat auf Hitler stellt tatsächlich eine Zäsur in der Geschichte des Zweiten Weltkrieges dar. Zum ersten Mal in der deutschen Militärgeschichte versuchten aktive und verabschiedete hohe Offiziere, ihren obersten Kriegsherrn und weltanschaulichen Führer zu töten. Mit diesem Gewaltakt wollten sie einen politischen, moralischen und militärischen Kurswechsel Deutschlands erzwingen. Die Ereignisse des 20. Juli 1944 sind oft beschrieben und gedeutet worden[1]. Weniger bekannt sind die Maßnahmen, die das Regime nach diesem historischen Moment unternahm, um bisher zurückgestellte oder blockierte politische und weltanschauliche Ziele zu realisieren[2]. Die dafür ausgegebene Parole lautete: »Wir führen einen Revolutionskrieg! Jetzt erst recht!« Anders als 1918 geschehen, wollte das Regime nicht »eine Viertelstunde zu früh« aufgeben, sondern alle Maßnahmen zur Überwindung der Doppelkrise des Dritten Reiches, Staat und Krieg, auf das eine strategische Ziel ausrichten, diese im Moment aussichtslos erscheinende Phase des Abnutzungskrieges gegen die Alliierten durchzustehen. Auf jeden Fall sollten die getroffenen Entscheidungen nicht nur sofortigen militärischen Nutzen für den »Weltentscheidungskampf [des deutschen Volkes] um seinen nationalsozialistischen Glauben« (Kurt Daluege) bringen, sondern auch der weiteren Revolutionierung von Staat, Partei, Gesellschaft und Streitkräften dienen. Auch im Angesicht der Niederlage verlor das Regime die nationalsozialistische Zukunft des Reiches nicht aus den Augen.

Reinhard Stumpf irrt, wenn er in diesem Zusammenhang von einer weiteren »militärischen Macht*ergreifung*« Hitlers spricht[3]. Denn letzterer hatte seine umfassende Führergewalt über die Wehrmacht schon lange inne gehabt und ausgeübt. Im Sommer 1944 delegierte er nur Machtbefugnisse und Aufgaben an loyale, tatkräftige Gefolgsmänner, entließ verdiente Generale oder schränkte den Befehlsbereich der Truppenführer zu Gunsten der Gauleiter ein. Tatsächlicher Kriegsdiktator des »Großdeut-

---

[1] Vgl. Das Deutsche Reich und der Zweite Weltkrieg, Bd 9/1, S. 743-892 (Beitrag Heinemann). Für Hitlers langjährigen militärischen Berater Alfred Jodl war der 20.7.1944 schlimmer als der 9.11.1918 und ruchloser als der italienische Verrat 1943 (Ansprache vom 24.7.1944, BA-MA, N 69/61). Eine andere Perspektive als die der Attentäter wählte Kroener, Der starke Mann im Heimatkriegsgebiet, S. 679-712.
[2] Vgl. Förster, Vom Führerheer der Republik, S. 319 ff., und Kunz, Wehrmacht und Niederlage, S. 105-115.
[3] Stumpf, Die Wehrmacht-Elite, S. 313 ff.

schen Reiches«, Oberster Befehlshaber der Wehrmacht und Oberbefehlshaber des Heeres blieb Hitler. Ihn brauchten besonders die Protagonisten des »totalen Krieges«, Goebbels, Albert Speer und Himmler, um die entsprechenden Vollmachten für ihre Vorhaben zu bekommen[4].

Der im Sommer 1944 eingeleitete Strukturwandel des Führerstaates wird zum einen sichtbar im erst jetzt gewagten Übergang zum »totalen Krieg«. Am 25. Juli 1944 wurde Joseph Goebbels, machtbewusster Minister und politischer Aktionist, zum »Reichsbevollmächtigten für den totalen Kriegseinsatz« ernannt. Zum anderen gewann Heinrich Himmler, vielbeschäftigter Reichsführer-SS, Chef der Polizei und Reichsinnenminister, neue, *militärische* Kompetenzen. Die nutzte er, um die Wehrmacht – zusammen mit der Waffen-SS – zu *einem* wirklich nationalsozialistischen Instrument der Partei zu formen. Der Chef des Oberkommandos der Wehrmacht und des Oberkommandos des Heeres, Generalfeldmarschall Keitel, unterstützte ihn bei diesem Vorhaben. Denn die Wehrmacht sei, so vermerkt das Protokoll einer Besprechung am 22. Juli 1944, »aufgrund ihrer Bindung an die Tradition oft nicht in der Lage, die Widerstände gegen durchzuführende Reformen in ihrem eigenen Bereich zu überwinden«[5].

Der Strukturwandel war allerdings keine bloße Folge des gescheiterten Attentats auf Hitler, wie die Ernennungen und Vollmachten vom 20., 25. Juli und 2. August 1944 vermuten lassen. Goebbels hatte sich bereits am 22. Juni 1944 in Stellung gebracht. Für Bernhard Kroener bedeutet dieser Tag, der Beginn der sowjetischen Großoffensive am Jahrestag von »Barbarossa«, »den Kulminationspunkt verstärkter Bemühungen um die Existenzsicherung wie um die gewaltsame Ablösung des Regimes«[6]. Auch der Trend der Partei, sich in die Regalien der Wehrmacht einzuschalten, hatte schon vor dem 20. Juli 1944 eingesetzt, z.B. auf den Gebieten der geistigen Kriegführung und Rüstung[7]. Der Anschlag auf Hitlers Leben verlieh allerdings der Totalisierung von Staat (Goebbels), Partei (Bormann), Rüstung (Speer) und Wehrmacht (Himmler) ebenso neue Schubkraft wie der Politisierung des Straf- und Kriegsrechts. Nun sollten auch die »arischen Versager, Verräter, Schädlinge« ausgemerzt werden[8].

Auch die umfassenden Machtbefugnisse der militärischen Oberbefehlshaber in ihrem Operationsgebiet waren nämlich bereits am 13. Juli 1944 für den Fall des Vordringens alliierter Truppen auf Reichsgebiet zu Gunsten der Gauleiter (in deren Eigenschaft als Reichsverteidigungs-

---

[4] Vgl. Goebbels, Die Tagebücher, T. 2, Bd 13, S 105 f. (13.7. und 23.7.1944).
[5] Zit. nach Kunz, Wehrmacht und Niederlage, S. 108.
[6] Kroener, Der starke Mann im Heimatkriegsgebiet, S. 666.
[7] Vgl. Das Deutsche Reich und der Zweite Weltkrieg, Bd 9/1, S. 469-640 (Beitrag Förster) und S. 160 ff. (Beitrag Nolzen). Zum Einsatz der »Vergeltungs«- und »Wunderwaffen«-propaganda ab Frühjahr 1943 vgl. Schabel, Die Illusion, S. 170 ff. und 285 ff., sowie Das Deutsche Reich und der Zweite Weltkrieg, Bd 9/1, S. 433 ff. (Beitrag Blank).
[8] Vgl. Messerschmidt, Die Wehrmachtjustiz 1933-1945.

kommissare) massiv eingeschränkt worden⁹. Während in den unmittelbaren »Kampfzonen« die militärischen Oberbefehlshaber auch den zivilen Behörden direkte Weisungen erteilen durften, galt diese Berechtigung nicht im weiteren »Operationsgebiet«. Dort mussten sie ihre Wünsche an den Reichsverteidigungskommissar richten, wenn dieser nicht verhindert war. Im Falle alliierter Luftlandungen galt die scharfe Trennung zwischen der eigentlichen »Kampfzone« und dem übrigen »Operationsgebiet« allerdings nicht, sondern weiterhin die Befehle des OKW. Für einen anderen Fall von militärischer Gefahr im Hinterland, etwaige Aufstände von Kriegsgefangenen und Zwangsarbeitern, enthielten weder der Erlass vom 13. Juli noch die Ausführungsbestimmungen konkrete Handlungsanweisungen. In jedem Fall konnte nur Hitler die vollziehende Gewalt nach unten übertragen. Bei der Führung des Abwehrkampfes sollten die Gauleiter »eiserne Ruhe bewahren und eine durch nichts zu erschütternde Haltung und Zuversicht zeigen«[10]. Diese Eigenschaften hatten z.B. der Reichsverteidigungskommissar im Wehrkreis VI, Josef Grohé, und der militärische Befehlshaber nicht bewiesen. Beide hatten die Räumung bedrohter Territorien vorbereitet und das Gebiet Eupen-Malmedy aufgegeben, ohne Hitler konsultiert zu haben. Dieses eigenmächtige Verhalten brachte Grohé einen Rüffel von Bormann ein[11].

Darüber hinaus waren Himmler schon am 15. Juli umfassende Vollmachten, ähnlich seinen für die Waffen-SS, über 15 Grenadierdivisionen (29. Welle) übertragen worden[12]. Mit dieser Entscheidung von Hitler waren dem Befehlshaber des Ersatzheeres, Generaloberst Fromm, alle Befugnisse in Fragen der Ausbildung, Erziehung, nationalsozialistischer Führung sowie des Disziplinarstrafrechts und der Gerichtsbarkeit über diese noch in der Aufstellung befindlichen Heeresverbände entzogen worden. Den 15. Juli 1944 nennt Fromms Biograf Kroener auch das »Präludium des Umsturzes«, denn die Ereignisse dieses Tages hätten bei allen Hauptbeteiligten »in entscheidender Weise« die Voraussetzungen für ihr

---

9 BA-MA, RW 4/v. 703. Dieser Erlass Hitlers und der über die Zusammenarbeit von Partei und Wehrmacht in einem Operationsgebiet innerhalb des Reiches sind abgedr. in: Führer-Erlasse, S. 426-429. Die Ausführungsbestimmungen erließ das OKW sechs Tage später (BA-MA, RM 7/701). Nach dem 20.7.1944 erinnerte Bormann die Gauleiter daran, dass die vollziehende Gewalt »in Notzeiten unseres Volkes fester denn je in der Hand der Gauleiter gehalten« werden müsse (BA, NS 8/190). Die umfassende Gewalt der militärischen Befehlshaber im Heimatkriegsgebiet war bereits zu Beginn des Krieges auf die Gauleiter übergegangen. Nun wurden die Befugnisse des Militärs auch in ihrem eigentlichen Operationsgebiet eingeengt.
10 Verfügung Bormanns vom 15.9.1944. Zit. nach Das Deutsche Reich und der Zweite Weltkrieg, Bd 9/1, S. 166 (Beitrag Nolzen).
11 Vgl. ebd., S. 165.
12 Führererlass vom 15.7. und Aktenvermerk über die folgende Besprechung zwischen SS und OKH am gleichen Tag in: BA, NS 19/3910 und BA, NS 33/7. Der Aktenvermerk wurde abgedr. in: Klietmann, Die Waffen-SS, S. 485-488.

Handeln am 20. Juli 1944 geschaffen«[13]. Zusammen mit den weiteren Erlassen Hitlers über die Zusammenarbeit von Partei und Wehrmacht und die Befehlsgewalt im Operationsgebiet vom 19. und 20. September 1944 und der Ende des gleichen Monats verfügten Verantwortung der Partei für die Errichtung paramilitärischer Verbände (Deutscher Volkssturm) erhielten die Ereignisse des 20. Juli 1944 die Qualität eines Dammbruchs, der eine veraltete Wehrordnung zerbrach und eine Neuordnung auf nationalsozialistischer Grundlage schuf. Dass den militärischen Befehlshabern die vollziehende Gewalt in ihrem Operationsgebiet entzogen war, sie lediglich in einer Kampfzone von etwa 20 Kilometer Tiefe den Dienststellen der Gauleiter und Reichsverteidigungskommissare Weisungen erteilen durften, nahm der Wehrmachtführungsstab zustimmend zur Kenntnis. Schließlich hatte der von Bormann und Himmler vorgelegte Weisungsentwurf den »nach dem 20.7.1944 vom Führer gegebenen Richtlinien« entsprochen[14]. Als Garant für die neue Wehrordnung bot sich der loyale Reichsführer-SS an. Deshalb wurde Fromm nach dem Attentat durch Himmler ersetzt, da der ehemals »starke Mann im Heimatkriegsgebiet« in den Augen der Partei der eigentliche Drahtzieher des Staatsstreiches war. Himmler wurde bevollmächtigt, im Heimatheer den Oberbefehlshaber des Heeres, d.h. Hitler, zu vertreten. Damit unterstanden ihm, neben seiner Waffen-SS (fast 595 000), noch über 1,9 Millionen Soldaten des Ersatzheeres in der Heimat und in den besetzten Gebieten.

Auch den Übergang des Dritten Reiches zum »totalen Krieg« hatte Goebbels gedanklich schon lange vorbereitet, bevor die Bombe in Ostpreußen hochging. Er dachte an eine »innere Kriegsdiktatur [mit] größtmöglichem Kriegseffekt«[15]. Goebbels ging es also vorrangig um »Sofortmaßnahmen« für ein »nationales Aufbäumen« gegen die existenzielle äußere Bedrohung aus Ost und West. Sie müsse abgewehrt werden, »sonst sind wir alle verloren«[16]. Der neue Reichsbevollmächtigte bekam zwar die Aufgabe, möglichst alle zivilen Lebensbereiche effektiv auf die Kriegsnotwendigkeiten auszurichten, aber keine diktatorischen Vollmachten übertragen. Goebbels konnte nur Weisungen erteilen, aber keine »Rechtsvorschriften und grundsätzlichen Verwaltungsanordnungen« erlassen. Der Promoter der Totalisierung der Kriegführung im Reich blieb weiter vom Wohlwollen Hitlers sowie dem Mitmachen der anderen NS-

---

[13] Kroener, Der starke Mann im Heimatkriegsgebiet, S. 669.
[14] Zit. nach Kunz, Wehrmacht und Niederlage, S. 132, Anm. 482. Zum Volkssturm vgl. Ebd., S. 133 ff., und Das Deutsche Reich und der Zweite Weltkrieg, Bd 9/1, S. 176 ff. (Beitrag Nolzen).
[15] Goebbels, Die Tagebücher, T. 2, Bd 13, S. 137 (23.7.1944). Bereits am 13.7.1944 hatte sich Goebbels über die Arbeit der Reformkommissionen unterrichten lassen und den Eindruck vermittelt, dass er der kommende Mann sein könnte, um eine revolutionäre Lösung durchzudrücken (BA-MA, N 712/13, Eintrag vom 13.7.1944).
[16] Vgl. Longerich, Joseph Goebbels, S. 294, und Rebentisch, Führerstaat, S. 512 ff.

Größen, Generalbevollmächtigten und Chefs der Reichs-, Präsidial- und Parteikanzlei abhängig.

Nach dem Scheitern des 20. Juli 1944 bekam die Wehrmacht auch die ganze Wut der NSDAP zu spüren, obwohl, wie Peter Hoffmann feststellte, nicht sie gegen das Regime aufgestanden war, »sondern eine Gruppe von Verschwörern innerhalb des Führungsstabes des Ersatzheeres«[17]. Die Empörung über den »feigen Stoß in den Rücken« setzte bei der Partei lange aufgestaute, hasserfüllte Energien frei, um alte, noch offene Rechnungen mit der Generalität und dem Generalstab des Heeres zu begleichen[18]. Durch das Attentat auf Hitler hatte sich die militärische Funktionselite in ihren Augen nicht nur selbst desavouiert. Sie hatte ihrem alten innerstaatlichen Konkurrenten auch die Argumentation geliefert, die Niederlagen gegen die Alliierten an allen Fronten allein auf den Verrat und die moralische Krise des Generalstabes zurückzuführen[19]. Aus Eigeninteresse nahmen Hitler und der Leiter der Parteikanzlei, Martin Bormann, die Gesamtheit der Soldaten und ihrer Offiziere aber aus der Schusslinie. Die Partei wurde vergattert, sich nicht dazu hinreißen zu lassen, »das Offizierkorps, die Generalität, den Adel oder Wehrmachtteile *in corpore* anzugreifen oder zu beleidigen«. Offiziell wurde nur von einer »ganz kleinen Clique ehrgeiziger, gewissenloser und zugleich verbrecherischer, dummer Offiziere« gesprochen[20]. Schließlich kam es dem NS-Regime darauf an, »die Zentrale hier in Ordnung zu bringen«[21], aber nicht das Selbstvertrauen, den Kampfwillen und die Zuversicht der Gesamtwehrmacht durch Pauschaldiffamierungen zu beschädigen. Diese Nützlichkeitserwägungen zahlten sich aus. Natürlich waren nicht alle Wehrmachtsoldaten vom gleichen »heiligen Zorn und erbitterter Wut

---

17 Hoffmann, Widerstand, S. 541.
18 Aber auch Generaloberst Alfred Jodl meinte, die Zeit für Laue sei vorbei, die Faulen müssten ausgemerzt werden. Mitleid sei nicht angebracht, sondern »rücksichtsloser Hass allen denen, die entgegenwirken«! Vgl. dessen Ansprache an die Offiziere und Beamten des Wehrmachtführungsstabes am 24.7.1944, BA-MA, N 69/61.
19 Zwischen Juni und August 1944 belief sich die Zahl der blutigen Verluste auf 750 000, d.h. ca. 15 Prozent der Gesamtverluste der Wehrmacht entfallen allein auf diese drei Sommermonate. Vgl. Kunz, Wehrmacht und Niederlage, S. 151–156.
20 Rundfunkrede Hitlers in der Nacht vom 20. auf den 21.7.1944. In: Archiv der Gegenwart, S. 6456 f. Vgl. seinen Tagesbefehl an das Heer vom 21.7.1944, BA-MA, RH 19 V/98. Hervorhebung durch den Verfasser. Nach dessen Verlesung im Rundfunk am 23.7.1944 sprach der neue kommissarische Generalstabschef des Heeres, Generaloberst Heinz Guderian, davon, dass er nach der Selbstreinigung des Heeres für dessen Geschlossenheit bürge. Die Treue [zu Hitler] sei das Mark der Ehre (Archiv der Gegenwart [1944], S. 6460). Ähnlich äußerte sich einen Tag später auch der Chef des Luftwaffenführungsstabes, Generalleutnant Karl Koller (BA-MA, RL 3/51). Bormanns Sprachregelung an die Partei vom 24.7.1944 ist zu finden in: BA, NS 8/190.
21 So erklärte Himmler einen Teil seines Auftrages am 21.7.1944 den Offizieren des Chef HRüst und BdE und dem AHA, BA-MA, NS 19/4015.

gegen [die] verbrecherischen Feinde und ihre gedungenen Helfershelfer« erfüllt wie der Oberbefehlshaber der Marine[22]. Doch auch viele Feldmarschälle, Generale und Admirale, Offiziere und Soldaten drückten ihr persönliches Entsetzen über den »Mordanschlag« auf den »Führer« und ihre Erleichterung über dessen »Errettung« aus. Das Hauptquartier wurde förmlich überschüttet von Ergebenheitsadressen. Viele Wehrmachtangehörige waren wirklich davon überzeugt, »dass ein unbändiges Vertrauen und ein starker unbeugsamer Glaube zu unserem Führer« dazugehöre, die schwere Zeit zu überstehen[23]. Die Truppe meldete auch, dass sich das Scheitern des Attentats positiv auf die Stimmungslage ausgewirkt habe und die Person Hitlers aus der Kritik an der Partei herausgenommen werde. Auf dieser Grundlage konnten die interessierten Stellen von Wehrmacht und Partei aufbauen, um den »Hitler-Mythos« weiter zu instrumentalisieren. So wurde z.B. am 23. Juli 1944 der »Deutsche Gruß« anstelle der traditionellen militärischen Grußform in der Wehrmacht eingeführt, und zwar als Ausdruck »unverbrüchlicher Treue« von Heer, Marine und Luftwaffe zum »Führer« und dessen nationalsozialistischer Weltanschauung[24]. Wenig später wurde die gleiche Grußform auch zwischen Wehrmacht und Partei verbindlich. Schon vorher hatte der »Völkische Beobachter« unter der Überschrift »Volk und Heer« programmatisch verkündet, es gebe keinen Gegensatz mehr zwischen der neuen Wehrmacht und dem Volk, zwischen Front und Heimat; denn beide seien »durch den gleichen nationalsozialistischen Willen ideenmäßig aufs engste verbunden«[25]. Bereits am 19. März 1944 hatten alle Feldmarschälle des Heeres Hitler ihre Ergebenheit noch einmal schriftlich versichert, nie wankende Treue versprochen und erklärt, sein »von hohen Idealen erfülltes Gedankengut [so] im Heere zu verankern, dass jeder Soldat des Heeres ein umso fanatischerer Kämpfer für die nationalsozialistische Zukunft unseres Volkes wird«[26]. Auf der gleichen Linie lag auch eine

---

[22] Sondertagesbefehl an die Soldaten der Kriegsmarine vom 20.7.1944, BA-MA, RM 8/66. Vgl. dessen Ansprache vom 21.7.1944. In: Archiv der Gegenwart (1944), S. 6457.

[23] Brief eines Obergefreiten vom 1.8.1944. In: Das andere Gesicht des Krieges, S. 154. Zahlenmäßig ging diese regimetreue, positive Haltung nicht über sechs Prozent der zensierten Briefe hinaus und hielt sich die Waage mit den negativen Aussagen. Die inhaltlichen und quantitativen Analysen der Feldpostprüfstellen des Heeres für die Monate August und September 1944 ergaben, dass sich die große Masse der Soldaten (70–80 Prozent) überhaupt nicht zu den »großen Fragen der Zeit« äußerte (BA-MA, RH 13/48 und 49).

[24] Vgl. Jacobsen, 1939–1945, Dok. 139, S. 482; Tagesbefehl von Dönitz (BA-MA, RM 8/66) und den gemeinsamen Erlass von Keitel und Bormann zur bedingungslosen Zusammenarbeit von Wehrmacht und Partei vom 26.8.1944, BA, R 43 II/1194b und BA-MA, RM 8/66.

[25] Zit. nach Kunz, Wehrmacht und Niederlage, S. 115.

[26] Zit. nach Das Deutsche Reich und der Zweite Weltkrieg, Bd 9/1, S. 605 (Beitrag Förster). Bereits im Sommer 1940 hatte Hitler von den Paladinen des Reiches erwartet, dass sie sich zum nationalsozialistischen Gedankengut bekannten,

Änderung des § 26 des Wehrgesetzes von 1935. Die Novelle vom 24. September 1944 machte es allen Soldaten zur gesetzlichen Pflicht, »dienstlich und außerdienstlich im Sinne nationalsozialistischer Weltanschauung zu wirken und sich jederzeit für sie einzusetzen«[27]. Nun blieb auch die Mitgliedschaft in der NSDAP für die Dauer des aktiven Wehrdienstes in Kraft. Das von Hitler, Göring, Keitel, Lammers und Bormann unterschriebene Reichsgesetz definierte auch eine der »wesentlichsten Aufgaben« aller Offiziere, Unteroffiziere und Wehrmachtbeamten, nämlich die nationalsozialistische Erziehung und Führung ihrer Untergebenen[28].

Hitlers eigene geistige Kriegführung nach dem 20. Juli 1944 wurde von einer Doppelstrategie bestimmt. Einerseits wollte er die »moralische Krise« mit dem Mittel einer stärkeren »nationalsozialistischen Führung« schnell überwinden[29], andererseits wollte er Rache nehmen. Letztere Aufgabe, die physische Ausschaltung des für die »innere Brunnenvergiftung« der Wehrmacht verantwortlichen »Gesindels im Soldatenrock«, übertrug Hitler natürlich dem Reichsführer-SS. Sie erfolgte nach der so genannten »Selbstreinigung der Wehrmacht«[30]. Die neu gewonnene Machtposition als Chefreformer der Wehrmacht bot aber Himmler auch die »Möglichkeit, die letzten Organisationen, die noch nicht von unserer Weltanschauung erfüllt sind, jetzt nach dem düsteren Tag des 20. Juli mit unserer Weltanschauung zu erfüllen und darin zu erziehen, in gütigster wie in härtester Form«[31]. Die Partei war schon lange der Meinung gewesen, dass der Wehrmacht der innere Schwung fehlte, den »heiligen Volkskrieg« siegreich zu führen. Himmler tat dies direkt mittels zahlreicher Ansprachen vor unterschiedlichem militärischen Publikum. Die Erziehung der »nationalsozialistischen Volksarmee« sollte von den Grundsätzen eines Friedrichs des Großen bestimmt werden, besonders jenen aus den harten Zeiten des Siebenjährigen Krieges: Treue, Gehorsam, Kameradschaft, Fleiß, Wahrhaftigkeit und Glaube. Dieses Credo wiederholte und variierte Himmler in allen seinen vielen Reden, die er nach dem 20. Juli 1944 hielt[32]. Eher indirekt wirkten dagegen sein Chef des Stabes im Ersatzheer, SS-Obergruppenführer Jüttner, sowie der eigentlich für

---

und ihnen dafür eine zusätzliche, geheime, steuerfreie »Aufwandsentschädigung« von monatlich 4000 RM gewährt. Ebd., S. 511 f. Vgl. Kap. VI.

[27] RGBl., Teil 1, 1944, S. 317. Vgl. Absolon, Die Wehrmacht im Dritten Reich, Bd 6, S. 512 f.

[28] BA, R 43 II/1275 a, und RGBl. 1944, Teil 1, S. 317 f. Vgl. Hitlers Befehl vom 25.11.1944, BA-MA, RW 4/v. 702.

[29] Das Deutsche Reich und der Zweite Weltkrieg, Bd 9/1, S. 622 ff. (Beitrag Förster).

[30] Vgl. Das Deutsche Reich und der Zweite Weltkrieg, Bd 9/1, S. 880 ff. (Beitrag Heinemann)

[31] So Himmler in seiner Rede vor den Reichs- und Gauleitern am 3.8.1944 in Posen. Vgl. Eschenburg, Die Rede Himmlers, S. 394, und dessen handschriftliches Manuskript in: BA, NS 19/4015.

[32] Vgl. die Reden vom 21., 25. und 27.7.; 2. sowie 7.8. und 21.9.1944 sowie am 29.7.1944, BA, NS 19/4015 und BA-MA, RH 53-7/v. 878.

Weltanschauungsfragen der SS zuständige Chef des Hauptamtes, SS-Obergruppenführer Berger.

Die grundsätzlichen Entscheidungen Hitlers vom 15., 20. Juli und 2. August 1944 erlaubten Himmler umfassende strukturelle Eingriffe, nicht nur in das Ersatzwesen, die Organisation, Verwaltung und weltanschauliche Erziehung des Heeres, sondern auch in die Gesamtwehrmacht[33]. Diese Weichenstellungen und Himmlers nachfolgende Verfügungen als Reichsführer-SS, Chef der Polizei, Befehlshaber des Ersatzheeres und Chefreformer der Wehrmacht zielten zunächst auf Synergieeffekte von Wehrmacht, Waffen-SS, Organisation Todt und Reichsarbeitsdienst ab. Langfristig schwebte Himmler allerdings eine neue Wehrordnung vor, in der beide Waffenträger, Wehrmacht und Waffen-SS, aufgehen sollten. Mit seiner 1944 erreichten Akkumulation von Ämtern und Befugnissen kam Himmler nicht nur seinem alten Traum eines gleichberechtigten Oberbefehlshabers für den »Kriegsschauplatz Innerdeutschland« (Januar 1937) nahe. Wehrmachtintern wurde er sowohl als Oberbefehlshaber des Heeres wie auch als zukünftiger Kriegsminister gehandelt[34]. Seine späteren Kommandos als Heeresgruppenoberbefehlshaber interpretierte Himmler im Sinne einer letzten Verteidigung nationalen Bodens. Zur Stabilisierung wankender Fronten an der Weichsel wie am Oberrhein ordnete er drakonische Disziplinierungsmaßnahmen an. Himmlers militärische Machtstellung hatte der Höhere SS- und Polizeiführer sowie Generalkommissar für das Sicherheitswesen in den Niederlanden, am 23. Juli 1944 emphatisch begrüßt. Nun liege das Heimatheer in den Händen der SS, wogegen sich sonst »die ganze ›Kaste‹ [des Heeres] aufgebäumt hätte«. Es sei zwar spät, so Obergruppenführer Hanns Rauter, »aber Sie Reichsführer werden die Lage zwingen«. Er versprach, Himmler mit treuem Herzen zu helfen, »bis der Sieg erfochten wird – auch wenn wir alle auf einen Scherbenhaufen sehen sollten«[35]!

Im Zuge seines Strategiewechsels von Ost nach West im Herbst 1943 hatte Hitler den Wehrmachtteilen und der Waffen-SS nicht nur befohlen, »mindestens 1 Million Soldaten« für die Front freizumachen[36]. Sondern er

---

[33] Der Führererlass vom 2.8.1944 ist in: BA, R 3/1502, NS 19/3191; BA-MA, RL 3/51, sowie im ehem. Sonderarchiv, Moskau, 1363/1/82. Er ist abgedr. in: Führer-Erlasse, S. 437 ff. Zu diesem Zeitpunkt umfassten Wehrmacht und Waffen-SS insgesamt 10 128 000 Mann und aus den Geburtsjahrgängen 1925–1927 hatten sich insgesamt fast 650 000 junge Männer freiwillig zu Heer, Luftwaffe, Marine und Waffen-SS gemeldet.

[34] Vgl. Adjutantenbesprechung vom 14.–17.10.1944, S. 14, BA-MA, H 6/935, sowie Tagebuch des Chef des Stabes des »Sonderbeauftragten des Führers für die Vereinheitlichung der Wehrmachtorganisation«, BA-MA, N 712/13, Eintrag vom 17.4.1944.

[35] Persönlicher Brief vom 23.7.1944, BA, NS 19/169. Vgl. die biografische Skizze von Birn, Hanns Rauter. Birn charakterisiert Rauter darin als idealtypischen, repräsentativen HSSPF.

[36] Befehl vom 27.11.1943. In: BA, NS 19/3191. Abgedr. in: Führer-Erlasse, S. 373–376. Von der anvisierten realen Freisetzung von 1 Million konnte die

hatte auch angeordnet zu prüfen, welche gleichartigen Aufgaben in den Sektoren Verwaltung, Nachschub, Versorgung und Ersatzwesen »vereinheitlicht und zum Zweck der Menscheneinsparung« zusammengefasst werden könnten[37]. Für diesen Prüfauftrag wurden im Frühjahr 1944 sechs Kommissionen gebildet, und zwar für die Gebiete Verpflegung, Bekleidung, Bauwesen, Nachschub, Transportwesen und Verwaltung. Diese hochrangig mit Generalen, SS-Führern, Industriellen und Ministerialbeamten besetzten Kommissionen hatten nicht nur das OKW, Heer, Luftwaffe, Marine und die Waffen-SS zu prüfen, sondern auch die Organisation Todt, den Reichsarbeitsdienst und das Nationalsozialistische Kraftfahrkorps. Die Arbeit der sechs Kommissionen wurde von Hitlers neuem »Sonderbeauftragten für die Vereinheitlichung der Wehrmacht-Organisation«, General der Artillerie Heinz Ziegler, einem Vertrauten Fromms, koordiniert. Als sein Chef des Stabes, fungierte der vom Generalquartiermeister abgeordnete Oberst i.G. Curt Pollex. Diesen Einspar- und Prüfauftrag vom Herbst 1943 hatte Hitler mit der Drohung verbunden, jeden verantwortlichen Vorgesetzten »wie einen Kriegsverbrecher« zu behandeln, der nach dem 1. Januar 1944 noch zuließe, dass die von ihm erlassenen Befehle »zur Stärkung der Front« aus Gleichgültigkeit, Egoismus und Ungehorsam nicht befolgt würden.

Nicht allen Beteiligten war allerdings im Frühjahr 1944 klar, dass für eine wirkliche strukturelle Erneuerung der Wehrmacht und Waffen-SS sowie der in ihrem Rahmen eingesetzten Organisationen »revolutionäre Maßnahmen unerlässlich« waren, um nebensächliche Aufgaben fallen zu lassen und vereint nur das zu tun, was einen Nutzeffekt für die Kriegführung an der Front hatte. Ziegler und Pollex waren zwar gewillt, den Kommissionen »ihren Willen aufzuzwingen«, um das gewünschte Resultat zu erreichen, nämlich Menschen aus intakten, aber starren und überflüssigen Organisationen freizumachen, um den »Kampf dieses Jahres entscheidend [zu] beeinflussen«[38]. Aber Teilstreitkraftdenken, Ressortegoismen und persönliche Rivalitäten ließen Wehrmacht und Waffen-SS lieber weiter getrennt um den »Sparstoff Mensch« kämpfen[39]. Beide Verantwortlichen bezweifelten, schnelle, überzeugende Ergebnisse erzie-

---

Wehrmacht bis Juli 1944 immerhin weit über die Hälfte freimachen. Die Waffen-SS meldete knapp 5900 Mann. Vgl. Das Deutsche Reich und der Zweite Weltkrieg, Bd 5/2, S. 964 ff. (Beitrag Kroener).

[37] Teil B des Führererlasses vom 27.11.1943. Vgl. Kroener, Der starke Mann im Heimatkriegsgebiet, S. 641 ff.

[38] Tagebuch Pollex, Einträge vom 9.5. und 13.3.1944, BA-MA, N 712/13. Obwohl es auch dem Chef des Heeresnachrichtenwesens, General Erich Fellgiebel, an Befehlsgewalt über die anderen Wehrmachtteile mangelte, wurde keine Kommission für dieses Gebiet berufen, weil er von allen OKW-Einrichtungen noch als die »am zentralsten gesteuerte Dienststelle« angesehen wurde, BA-MA, N 712/14 (25.4.1944).

[39] Zu den internen Machtkämpfen vgl. Kroener, Der starke Mann im Heimatkriegsgebiet, S. 641 ff.

len zu können. Mitte Juni 1944 klagte Pollex in bildhafter Sprache: »Herr, vergib ihnen, denn sie wissen nicht, was sie tun, und nicht, was sie tun sollen. Aber sein Tierreich ist groß[40].« Der verwaltungserfahrene Offizier sah ganz richtig, dass Hitlers machtpolitische Grundeinstellung *divide et impera* eher die Unnachgiebigkeit der starken Oberbefehlshaber (Göring, Dönitz) und das Beharrungsvermögen der verschiedenen Organisationsleiter stärkte als eine bessere Gesamtplanung in Richtung auf einen zwar größeren, aber *einheitlicheren* kriegsministeriellen Apparat ermöglichte. Zudem fehlte nach Pollex' Einschätzung für letztere Führungsposition die geeignete Persönlichkeit[41]. Als einzige vorzeigbare Ergebnisse konnten die Kommissionen eine neue Wehrbesoldung, das so genannte Kriegsgehalt, erarbeiten und die Bauämter der Marine und Luftwaffe in die Organisation Todt integrieren! Der SS-Führer Jüttner hatte sich – in seiner Eigenschaft als Stellvertreter Himmlers im Heimatheer – erfolgreich gegen die Abgabe des Heeresbauwesens an Ministerialdirektor Xaver Dorsch gewehrt. Mit dessen Leitung betraute Himmler am 1. Dezember 1944 lieber seinen durchsetzungsfähigen SS-Obergruppenführer und »Beauftragten für Sonderbauten« Hans Kammler, der schon der Kommission Bauwesen angehört hatte[42]. Wenngleich General Ziegler ein zupackender und ambitionierter Offizier war, der auch von Goebbels als »Frontsoldat« geschätzt wurde, so war er doch – ohne echte Befehlsgewalt und ohne eigene Machtbasis im System – zu stark vom Wohlwollen Hitlers, Keitels und der Oberbefehlshaber von Luftwaffe und Marine abhängig, um eine umfassende, sachgerechte Reform der Wehrmacht erfolgreich abschließen zu können.

Am 2. August 1944 erreichten es die interessierten Diadochen Goebbels, Speer, Himmler und Bormann, dass Hitlers Prüfungs- und Vereinfachungsauftrag für Wehrmacht und Waffen-SS vom Herbst 1943 verschärft und in der Person Himmlers gebündelt wurde. Denn der Reichsführer-SS und seine Adlati hatten sich nach dem 20. Juli 1944 nicht damit zufrieden gegeben, nur das Ersatzheer umkrempeln zu können, sondern strebten eine grundlegende Verwaltungsreform für *alle* Wehrmachtteile an. Einer der Dränger war Obergruppenführer Oswald Pohl, der zunächst als Himmlers Verwaltungschef im Ersatzheer wirken sollte, um dieses vom »Altertum« in die Neuzeit zu bringen. Da die SS beabsichtigte, Pohl »später einmal« mit den Funktionen eines Wehrmachtverwaltungschefs zu betrauen, war es logisch, die dafür im Moment zuständigen Generale Heinz Osterkamp (Ersatzheer) und Ziegler abzulösen. »Im Hinblick auf

---

[40] Tagebucheintrag vom 16.6.1944, BA-MA, N 712/13.
[41] Eintrag vom 13.3.1944, BA-MA, N 712/13. Goebbels hatte General Ferdinand Schörner favorisiert, aber Hitler wollte ihn für die geistige Neuausrichtung des Heeres.
[42] Vgl. Kunz, Wehrmacht und Niederlage, S. 128 f., und Das Deutsche Reich und der Zweite Weltkrieg, Bd 9/1, S. 210 f. (Beitrag Fings).

SS-Obergruppenführer Hans Jüttner wurde am 30. Januar 1943 Leiter des SS-Führungshauptamtes und später auch Vertreter Himmlers als Chef der Heeresrüstung und Befehlshaber des Ersatzheeres; 30.10.1944
(BArch, Bild 183-J28010)

Gottlob Berger, SS-Obergruppenführer, Leiter des SS-Hauptamtes; 1944
(BArch, Bild 183-S73321)

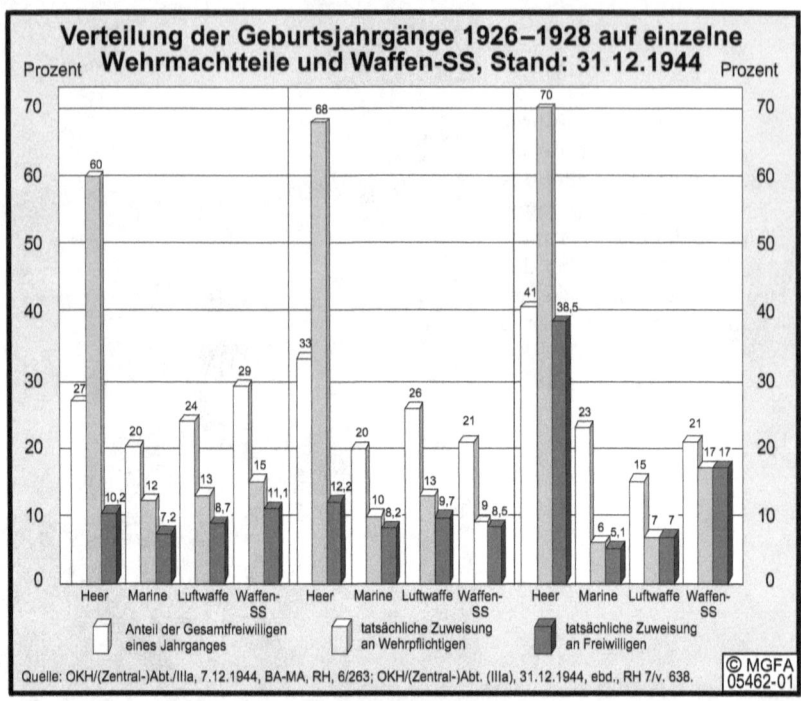

die geschichtliche Bedeutung dieses Aktes« war Pohl sogar bereit, sich in »manchen Dingen« Himmlers Stabschef im Ersatzheer, Jüttner, zu unterstellen[43]. Der Reichsführer-SS war zuversichtlich, die »noch im Fluss [befindlichen] Dinge [...] zu einem guten Ende« zu bringen[44]. Der entscheidende Erlass, den Hitler am 2. August 1944 erließ, machte Himmler zwar zum Chefreformer mit umfassender Befehlsgewalt »zum Zwecke der Menscheneinsparung«, erlaubte ihm »Einrichtungen des Heeres, der Waffen-SS und der Polizei zusammenzufassen« sowie Soldaten und Beamte über die zuständigen Personalstellen auszutauschen. Aber »grundlegende

---

[43] Vgl. Schreiben Pohl vom 29.7.1944, BA, NS 19/3191. Zur gleichen Zeit drängte Berger bei Himmler darauf, das ganze Wehrersatzwesen unter Generalmajor Alfred Weidemann in die Hand zu nehmen und ihm zu überantworten. Vgl. Bergers Schreiben vom 1.8.1944, BA-MA, NS 19/2409. Wenige Tage später machte Berger Goebbels' Staatssekretär Werner Naumann den Vorschlag, eine zentrale Instanz zur Lenkung des »gesamten Ersatzes der deutschen Volkskraft« zu errichten, die er natürlich selbst zu führen gedachte. Vgl. Kroener, Der starke Mann im Heimatkriegsgebiet, S. 715. Ab 1.10.1944 übernahm Berger auch die Chefstelle des Kriegsgefangenenwesens der Wehrmacht. Als seinen Chef des Stabes setzte er Oberst Fritz Meurer, einen alten Kameraden, ein. Vgl. Das Deutsche Reich und der Zweite Weltkrieg, Bd 9/2, S. 862 (Beitrag Overmans).

[44] So Himmler an Pohl am 1.8.1944, BA-MA, NS 19/3191.

Reformen«, selbst für das Heer, behielt sich Hitler weiterhin vor. Zur Durchführung entsprechender Maßnahmen bei Luftwaffe und Marine oder der Organisation Todt bedurfte der Chefreformer darüber hinaus der Zustimmung der Oberbefehlshaber dieser Wehrmachtteile oder eines Vorschlages von Speer. Um seinen Auftrag, Organisation und Verwaltung »mit radikalen Mitteln« umzustellen, zu erledigen, konnte Himmler zum einen über Hitlers Sonderbeauftragten zur Vereinheitlichung der Wehrmachtorganisation, General Ziegler, und dessen Stab verfügen, zum anderen wichtige Posten mit eigenen Leuten besetzen[45].

Auch auf dem Felde der Personalführung blieb Himmler von Hitler abhängig. Das Heerespersonalamt wollte auch weiterhin allein über die Offiziere und den Offiziernachwuchs verfügen[46]. Doch es konnte sich nicht der Tatsache verschließen, dass mit Himmlers militärischer Standeserhöhung eine neue Lage eingetreten war. »Bis zum Heranreifen einer klaren Endlösung: Verschmelzung [von] Heer [und] Waffen-SS, Zusammenlegung [von] Heerespersonalamt [und] SS-Personalhauptamt«, die ein Gruppenleiter für die »Entscheidung dieses nunmehr totalen Krieges« für erforderlich hielt, wollte das Heerespersonalamt Himmler allerdings die Bereitschaft »zu bedingungsloser Mitarbeit« zeigen und eine entsprechende Personalabteilung einrichten. Der stärkere personelle Wechsel zwischen Heer und Waffen-SS drängte auch auf eine Entscheidung darüber, ob die Waffen-SS zu einem selbstständigen Wehrmachtteil erklärt wurde oder nicht. Wenn ja, dann waren einfache Versetzungen von Heeresoffizieren zur Waffen-SS möglich, nicht mehr die bis dahin üblichen, umständlichen Überführungen – unter vorheriger Entlassung aus dem aktiven Wehrdienst[47]. Die Versetzung oder Abgabe von Wehrmachtsoldaten an die Waffen-SS bereitete den zuständigen Stellen weniger bürokratische Kopfschmerzen als die von Offizieren. 1944/45 wurden tausende von ausgebildeten Luftwaffen- und Marinesoldaten an Himmlers »Schwertarm« abgegeben. Auch auf einem anderen Felde konnte die

---

[45] Der Führer/WFSt/Org (1), Nr. 05699/44. Siehe Anm. 20. Der bei Jacobsen, 1939-1945, Dok. 140, S. 482 f., abgedruckte Erlass vom 23.7.1944 ist nur als Entwurf anzusehen, denn der vom 2.8.1944 bringt inhaltlich nichts Neues. Nur sprachlich wurde er verschärft. Auch Pohl erwähnt in seinem Schreiben an Himmler vom 17.8.1944 keinen Führererlass vom 23. Juli, sondern bezieht sich nur auf den vom 27.11.1943 und Zieglers Prüfungsauftrag vom 5.4.1944.

[46] Schmundt, Tätigkeitsbericht, S. 177 (25.7.1944). Auch Goebbels konnte zur Durchführung seines Führerauftrages das HPA nur »bitten«, ihm eine Anzahl von versehrten Ritterkreuzträgern zur Verfügung zu stellen, ebd., S. 182 (28.7.1944).

[47] Vgl. den Bericht von Oberst Helmuth Bachelin vom 28.7.1944 über seine Kommandierung zu Himmler während dessen Besichtigung von vier Divisionen der 29. Welle in Bitsch und Münsingen sowie die Vorschläge von Major Ehrlich vom 30.7. sowie seine eigenen vom 4.8.1944, BA-MA, H 6/190. Die spätere Abteilung P 7 übernahm Oberst Edgar Ryll. Als erste Sofortmaßnahme wurde Himmler ein Personalsachbearbeiter als persönlicher Ordonnanzoffizier zugeteilt.

Waffen-SS Erfolge verbuchen: dem Recht der selbstständigen Einberufung von Freiwilligen. Am 18. Dezember 1944 meldete Berger seinem »Reichsführer« stolz, dass der jahrelange, harte und zähe Kampf mit der Wehrmacht um motivierten Nachwuchs ein gutes Ende gefunden habe: »Wir erhalten das Recht, aus den Jahrgängen 1927 und 1928 vorerst 20 % der Freiwilligen unmittelbar einberufen zu können.« Die Wehrbezirkskommandos hätten »in der heutigen Zeit keine Kontrolle« mehr[48].

Obwohl die Lage an der Ostfront nach seinen eigenen Worten eine »schärfste Kräftezusammenfassung« (2. August 1944) erforderte, kümmerte es Hitler wenig, dass für den Prozess der Vereinheitlichung der Organisationen von Wehrmacht, Waffen-SS, Polizei und Organisation Todt nun zwei Leute zuständig waren, denn General Ziegler war nicht von seinem Amt entbunden worden. Aber Himmlers Beauftragter gab sich mit der Doppelzuständigkeit nicht zufrieden, obwohl die SS ihre Führer August Frank, Hans Kammler und Georg Lörner erst einmal »Reformarbeit« in den Kommissionen tun ließ. Mitte August 1944 drängte Obergruppenführer Pohl darauf, dort »Personengleichheit« herzustellen[49]. »Wirklich enttäuscht« über solch bürokratisches Verhalten erinnerte ihn Himmler an seine Weisungen. Pohl solle nicht abwarten, sondern unverzüglich anfangen zu arbeiten. Dabei sei »völlig uninteressant, ob Herr General Ziegler noch da [sei] oder nicht«. Das sei höchstens noch eine Frage von Wochen vielleicht Tagen[50]. Diese Einschätzung der Lage war zu optimistisch. Die Kommissionen tagten noch bis in den Herbst 1944, und Himmler musste Pohl daran erinnern, einfach seine Aufgabe anzupacken, und zwar ohne Rücksicht auf das Oberkommando der Wehrmacht. »Denn das Volk – vor allem der Landser – erwartet von uns Handlungen und Taten und nimmt keinerlei Ausreden mehr an, dass wir nicht zuständig seien oder dass den Reichsführer das nicht anginge[51].« Durch das persönliche Entgegenkommen von Großadmiral Karl Dönitz war es Himmler schon Mitte August 1944 gelungen, in den Kompetenzbereich der Marine einzudringen. Denn der Chef der Kriegsmarinewehr, Generaladmiral Walter Warzecha, wurde Pohl »praktisch« unterstellt[52]. Nachdem der Sonderauftrag Zieglers im Herbst 1944 aufgehoben wurde[53], übernahm SS-Obergruppenführer August Frank das Heeresverwaltungsamt. Wenig später, am 20. November 1944, befahl Himmler, die Offizierrekrutierungsstellen von Heer und Waffen-SS zusammenzulegen. Einen Monat zuvor hatte er bereits verfügt, dass die Waffen-SS ein selbstständiger Wehrmachtteil sei. In Zukunft solle nicht mehr von Wehrmacht *und* Waffen-SS gesprochen werden,

---

[48] BA, NS 19/4.
[49] Schreiben an Himmler vom 17.8.1944, BA, NS 19/3191.
[50] Schreiben Himmler an Pohl vom 19.8.1944, ebd.
[51] Schreiben Himmler an Pohl vom 13.10.1944, ebd.
[52] Fernschreiben Himmler an Pohl vom 18.8.1944, ebd.
[53] Vgl. den Abschlussbericht OKW über Zieglers Tätigkeit vom 18.10.1944, ebd.

sondern nur noch von Soldaten *aller* Wehrmachtteile[54]. Damit stand die Waffen-SS gleichberechtigt neben Heer, Luftwaffe und Marine. Hier liegt wohl einer der Gründe, warum ehemalige Angehörige der Waffen-SS nach 1945 den Anspruch erhoben, als »Soldaten wie andere auch« angesehen zu werden[55].

Nach eigener Aussage hatte Himmler seit Sommer 1944 in Armee und SS dafür geschuftet, Hitler eine »fähige Operationsarmee« zur Verfügung zu stellen, »mit der man dann den Frieden bestimmen« könne[56]. Dessen Auftrag habe er nicht als Oberbefehlshaber der Waffen-SS und damit als Konkurrent des Heeres übernommen, sondern als »bedingungsloser Gefolgsmann des Führers [und] als deutscher Soldat«[57]. Dieses eher kurzfristig angelegte strategische Konzept scheint zwar den Geist des »Hindenburg-Programms« von 1917/1918 zu atmen. Aber Himmlers Pläne gingen weit darüber hinaus. Er wollte eine neue Armee für den »heiligen Volkskrieg« schaffen. Diese wahrhaft »nationalsozialistische Volksarmee« sollte wieder von jenem revolutionären Geist erfüllt sein, der den glanzvollen Sieg über Frankreich ermöglicht hatte. In seiner programmatischen Rede vom 3. August 1944 rechnete Himmler nicht nur scharf mit der einseitigen Personalauslese und dem Gedankengut der Reichswehr ab, sondern lobte auch die Bemühungen Werner von Blombergs und Ernst Röhms. Nur das »menschlich tragische« Verhalten des Reichskriegsministers und die »unselige Veranlagung, unseligen Bestrebungen, unselige Untreue« Röhms hätten verhindert, die Armee schon damals nationalsozialistisch zu »durchdringen«. »Der 30. Juni 1934 zerstört diese Möglichkeit. Die Armee steht wunderbar als die loyale, treue, brave Armee da[58].«

Für die Partei hatte immer festgestanden, dass die neue Volksarmee als Schwertarm des Volkes ihrer Führung unterlag. Aber auch der Nachfolger Rudolf Schmundts als Chef des Heerespersonalamtes, General der Infanterie Wilhelm Burgdorf, hatte die Zeichen der Zeit erkannt und verinnerlicht, als er Mitte Oktober 1944 Folgendes erklärte. »Wir müssen endlich damit aufhören, von den beiden Säulen Partei und Wehrmacht zu reden. Es gibt nur noch die fest im Volk und mit der Partei verwurzelte

---

54 Fernschreiben vom 16.10.1944, BA-MA, RH 53-6/59. Vgl. Kunz, Wehrmacht und Niederlage, S. 121 f.
55 So der Titel eines viel gelesenen Buches von Paul Hausser aus dem Jahre 1966. Vgl. auch den Kampf von ehemaligen Waffen-SS-Angehörigen um rechtliche Gleichstellung mit den ehemaligen Berufssoldaten der Wehrmacht, der sich in den Schreiben an Bundeskanzler Konrad Adenauer sowie an die Minister Gerhard Schröder und Theodor Blank 1952-1956 widerspiegelt, BA-MA, BW 2/20025.
56 Eschenburg, Die Rede Himmlers, S. 363-394.
57 Rede vor Offizieren des ChefHRüst und BdE sowie AHA am 21.7.1944, BA, NS 19/4015.
58 Im Frühjahr 1933 hatte sich Röhm einmal als »Scharnhorst der neuen Armee« bezeichnet. Zit. nach Sauer, Die Mobilmachung der Gewalt, S. 880 f. Auch Himmler sah sich in der Tradition der preußischen Heeresreformer nach 1806.

nationalsozialistische Wehrmacht[59].« Nach Ansicht Burgdorfs markierte der 20. Juli 1944 den Endpunkt der bisherigen Erziehung. Das Heer habe kein Anrecht mehr auf das Vertrauen des »Führers«. Die neuen Volksgrenadierdivisionen, in denen nur »nationalsozialistische Aktivisten« Platz haben sollten, würden die »Zelle des neuen Heeres« bilden.

Wie aber sollte, langfristig gesehen, das neue Wehrsystem des nationalsozialistischen Deutschland konkret aussehen? Darüber gibt immerhin eine undatierte Studie aus den Akten der Ausbildungsabteilung des Oberkommandos des Heeres Auskunft[60]. Ihr Entstehungsdatum und die Urheberschaft ergeben sich erst aus einem Vermerk vom 16. Januar 1945, der sich im Imperial War Museum in London befindet[61]. Die »Studie über eine nationalsozialistische Wehrreform«, die der stellvertretende Chef des Wehrmachtführungsstabes, General Walter Warlimont, Mitte März 1945 abzeichnete, stammt nämlich von Obergruppenführer Felix Steiner, dem reformerisch veranlagten weltkriegserfahrenen Offizier, Freikorpsmann, Reichswehroffizier und SS-Führer[62]. Ganz im Sinne Hitlers und Himmlers definierte Steiner den 20. Juli 1944 als eine Zäsur in der Geschichte der nationalsozialistischen Revolution. An diesem Tage seien die Begriffe einer alten Wehrordnung zerbrochen und »die Bahn für die Neuordnung unserer Wehrordnung auf nationalsozialistischer Grundlage freigemacht« worden. Dieses Wehrsystem sollte jeden männlichen Deutschen vom 16. bis zum 54. Lebensjahr erfassen. Die Wehrmacht des Reiches bestand aus dem Heer, der Waffen-SS, der Marine und der Luftwaffe. Das Heer war aus zwei Komponenten zusammengesetzt, einem Volks- und einem Territorialheer. Ersteres hatte die Aufgabe, jeweils zwei wehrpflichtige Jahrgänge zwei Jahre lang in seinen Truppenteilen zu schulen. Das Territorialheer sollte sowohl alle diejenigen Wehrpflichtigen, die nicht zum Waffendienst ins Volksheer hatten einberufen werden können, ausbilden als auch alle aus der Wehrmacht Entlassenen »wehrtüchtig« erhalten. Der Waffen-SS hatte Steiner eine besondere Aufgabe zugedacht. In ihr dienten nur Wehrpflichtige, die sich freiwillig für weitere drei Jahre verpflichtet und »bestimmte Auslesebestimmungen« erfüllt hatten. Denn die Waffen-SS sollte eine ständig mobile, stark technisierte Truppe in der Stärke etwa einer Heeresgruppe sein. Während Stellungsdivisionen des Heeres die Masse des Feindes banden, sollte diese »schnelle Schlagkraft der Nation« durch operative Stöße »die feindlichen Haufen zu Paaren treiben [...] und damit friedenswillig« machen.

---

[59] Vor den Adjutanten des Heeres am 16.10.1944, BA-MA, H 6/935. Am 3.8.1944 hatte Himmler Burgdorf als »tadellos und erfreulich« bezeichnet.
[60] BA-MA, RH 2/2813.
[61] IWM, M I 14/367.
[62] Vgl. die biografische Skizze (Gingerich, Felix Steiner); nach Paul Hausser war Steiner Himmlers »ausgesprochenes Lieblingskind«. Hatte Steiner im März 1945 als Oberbefehlshaber der 11. Panzerarmee auf Goebbels noch einen »hervorragenden Eindruck« gemacht, so hatte Hitler einen Monat später »kein Vertrauen« mehr zu ihm; vgl. Stein, Geschichte der Waffen-SS, S. 219.

In der Studie beschäftigte sich Steiner auch mit der Kriegsspitzengliederung des Dritten Reiches. Interessant sind dabei die historischen Rückgriffe, die wohl als indirekte Kritik am bestehenden System anzusehen sind. Nicht nur sollte es wieder einen Reichswehrminister geben, der unter dem Oberbefehl des Führers die Kommandogewalt über die Wehrmacht des Reiches ausübte, also auch über die Waffen-SS. Sondern für die militärischen Führungsaufgaben über alle Wehrmachtteile war dem Oberbefehlshaber ein »Reichsgeneralstab« zur Seite gegeben. Eine Idee, die die Heeresführung hartnäckig zu ihren Gunsten verfolgt, aber Hitler und das Wehrmachtamt (später OKW) im Februar 1938 verworfen hatten[63]. Dem Reichswehrminister sollten »Wehrgaubefehlshaber« für alle territorial gebundenen Landesverteidigungs-, Rüstungs- und Wehrplanungsaufgaben unterstellt sein. Auch diese Idee stellt eine Abkehr von der Führungsstruktur des Heimatkriegsgebietes und einen Rückgriff auf die Struktur des Kaiserreiches im Ersten Weltkrieg dar, nämlich die Einrichtung der Stellvertretenden Generalkommandos. Von Reichskommissaren (Gauleitern) ist bezeichnender Weise nicht die Rede. Pro domo argumentierte Steiner, wenn er es für »notwendig wie unausweichlich« hielt, dass die SS die Führung über den territorialen Wehrmachtteil übernahm, und für ein »wahrhaft volksverbundenes« Führungskorps plädierte, in dem sich sowohl der Ordensgedanke der SS als auch die altgermanische Wehr- und Volksordnung wiederfinden sollten. Die militärische Entwicklung ging über diese Studie hinweg. Der Krieg in Europa war zu Ende, bevor eine wirklich nationalsozialistische Wehrmacht (inklusive Waffen-SS) hatte Gestalt annehmen können.

---

[63] Vgl. Kap. II.

VI. Hitler als militärischer Führer

Adolf Hitler kennt jeder. In unseren Vorstellungen vom Dritten Reich und Zweiten Weltkrieg hat der »Führer« einen gesicherten Platz. Doch das Bild dieses Mannes schwankt in der Geschichte erheblich. Die Eckpunkte lauten: Mensch oder Dämon, erfolgreicher Politiker oder überdimensionaler Verbrecher, militärischer Dilettant oder größter Feldherr aller Zeiten. Auch die zwischen diesen Eckpunkten liegenden Bilder sind so verschieden wie die Standpunkte und Blickwinkel der Betrachter. Die Gründe dafür liegen zum einen in der assoziativen Verknüpfung Hitlers mit bestimmten, ausgewählten Ereignissen, z.B. den Staatsverbrechen des NS-Regimes in Europa oder mit der Revision des Versailler Vertrages, der Vollbeschäftigung und der Volksgemeinschaft. Zum anderen umhüllte sich Hitler selbst von Anfang an mit Legenden, wurde der »Führer« von anderen zum Mythos verklärt oder nach 1945 als Alleinschuldiger der »deutschen Katastrophe« verdammt. Diese positive wie negative Instrumentalisierung des Hitler-Bildes verweigerte schon in der Vergangenheit klare Antworten auf nüchterne Fragen und wirkt leider bis in die Gegenwart fort. Die noch immer großen Lücken im Allgemeinwissen der Öffentlichkeit über Hitler, seinen Staat und seinen Krieg werden auch durch mediale Großereignisse wie populäre Fernsehserien nicht geschlossen. Transportieren diese doch eher alte Klischees als wissenschaftlich gesicherte Informationen. Neue Einsichten haben es allerdings schwer. Sie müssen sich gegen alte Überlieferungen, Erinnerungen und den fast noch zäheren Widerstand von Missverständnissen durchsetzen[1].

Anders als der Schriftsteller Karl Kraus 1933 oder der Journalist Rudolf Augstein 55 Jahre später meinten, ist vielen Leuten zu Adolf Hitler *viel* eingefallen. Der Mann war doch mehr als »nur der Lärm, den er verursachte«[2]. Andere Zeitgenossen, Literaten, Publizisten, Diplomaten und Offiziere[3] äußerten sich differenzierter zum »Phänomen Hitler«. Dennoch

---

[1] Geoffrey P. Megargee spricht in diesem Zusammenhang von »selective realities, selective memories«. Vgl. dessen Vortrag über »The German Generals and National Socialism«, den er im April 2000 beim United States Marine Corps (USMC) Command and Staff College, Quantico, VA, hielt. Manuskript im Besitz des Verfassers.
[2] So Kurt Tucholsky, zit. nach Haffner, Anmerkungen zu Hitler, S. 34.
[3] Vgl. Rosinski, The German Army. Eine überarbeitete Auflage wurde 1944 vom amerikanischen Infantry Journal in Washington herausgegeben. Die erste deutsche Ausgabe, herausgegeben von Gordon A. Craig und eingeleitet von

waren viele überrascht, als der wortgewaltige, rechtsextreme Parteiführer sich ab 1933 als tatkräftiger und effizienter Reichskanzler erwies. Allerdings hatten die vielen Beobachter wie auch die spätere wissenschaftliche Hitler-Forschung dessen eigentliche, »soldatische Natur« (Max Amann) weitgehend ignoriert, und dies trotz der frühen Äußerung von Heinrich Mann, der Mann könne »allein im Hinblick auf den Krieg verstanden werden«[4]. Zwar wird Hitlers Zeit als Meldegänger im Ersten Weltkrieg in allen Biografien ausführlich behandelt und seine Rolle als Oberster Befehlshaber der Wehrmacht im Zweiten Weltkrieg erwähnt. Aber dann geraten der Politiker und Verbrecher immer mehr ins Schlaglicht, während der militärische Führer unterbelichtet bleibt. Dabei war Krieg für Hitler kein abstraktes Naturgesetz oder letztes Mittel der Politik. Nein, der sozialdarwinistische »Kampf in allen seinen Formen war sein Leben, im Krieg fühlte er sich zu Hause«. Andere Biografen unterscheiden zwar zwischen dem »Staatschef« und »Feldherrn« Hitler. Sie beschäftigen sich aber nicht analytisch mit der militärischen Autorität des »Führers« als Kriegsherr, sondern verwenden den Begriff »Feldherr« nur als Überschrift für die Beschreibung der Kriegsjahre von 1939 bis 1945[5]. Andere Hitler-Forscher, besonders angloamerikanische, definieren »Feldherr« als bloßen soldatischen Führer, als »military commander«. Damit engen sie den umfassenderen deutschen Begriff »Feldherr«, im Sinne eines »Kriegsherrn« oder »warlord«, auf den des operativ-taktischen Truppenführers oder Herrn des Schlachtfeldes ein[6]. Diese Unterschiede in der Nomenklatur der Militärgeschichte hängen allerdings nicht nur mit der »ganzen Welt halb bewusster Empfindungen und Gemütsbewegungen« im deutschen Führungsdenken zum Thema »Feldherr« zusammen[7]. Sie liegen auch in den verschiedenen Auffassungen von Politik und Kriegführung, Strategie, Operation und Taktik in Deutschland, England und den USA begründet[8]. Wieder andere nehmen zwar den Obersten Befehlshaber der Wehrmacht im Zweiten Weltkrieg in den Blick, konzentrieren sich aber mehr auf dessen Verhältnis zu seinen Generalen und die Pro-

---

    Carl Hans Hermann, erschien in Düsseldorf 1970 unter dem Titel Rosinski, Die deutsche Armee.

[4] Vgl. Wiedemann, Der Mann; Schreiber, Hitler-Interpretationen, S. 128. Auch Konrad Heiden hebt in seiner frühen, zweibändigen Hitler-Biografie (Hitler. Das Zeitalter, und Hitler. Ein Mann) auf diesen Zusammenhang ab. Vgl. Schreiber, Hitler-Interpretationen, S. 142.

[5] Als ein Beispiel vgl. Steinert, Hitler.

[6] Vgl. Strawson, Hitler, und Irving, Hitler und seine Feldherren. Zum Begriff »Kriegsherr« vgl. jetzt die Einleitung zu dem Sammelband Kriegsherren der Weltgeschichte, S. 7–17.

[7] Rosinski, Die deutsche Armee, S. 294.

[8] Vgl. die Einleitung der Herausgeber in Military Effectiveness, vol. 3, sowie die Beiträge von Förster (The Dynamics) und Weigley (The Political and Strategic Dimensions).

blematik der Schuld an der deutschen Niederlage[9]. Es blieb einem Engländer vorbehalten, Hitler als »guten Soldaten« im Ersten und als »ersten Soldaten des Reiches« im Zweiten Weltkrieg ernst genommen und analysiert zu haben[10].

Was überwog bei Hitler? Der Politiker oder der Soldat? Oder war er gar beides? Kämpften sozusagen Bismarck und Moltke in seiner Brust um die Vorherrschaft? Verkörperte er tatsächlich die von seinem »Hofhistoriker« Oberst d.G. Walter Scherff postulierte »Einheit von Staatsmann und Feldherr« wie Friedrich der Große[11]? Nicht nur heuristisch ist es natürlich erlaubt, die beiden Konzepte zu unterscheiden. Allerdings sollte nicht vergessen werden, dass Hitler sich auch als »Ideenträger« seiner Zeit und »oberster weltanschaulicher Führer« betrachtete und seine daraus abgeleitete Erziehungsaufgabe sowohl den politischen wie militärischen Raum betraf. Das Konzept des Politikers ist eindeutiger zu definieren als das des Feldherrn[12]. Alfred Graf von Schlieffen zeigte sich 1911 davon überzeugt, dass man zum Feldherrn nicht ernannt werden könne, sondern geboren und auserwählt, eben König sein müsse. Erich Ludendorff war 1935 der Meinung, dass seit Friedrich dem Großen über das Feldherrnsein Unklarheit herrsche, »zum Schaden von Kriegsführung und Volk«[13]. Klarheit in die methodische Debatte über Staatskunst und Kriegshandwerk brachte nicht Gerhard Ritter, sondern erst der amerikanische Altmeister der Militärgeschichte Gordon A. Craig. Er stellte nämlich 1986 lapidar fest, jede Definition müsse so allgemein gehalten sein, dass sie bedeutungslos würde. Die Rolle des »political leader as strategist« könne zutreffend nur im jeweiligen historischen Kontext beantwortet werden, nämlich im Zusammenspiel der »nature of the political system, the efficiency and prestige of the military establishment, and the character and personality of the political leader«. Die beiden Weltkriege, so meinte Craig, hätten bewiesen, dass der letzte Faktor der bedeutendste gewesen sei[14].

---

[9] Als Beispiele für diese Betrachtungsweise mögen die Arbeiten von Buchheit, Hitler, und Siewert, Schuldig? dienen. Eine gegensätzliche Perspektive nimmt Hürter in seiner Studie, Hitlers Heerführer, ein. Hürter beschreibt die 25 Oberbefehlshaber im Krieg gegen die Sowjetunion 1941/42 »als Erfüllungsgehilfen seiner Kriegspolitik« (S. 13).
[10] Keegan, Falsches Heldentum: Hitler als Oberster Befehlshaber. Die Originalausgabe The Mask of Command war bereits zehn Jahre früher erschienen. Ohne herablassende Werturteile kommt auch Carr, Hitler, S. 78–111, aus.
[11] So lautete das Thema eines Vortrages, den Scherff am 4.2.1941 an der Universität Berlin hielt (Scherff, Die Einheit von Staatsmann und Feldherr). Drei Jahre später sah Scherff sich genötigt, »Verstandeszweifel« am Feldherrntum Hitlers und der auf ihn ausgerichteten Spitzengliederung zurückzuweisen, BA-MA, RH 20-2/952.
[12] Zur älteren Auffassung Rüstow, Die Feldherrnkunst, S. 1–16, und Regling, Grundzüge, S. 13 ff.
[13] Ludendorff, Der totale Krieg, S. 107. Ähnlich äußerte sich Buchheit, Hitler, S. 496 ff.
[14] Craig, The Political Leader, S. 482, John Keegan befand dies ein Jahr später.

Diese Unsicherheit über das Anforderungsprofil für den Strategen oder Feldherrn, es gab ja keinen Bildungsweg oder verbindliche Lehrbücher, sowie die nach dem Ersten Weltkrieg in Deutschland weit verbreitete Sehnsucht nach dem »starken Mann«, der das Reich politisch wieder aufrichten würde[15], spielte dem »Künstlerpolitiker Hitler«[16] in die Hände. Noch 1933 wurde Kriegführung als Handwerk *und* Kunst angesehen. Denn nach der neuen Heeresdienstvorschrift war Truppenführung eine auf wissenschaftlicher Grundlage beruhende, freie schöpferische Tätigkeit[17]. Eine solche Definition, die persönliche Kreativität hervorhob, öffnete auch dem nur historisch belesenen Künstler Hitler den Zugang zu Strategie und Operationsführung. Die eigentliche militärische Führung bezeichnete er als »eine Angelegenheit des Verstandes, der Zähigkeit und der eisernen Nerven«[18]. Kriegführung war für Hitler eben keine Geheimwissenschaft der Generale, sondern eine Sache des gesunden Menschenverstandes. Und von letzterer Eigenschaft meinte Hitler, der politische Soldat und soldatische Politiker, mindestens ebenso viel zu besitzen wie seine militärischen Berater. Wer wie er strategisches Talent hatte, brauchte keine formale Generalstabsausbildung, durch die – seiner Meinung nach – der militärische Führernachwuchs eher von des »Gedankens Blässe« angekränkelt als zur »Geistesgegenwart gegenüber dem Zufall« erzogen wurde[19].

Dennoch wurden an einen idealtypischen Feldherrn, den »kriegerischen Genius«, explizite, hohe Anforderungen gestellt: Energie, Systematik des Denkens, geistige Beweglichkeit, Festigkeit, Anpassungsfähigkeit, Geistesgegenwart, Entschlusskraft, Gelassenheit und Unempfindlichkeit gegen Rückschläge. Dem kühnen Wagen des Feldherrn sollte ein gründliches Wägen vorausgehen, um als »Organisator des Sieges« den Gegner vernichtend zu schlagen[20]. Von einem militärischen *Führer* wurde aber auch verlangt, dass er seinen Willen und sein überdurchschnittliches Kriegertum auf andere übertrug und sie so erzog, dass sie in seinem Sin-

---

[15] Diese Sehnsucht spiegelt sich im militärischen Denken in der »Feldherrn«-Hagiografie wider. Vgl. Hesse, Feldherr Psychologos. Zum geistigen Hintergrund dieser Sehnsucht nach einem Neuen Reich ohne Fesseln und Schande vgl. auch zwei Gedichte von Stefan George, »Der Dichter in Zeiten der Wirren« und »Einem jungen Führer im Ersten Weltkrieg«. In: Das Große Deutsche Gedichtbuch, S. 625–628.
[16] Eitner, Der Führer, S. 275.
[17] Vgl. Borgert, Grundzüge, S. 556; Förster, Evolution, und zuletzt Groß, Das Dogma der Beweglichkeit.
[18] Nach Speer, Erinnerungen, S. 317.
[19] Vgl. Becks Rede zum 125-jährigen Bestehen der Kriegsakademie, in: Borgert, Grundzüge, S. 557. Nach dem Kriege meinte ein an sich wohlmeinender Kritiker, dass die eigentliche Blindheit der deutschen Generalität in ihrer totalen Loyalität »to one deplorably partial god« gelegen habe, nämlich »the art of war«. Vgl. Downing, The Devil's Virtuosos, S. 229 f.
[20] Zur idealtypischen Rollenbeschreibung vgl. Altrichter, Der soldatische Führer, und Borgert, Grundzüge, S. 557.

ne handelten[21]. Nicht von ungefähr hatte der gescheiterte Heros des Ersten Weltkrieges, Erich Ludendorff, dem Idealbild des Feldherrn 1935 ein eigenes Kapitel gewidmet. Das war »der Mann, der mit Kopf, Willen und Herzen den totalen Krieg für die Lebenserhaltung des Volkes« führt. »Dieses Wirken ist allumfassend, wie der totale Krieg allumfassend ist. Auf allen Gebieten des Lebens muss der Feldherr der Entscheidende und sein Wille maßgebend sein[22].« Dieser Rolle glaubte sich Hitler nicht nur politisch gewachsen, sondern begann sie nach dem Ausscheiden von Feldmarschall Werner von Blomberg auch persönlich wahrzunehmen. Nun duldete er keinen obersten militärischen Führer, einen Hindenburg oder Ludendorff *redivivus*, mehr neben sich. Ähnlich einem Georges Clemenceau oder David Lloyd George hielt Hitler den großen Krieg um Lebensraum für »too serious a business to be left to the soldiers«[23].

Im Zeitalter des Absolutismus hatte der Monarch der Idee nach nicht nur den Staat verkörpert, sondern auch die politisch-militärische Führungseinheit. Dabei musste der Souverän aber nicht als sein eigener Feldherr, als »Prince-Connétable«, ins Feld ziehen. Denn der von ihm mit der operativen und taktischen Führung des Heeres beauftragte General blieb trotzdem von seinem Monarchen militärisch-führungsmäßig abhängig. Dies konnte soweit gehen, dass der Heerführer gehalten war, »selbst dann bei [seinem] Souverän anzufragen, ob er eine Schlacht schlagen durfte, wenn sich dafür eine günstige Gelegenheit bot«[24]. Die politisch-militärische Führungseinheit wie das einheitliche militärische Oberkommando waren im Absolutismus aber eingeschränkt, wenn nicht sogar vollständig aufgehoben, sobald Souveräne einen Koalitionskrieg führten. Sicher, Friedrich II. von Preußen, souveräner Staatsmann und befähigter Feldherr, brauchte im Siebenjährigen Krieg keine Rücksicht auf Koalitionspartner oder einen Kriegsrat zu nehmen. Obwohl Hitler gerade im Begriff war, mit zwei Verbündeten die Sowjetunion anzugreifen, verglich er sich mit seinem Idol. Jetzt gäbe es wieder die Einheit von »Staatmann und kongeniale[m] Feldherr[n] und Gehilfen«. Friedrichs Aufgabe sei eigentlich unlösbar gewesen. »Wieviel leichter haben wir es heute[25]!« Als militärischer Führer stand Hitler wohl Napoleon viel näher als Friedrich II. Zwar führte er nicht selber auf dem Schlachtfeld wie der französische Feldherr. Aber Hitler war der Front auch nicht ganz entrückt, hatte vorgeschobene »Führerhauptquartiere«, um von dort die Operateure an der Front zu führen. Wie Napoleon war Hitler nicht von Adel, sondern

---

[21] Vgl. Reinhardt, Wehrkraft und Wehrwille, S. 27. Zit. nach Weniger, Führerauslese, S. 198.
[22] Ludendorff, Der totale Krieg, S. 107.
[23] Vgl. Watt, Too Serious a Business. Die 3. OHL hatte den umgekehrten Schluss gezogen, nämlich »that war was too serious to be left to the politicians«.
[24] Regling, Grundzüge, S. 14.
[25] Notizen von Generaloberst Hoth über Hitlers Rede am 30.3.1941 in der Reichskanzlei. Abgedr. bei Förster/Mawdsley, Hitler and Stalin, S. 77, und Hürter, Hitlers Heerführer, S. 8.

entstammte dem Volk. Zwischen dem Führer und der großen Masse der Geführten herrschte zumindest kein sozialer Unterschied. Sicher hatte Napoleon die engen Fesseln der Kriegführung des 18. Jahrhunderts gesprengt, aber Hitlers Vernichtungsstrategie, nach Ansicht des französischen Feldherrn die »einfache Kriegführung«, zielte nicht nur auf die Vernichtung der feindlichen Armeen als operative Körper, sondern auf die physische Vernichtung der »lebendigen Kräfte« des anvisierten Feindes insgesamt.

Im Zusammenhang mit seinem Vergleich mit der preußischen Kriegsspitzengliederung im Siebenjährigen Krieg sprach Hitler am 30. März 1941 auch davon, er habe »kongeniale Berater«. Dies war für die ihn umgebende militärische Führungselite insofern schmeichelnd, als es einen Kriegsrat im alten Sinne nie gegeben und Hitler neben dem politischen Zweck des europäischen Krieges auch die strategischen Ziele der einzelnen Feldzüge allein festgelegt hatte[26]. Einen von ihm respektierten militärischen »Feldherrn« gab es seit Blombergs Abgang nicht mehr, nur noch Operationen durchführende Feldmarschälle. Aber der Vergleich Hitlers hinkt auch in einer weiteren Hinsicht. Die in Friedrichs Person noch gegebene Einheit von politischer und militärischer Führung war nicht mehr identisch mit der gesamtstrategischen, alle Kräfte des Volkes für den Krieg aktivierenden und leitenden, »totalen« Führung, die das Oberkommando der Wehrmacht im Frühjahr 1938 für das Dritte Reich postuliert hatte[27]. Auch in der Bestimmung des politischen Zwecks ging Hitler weit über Clausewitz hinaus. Ersterem bedeutete die Realisierung seines Programms – radikaler Nationalismus, rassischer Antisemitismus, germanische Ideologie – alles. Deshalb erforderte der sozialdarwinistische Daseinskampf den »absoluten«, den »totalen« Krieg. In ihm fielen Politik und Kriegführung, Zweck und Mittel, Strategie und Mord zusammen. Von der Bändigung des Krieges durch internationale Regelungen hielt Hitler überhaupt nichts[28].

Vor diesem Hintergrund erscheint ein Rückblick auf die Entwicklung der Historiografie notwendig. »Am Anfang der deutschen Erforschung

---

[26] General Beck hatte noch davon geträumt, dass Hitler sich damit begnüge, eine solche auswärtige Politik zu betreiben, die dem »Reichsfeldherrn« eine erfolgreiche Kriegführung ermöglichte. Vgl. Müller, General Ludwig Beck; Borgert, Grundzüge, S. 565 f., und Rosinski, The German Army, S. 192 ff.

[27] Chef OKW, Nr. 647/38 vom 19.4.1938, betr. Die Kriegführung als Problem der Organisation. In: IMT, Bd 38, S. 37. In Nürnberg versuchte einer der Autoren, General Jodl, die inzwischen eingetretene Trennung der Begriffe »Strategie« und »Feldherr« zu erläutern. Der Zweite Weltkrieg sei nicht mehr von Soldaten geführt worden, sondern von den Strategen Roosevelt, Churchill, Stalin auf der einen und Hitler auf der anderen Seite. Soldaten hätten zwar die Operationen, aber diese Strategen hätten auch als Feldherren »unmittelbar in die militärische Kriegführung ein[gegriffen]«. Jodls Diktate sind abgedr. in: Schramm, Hitler als militärischer Führer, S. 147–155, hier S. 148.

[28] Zu Clausewitz vgl. Heuser, Clausewitz lesen!.

zur Geschichte des Zweiten Weltkrieges stand die Selbstdarstellung der in ihn verwickelten deutschen Generalität[29].« Diese Feststellung eines bekannten Militärhistorikers ist zwar insofern richtig, als hohe deutsche Offiziere von den Siegern vor Gerichten, als Zeugen befragt, von den Westalliierten für kriegsgeschichtliche Studien eingespannt wurden und danach ihre Memoiren veröffentlichten. Aber die deutschen Generale hatten schon vorher ein großes Interesse daran gezeigt, ihre Rolle an der totalen militärischen Niederlage Deutschlands klein- und Hitlers Anteil daran sowie an der mörderischen Rassenpolitik groß zu reden, nämlich bei ihren ersten offiziellen Verhören als Kriegsgefangene[30]. Noch interessanter in diesem Zusammenhang sind allerdings die alliierten Abhörprotokolle von deutschen Generalen! Sie belegen verabredete Verhaltensregeln gegenüber den Siegern, z.B. die Betonung der Pflicht, und ungeschützte Urteile über die großartigen Errungenschaften des Nationalsozialismus[31].

So wie es Hitlers frühe Verherrlichung dem Historiker oft schwer macht, zwischen Fiktion und Wirklichkeit zu unterscheiden, so verhindert dessen spätere Verdammung aus den falschen Gründen die nüchterne Erörterung wissenschaftlicher Fragestellungen. Wir müssen ja nicht nur die nationalsozialistischen Verbrechen erklären, sondern auch Hitlers Leistungen und Erfolge beschreiben, seine enorme Popularität bei Soldaten wie Zivilisten. Schließlich gibt es Stimmen, die behaupten, wäre Hitler nach der Münchener Konferenz, also im Herbst 1938 gestorben, so wäre er in die Geschichte als der bedeutendste deutsche Staatsmann nach Bismarck eingegangen. Zyniker behaupten sogar, diese Feststellung gelte – trotz des vorausgegangenen Judenpogroms und des Überfalles auf Polen – auch noch für den November 1939, wenn Georg Elsers Attentatsversuch gelungen wäre.

Der seit dem Erscheinen von Hitlers früher Selbstdarstellung *Mein Kampf* entstandene Literaturberg und die darin enthaltenen unterschiedlichen Ansätze der Autoren schrecken zudem viele Forscher ab, sich mit dem Mann zu beschäftigen, »der zwischen 1933 und 1945 das Schicksal

---

[29] Wegner, Erschriebene Siege, S. 287.
[30] Als markante Beispiele vgl. die Antworten, die die Generale Franz Halder und Burkhart Müller-Hillebrand Anfang August 1945 ihren britischen Verhöroffizieren über das Verhältnis von OKW und OKH von 1938 bis 1942, Adolf Heusinger über den deutsch-sowjetischen Krieg 1941-1944 sowie Hitler als militärischer Führer 1942-1944 gaben, in: NA at College Park, MD, USA, RG 165, box 639 und box 736. Für diese Quellen und die folgende danke ich meinen Washingtoner Freunden Geoffrey Megargee und Tim Mulligan.
[31] Als ein gutes Beispiel für diese Quellengattung sei das Protokoll des Verhörzentrums der 7. Armee vom 26.7.1945 über ein Gespräch zitiert, das die Generale Heinz Guderian und Leo Geyr von Schweppenburg mit Feldmarschall Wilhelm von Leeb führten. NA, RG 238, frames 1157-1162. Auf die von der militärgeschichtlichen Forschung bislang kaum rezipierten Abhörprotokolle deutscher Kriegsgefangener macht aufmerksam Neitzel, Abgehört.

Deutschlands in seinen Händen hielt«[32]. Zuletzt wagte es Ian Kershaw, auch der Frage nachzugehen, warum Feldmarschälle dazu bereit waren, Hitlers Befehle zu befolgen, ohne hartnäckig zu widersprechen. Dass militärgeschichtliche Fragestellungen in der deutschen Geschichtswissenschaft nicht hoch im Kurs stehen, erlebte der englische Historiker bei der Präsentation des zweiten Bandes seiner Hitler-Biografie (1936-1945) in Freiburg. Kershaw musste sich dafür rechtfertigen, die Wehrmacht zu oft erwähnt zu haben. Sein Einwand, Hitler habe als deren Oberster Befehlshaber in Europa Krieg geführt und besonders als Oberbefehlshaber des Heeres Operationen gelenkt, wurde nur ungnädig zur Kenntnis genommen.

Ähnlich einseitig wie die deutschen Generale in den nicht für die Öffentlichkeit bestimmten »historical studies« nach dem Zweiten Weltkrieg hatte sich bereits 1942 Hans Ernest Fried in seinem Buch über *The Guilt of the German Army* geäußert[33]. Er überdehnte die Kontinuitäten in der deutschen Militärgeschichte, als er schrieb: »National Socialism was the creature, not the creator of all-out militarism[34].« Fried meinte, die deutsche Armee habe Hitler bereits ab 1919 bewusst unterstützt, weil die Militärs allein, d.h. ohne das deutsche Volk, keinen Revanchekrieg für die Niederlage im Ersten Weltkrieg hätten führen können. Kaum war der Kalte Krieg entbrannt und die beiden deutschen Staaten gegründet, fühlten sich viele Generale, vornehmlich in Westdeutschland, berufen, die interessierte Öffentlichkeit darüber aufzuklären, dass die Kriege des Dritten Reiches ohne Hitler »besser« verlaufen wären[35]. Der Erste war anscheinend Generaloberst a.D. Franz Halder, der 1949 seine kleine Schrift *Hitler als Feldherr* publizierte. Das Urteil des langjährigen Generalstabschefs gipfelte in der Sentenz, Hitler, »dieser dämonische Mann«, sei kein wahrer soldatischer Führer im Sinne der deutschen Tradition, erst recht kein Feldherr gewesen, weil ihm das dafür notwendige »tiefe Erfassen der Verantwortung vor Gott« gefehlt habe[36]. Es ist hier nicht der Platz, die

---

[32] Kershaw, Hitler 1889-1936, S. 8.
[33] Auf Fried machte schon Schreiber, Hitler-Interpretationen, S. 101, 134-136, aufmerksam. Es ist nicht bekannt, ob Halder Frieds Buch las, während er für die US-Armee arbeitete.
[34] Schreiber, Hitler-Interpretationen, S. 177. Zu Recht betont Fried allerdings die Gesinnungsgenossenschaft zwischen Hitler und der Reichswehr ab 1933.
[35] Als prägnantes Beispiel vgl. Manstein, Verlorene Siege. Im Zeichen des Kalten Krieges erschienen diese und andere deutschen Generalsmemoiren, z.B. auch die von Guderian, Erinnerungen eines Soldaten, schnell in englischer Übersetzung (Guderian, Panzer Leader). Zur Verbreitung ihrer Ansichten trug nicht nur Liddell Hart, The Other Side, bei, sondern auch solche späteren Autoren wie Downing, The Devil's Virtuosos, und Dupuy, A Genius.
[36] Halder, Hitler, S. 63. Unzutreffend übersetzt, Hitler as War Lord, erschien es bereits 1950 in englischer Sprache. Auf dem Deckel der deutschen Erstausgabe hatte der Dom-Verlag großspurig angekündigt, dass der ehemalige Chef des Generalstabes des Heeres »die Wahrheit« berichte. Heusinger hatte weniger auf den »Dämon« Hitler abgehoben als auf dessen Glauben an seinen Genius

vielen historisch falschen Aussagen Halders richtig zu stellen, als vielmehr den Tendenzcharakter dieser Veröffentlichung hervorzuheben. Darin wurden viele Argumente wiederholt, die er schon bei seiner ersten Vernehmung geäußert und die auch in der Nürnberger Rechtfertigungsschrift des Heeresgeneralstabes vom 19. November 1945 enthalten gewesen waren[37].

Zu einem viel differenzierten Urteil als Halder war ein Jahr zuvor Oron James Hale gekommen, obwohl er sich auf die Befragungen von Halders Operationschef Heusinger abgestützt hatte. Denn der amerikanische Historiker und Reserveoffizier blickte in die dreißiger Jahre zurück und hob auch Übereinstimmungen zwischen Hitlers Strategie und den Ansichten der Generale hervor[38]. Wenig später entbrannte dann diesseits und jenseits des Atlantiks ein heftiger Streit um die Deutungshoheit der jüngsten deutschen Geschichte. Dies mag wohl auch damit zusammenhängen, dass 1952 die erste wissenschaftliche Hitler-Biografie, *A Study in Tyranny*, erschienen war. Der britische Historiker Alan Bullock benutzte zwar den umfassenden Begriff »warlord« als Kapitelüberschrift für die Kriegsjahre, aber interessanterweise erst ab Oktober 1939, als Hitler das sofortige Ausgreifen nach Westen befürwortete und auf eine skeptische Militärelite traf. Zwei Jahre nach Bullock veröffentlichten zehn deutsche Generale und ein Admiral ihr persönliches Ehren- und Erinnerungsbuch über den Zweiten Weltkrieg. Sie glaubten, die Kriegszeit »objektiv« schildern zu können, behaupteten aber höchst subjektiv, für keine Staatsform oder Weltanschauung gekämpft, sondern nur treu ihre Pflicht bis zum Letzten erfüllt zu haben. In der aufgeheizten Atmosphäre der westdeutschen Wiederbewaffnungsdebatte wollten diese Veteranen auch erklären, warum die militärischen Führer der Wehrmacht den »Kampf um die Führungsgrundsätze« gegen Hitler nicht gewonnen hatten, und verhindern, dass Politiker das deutsche Volk zum dritten Mal in einen Krieg verwickelten, »der trotz aller anfänglichen Siege letzten Endes verloren werden *muss*«[39].

Von ganz anderem Kaliber waren vier historische Arbeiten, die Ende der fünfziger Jahre erschienen. Den Anfang machte Gert Buchheit mit seinem voluminösen Buch über *Hitler als Feldherr*. Nur dreizehn Jahre nach der bedingungslosen Kapitulation der Wehrmacht war der Autor überzeugt, ein Urteil über den Feldherrn Hitler fällen zu können. Dabei

---

und seine Unfehlbarkeit. Hitler »lived in a dream world in which he believed he could force situations to develop as he willed them, even where every argument of reason was against him«. Vgl. Befragung Heusinger zum Ostkrieg am 1.2.1946, NA, RG 165, box 736, OI-RIR, No 15, S. 17.

[37] Diese Denkschrift wurde 1978, ohne ein Wort der historischen Klarstellung, von einem Mitunterzeichner veröffentlicht: Westphal, Der deutsche Generalstab, S. 28-82. Vgl. auch Messerschmidt, Vorwärtsverteidigung.
[38] Vgl. Hale, Adolf Hitler.
[39] Weltkrieg 1939-1945. Ehrenbuch der deutschen Wehrmacht, S. 238-243 und S. 95 des Teils über den Seekrieg.

schonte Buchheit auch die Generalität nicht. Uneinig, innerlich unsicher und überwiegend mutlos seien die Generale mitschuldig am Ausmaß der deutschen Niederlage[40]. Zur gleichen Zeit blickte auch Karl Otmar Freiherr von Aretin zurück. Er beschäftigte sich allerdings nur mit einem Ausschnitt der Weltkriegsgeschichte, nämlich mit Generaloberst Ludwig Becks Kampf gegen Hitlers Kriegspolitik. Dabei urteilte Aretin eher moralisch als historisch[41]. Das große persönliche Opfer der militärischen Widerstandskämpfer und deren »moral qualities« hob zwar auch Francis L. Carsten hervor. Aber der englische Historiker kritisierte – ebenso wie Buchheit –, die Uneinigkeit der Generale und darüber hinaus deren politisches Unvermögen, die wahre Natur des NS-Regimes nicht eher erkannt und zu lange gezögert zu haben[42]. Strukturell, nicht punktuell ging dagegen der Amerikaner Alfred Vagts vor. Er untersuchte die nach 1918 eingetretene Militarisierung der zivilen Gesellschaft. Anders als die Erstausgabe von 1937 enthielt die revidierte Fassung von 1959 erstmals einen Abschnitt über den »Führer as Feldherrn«. Vagts ordnete Hitler in den historischen Kontext ein – so im Vergleich mit dem paraguayanischen Diktator und Indianerschlächter Francisco Solano Lopez – und kritisierte, Hitler habe aus politisch-strategischen Gründen mitunter den Hauptzweck der Kriegführung vernachlässigt, nämlich die gegnerischen Streitkräfte zu vernichten[43]. Zwei Jahre später wurde der interessierten Öffentlichkeit – nach der mehrbändigen Dokumentensammlung der Nürnberger Kriegsverbrecherprozesse – wieder eine wichtige militärische Quelle vorgelegt. 1961 erschien nämlich der erste Band des *Kriegstagebuchs des Oberkommandos der Wehrmacht (Wehrmachtführungsstab)*, wenngleich dieser das letzte Kriegsjahr (1944/45) betraf. Weil das bis dahin Geschriebene nicht seinen hohen Ansprüchen genügte, beschäftigte sich der ehemalige Zeitzeuge, Kriegstagebuchschreiber *und* Historiker Percy Ernst Schramm in seiner umfangreichen Einleitung auch mit »Hitler als ›Feldherr‹«[44]. Anders als die Generalität urteilte Schramm nicht von 1945 her, sondern unterstrich Hitlers Entwicklung und Wandlung als Oberster Befehlshaber der Wehrmacht während des Krieges. Er machte die Deutschen darauf

---

40   Buchheit, Hitler, S. 1. Vgl. besonders das Kapitel »Hitler als Feldherr«, S. 495-532, das mit einem Zitat aus Goethes Dichtung und Wahrheit endet, in dem vom Dämonischen die Rede ist.
41   Vgl. Aretin, Die deutschen Generale. Auch das Erinnerungsbuch der elf Offiziere hatte die mangelnde Geschlossenheit des deutschen Offizierkorps betont, aber für die Männer des 20. Juli keine Sympathie gezeigt. Die Masse der Wehrmacht wäre den »Parolen aufständischer Offiziere« wohl kaum gefolgt. Vgl. Weltkrieg 1939-1945. Ehrenbuch der deutschen Wehrmacht, S. 239.
42   Carsten, The German Generals, S. 564.
43   Vagts, A History of Militarism, S. 469-472, hier S. 471.
44   KTB OKW, Bd 4/1, S. 37. Wenig später erschienen diese Ausführungen auch als separate Schrift: Schramm, Hitler als militärischer Führer, sowie als Serie in der Wochenzeitschrift Der Spiegel. Zu Schramm siehe Messerschmidt, Karl Dietrich Erdmann, Walter Bußmann und Percy Ernst Schramm. Historiker an der Front.

aufmerksam, dass Hitler mit jedem Jahr ein anderer geworden sei. Aus dem nominellen Obersten Befehlshaber sei nicht nur der tatsächliche, selbstsichere Kriegsherr geworden, der sich seinen militärischen Beratern strategisch überlegen gefühlt habe. Sondern seit der Führungskrise des Winters 1941/42 habe Hitler auch als Lenker der Heeresoperationen im Osten agiert und sei im Verlaufe der ungünstigen Entwicklung des Krieges immer verbissener, beratungsresistenter, also »fanatischer« geworden.

Mit Andreas Hillgrubers Habilitationsschrift begann 1965 ein neuer Abschnitt in der deutschen Militärgeschichte. Zwar waren noch nicht alle Akten aus den Archiven in London, Paris und Washington in die Bundesrepublik zurückgekehrt und der militärische Führer nicht sein Thema. Aber der Marburger Historiker bettete zum einen Hitlers Außen- und Kriegspolitik des Jahres 1940-1941 in dessen rassenideologisches »Programm« ein und arbeitete zum anderen die jeweiligen Entscheidungsmöglichkeiten des Kriegsherrn Hitler vor dem Hintergrund des politisch-militärischen Handelns der deutschen Verbündeten wie der Gegner heraus[45]. Anders als die apologetische Generalität und Admiralität ordnete Hillgruber Hitlers Kriegführung in die Dynamik seines Programms und der Strategie seiner Gegner ein. 1940 war dem »Führer« zwar der militärische Triumph über Frankreich gelungen, dem ganzen Sieg aber nicht der volle Friede gefolgt. Großbritannien hatte nicht »klein beigegeben«, sondern kämpfte weiter. Da der Wehrmacht die Mittel für eine erfolgreiche Landung in England fehlten, musste ein »anderer Plan« erwogen werden. Weder der »größte Feldherr aller Zeiten« noch seine militärischen Berater wollten damals das Gesetz des Handelns aus der Hand geben oder sich wieder an den Rhein zurückziehen. Sicher, Ende Juni 1940 gab es Jodls strategischen Vorschlag für eine periphere Kriegführung gegen Großbritannien. Doch Hitler ging darauf nicht ein, sondern verkündete vier Wochen später seinen Entschluss, die Sowjetunion 1941 zu vernichten. Dem Blitzsieg im Westen sollte ein Blitzkrieg im Osten folgen. Das oft angeführte aktuelle machtpolitische Interesse, den Gesamtkrieg erfolgreich zu bestehen und uneingeschränkter Hegemon über Europa zu werden, waren aber in Hitlers Kalkül mit dessen alter, axiomatischer Lebensraumprogrammatik gegenüber der Sowjetunion untrennbar verknüpft[46].

Hillgrubers Ansatz, dass im Sommer 1940 ein Entscheidungsspielraum bestanden habe, übernahm der Hitler-Biograf Fest 1973 insofern, als er in dem Kapitel »Der Feldherr« nur die Zeit vom Einmarsch der Wehrmacht in Polen bis zur Planung des Feldzuges gegen die Sowjetunion abhandelt[47]. Für Fest war der europäische Krieg Hitlers Krieg. Denn ohne den wäre Hitler nicht der gewesen, der er war. Den sozialdarwinistischen Kampf ums Dasein als auch die militärische Auseinandersetzung fasste

---

[45] Hillgruber, Hitlers Strategie.
[46] Vgl. Das Deutsche Reich und der Zweite Weltkrieg, Bd 4, S. 13-18 (Beitrag Förster).
[47] Fest, Hitler.

Hitler als das Leben an sich auf. Fünf Jahre später analysierte der englische Historiker William Carr dessen Rolle als militärischer Führer etwas gründlicher als Fest. Auch für ersteren war das Jahr 1945 keineswegs der Ausgangspunkt der Betrachtung. Die harschen Urteile der deutschen Generale über Hitlers militärische Fähigkeiten, u.a. »bungling amateur, opinionated corporal, utterly out of depth as supreme commander, carpet-biting maniac who pulled Germany down to defeat through his wholly irrational conduct of war«, tat Carr als Modeerscheinung ab[48]. Um die Wirkung von Hitlers Persönlichkeit auf den Zweiten Weltkrieg wirklich erfassen und dessen militärischen Führungsstil beurteilen zu können, komme es vielmehr darauf an, dessen *Schwächen* wie *Stärken* herauszuarbeiten.

Diesen Ansatz verfolgte zur gleichen Zeit, aber wohl unabhängig von Carr, der kenntnisreiche und »von den akademischen Moden freie Außenseiter« Sebastian Haffner[49]. Er unterschied nämlich zwischen *Leistungen* und *Erfolgen*. Erstere gehörten der Person Hitlers an, bei den letzteren seien immer andere beteiligt gewesen. Das deutsche Wirtschaftswunder nach 1933 sei zwar Hitlers populärste Leistung gewesen, aber die Wiederbewaffnung und Aufrüstung Deutschlands müssten als »mindestens ebenso sensationell und unerwartet« eingestuft werden. Dieses »militärische Wunder« sei ohne Hitlers entscheidenden Anstoß undenkbar. Dass es sich in dessen Hand später nicht zum »Segen für Deutschland« ausgewirkt habe, sei eine andere Sache[50]. Ähnlich unorthodox und unaufgeregt wie Haffner näherte sich auch Hans-Jürgen Eitner dem Phänomen Hitler. Dabei scheute sich letzterer nicht, auch den Feldherrn und Strategen in den Blick zu nehmen, wobei Eitner diese Rolle von der des Staatsmannes unterschied[51]. Danach war es über fünfzehn Jahre still im deutschen Blätterwald, bevor John Keegans lange Abhandlung über den Feldherrn Hitler in deutscher Sprache erschien. Unter der Überschrift *Falsches Heldentum* analysierte der renommierte englische Militärhistoriker nicht nur den obersten Befehlshaber; den Krieg und Hitlers Welt; den Krieg, den Hitler führte; Hitler und die Befehlsgewalt sowie Hitler und die Inszenierung des Führerprinzips, sondern auch Hitlers Soldaten sowie dessen Hauptquartiere. Keegan nahm den Soldaten Hitler ernst[52]. Dies tat 1990 auch der amerikanische Historiker Alan F. Wilt, als er den Kriegsherrn des Dritten Reiches mit dem der britischen Demokratie verglich: Winston Churchill[53].

---

[48] Carr, Hitler, S. 78.
[49] So Fest in seiner in der Frankfurter Allgemeinen Zeitung vom 16.6.1978 erschienenen Rezension zu Haffner, Anmerkungen zu Hitler.
[50] Haffner, Anmerkungen zu Hitler, S. 40 f.
[51] Eitner, Der Führer.
[52] Keegan, Die Maske, S. 341–447. Ein Makel ist das Fehlen jeglicher Belege.
[53] Wilt, War from the Top. Vgl. auch Kriegsherren der Weltgeschichte.

Wenn wir nach diesem, selbstverständlich selektiven Literaturüberblick zum eigentlichen Thema zurückkehren, so gilt es, Hitlers militärisches Handeln chronologisch im Kontext der Politik zu beschreiben. Dabei genügt es nicht, nur den Zweiten Weltkrieg und die beiden Phasen der Eroberung (1939-1942) und der Verteidigung (1942-1945) zu unterscheiden. Hitlers Rolle als militärischer Führer muss vielmehr vor dem Hintergrund der Kontinuität des Ersten Weltkrieges und der strukturellen Bedingungen des Dritten Reiches interpretiert werden. Denn die militärische und geistige »Wiederwehrhaftmachung« Deutschlands, die auch ein kriegerisches Handeln beinhaltete, war 1933 kein *neues* Ziel einer erklärtermaßen »nationalen« Regierung. Sie war ein Erbstück des Ersten Weltkrieges, dessen geistige Gefangene nicht nur der rechtsextreme Reichskanzler und sein militärischer Reichswehrminister waren. Auch die Affinität zwischen Nationalsozialismus und deutscher Gesellschaft resultierte aus drei Teilidentitäten: zum einen aus denen der Erfahrung des verlorenen Krieges und an dessen Erinnerungen, sowie die Erinnerung an die Revolution, den Friedensvertrag von Versailles, die verschiedenen Putschversuche, die ausländische Intervention im Ruhrgebiet und die alltägliche Gewalt zwischen verfeindeten politischen Gruppierungen; zum anderen aus der »Teilidentität der Ziele«. Der strategische Kampf gegen die internationale Ordnung Mitteleuropas und für eine erneute Großmachtstellung Deutschlands war nur zu gewinnen, wenn aus der zerstrittenen Gesellschaft der Weimarer Republik eine geschlossene, wehrwillige Volks- und Schicksalsgemeinschaft entstünde, deren geeinte Führung über ein schlagkräftiges militärisches Instrument auf der Basis der allgemeinen Wehrpflicht verfügte.

Hitler hielt sich zeit seines Lebens für einen Künstler, einen Soldaten und einen Politiker. Der Schwerpunkt meiner Betrachtung liegt allerdings auf Hitlers soldatischer Natur. Am 30. April 1945 richtete er sich, in seine persönlich stilisierte feldgraue Uniform gekleidet, allerdings nicht nur mit einer Handfeuerwaffe, sondern auch mit Gift. Wenige Stunden zuvor hatte er in seinem politischen Testament noch einmal auf die Anfänge seines soldatischen Lebens als Kriegsfreiwilliger im Ersten Weltkrieg zurückgeblickt. Die militärische Sozialisation des 1889 in Österreich geborenen »angry young man« war allerdings nicht in der k.u.k. Armee erfolgt, sondern durch das 16. Bayrische Reserve-Infanterie-Regiment im Trommelfeuer an der Westfront. Diese Erfahrung des Kriegshandwerks wird von fast allen Biografen unterschätzt[54]. Hitler durfte sich zu Recht als Frontkämpfer bezeichnen. Der eigentlich untauglich gemusterte Kriegsfreiwillige war pflichtbewusst und tapfer gewesen, dreimal verwundet und fünfmal ausgezeichnet worden. Die Weimarer Republik hätte Hitler vor dessen Putschversuch sicherlich den Ehrentitel »guter

---

[54] Darauf macht zu Recht Keegan, Die Maske, S. 343 ff., aufmerksam, der auch den Vergleich zu englischen Regimentern nicht scheut. Vgl. Wiedemann, Der Mann.

Soldat« verliehen, wäre er denn amtlich eingeführt gewesen[55]. Hitlers zweite Erfahrung mit dem Militär, als Oberbefehlshaber der Wehrmacht (Februar 1938 bis April 1945), sollte länger dauern als seine Fronterfahrung im Ersten Weltkrieg und Dienstzeit in der Vorläufigen Reichswehr (August 1914 bis März 1920) zusammen. Als Frontsoldat hatte der Gefreite keine militärischen Führereigenschaften gezeigt, aber als politischer Agitator des Reichswehr-Gruppenkommandos 4 und Propagandist der nationalistisch gesinnten Rechten im nachrevolutionären Bayern machte er sich, 1919 auch als gewählter Vertrauensmann im I. Bataillon des Infanterieregiments 2, schnell unentbehrlich. So verfasste Hitler am 16. September 1919 seine erste schriftliche Stellungnahme zu einer konkreten politischen Frage, einen Brief über die »Gefahr, die das Judentum für unser Volk heute bildet«, im offiziellen Auftrag seiner militärischen Vorgesetzten[56]. Entgegen seinen eigenen Bekundungen ging Hitler nicht *in* die Politik, sondern diese kam *zu* ihm, und zwar in eine Münchener Kaserne! Damals, als er zuerst eine »infizierte« »Truppe, dann die Bevölkerung, gegen den Bolschewismus »immunisierte«, entdeckte Hitler, dass er reden, seine Zuhörer überzeugen und mitreißen konnte[57]. Bereits 1921 sprach Rudolf Heß von ihm als *der* »Führerpersönlichkeit« der NSDAP. Zu jener Zeit, als Hitler sich selbst untertreibend als »Trommler und Sammler« der nationalsozialistischen Bewegung bezeichnete, war es bestimmt noch nicht sein »höchstes Ziel [gewesen], Feldherr zu sein«, obwohl Hitler seine »soldatische Natur« auch als Parteiführer nie verleugnete[58].

Am 30. Januar 1933 wurde er Reichskanzler. Der so genannte »Dilettant, der Wagner pfiff«, erwies sich als tatkräftiger, einfallsreicher und effizienter Macher. Mit seinen Leistungen, die ihm vorher fast keiner zugetraut hatte, überraschte der Führer der nationalsozialistischen Bewegung Freund und Feind. Dies verhehlte auch nicht Oberst Heinrich-Gottfried von Vietinghoff, der damalige Chef der Wehrmachtabteilung in Blombergs Ministeramt, also Reichenaus rechte Hand. Vietinghoff zeigte sich von Hitlers »ganz ungewöhnlicher Persönlichkeit« außerordentlich tief beeindruckt. Er hielt ihn »vorläufig für Deutschland unersetzlich«, weil Hitler der einzige Mann sei, dem es gelingen könne, den großen Umbau des deutschen Volkes »ohne gefährliche Reibungen« durchzufüh-

---

[55] Es erschienen nur »Ehrenranglisten« der Heeres- und Marineoffiziere. Wenngleich Hitler seine gesetzliche Stellungspflicht in Österreich-Ungarn dreimal versäumt hatte, so war er doch nicht stellungsflüchtig geworden; denn Hitler hatte sich Anfang 1914 in Salzburg tatsächlich mustern lassen, wurde aber für »untauglich« befunden. Vgl. Hamann, Hitlers Wien, S. 564 ff.
[56] Vgl. Fest, Hitler, S. 167, und Kershaw, Hitler, 1889-1936, S. 169 f.
[57] Als offizielle Broschüre diente damals Lindenau, Was man wissen muß. Vgl. Steinert, Hitler, S. 115.
[58] So überschrieb Wiedemann, Der Mann, ein Kapitel seiner Erinnerungen, S. 249 ff.

ren[59]. Obwohl sich Hitler in erster Linie als Soldat fühlte[60], saß er nicht an den Schalthebeln der militärischen Macht. Die Befehls- und Kommandogewalt lag noch beim Reichspräsidenten und Reichswehrminister. Aber als Regierungschef übte Hitler die politische Richtlinienkompetenz aus, und diese setzte er rigoros ein, auch zu Gunsten der Reichswehr. Schon hinter dem ersten Vierjahresplan der »nationalen Regierung« stand sein unbedingter Wille, »alles für die Wehrmacht« zu tun. Nur so konnte die von der Reichswehr seit 1919 heiß ersehnte geistige, personelle und materielle »Wiederwehrhaftmachung« Deutschlands, zu der sich der Reichskanzler vor den militärischen Spitzen am 3. Februar 1933 offen bekannt hatte, so schnell gelingen. Dabei verließ sich Hitler bis 1938 voll auf seinen Reichswehr-, Kriegsminister (ab 1935) und »Feldmarschall des Dritten Reiches«, Werner von Blomberg, und dieser auf alte Pläne der Reichswehr. Die Ausrichtung der Weimarer Gesellschaft auf den Krieg, euphemistisch die Stärkung des Wehrwillens des deutschen Volkes »mit allen Mitteln« genannt, sowie die Dynamik der Aufrüstung müssen allerdings Hitlers Leistungskonto gutgeschrieben werden.

Kein Herrschaftssystem wurde binnen weniger Jahre politisch, ideologisch und organisatorisch so ausschließlich auf die Person Hitlers ausgerichtet wie der nationalsozialistische Führerstaat. Die in der Geschichtswissenschaft zu lange dichotomisch diskutierten Herrschaftsphänomene, charismatische Monokratie Hitlers *oder* Polykratie rivalisierender Partikulargewalten, waren in Wirklichkeit keine Gegensätze. Sie gehören nicht nur systembedingt zusammen, sondern wirkten auch in der militärischen Gesellschaft. Der teilweise erbitterte Kompetenzstreit zwischen den führerimmediaten Partikulargewalten Wehrmacht und SA oder Wehrmacht und SS um die beste Form der Aufrüstung, professionelle Streitkräfte oder politische Miliz, Wehrmacht des Volkes oder Instrument der Führergewalt, führte trotz vermeidbarer Energieverluste zu einer Beschleunigung des auf Realisierung drängenden Grundkonsenses von 1933[61]. Doch Hitler entschied nicht nur diese militärpolitischen Zielkonflikte. Seine charismatische Monokratie, d.h. die unumschränkte Stellung des Führers im Dritten Reich, wurde auch durch die langjährigen Auseinandersetzungen *innerhalb* der Wehrmacht um die effektivste Kriegsspitzengliederung gefördert.

Mehr aus momentaner Verlegenheit heraus denn auf langfristiger Planung basierend übernahm Hitler Anfang 1938, zusätzlich zu seinen Funktionen als Parteiführer, Regierungs- und Staatschef auch die tatsäch-

---

[59] Tagebuch von Oberst Vietinghoff, Eintrag vom Juli 1933, BA-MA, N 574/2.
[60] So sein Parteigenosse und Kriegskamerad Max Amann zu Wiedemann, Der Mann, S. 249.
[61] Leider erwähnt Wehler, Deutsche Gesellschaftsgeschichte, Bd 4, die Wehrmacht nicht als eine Partikulargewalt wie DAF, SS, Gauleiter usw., obwohl sie offiziell bis zum Februar 1938 neben der NSDAP als zweite Säule des Führerstaates fungierte.

liche Befehls- und Kommandogewalt über die Wehrmacht. Den eingespielten militärischen Stab des ausgeschiedenen Kriegsministers bildete er gemäß dem Führerprinzip zu einem Instrument seines Willens um. Aus dem besonders von der Heeresführung bekämpften Wehrmachtamt wurde das Oberkommando der Wehrmacht[62]. In der außenpolitisch angespannten Lage um die Jahreswende 1937/38 wollte sich das NS-Regime keine schwelende militärische Führungskrise leisten. Im Vorfeld des »Anschlusses« von Österreich war Hitler nämlich nicht daran gelegen, die deutsche Führung, und speziell die der Wehrmacht, in einem »Schwächezustand« erscheinen zu lassen[63]. Vielmehr müsse der österreichische Bundeskanzler Kurt Schuschnigg weiter »zittern« und dürfe keinen neuen Mut fassen[64]. Deshalb war Hitler außer sich, als der höchste Soldat, dem er »blind vertraut« hatte, seine Liebe zu einer Frau über die Interessen des nationalsozialistischen Staates stellte und lieber aus dem Amt schied, als sich von ihr zu trennen[65]. So unglücklich Blombergs Mitarbeiter, Keitel und Jodl darüber waren, dass ihr Chef »gefallen« war, so froh zeigten sie sich über Hitlers Willen, nicht an der Einheit der Wehrmacht und ihrer Führung zu »rütteln« sowie »anderen Kräften« nicht zu erlauben, in das Gefüge der Wehrmacht »einzubrechen«[66]. In Keitels Erfolg, die einheitliche Wehrmachtführung erhalten zu haben, lag zugleich die Ursache seiner Schwäche. Der neue Chef des OKW war zwar erster militärischer Berater Hitlers geworden und den Oberbefehlshabern der Wehrmachtteile protokollarisch gleichgestellt, aber er besaß außerhalb seines eigentlichen Bereichs keinerlei Befehlsgewalt[67]. Der Chef OKW fungierte als ein »Sekretär« des Führers, zuständig für das Militär. Zum einen verstand der organisatorisch begabte Keitel seine kriegsministerielle Funktion dahingehend, die konkurrierenden Ansprüche der Wehrmachtteile auf die personellen wie materiellen Ressourcen des Reiches auszugleichen und zu optimieren. Zum anderen setzte sein Wehrmachtführungsamt- bzw. -stab Hitlers strategische Direktiven in militärische Weisungen an Heer, Marine und Luftwaffe um. Denn auch Hitler hatte aus dem Ersten Weltkrieg gelernt. Er war nicht gewillt, sich in der Krieg-

---

62 Damit war die Fehde zwischen Heeres- und Wehrmachtführung aber keineswegs beendet. Vgl. Kap. II.
63 Goebbels, Die Tagebücher, T. 1, Bd 3, S. 423-425 (1.2.1938).
64 Jodl Tagebuch, Eintrag vom 31.1.1938. Abgedr. bei Müller, Armee und Drittes Reich, S. 250. Deshalb wies Hitler Goebbels an, das »Revirement« in der Presse auf keinen Fall als einen »Triumph der Partei« über die Wehrmacht aufzumachen. Die »wahren Hintergründe« hätten hinter einer Nebelwand zu verschwinden. Deshalb wurde auch die am 10. März 1938 vor dem Reichskriegsgericht gegen Fritsch eröffnete Verhandlung auf Hitlers Verlangen vertagt.
65 Goebbels, Die Tagebücher, T. 1, Bd 3, S. 414-425 (26.1.-1.2.1938). Ältere Interpretationen gilt es entsprechend zu ändern.
66 Jodl Tagebuch, Einträge vom 27./28.1. und 2.2.1938. Abgedr. bei Müller, Armee und Drittes Reich, S. 248-250.
67 Zur Gliederung des OKW 1938/39 vgl. Absolon, Die Wehrmacht im Dritten Reich, Bd 4, S. 161 ff.

führung wie Kaiser Wilhelm der Zweite von Generalen und Admiralen zur Seite drücken zu lassen. Die Militärelite wurde nun endgültig auf die Ebene der Operateure herabgedrückt.

Hitlers so genannter Griff nach der Wehrmacht brachte die alte Militärelite zwar auf, aber weniger gegen Hitler als gegen das OKW. Besonders Beck beharrte darauf, als operativer Kopf des gewichtigsten Wehrmachtteils den Obersten Kriegsherrn federführend zu beraten, selbstverständlich unter Zuarbeit der beiden anderen Wehrmachtteile. Die Einrichtung eines Oberkommandos der Wehrmacht hatte allerdings das Immediatrecht der Oberbefehlshaber von Heer und Marine in keinster Weise beschnitten. Ganz im Gegenteil. Raeder und Brauchitsch versuchten nun, so wie schon vorher Göring und die Partei, ihre enger gewordene Bindung an den Obersten Befehlshaber der Wehrmacht egoistisch für die Belange ihres Wehrmachtteils zu nutzen[68]. Deshalb gelang es Keitel auch nur unvollkommen, die verschiedenen Kriegsvorbereitungen, militärisch wie zivil, über den Reichsverteidigungsausschuss (bis 1939) zu koordinieren. Anders als in England oder in den USA gab es im nationalsozialistischen Deutschland keine Institution zur Abgleichung strategischer Einzelinteressen. Nur in Hitler selbst liefen alle Fäden der konkurrierenden Machtzentren innerhalb der Wehrmacht sowie die der Partei, Wirtschaft und Verwaltung zusammen.

Was von der sozialgeschichtlich geprägten Geschichtswissenschaft ganz übersehen wird, ist die Tatsache, dass die beiden Herrschaftsphänomene des Führerstaates, charismatische Monokratie und Polykratie rivalisierender Partikulargewalten, im Bereich der Wehrmacht ab Dezember 1941 zusammenfielen. Hitler übernahm nämlich zu seiner Funktion als Führer und Oberster Befehlshaber der Wehrmacht auch den direkten Oberbefehl über das Heer, den größten Wehrmachtteil. Damit war zunächst auf dem Felde der Operationsführung im Osten die sonst geltende parallele Linienführung des NS-Herrschaftssystems durchbrochen. Diese Tendenz verstärkte sich ab 1942, und zwar mit der Entstehung von zwei getrennten Kriegsschauplätzen[69]. Aber auch auf anderen Gebieten scheute Hitler nicht davor zurück, Partikulargewalten aus- und sich auf unterer Ebene direkt einzuschalten. Dabei verlor er natürlich seine »überrechtliche Definitionskompetenz« als »Führer« und wurde kritisierbar wie jeder andere Entscheidungsbefugte auch. Die in den Quellen oft gebrauchten Formeln: »Der Führer wünscht [oder] erwartet«, »aufgrund der Führerentscheidung« machen es dem Historiker ab Ende Dezember 1941 schwer, streng zwischen Hitlers operativer Rolle als Oberbefehlshaber des

---

[68] Vgl. die Erinnerungen von Vizeadmiral a.D. Eberhard Weichold, Die Wehrmacht im nationalsozialistischen Staat, BA-MA, N 316/v. 68, S. 11.
[69] Vgl. Megargee, Inside Hitler's High Command. Die deutsche Übersetzung (Hitler und die Generäle) erschien 2006. Jodl wurde Hitlers Generalstabschef für die OKW-Kriegsschauplätze, d.h. alle außer der Ostfront. Im Herbst 1942 führte Hitler dort sogar zeitweilig eine Heeresgruppe direkt.

Heeres oder der als strategischer Oberster Befehlshaber der Wehrmacht zu unterscheiden[70]. Er war souveräner Herr über Krieg und Frieden. Als Staatsmann und Feldherr des Dritten Reiches wollte Hitler nicht bloß Versailles politisch revidieren, sondern *den* großen Krieg, den um die langfristige Sicherung des Lebensraumes für das deutsche Volk, auch selber führen.

Zusammen mit seinen Leistungen sowie innen- und außenpolitischen Erfolgen bis 1939 veränderten sich natürlich auch Hitlers Stellung im Dritten Reich und sein Einfluss auf die Wehrmacht. Man denke z.B. nur an das Jahr 1935: die Aufstellung der Luftwaffe; den Ausbau der Reichswehr zur Wehrmacht, verbunden mit der Wiedereinführung der allgemeinen Wehrpflicht; das geheime Reichsverteidigungs- und das öffentliche Wehrgesetz; die Überführung der Landespolizeien in die Wehrmacht; das Deutsch-Englische Flottenabkommen; das Reichsarbeitsdienstgesetz; das Luftschutzgesetz sowie die Wiedereröffnung der Kriegsakademie, oder das Jahr 1936, das die Wiederherstellung der militärischen Souveränität über die Rheinlande brachte; die Beförderungen zu Hitlers 47. Geburtstag; den zweiten Vierjahresplan und die Einführung der zweijährigen Dienstpflicht in der Wehrmacht.

1937 war für die Wehrmacht strukturell zwar weniger spektakulär. Aber Hitler überraschte ihre Führungselite mit seinem unbedingten Willen, die »deutsche Raumfrage« risikoreich mit kriegerischen Mitteln lösen zu wollen, und zwar »blitzartig schnell« bei passender politischer Konstellation, auch wenn die Aufrüstung der Wehrmacht noch nicht abgeschlossen war. Trotz militärischer Bedenken akzeptierte Blomberg den Primat der Politik und setzte den »Führerwillen« strategisch loyal in entsprechende Weisungen an die Wehrmachtteile um. Dass die politischen und militärischen Bauchschmerzen mancher Generale durch Hitlers außenpolitischen Erfolg des Frühjahrs 1938 – die gewaltlose Angliederung Österreichs – schnell vergingen, vergrößerte das Prestige des Führers und den Respekt der Wehrmacht vor dessen strategischen Fähigkeiten. Vor diesem Hintergrund und dem von Hitlers »soldatischer Natur« konnte es zum einen niemanden überraschen, dass er am 26. September 1938, und nicht erst ein Jahr später, die symbolhaltigen Worte sprach: »Ich gehe meinem Volk jetzt voran als sein erster Soldat, und hinter mir, das mag die Welt wissen, marschiert jetzt ein Volk, und zwar ein anderes als das vom Jahre 1918[71]!« Zum anderen stand der politisch argumentierende

---

[70] Als ein frühes Beispiel vgl. Hitlers Eingreifen in die Operationsplanung des Heeres nach der Einnahme von Kiew, wie es sich im Kriegstagebuch der Heeresgruppe Süd niederschlägt, BA-MA, RH 19 I/251 (26. und 27.9.1941).

[71] Domarus, Hitler. Reden und Proklamationen, Bd 1, S. 932. In Kenntnis der Hitlerschen Rede im Berliner Sportpalast hatte Goebbels bereits zu dessen Begrüßung ausgerufen: »Führer befiehl, wir folgen!« (S. 923). Zwei Jahre später war diese Propagandaformel im Heer Wirklichkeit geworden, wie Generalleutnant von Vietinghoff seinem Tagebuch anvertraute: »Die Truppe ist gut

Chef des Generalstabes des Heeres mit seiner anhaltenden Kritik an Hitlers risikoreicher Kriegspolitik alleine da, weil er seine Kameraden auch militärisch nicht hatte überzeugen können. Beck sah im Krieg durchaus ein legitimes Mittel der Politik, sich selbst als ersten Gehilfen des Feldherrn und hatte jahrelang dafür gekämpft, die Angriffskraft des Heeres zu erhöhen. Die politische Konstellation des Jahres 1938 hielt Beck allerdings für ungünstig, um Deutschlands territoriale Ziele kriegerisch zu verwirklichen.

Im vollen Bewusstsein der politischen Risiken und der Gewissheit, als Wortbrecher dazustehen, ließ Hitler die Wehrmacht im März 1939 in Prag, Pilsen und Brünn einmarschieren. Dies war sein erster gravierender strategischer Fehler seit 1933, auch wenn manch ein General diese kaum für möglich gehaltene, unblutige Operation für einen weiteren »Triumph des Führers« ansah[72]. Großbritannien begrub das Konzept des Appeasement auf dem Kontinent und zeigte sich intern und extern bereit, es auf einen neuen Krieg mit Deutschland ankommen zu lassen. Am 1. September 1939 glaubte Hitler aber noch, dass die Westmächte – wie 1938 – klein beigeben und die gewaltsame Niederwerfung Polens trotz ihrer Garantieerklärungen zähneknirschend hinnehmen würden. Die Inszenierung der Stärke sowie die einseitigen Schuldzuweisungen während der Reichstagssitzung konnten schon damals nur die uninformierte Öffentlichkeit darüber hinwegtäuschen, dass Hitler Krieg einer friedlichen Revision des Versailler Vertrages auf Kosten Polens vorzog. Seine Einschätzung der politischen Lage erwies sich bald als reines Wunschdenken. Daran konnte weder das spektakuläre deutsch-sowjetische Rapprochement im August 1939 noch die schnelle Zerschlagung des polnischen Staates durch Wehrmacht und Rote Armee etwas ändern. Seit dem 3. September 1939 war auch der deutschen Militärelite klar, dass Deutschland den Frieden verloren hatte, trotz aller großen operativen Erfolge und territorialen Gewinne im Osten. Mit dem Sieg über Polen und der sowjetischen Hilfe im Rücken glaubte Hitler, sofort wieder ein hohes Risiko eingehen und im Westen angreifen zu können. Es waren ihre Erinnerungen an das vergebliche Anrennen der deutschen Truppen gegen die alliierten Stellungen während des Ersten Weltkrieges, die die Heeresgeneralität 1939/40 bewog, gegen diesen Entschluss des Obersten Befehlshabers der Wehrmacht zu opponieren. Doch Hitlers Verbitterung über die mangelnde Loyalität seiner Soldaten war unbegründet. Nicht seine offene Drohung, jeden »Miesmacher« rücksichtslos zu vernichten, brachte den Umschwung, sondern die strategische Aussicht, Frankreich mithilfe eines neuen, den gefürchteten Frontalangriff vermeidenden Operationsplanes niederzuwerfen. »By a fortunate convergence of historical accidents: autumnal weather, Hitler's penchant for amateur strategy, Manstein's persistence,

---

und die Stimmung wirklich echt: ›Führer befiehl, wir folgen!‹«, BA-MA, N 574/2, Zusammenfassender Eintrag vom 19.-24.2.1940.
[72] Tagebuch Vietinghoff, Eintrag vom 17.5.1939, BA-MA, N 574/2.

Schmundt's intervention, [sowie der fachlichen Hilfe des Generalstabes; J.F.] and the failure of the western powers to attack, a strategic plan evolved which four months later led Germany to a victory over France more complete than that of 1870-1871[73].« Es war dieser überraschende Sieg im Westen, der dem schillernden Begriff »Blitzkrieg« den Kultstatus einer Doktrin gab, die es allerdings 1940 auf deutscher Seite nicht gegeben hatte[74].

Dafür war es aber während des Westfeldzuges zu operativen Meinungsverschiedenheiten zwischen verschiedenen Truppenführern, zwischen ihnen und dem Oberkommando des Heeres sowie zu einer »Vertrauenskrise« zwischen der Heeresführung und Hitler gekommen. Erst durch intensives Aktenstudium konnte nachgewiesen werden, dass der »verhängnisvolle Halte-Befehl«[75] vom 24. Mai 1940 für die deutschen Panzerverbände im Raum von Dünkirchen *nicht* auf den »unruhigen« oder »nervösen« Hitler zurückgeht, sondern auf die Heeresgruppe A. Der Oberste Befehlshaber intervenierte erst auf dem Höhepunkt eines Richtungskampfes innerhalb der Heeresgeneralität, der bereits Mitte Mai begonnen hatte. Denn damals war der deutsche Angriff schon einmal abgebremst worden, und zwar für den 16., 17. und 18. Mai 1940. Doch auch bei diesem Eingriff in operative Vorgänge trifft Hitler nicht die alleinige Schuld. Denn das *erste*, vorübergehende Anhalten der Panzerverbände am 16. Mai 1940 hatte der Oberbefehlshaber der Heeresgruppe A befohlen, um die nachhängenden Infanteriedivisionen »aufschließen« zu lassen[76]. Dahinter verbarg sich die Absicht, die von den beiden deutschen Heeresgruppen an der Kanalküste zusammengedrängten englisch-französisch-belgischen Verbände zu zerschlagen. Deshalb sprach Vietinghoff nach dem Fall von Dünkirchen auch vom »größten Cannä der Weltgeschichte«. Auch andere Generäle würdigten Hitlers Taten, sprachen abfällig über den geschlagenen Gegner und wollten nicht mehr an ihre frü-

---

[73] Carr, Poland to Pearl Harbor, S. 88.
[74] Vgl. Förster, The Dynamics, und Frieser, Blitzkrieg-Legende.
[75] So Buchheit, Hitler, S. 109 ff. Selbst Hürter, Hitlers Heerführer, S. 172 spricht noch vom »absurden ›Halt-Befehl‹«.
[76] Vgl. Frieser, Blitzkrieg-Legende, S. 315-331 und 363-376. Dessen Quellenbasis konnte durch den Fund des Kriegstagebuchs der Operationsabteilung im Generalstab des Heeres vom 11.5.-23.6.1940 im NL Münchhausen noch erweitert werden, auf das Georg Meyer in seiner Heusinger-Biografie 2001 zum ersten Mal aufmerksam machte. Anders als Frieser, der sich auf die apologetische Schrift von Halder (Hitler) aus dem Jahr 1949 stützt und von Hitlers »extremen Gefühlsschwankungen« zwischen maßloser Überschätzung der eigenen Möglichkeiten und übertriebener Katastrophenstimmung spricht (S. 321), lobt ein Zeitzeuge, nämlich Vietinghoff, den Obersten Befehlshaber gerade dafür, dass dessen Urteil durch »keinerlei Sentiments« getrübt sei, Hitler vielmehr der »weitschauende und aufbauende Realpolitiker« geblieben sei und an einen »Verständigungsfrieden mit England« gedacht habe (BA-MA, N 574/2, Eintrag vom 4.6.1940).

heren skeptischen Urteile erinnert werden[77]. Folgenreicher als das Anhalten der Panzergruppe Kleist wurde ein anderer massiver Eingriff Hitlers in die Regalien der Heeresführung. Als Reaktion auf mangelnde Information seitens des OKH verfügte er, dass die Unterstellungsverhältnisse von Armeen ohne seine vorherige Genehmigung nicht geändert werden dürften[78].

Bereits im November 1939 hatte Hitler seine eigene Unersetzbarkeit gegenüber der Wehrmachtelite hervorgehoben. Als diese ihre Verblüffung über den so gut gelungenen Feldzug, in den Hitler allerdings nur selten eingegriffen hatte, nicht verhehlen konnte, schmeckten ihm die Früchte *seines* triumphalen Sieges über Frankreich umso süßer. Sein glückhaftes Wagen als Feldherr hatte sich ausgezahlt. Die Schmach vom 11. November 1918 war an gleicher Stelle ausgelöscht worden. Kaum jemand hatte noch Skrupel, als die Auszeichnungen der Verdienste und die Verteilung der reichen Beute anstanden. Denn der Oberste Befehlshaber wusste nur allzu gut, dass der Triumph der Wehrmacht im Westen mehr als einen Vater hatte. Deshalb beglückte Hitler am 19. Juli 1940 gleich einunddreißig Generale, zwölf mit dem Feldmarschallstab und neunzehn mit der Beförderung zum Generaloberst[79]. Die schwere Bürde, sich als Paladin des Dritten Reiches rückhaltlos zum Nationalsozialismus bekennen zu müssen, wurde ihnen allerdings durch eine geheime, steuerfreie Provision von monatlich 4000 Reichsmark, eine zweite »Aufwandsentschädigung«, aus Hitlers Privatschatulle erleichtert[80]! Der Kommandierende General des XIII. Armeekorps gehörte zwar nicht zu den am 19. Juli ausgezeichneten, war Vietinghoff doch gerade erst zum General der Panzertruppen befördert worden (1. Juni 1940). Aber er sprach dem »militärisch überragenden Führergenie des Führers« den Hauptverdienst an der »Erledigung« Frankreichs zu, allerdings nach der »ausgezeichneten Truppe«. Vietinghoff lobte Hitlers »revolutionäre Umgestaltung« der deutschen Kriegskunst, nämlich die Ablösung der Lineartaktik des Ersten Weltkrieges durch die »Stoßtrupp-Taktik«, d.h. »die Verwertung des Stoßtrupp-Gedankens, der im Stellungskrieg entstand, auch auf die große Führung im Bewegungskrieg, wobei – im Endziel – Panzerdivisionen und Stukas [Sturzkampfflugzeug] die Rolle der Stoßtrupps im Großen übernehmen. So bildet der Feldzug gegen Frankreich das Gegenstück zu 1806/7, anders ist der völlige, schnelle Zusammenbruch Frankreichs kaum

---

[77] Vgl. Hürter, Hitlers Heerführer, S. 172 f.
[78] Jodl Tagebuch, Eintrag vom 24.5.1940. In: IMT, Bd 28, S. 433.
[79] Und zwar während einer Reichstagssitzung, in der er propagandistisch zum letzten Mal an die Vernunft Londons appellierte. Der Vorgang der Massenbeförderung lässt sich nur mit Napoleons Ernennung von 14 Marschällen und vier Ehrenmarschällen am 19.5.1804 vergleichen.
[80] Vgl. Goda, Black Marks; Ueberschär/Vogel, Dienen und Verdienen, und Hürter, Hitlers Heerführer, S. 173 f. Neben diesen monatlichen Summen gab es für einzelne Oberbefehlshaber zwischen 1941 und 1944 noch hohe Bardotationen.

begreiflich zu machen«[81]. Auch deshalb konnten selbst Mitglieder des Widerstandes ihre Genugtuung über Hitlers militärischen Erfolg nicht verhehlen[82].

Während der glückliche Hitler Paris besuchte, u.a. auch das Grab Napoleons, und die Anbetung des Volkes genoss, verursachte ihm die Haltung Großbritanniens strategische Kopfschmerzen. London »kept him guessing«, wie es das schon Ende der dreißiger Jahre getan hatte. Deshalb mussten in Berlin »alle«, auch die militärische Führung, auf ein britisches Einlenken und »die Entscheidungen des Führers«[83] warten. Am 22. Juli 1940 hatte das nervenaufreibende Warten ein Ende. London machte auch öffentlich klar, dass es weiterkämpfen wollte, und dabei nicht nur auf die Hilfe der USA setzte. Hitler zögerte nicht lange. Am 31. Juli 1940 verkündete er den auf dem Obersalzberg versammelten militärischen Spitzen seinen bereits erwähnten, »bestimmten« Entschluss, die Sowjetunion im Frühjahr 1941 zu »erledigen«[84]. Niemand wagte einen Widerspruch oder formulierte eine strategische Alternative, um die deutsche Herrschaft über Europa und den Balkan langfristig abzusichern. Der Oberbefehlshaber der Marine war schon vorher gegangen, und Brauchitsch brachte seine Bedenken vom Vortag nicht zur Sprache. Auch sein erster operativer Gehilfe, der Chef des Generalstabes Halder, vollzog den Übergang zu einem großen Krieg gegen die Rote Armee nahtlos. Erst nach dem Zweiten Weltkrieg glaubte er, über Hitlers plötzlichen Entschluss »erschüttert« gewesen zu sein[85]. Auch die Luftwaffenführung schwenkte reibungslos auf Hitlers Angriffsplan im Osten ein. Nach den Enttäuschungen über dem Ärmelkanal glaubte sie, in einem kurzen und »ordentlichen Krieg« wieder militärische Erfolge erringen und das ramponierte Prestige der Luftwaffe ausbessern zu können.

Die Entscheidung des unumschränkten Kriegsherrn Hitler vom 31. Juli 1940 richtete nicht nur die gesamte Wehrmachtführung gen Osten aus, ließ die vorher angestellten Überlegungen der Heeresführung für einen bloßen »militärischen Schlag« gegen die Rote Armee Makulatur werden und veranlasste die Marine zu eigenen »Betrachtungen über Russland«. Hitler gab auch der deutschen Außenpolitik eine neue Aufgabe, da er gewillt war, das erhöhte machtpolitische Gewicht des Dritten Reiches zu Ungunsten der Sowjetunion in die europäische Waagschale zu werfen. Nun galt es, die deutschen strategischen und operativen Interes-

---

[81] Tagebucheintrag vom 31.7.1940, BA-MA, N 574/2. Bereits am 22.5.1940 hatte Vietinghoff den militärischen Genius von Hitler hervorgehoben und gemeint: »Er allein hat diese neuartigen und überkühnen Gedanken gehabt und mit unbeirrbarer Zähigkeit durchgesetzt; unsere militärischen Stellen – so hervorragend tüchtig im fachmännischen Sinne – sie auch sind, hätten das allein nie gewagt.« Es fällt auf, dass Manstein nicht erwähnt wird.
[82] Vgl. Hassell, Die Hassell-Tagebücher, 24.6.1940, S. 199.
[83] Goebbels, Die Tagebücher, T. 1, Bd 4, S. 237 (12.7.1940).
[84] Vgl. Förster, Hitlers Wendung nach Osten, S. 113-132.
[85] Vgl. Das Deutsche Reich und der Zweite Weltkrieg, Bd 4, S. 216 (Beitrag Klink).

sen in Finnland und Rumänien zu sichern. Das waren die Staaten, die Berlin ein Jahr zuvor Moskaus Einfluss überlassen hatte. Ein erster Paukenschlag war der zweite Wiener Schiedsspruch vom 30. August 1940, der den rumänisch-ungarischen Gegensatz aufheben sollte. Hier, wie auch in Nordeuropa, war die politische Eindämmung Moskaus von der Bildung mobiler, militärischer Eingreiftruppen begleitet. Während Hitler auf seine eigentlichen Verbündeten Italien und Japan verzichten zu können glaubte, sah er Rumänien und Finnland als willkommene Mitstreiter bei der Vernichtung der Sowjetunion an. Dieses Ziel rechtfertigte aus seiner hegemonialen Sicht ihre Unterordnung unter die deutschen Interessen. Ein Koalitionskrieg wie 1914-1918 kam für Hitler nicht infrage. Doch die Beteiligung Rumäniens und Finnlands am »Fall Barbarossa« erfolgte, genau wie die spätere ungarische, slowakische und kroatische, weniger auf deutschen Druck als vielmehr aus einem Zusammen- bzw. Widerspiel von historischen, politischen, ideologischen und ökonomischen Faktoren. Im Falle von Helsinki und Bukarest spielte auch die sowjetische Politik und deren militärisches Handeln ab Mitte September 1939 eine besondere Rolle[86].

Die operative Umsetzung seiner strategischen Entscheidung vom 31. Juli 1940 überließ Hitler seinem Wehrmachtführungsstab *und* den Generalstäben von Heer, Marine und Luftwaffe. Allerdings hatte er sich auf dem Obersalzberg auch zur eigentlich militärischen Problematik des geplanten, schnellen Feldzuges im Osten geäußert. Dabei hatte Hitler von zwei Stoßrichtungen des Heeres gesprochen, einer auf Kiew und dann über den Dnepr hinweg sowie einer durch das Baltikum auf Moskau. Danach sollten beide Stöße zusammengeführt werden. Neben einer späteren Teiloperation in Richtung auf das kaukasische Ölgebiet hatte Hitler auch den Kräftebedarf des Heeres angesprochen[87]. Erst Anfang Dezember 1940 ließ sich Hitler die Operationsabsichten der Heeresführung vortragen und billigte sie pauschal, obwohl sie in wesentlichen Punkten nicht mit seinem Ansatz übereinstimmten. In seiner strategischen Analyse wiederholte Hitler die Argumente vom Sommer. Für Hitler stand – neben der physischen Vernichtung der »Lebenskraft Russlands« und dessen »jüdischbolschewistischer Intelligenz« – die Gewinnung der kriegswirtschaftlichen Basen im Norden und Süden der europäischen Sowjetunion im Vordergrund. Damit wollte er sowohl die deutsche Versorgung sichern als auch dem Gegner die materiellen Grundlagen für einen Neuaufbau seiner militärischen Kräfte entziehen. Die Heeresführung wollte dagegen den Blitz-

---

[86] Vgl. Ebd., S. 327-364 und 365-412 (Beiträge Förster und Ueberschär), sowie Zwei Wege nach Moskau.

[87] Am 31.7.1940 wiederholte Hitler nur einen Gesamtumfang von 180 Divisionen, den er zuvor schon mit dem verantwortlichen Befehlshaber des Ersatzheeres und Chef der Heeresrüstung besprochen hatte. Auch General Fromm äußerte keine Bedenken. Vgl. Förster, Hitlers Wendung nach Osten, S. 120 f., und Kroener, Der starke Mann im Heimatkriegsgebiet, S. 383-387.

krieg im Osten durch einen konzentrierten Stoß auf Moskau erzwingen. Charakteristisch für den Entscheidungsprozess auf deutscher Seite war, dass einerseits die deutlichen Auffassungsunterschiede zwischen Heer und Hitler über den Ansatz der zweiten Operationsphase 1940/41 nicht wirklich diskutiert und geklärt wurden. Die späteren heftigen Auseinandersetzungen um die Vorrangigkeit Moskaus oder Leningrad und Kiew waren damit vorprogrammiert. Dies auch deshalb, weil sich die Rote Armee nicht entsprechend den eigenen Erwartungen verhielt, sondern als »ernstzunehmender Gegner« erwies. Schon das erste, zwischen Heer und Hitler unumstrittene Operationsziel: die Vernichtung der »Masse des russischen Heeres« westlich der Ströme Dnepr und Dvina, wurde von Heer und Luftwaffe nicht ereicht[88].

Andererseits hatte Hitler wiederholt Einfluss auf die »Weisung Nr. 21: Fall Barbarossa« genommen, die sein militärischer Stab ausgearbeitet hatte. Deren endgültige Fassung hatte er am 18. Dezember 1940 unterschrieben[89]. Das der Wehrmacht darin gesetzte strategische Ziel, die Sowjetunion in einem Blitzkrieg 1941 zu zertrümmern, begründete Hitler ein weiteres Mal am 9. Januar 1941. Auch an jenem Tag waren die Spitzen von OKW, Heer, Marine und Luftwaffe in seinem Domizil auf dem Obersalzberg versammelt. Niemand hatte Zweifel, dass es gelingen werde, die Rote Armee schnell zu besiegen. Deshalb wurde die Bereitstellung von Winterbekleidung für das Ostheer unterlassen. Nachdem im April 1941 noch der »tüchtigste« Balkanstaat – Vietinghoff meinte Serbien – in nur sechs Tagen »weggefegt« worden war, glaubte der Chef des Generalstabes der 4. Armee, dass sich dieser »Nimbus der deutschen Waffen« bald auch auf die Rote Armee auswirken werde[90]. Da Stalin keine Angriffs-, sondern Defensivabsichten unterstellt wurden, waren Hitler und die militärische Führung auch nicht durch die Kriegsfähigkeit der Roten Armee beunruhigt. Deren Massierung in den vorgeschobenen Räumen um Lemberg und Białystok kam ihnen ganz gelegen. Hitlers größere Sorge war vielmehr, Stalin könne ihm durch eine politische Geste des Entgegenkommens sein kriegerisches Konzept verderben. Anders als sie selbst, hielt Stalin die

---

[88] Dennoch meinte Heusinger noch am 25.7.1941, dass »der Feldzug bei Nord planmäßig, bei Mitte bis zum Höhepunkt der Schlacht um Smolensk gleichfalls planmäßig, bei Süd wesentlich langsamer als erwartet« verlaufe. Vgl. das Tagebuch des in der Operationsabteilung tätigen Hauptmanns Karl-Wilhelm Thilo, 25.7.1941, BA-MA, NL 664/3.

[89] Ende November 1940 nahm Hitler – und zwar über seinen »Generalstabchef« Jodl – auch direkt Einfluss darauf, welche Division als Lehrtruppe nach Rumänien entsandt und wer die Operationen gegen Griechenland kommandieren sollte. Vgl. die Vortragsnotiz von Heusinger für Halder vom 23.11.1940, BA-MA, NL 813.

[90] Stichworte aus Briefen nach Hause (BA-MA, N 574/2), sowie Förster, Hitlers Wendung nach Osten, S. 124 f. Halder rechnete zwar mit schweren Kämpfen nach Überschreiten der sowjetischen Westgrenze. Aber danach erwartete er ein »Vakuum« beim Gegner, in das die Panzerdivisionen hineinstoßen könnten. Vgl. Förster, Zum Rußlandbild.

Wehrmacht am 5. Mai 1941 nicht für unbesiegbar, sondern nur für »boastful, self-satisfied and conceited«, d.h. »dizzy with successes«[91].

Der Hauptakteur des Jahres 1941, einem »Wendejahr« der Weltgeschichte (Klaus Hildebrand), war zweifellos Adolf Hitler. Er dominierte die Kriegspolitik des nationalsozialistischen Deutschland. Diese wurde wiederum von den »Konstanten seines Weltbildes« und dem unerwarteten Weiterkämpfen Großbritanniens bestimmt. Weder Hitler noch die militärischen Führer zweifelten daran, dass die Wehrmacht stark genug war, die sowjetischen Streitkräfte im Laufe des Sommers vernichtend zu schlagen und damit auch dem Krieg gegen die angloamerikanischen Seemächte die entscheidende Wende zu geben.

Der deutsche Angriff auf die Sowjetunion am 22. Juni 1941 trug von Anfang an ein »doppeltes Gesicht«. Aber anders als Erich von Manstein in Nürnberg aussagte, waren militärischer und weltanschaulicher Kampf für Hitler nur verschiedene Seiten eines einzigen großen Krieges, in dem Ostexpansion, Vernichtung des Bolschewismus und Ausrottung des Judentums untrennbar miteinander verbunden waren. Inhaltlich war ein Ziel jeweils die Voraussetzung für das andere. Hitlers mörderische Lebensraumprogrammatik konnte nur deshalb integraler Bestandteil der militärischen Operationen werden, weil die Heeresführung und Juristen bereit waren, die Truppe den »weltanschaulichen Kampf« der SS und Polizei »mit durchfechten« zu lassen. Auch das Heer sollte mit äußerster Rücksichtslosigkeit und größtem Vernichtungseffekt gegen das Wahnbild des »jüdischen Bolschewismus« innerhalb der Roten Armee, die Kommissare und Politruks [pol. Führer in der Truppe], sowie gegen sowjetische Funktionäre, Juden und Saboteure vorgehen. Dem Hitlerschen Vernichtungskonzept arbeitete Stalin insofern entgegen, als er den deutschsowjetischen Krieg nicht als eine bloße machtpolitische Auseinandersetzung begriff, sondern auch als einen Kampf antagonistischer Weltanschauungen. Stalins Aufruf zu einem von der Partei zu führenden, erbarmungslosen Volkskrieg gegen den deutschen Faschismus gab Hitler nämlich die willkommene Möglichkeit, sein völkerrechtswidriges Vernichtungsprogramm als militärische Maßnahmen gegen »die Partisanen« im Rücken der Wehrmacht zu drapieren, d.h. als notwendig für die Sicherheit der Soldaten[92].

Die großen operativen Erfolge nach dem 22. Juni 1941 entsprachen den deutschen Erwartungen. Sie steigerten das hohe Selbstwertgefühl der Wehrmacht auf allen Ebenen. Heer und Hitler sahen den Feldzug im Osten bereits nach zwei Wochen als gewonnen an. Doch schon wenige Tage später zeigte sich, dass die »Masse des russischen Heeres« westlich der Dnepr–Dvina-Linie nicht hatte vernichtet werden können, das bol-

---

[91] Förster/Mawdsley, Hitler and Stalin, S. 97 f., und Mawdsley, Thunder in the East.
[92] Vgl. Das Deutsche Reich und der Zweite Weltkrieg, Bd 4, S. 1036 ff. (Beitrag Förster); Megargee, War of Annihilation, und Hürter, Hitlers Heerführer.

schewistische System weiter funktionierte, der sowjetische Gegner unterschätzt worden war. Auch die »intellektuelle Elite« des deutschen Generalstabes hatte sich bei ihren operativen Planungen nicht nur von »nüchternem Professionalismus« leiten lassen. Nicht bloß bei Hitler, sondern auch in dieser, »damals in aller Welt hoch angesehenen« Institution waren Elemente des »Unberechenbaren, ja Irrationalen« vorhanden gewesen[93]. Die tatsächliche Lage an der Front erzwang im Juli/August 1941 die Aufgabe überholter Annahmen, an denen ein ideologisches Feindbild seinen Anteil gehabt hatte. Dieser Prozess war – gerade nach der Euphorie der ersten beiden Wochen – für *alle* Beteiligten schmerzhaft, auch wenn später das Scheitern des Blitzkrieges allein Hitler angelastet wurde. Innerhalb der deutschen Führung verfochten Heer und Hitler unterschiedliche Vorstellungen von den Zielen und der Art der Durchführung der zweiten Operationsphase. Im Grunde ging es darum, ob entweder die zwei Panzergruppen der Heeresgruppe Mitte in Richtung auf einen der beiden Flügel (Leningrad oder Asowsches Meer) eindrehen sollten oder ob die beiden Heeresgruppen Nord und Süd die ihnen gestellten Aufgaben allein erfüllen und im Zentrum alle Kräfte für den Frontalangriff in Richtung auf Moskau zusammengefasst werden könnten. Die Härte der Auseinandersetzung um das *arcanum* des Sieges spiegelt bereits die wachsende Erkenntnis in der deutschen Führung wider, dass die Planungsgrundlagen fehlerhaft, der Blitzkrieg 1941 nicht mehr zu gewinnen waren und die Wehrmacht 1942 zu einem »neues Blut und Zeit kostenden Angriff gegen neue rote Kräfte gezwungen« sein würde[94]. Noch aber hoffte man, die Operationen vor Einbruch des Winters zu einem befriedigenden Abschluss bringen zu können. Die neuen privaten als auch bis dato bekannten Quellen aus der Operationsabteilung des Generalstabes des Heeres verdeutlichen, dass nicht nur Hitler angesichts der Entwicklung an der Ostfront tatsächlich »sehr nervös« war oder »große Ungeduld« zeigte, wiederholt in laufende Einzeloperationen eingriff[95] und sogar »allzu selbstherrlich« den Schwerpunkt der Gesamtoperation veränderte. Sondern sie belegen auch: »Niemand aus des Führers Umgebung

---

[93] So charakterisiert Frieser, Blitzkrieg-Legende, S. 321, den Unterschied zwischen Hitler und dem Generalstab im Mai 1940.

[94] Tagebuch Thilo, Eintrag vom 24.8.1941, BA-MA, N 664/3. Zur selben Zeit gingen auch Hitler und das OKW von weiteren Operationen aus, um 1942 die sowjetische Widerstandskraft völlig zu vernichten, ADAP, Serie D, Bd 13, Dok. 265, S. 345–353.

[95] So rief z.B. nach der Schlacht um Kiew der Chef des OKW bei der Heeresgruppe Süd an, um deren OB »freundschaftlich« und vertraulich die Einstellung Hitlers über den weiteren Vormarsch der 17. Armee in Richtung auf Char'kov mitzuteilen. Eine entsprechender »Führerentscheid«, der auch seine Leibstandarte einer anderen Verwendung zuführte, erging via OKH/GenStdH/OpAbt (Hptm. Thilo) erst einen Tag später, und zwar am 27.9.1941, BA-MA, RH 19 I/251, Anl. 920 bzw. 930.

▲
General der Artillerie Walther von Brauchitsch: Oberbefehlshaber des Heeres von Februar 1938 bis Ende 1941; 1938 *(AKG)*

▲
General der Artillerie Franz Halder war zwischen September 1938 und September 1942 Chef des Generalstabs des Heeres; ohne Datum
(BArch, Bild 146-1970-052-08)

▲
Adolf Hitler mit Entourage: neben ihm Generaloberst Wilhelm Keitel (l.), Chef OKW, und Generalmajor Alfred Jodl (r.), Chef des Wehrmachtführungsstabes; Juni 1940
(BArch, Bild 183-R99057)

– ObdH schon gar nicht –« setzte Hitler wirklich Widerstand entgegen, die Heeresführung war entschlusslos, agierte bürokratisch paktierend, vermied so »schnelle und harte« Entscheidungen, die dann Hitler treffen musste[96].

Die Meinungsverschiedenheiten zwischen der Heeresführung und dem Obersten Befehlshaber konnten durch eine persönliche Aussprache zwischen Hitler und Brauchitsch am 30. August 1941 zunächst geklärt werden, bevor sie dann in der zweiten Führungskrise November/Dezember 1941 wieder auflebten. Hitler schwenkte im Sommer zwar auf die operative Grundidee von Brauchitsch und Halder ein, die Entscheidung vor Moskau zu suchen (Operation »Taifun«), aber ein Cannae erwog er nie.

Auch im November 1941 folgte Hitler dem Rat der Heeresführung, als nur Halder und das Oberkommando der Heeresgruppe Mitte einen erneuten, diesmal frontalen Angriff auf Moskau befürworteten. Diese so genannte letzte Kraftanstrengung der Wehrmacht sollte mittels »Behelfen aller Art« und »auf die Gefahr, dass die Truppe ausbrenne«, unternommen werden, obwohl niemand von ihr eine »Entscheidung des Krieges« mehr erwartete[97]. Zu jener Zeit klafften auch die Beurteilungen hinsichtlich des Kampfwertes der eigenen und gegnerischen Kräfte zwischen den Heeresgruppen und Armeen einerseits und dem OKH andererseits weit auseinander. Deshalb meinte ein Mitarbeiter der Operationsabteilung, Hitler trage zwar die Hauptschuld an der Verkennung der Lage, die Heeresführung habe aber »große Mitschuld«. »Der Kulminationspunkt lag Anfang November und wurde von den Armeen erkannt und gemeldet«[98]. Die Oberbefehlshaber hatten alle Mühe, die »innere Widerstandskraft« ihrer ausgelaugten, frierenden und hungernden Soldaten so zu stärken, dass sie weiter die »harten Pflichten des Krieges« ertrugen, »um den Frie-

---

[96] Tagebuch Thilo, 24.8., 6. und 24.9.1941, BA-MA, N 664/3. Thilo ging sogar soweit, sich nach einer starken Persönlichkeit wie Ludendorff zu sehnen, von »Waschlappen« und »Schleimscheißerei« bei OKH und Generalstab sowie von Hitlers »richtigem Blick« bei einer bestimmten operativen Entscheidung zu sprechen. »Jedenfalls ist er allein hier oben der Mann von Intuition« (1.12.1941). Thilos Tagebuch kann ab August 1941 durch die o.a. Aufzeichnungen von Münchhausen (N 813) sehr gut ergänzt werden. Ganz anders liest sich dagegen das, was der ehemalige Chef der Operationsabteilung, Generalleutnant Adolf Heusinger, seinen Verhöroffizieren Anfang Februar 1946 erzählte, und zwar über die »German Campaign in Russia 1941-1944« und über Hitlers »Direct Control over German Operations«, NA at College Park, MD, RG 165, box 639.

[97] Tagebuch Thilo, zusammenfassender Eintrag der Konferenz von Orscha vom 12.-15.11.1941, BA-MA, N 664/3. Vergleichbare Notizen von Münchhausen fehlen für diese Zeit. Leider konnten die Notizen des Ersten Generalstabsoffiziers beim ObdH, Gyldenfeldt, im Bundesarchiv-Militärarchiv nicht eingesehen werden, weil der Erbe dem Verfasser die erforderliche Genehmigung verweigerte.

[98] Eintrag vom 8.12.1941, BA-MA, N 664/3.

den zu erkämpfen«[99]. Um ihre zwischen Euphorie und Niedergeschlagenheit wechselnde Stimmungslage im Herbst 1941 analysieren zu können, griff die Generalität auf die deutsche Militärgeschichte zurück. War die Stimmung der deutschen Führung Anfang Oktober 1941 noch »wunderbar gelöst und bestens«, sah General Jodl die gewonnene Schlacht von Vyasma als ein zweites Königgrätz an, so war Mitte November 1941 klar, dass die Operation »Taifun« gescheitert war und der Truppe harte Wintermonate in Russland ohne entsprechende Bekleidung bevorstanden. Nun verglich der Oberbefehlshaber der Heeresgruppe Mitte das Steckenbleiben des deutschen Vormarsches vor Moskau mit der Situation an der Marne 1914. Wenige Tage später, d.h. noch vor dem sowjetischen Gegenschlag, befürchtete Generalfeldmarschall von Bock sogar ein »zweites Verdun«. Doch die sowjetische Seite setzte nicht auf einen Stellungskrieg und das langsame Ausbluten des Gegners. Die Rote Armee wollte die Heeresgruppe Mitte vor Moskau vielmehr einkesseln und vernichten.

Das Scheitern des Blitzkrieges und der überraschende sowjetische Gegenstoß trafen auf eine deutsche Führung, die über die Ursachen der operativen Krise der Wehrmacht und über die Maßnahmen zu ihrer baldigen Überwindung uneins war. Darüber hinaus waren die führenden Männer in der Heeresführung, also Brauchitsch *und* Halder, abgespannt und führungsschwach. Unter deren Mitwirken entschied sich Hitler zu seinem berüchtigten Halte-Befehl vom 16. Dezember 1941. Das Halten der erreichten Linien, also »fanatischer Widerstand« und nicht ein »napoleonischer Rückzug« der abgekämpften Truppe sollte die drohende Zertrümmerung der Heeresgruppe Mitte abwenden. Dabei nahm Hitler bewusst die Opferung von Mensch und Material in Kauf. »Sein sechster Sinn sage ihm die Richtigkeit dieser Gedanken entgegen allen [anderen] Überlegungen.« Innerhalb der Operationsabteilung wurde Hitlers Halte-Befehl »mit dem Entschluss Friedrichs des Großen bei Leuthen [1757] verglichen. Es geht um Sieg oder Niederlage[100].« Die operative Krise an der Ostfront weitete sich zu einer Führungskrise aus, als Hitler nicht nur den Oberbefehlshaber des Heeres, sondern auch mehrere Truppenführer ablöste. Zum einen hielt er den schwer herzkranken Brauchitsch nicht mehr für fähig, der Truppe den erforderlichen »fanatischen Widerstand« einzuimpfen[101]. Zum anderen duldete Hitler im Falle von Rundstedt nicht, dass ein Heeresgruppen-Oberbefehlshaber einen gegebenen Befehl gleich mit der Vertrauensfrage beantwortete. Aber weder er noch Bock, Leeb oder Guderian verloren das Vertrauen ihres Obersten Befehlshabers

---

[99] Vgl. die OKW/WPr-Mitteilungen für die Truppe, Nr. 159 vom Dezember 1941, BA-MA, RW 4/357.
[100] Tagebuch Thilo, 21.12.1941, BA-MA, N 664/3.
[101] Zu Brauchitsch vgl. die Biografie von Löffler, Walther von Brauchitsch. Zur eigentlichen Intention Hitlers, Volk und Wehrmacht den unbedingten Willen zum Durchhalten des harten Lebenskampfes einzuhämmern, vgl. Das Deutsche Reich und der Zweite Weltkrieg, Bd 9/1, S. 536 f. (Beitrag Förster).

oder wurden so schlecht behandelt wie Erich Hoepner, Heim und später Zeitzler. Am 19. Dezember 1941 übernahm Hitler den Oberbefehl über das Heer selbst (vgl. Grafik auf S. 179). So sehr diese Maßnahme auch nach dem Krieg von interessierter Seite kritisiert wurde, nicht wenigen Generalen und Offizieren in verantwortungsvollen Positionen schien dies 1941/42 eine begrüßenswerte »klare Lösung«, die Stellung eines Oberbefehlshabers des Heeres entbehrlich zu sein. Es waren eben nicht nur die Herren des OKW, namentlich Keitel und Jodl, die das »Führerprinzip« verinnerlicht hatten. Auch andere hohe Offiziere waren wie Halder stolz darauf, dass der Dienstweg abgekürzt und sie einen direkten Zugang zu Hitler hatten, oder glaubten wie Stauffenberg, der Generalstab des Heeres könne »die ganze Kraft der Nation« jetzt besser für den »Entscheidungskampf des Heeres« einspannen[102]. »Seit Führer unmittelbar befiehlt, wird viel geschaffen [...] Halder trägt vor und Führer befiehlt alle Dinge zugleich als Staatsoberhaupt (Ersatzlage, Wirtschaft etc). Stellung und Einfluss des Heeres nun stärker als je – wenn Halder das zu nutzen versteht[103].« Da war sie, die unmittelbare Verbindung des Kriegs- und Feldherrn Hitler in seiner Rolle als »Führer« des deutschen Volkes. Noch ein Jahr später meinte der Befehlshaber des Ersatzheeres, den Brauchitsch gerne als seinen Nachfolger gesehen hätte, Hitler habe in seinem kleinen Finger mehr strategisches Können als alle Generale zusammen[104]. Diese mussten allerdings erst daran gewöhnt werden, den Willen der »autoritären Persönlichkeit« Hitlers direkt und ungeschmälert auch dann umzusetzen, wenn er in ihre Regalien eingriff, taktische Einzelheiten befahl und keine Empfindlichkeiten oder »Kritikaster, Besserwisser und Sich-nicht-trennen-Könner von [alten] Anschauungen« duldete[105].

Aus Feldpostbriefen und Frontreisen konnte die Heeresführung entnehmen, dass sich bei den Soldaten mit dem Wechsel im Oberkommando auch die Hoffnung auf »eine grundlegende Wendung zum Besseren« verband. Dies wurde ebenso als ein Gewinn betrachtet wie die Erfahrung,

---

[102] Vgl. Schreiben Halder vom 25.12.1941 und 6.1.1942, zit. nach Das Deutsche Reich und der Zweite Weltkrieg, Bd 4, S. 614 und 618 (Beitrag Klink), und Groß, Das Dogma der Beweglichkeit, sowie Hoffmann, Stauffenberg und der 20. Juli, S. 237, Brief vom 11.1.1942.

[103] Tagebuch Thilo, 24.12.1941, BA-MA, N 664/3.

[104] Hassell, Die Hassell-Tagebücher, S. 338 (13.11.1942). Auch der ObdM Dönitz notierte sich im August 1943, dass Hitlers »vorausschauende Beurteilung der Lage in Italien es in diesen Tagen sehr deutlich gemacht [habe], dass wir alle miteinander sehr arme Würstchen sind im Vergleich zum Führer, dass unser Wissen, unser Sehen der Dinge aus unserem beschränkten Sektor heraus Stückwerk sind« (Lagevorträge, S. 538).

[105] Schreiben Generalstabschef der 16. Armee an seine Korpschefs vom 5.1.1942, BA-MA, RH 20-16/80. Diese Tendenz verstärkte sich nach Stalingrad, so dass sich der Chef der Luftflotte 4 als »hochbezahlter Unteroffizier« empfand, obwohl er am 16.2.1943 zum Feldmarschall befördert worden war. Zu seinem regulären Gehalt kam allerdings noch die von Hitler geheim überwiesene »Aufwandsentschädigung« hinzu.

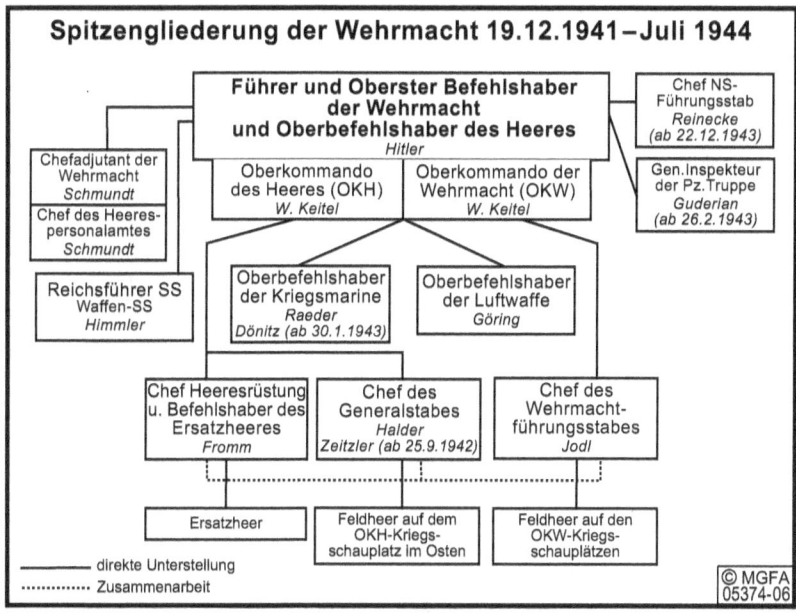

dass die Soldaten zwar auf die »unfähigen Generale« schimpften, aber Hitler von jeder Kritik ausnahmen. Der fachlichen Kritik an seinem Halte-Befehl kam der neue Oberbefehlshaber des Heeres Mitte Januar 1942 insofern entgegen, als er die starre Verteidigung an der Ostfront lockerte. Dem deutschen Ostheer war das Schicksal der napoleonischen Armee erspart geblieben. Diesen Erfolg heftete Hitler sich an seine persönliche Fahne. Er lobte aber auch die Tapferkeit seiner Soldaten. Denn die Truppe hatte seinen Willen umgesetzt und allen Widrigkeiten zum Trotz durchgehalten, »das letzte an Wollen« eingesetzt. Obwohl Hitler aus vielen Berichten hörte, dass die Soldaten »ostmüde« waren und an der Front wie im Hinterland die Parole verbreitet wurde: »Wir wollen heim, uns reicht's«, zweifelte er nicht am »kämpferischen Geist« der Truppe gegen den Bolschewismus und dessen Rote Armee.

Die Wehrmacht hatte sich zwar im Osten operativ und taktisch ans Ende ihrer Kräfte gesiegt, strategisch aber war Hitler seit Anfang Dezember 1941 »sehr guter Stimmung«. Obwohl sich der europäische Krieg global ausgeweitet hatte, war er überzeugt, Deutschland könne mit Japan als Bundesgenossen »gar nicht verlieren«[106]. Während Tokio seinen Siegeszug gegen Briten und Amerikaner fortsetzte, wollte Berlin »mit vollem Schwung« den Krieg gegen die Sowjetunion fortführen, um im Osten »reinen Tisch zu machen«[107]. Die andere Option, den vom Zaun gebro-

---
[106] Tagebuch Hewel, 8.12.1941, IfZ, München.
[107] So Hitler am 23.12.1941, Stab OKH, Notiz vom 28.12.1941, BA-MA, RH 14/4.

chenen Konflikt mit Moskau politisch zu beenden, kam Hitler nicht in den Sinn. Seine kompromisslose Haltung rechtfertigte er sowohl weltanschaulich als auch strategisch. Der globale Krieg gegen die »jüdisch-kapitalistisch-bolschewistische Welt« war für Hitler ein Kampf um Sein oder Nichtsein. Dieser könne nach dem Scheitern von »Barbarossa« nur durchgehalten werden, wenn die wehrwirtschaftliche Widerstandskraft des deutschen Lebensraumes um das Donez-Becken und die kaukasischen Erdölfelder abgerundet werde[108]. Deshalb spielte Hitler 1942 noch einmal *Vabanque* und setzte alles auf dieselbe Karte, obwohl die personelle und materielle Lage der Wehrmacht nur die Offensive einer Heeresgruppe im Südabschnitt der Ostfront erlaubte[109]. Der selbst auferlegte Zwang, siegen zu müssen, produzierte seine eigene Logik, in Bezug auf die Beurteilung der eigenen wie der gegnerischen Kräfte. Zum einen wurde angenommen, die »haushohe Überlegenheit des deutschen Soldaten« werde sich mal wieder beweisen, weil die Rote Armee »sich allmählich erschöpfte«[110]. Zum anderen wollte Hitler sich nicht damit abfinden, von so genannten Fachleuten gesagt zu bekommen, etwas sei nicht möglich oder gehe nicht. Es gebe eben »Probleme, die unbedingt gelöst werden müssen. Wo richtige Führer vorhanden sind, sind sie immer gelöst worden und werden auch immer gelöst werden[111].« Eigene militärische Erfolge, wie die Rückeroberung der Cyrenaica und der Halbinsel Kerč, der Durchbruch schwerer Überwassereinheiten der Marine durch den Ärmelkanal sowie der blutige Vernichtungssieg bei Char'kov Ende Mai 1942 stärkten das Selbstvertrauen Hitlers und der militärischen Führung in die deutsche operative Kunst. Sie wurde noch einmal bestätigt durch die spektakulären Eroberungen von Sevastopol' und Tobruk, die Hitler jeweils mit dem Marschallstab belohnte. Natürlich gab es weiterhin kritische Stimmen, die noch zwischen militärischen Schlachten und politischen Erfolgen unterscheiden konnten. Sie hielten den Wunsch für einen schlechten Vater des Gedankens an ein siegreiches Ende des Krieges[112].

Am 28. Juni 1942 wurde die zweite deutsche Sommeroffensive gegen die Rote Armee (Operation »Blau«) mit dem Vorstoß gegen den Don eröffnet. Die Heeresgruppe Süd kam zwar in den ersten Tagen zügig voran und gewann Voronež fast kampflos. Die territorialen Erfolge konnten aber nicht verdecken, dass das eigentliche Operationsziel, die »lebendige Streitkraft des Gegners« zu vernichten, in keiner Weise erreicht werden konnte, auch nicht in der zweiten Operationsphase. Die Rote Armee kämpfte taktisch geschickt, wich überraschend aus oder band die we-

---

[108] Tagesbefehl von Hitler zur Jahreswende 1941/42 (BA-MA, RH 22/19) und seine Rede im Berliner Sportpalast am 30.1.1942 (Domarus, Hitler. Reden und Proklamationen, Bd 2, S. 1826), sowie Lagevorträge, 26.8.1942, S. 405 und 407.
[109] Vgl. Das Deutsche Reich und Zweite Weltkrieg, Bd 6, S. 778 (Beitrag Wegner).
[110] Tagebuch Thilo, 30.4. und 10.5.1942, BA-MA, N 664/3.
[111] Deutschlands Rüstung, S. 126 (23.5.1942).
[112] Vgl. Meier-Welcker, Aufzeichnungen eines Generalstabsoffiziers, S. 140 und 148, Einträge vom 20.11.1941 und 12.1.1942.

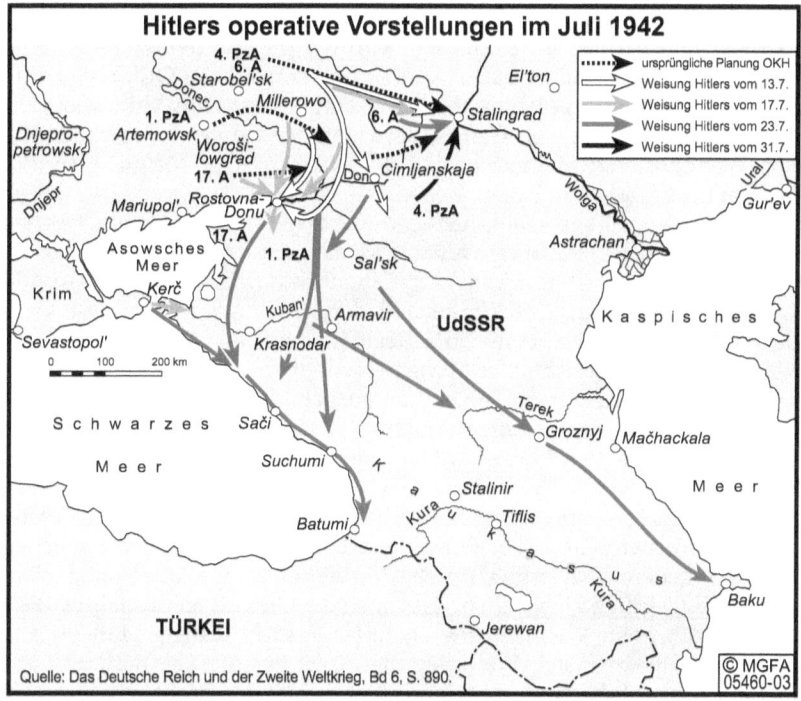

nigen schnellen Verbände. Es kam nicht zu den erwarteten Einkesselungen sowjetischer Großverbände. Die Hoffnung, die Verfolgungsoperationen könnten doch noch mit einem Vernichtungssieg enden, gaben aber weder Hitler noch die militärische Führung auf. Allerdings begann Hitler, zunehmend nervöser zu agieren und die operative Leitung noch stärker als bisher selbst zu übernehmen. Der einzig mögliche Ausweg aus dem Dilemma, wonach der Wehrmacht die Zeit bis zur Erreichung des strategischen Zieles, dem Gewinn des kaukasischen Erdöls, weglief, schien Hitler eine Schwerpunktänderung der Gesamtoperation zu sein. Am 23. Juli 1942 befahl er, dass die Vorstöße in Richtung auf die Volga bei Stalingrad und in den Kaukasus nun gleichzeitig mit zwei Heeresgruppen, und nicht mehr hintereinander unternommen werden sollten – wobei der Schwerpunkt eindeutig bei der südlicher operierenden Heeresgruppe A unter Generalfeldmarschall Wilhelm List lag[113]. Diese Entscheidung Hitlers, die gegen den Rat des Heeresgeneralstabs getroffen wurde, wertet Bernd Wegner als »strategisch ebenso konsequent wie operativ verhäng-

---

[113] Weisung Nr. 45, abgedr. in Hitlers Weisungen, S. 196 ff. Die Aufspaltung der oberen Kommandobehörden war bereits am 7.7.1942 erfolgt. Am 15.7.1942 hatte Hitler Generalfeldmarschall Bock wegen mangelnden operativen Überblicks abgelöst.

nisvoll«[114]. Sie beruhte allerdings auf der falschen Feindlagebeurteilung, dass die Rote Armee in Auflösung begriffen sei und keine zusammenhängende Front mehr aufbauen könne. Der persönliche Ordonnanzoffizier des Chefs der Operationsabteilung, Hauptmann von Münchhausen, hatte am 23. Juli 1942 das »Gefühl, dass man den Russen unterschätzt. Es wäre nicht das erste Mal in diesem Krieg, dass voreilige Maßnahmen uns um den Erfolg gebracht haben, siehe Dünkirchen«[115].

Schon wenige Tage später hatte sich die zweite Sommeroffensive erledigt. Der deutschen Führung wurde klar, dass die Zeit nicht mehr ausreichen würde, die weit gesteckten Operationsziele noch vor Einsetzen des Winters zu erreichen. Der Widerstand der Roten Armee versteifte sich. Doch Hitler war nicht bereit, die Realität, d.h. die Überspannung der eigenen Kräfte angesichts der großen Ausdehnung der Südfront anzuerkennen, bei gleichzeitigem Fehlen von ausgebildetem Ersatz für die ausgebluteten Divisionen. Zumal auch von den anderen Fronten nur schlechte Nachrichten in seinem Hauptquartier in der Ukraine eintrafen: bei Murmansk, vor Leningrad, im Bereich der Heeresgruppe Mitte sowie am Suez-Kanal, wo am 2. September 1942 die deutsch-italienische Offensive abgebrochen wurde. Die Operationsabteilung arbeitete zwar zu jener Zeit eine generelle Weisung für die Verteidigung aus, aber Hitler war nicht bereit, sich einzugestehen, dass auch die Offensiven des Jahres 1942 gescheitert waren. Vielmehr zog er, unter ausdrücklichem Hinweis auf die Lage 1916 im Ersten Weltkrieg die Zügel der direkten Führung an. Seinen Truppenführern an der Ostfront sprach er das Recht ab, »von sich aus so genannte taktische Ausweichbewegungen vorzunehmen ohne [seine] ausdrückliche Genehmigung«. Stattdessen gab Hitler die Parole aus: »Graben und immer graben, solange der Boden noch weich ist. Dann werden sich die Krisen des letzten Winters nicht mehr wiederholen[116].« Wenngleich sich diese Annahme zwei Monate später als Illusion herausstellte, und zwar durch die sowjetische Winteroffensive im Raum von Stalingrad, so führte die Summe der operativen Fehlschläge im Sommer 1942 schon bald zu einer schweren Führungskrise. Deren prominenteste Opfer wurden der Chef des Generalstabes des Heeres (Halder), der Oberbefehlshaber der Heeresgruppe A (List) sowie der Chef des Wehrmachtführungsstabes (Jodl). Letzterer wurde zwar nicht abgelöst, aber von Hitler mit »Liebensentzug« bestraft.

Das spätere Urteil der Generale, der »Führer« konnte nicht operativ führen, trifft sicher zu. Dies hatten sogar subalterne Offiziere schon lange vorher bemerkt. Sie hatten privat aber auch festgehalten, dass sich die militärische Führung trotz »besserer Erkenntnis *nolens volens*« Hitlers

---

[114] Wegner, Vom Lebensraum zum Todesraum, S. 29.
[115] Tagebuch Münchhausen, BA-MA, N 813.
[116] Führerbefehl vom 8.9.1942, BA-MA, III H 441.

Willen füge[117], sich Feldmarschälle eine »unwürdige Behandlung« gefallen ließen, Halder keine starke Persönlichkeit sei, ihm und seinem Operationschef Heusinger die Fronterfahrung fehle und beide sich kein eigenes Bild von der Lage vorne verschafften. Der neue Generalstabschef Zeitzler, der aus der Truppe kam und Hitlers Vertrauen besaß, wurde dagegen als »bullenenergisch« beschrieben. Anders als Halder und Heusinger wagte es Zeitzler, dem »Führer« zu widersprechen[118]. Kritische, aber loyale Offiziere sahen auch, dass Hitler aus »Prestige- und politischen Gründen« nicht zurückstecken wollte, dass seine »Sturheit im ›Nichtkapitulieren‹ – bei aller Richtigkeit im anderen Fall [gemeint war 1941/42] – die Gefahr birgt, dass erforderlichenfalls nicht rechtzeitig Frieden gesucht wird und die Niederlage des Nationalsozialismus die völlige Vernichtung des deutschen Volkes nach sich zieht«[119]. Viele hielten es für einen schweren Führungsfehler, dass Hitler, trotz wiederholten Drängens von Seiten des Generalstabs des Heeres und der Heeresgruppe vor Ort, nicht bereit war, der 6. Armee nach ihrer Einkesselung am 22. November 1942 den Ausbruch zu befehlen – auch wenn dieser Entschluss viel Material gekostet hätte – und statt dessen auf Görings Zusage einer Versorgung aus der Luft vertraute. Hitlers Führungsstil bewirkte, »dass sich keiner [der Generale] mehr verantwortlich fühlt bis zum Letzten«[120]. Diese Haltung kommt besonders in Feldmarschall von Mansteins Begründung zum Ausdruck, mit der er die Bitte von General Friedrich Paulus um Handlungsfreiheit für ein »Handeln nach Lage« abwies: »Was wird, wenn die Armee in Erfüllung des Befehls des Führers die letzte Patrone verschossen haben sollte, dafür sind sie nicht verantwortlich«, und »ich auch nicht«, müsste man ergänzen[121].

Stalingrad hatte nicht nur schwer wiegende militärische Folgen für die Wehrmacht und die Armeen der Verbündeten. Das operative Debakel zwischen Volga und Don weitete sich auch zu einer Führungs- und Vertrauenskrise in Deutschland aus, der ersten wirklichen Krise des nationalsozialistischen Systems. Der Name »Stalingrad« symbolisiert nämlich den *psychologischen* Wendepunkt des Krieges. Bei vielen Deutschen, Soldaten

---

[117] Ein Beispiel für diese Haltung ist Generaloberst Reinhardt. Trotz mehrfacher persönlicher Enttäuschung, so vertraute er seiner Frau am 20. April 1944 (!) an, habe er sich dazu durchgerungen, »um der Sache willen, weil es unsere Pflicht sein muss, für Deutschland und den Führer selbstlos alles zu geben, was wir können, solange man uns dazu in unserer Stellung noch für geeignet hält« (BA-MA, N 245/2).

[118] Vgl. die Tagebücher von Münchhausen, 25.8, 17., 19.9. und 29.7.1943 bzw. Thilo, 22. und 23.11.1942 (BA-MA, N 813, bzw. BA-MA, N 664/3).

[119] Tagebucheinträge vom 8. und 23.11.1942, BA-MA, N 664/3, und 14.12.1942, BA-MA, N 813.

[120] Tagebuch Münchhausen, 25.8.1942, BA-MA, N 813, und Lagebericht Lersner von der Front vom 21.2.1943, BA-MA, RH 13/50. Vgl. die harschen Urteile Hassells über die Generale, die »Josephs«, in: Hassell, Die Hassell-Tagebücher, 26.11. und 31.12.1942 sowie 22.1.1943.

[121] Kehrig, Stalingrad, S. 271 (27.11.1942).

wie Zivilisten, stellte sich das Gefühl ein, der »Untergang« der 6. Armee könnte der Anfang vom Ende sein. Zum ersten Mal bezog sich deren »kritisches Raunen« unmittelbar auf Hitler persönlich. Schließlich hatte es vorher geheißen: »Drum haltet aus, der Führer haut uns raus!« und »Wir werden siegen, weil uns Adolf Hitler führt«[122]. Weder war Hitler bereit, die Verantwortung für »Stalingrad« zu tragen, noch hatten die Generale ein Interesse daran, dass »hierdurch das Vertrauen zum Führer untergraben« wurde[123]. Während sie vergeblich darauf hofften, dass Hitler den Oberbefehl über die Operationen im Osten einem von ihnen übertrug, die kontraproduktive Trennung von OKW- und OKH-Kriegsschauplätzen beseitigte[124] und sich auf die »politische Führung« des Krieges konzentrierte, mussten die deutschen Verbündeten als Sündenbock für die schweren militärischen Niederlagen im Osten herhalten[125]. Kurz vor dem Scheitern der gemeinsamen Sommeroffensive 1942 hatte Hauptmann Thilo geklagt, dass von den mit Handschuhen zu behandelnden Verbündeten, neben Ungarn, Rumänien, Italienern, die Luftwaffe und die SS »die beiden letzten die Schlimmsten« seien[126].

Seit 1942/43 war das nationalsozialistische Deutschland in die Defensive gedrängt, das Gesetz des Handelns war im Osten wie im Südwesten auf die Gegner übergegangen, der »Führer« und Feldherr zum strategischen »Durchwursteln« gezwungen[127]. Was Front, Heimat und Verbündete nötig zu haben schienen, »um [deren] innere Stimmung zu heben«, das waren »ein paar [ordinäre] Siege« (Zeitzler). Aus denselben Gründen, aber auch um die »stille Hoffnung bei den Unterworfenen zu beseitigen«, hielt Hitler es für »ausschlaggebend wichtig, dass unter allen Umständen ein Erfolg eintritt«[128]. Dieses »Fanal« des Sieges sollte die Wiedereinnahme von Kursk setzen, nachdem schon die Rückeroberung von Char'kov

---

[122] So lauteten der zündende Aufruf des Generalstabschefs der 6. Armee vom 27.11.1942 und die Losung für die dreitägigen Veranstaltungen der Marine zum 10. Jahrestag der »nationalsozialistischen Revolution« (Kehrig, Stalingrad, S. 277, und BA-MA, RM 8/1732).
[123] Kehrig, Stalingrad, S. 527.
[124] Vgl. Tagebuch Münchhausen, 17.5.1943 (BA-MA, NL 813), und Tagebuch Pollex, 12.10.1943 (BA-MA, N 712/10), sowie Megargee, Hitler und die Generale. Als der Chef der Heeresgruppe A, Röttiger, Keitels Sohn fragte, »was sein Vater zu diesen Ostverhältnissen« sage, erhielt er die lapidare Antwort: »Der sagt, das ist nicht mein Kriegsschauplatz« (Reisebericht von Oberst Pollex vom 2.11.1943, BA-MA, N 712/10).
[125] Vgl. Förster, Stalingrad.
[126] Tagebuch Thilo, 16.10.1942, BA-MA, N 664/3.
[127] So Hitler und Dönitz übereinstimmend am 8.7.1943, KTB Skl, T. A, Bd 47, S. 635-A, Anm. 90.
[128] So Hitler vor den Oberbefehlshabern der Heeresgruppen am 1.7.1943, in: Krausnick, Zu Hitlers Ostpolitik, S. 309. Vgl. Tagebuch Münchhausen, 4.7.1943 (BA-MA, N 813).

Mitte März 1943 das »deutsche militärische Prestige vor der Welt«, besonders das der SS, wiederhergestellt hatte[129].

Die viel behandelte Schlacht von Kursk war weder ein »abenteuerliches Unternehmen« (Karl-Heinz Frieser) nur von Hitler, noch war sie ein »verschenkter Sieg« (Manstein). Kursk war eine lange vorbereitete Frontaloperation, deren Notwendigkeit innerhalb der deutschen Führung umstritten war. Mit diesem Angriff wollte Hitler der Roten Armee zwar einen schweren Haken versetzen, aber an einen K.o.-Sieg hatte er niemals gedacht. Bei dieser deutschen Offensive im Mittelabschnitt der Ostfront mag manch älterer Offizier an Ludendorffs Offensive im Frühjahr 1918 gedacht haben. Auch damals hatte der Erste Generalquartiermeister keine strategischen Ziele angestrebt, sondern nur einfach eine Bresche in die gegnerischen Stellungen hauen wollen. Zudem war das Erreichen des Operationsziels bei Kursk schon nach wenigen Tagen in weite Ferne gerückt, und zwar bevor die alliierte Landung in Sizilien den Abbruch der Schlacht erzwang. Dies war keine Ad-hoc-Entscheidung Hitlers. Bereits Mitte Mai 1943 hatte er den Entschluss gefasst, »in Italien sofort zu handeln«, falls dort »eine neue Krise« ausbreche. Um das »Land fest in die Hand zu nehmen und gegen die Angelsachsen zu halten bzw. diese wieder zu vertreiben«, war Hitler bereit, die Ostfront zu Gunsten einer neuen in Südeuropa zu schwächen[130]. Diese strategischen Gründe rechtfertigten nach Hitlers Meinung auch die Verschiebung des Unternehmens »Zitadelle« in der Planungsphase, da so genügend Kräfte für ein eventuelles schnelles Eingreifen in Italien zur Verfügung standen.

Das Abbrechen der Schlacht bei Kursk und das erfolgreiche sowjetische Nachdrängen bedeuteten mehr als eine bloße taktische Veränderung der Frontlinie im Osten. Mit aller Klarheit kam zum Ausdruck, dass die Periode der deutschen Angriffe zu Ende, die operative Initiative auf die Anti-Hitler-Koalition übergegangen, die deutsche Kampfkraft erlahmt war. Die Rote Armee hatte dem militärischen Druck der Wehrmacht erfolgreich widerstanden und bei Kursk mehr als nur eine »virtuelle Wende« (Karl-Heinz Frieser) an der Ostfront erzwungen. Sie hatte die Legende von der Unbesiegbarkeit des deutschen Heeres, die Stalin bereits am 5. Mai 1941 bezweifelt hatte[131], endgültig zerstört. Den deutschen Truppenführern fiel es allerdings schwer zuzugeben, dass die Rote Armee nicht nur taktische Durchbrüche erzielen, sondern schnelle Verbände auch operativ in die Tiefe führen konnte. Den 12. Juli 1943 bezeichnete ein historisch belesener, kritischer Reserveoffizier in der Operationsabteilung

---

[129] Vgl. Schwarz, Zwischen Stalingrad und Kursk, sowie den Beitrag von Frieser im Bd 8 der Reihe Das Deutsche Reich und der Zweite Weltkrieg.

[130] Bericht Junge aus dem Führerhauptquartier an Dönitz vom 15.5.1943, BA-MA, RM 7/260, und Tagebuch Münchhausen, 16. und 20.5.1943, BA-MA, NL 813. Ein vorbereitender Befehl des OKW war bereits am 12.5.1943 ergangen.

[131] Vgl. Förster/Mawdsley, Hitler and Stalin, S. 97 f.

als »dies ater in unserer Geschichte«[132]. Genau so, als schwarzen Tag des deutschen Heeres in der Geschichte des Ersten Weltkrieges, hatte Erich Ludendorff die schwere Niederlage bei Amiens am 8. August 1918 bezeichnet[133]. Wenngleich die deutsche Führung mithilfe schönfärberischer Berichte versuchte, das ganze Ausmaß der Rückzüge in Russland und Italien zu verschleiern, so war doch informierten Offizieren klar, dass der Zweite Weltkrieg ein Stadium erreicht hatte, »wo man die größten Befürchtungen haben muss, was da werden soll. Bisher machte man sich bei allen ernsten Beurteilungen der Lage doch immer noch irgendwelche Hoffnungen auf eine günstige Strähne für uns oder auf ein Wunder irgendwie. Das hat man nun nicht mehr. Man sieht klar ein schlimmes Ende. Gott bewahre uns wenigstens vor dem Russen[134].«

Im Herbst 1943 zeigte Hitler wieder einmal, dass hinter der politischen und militärischen Kriegführung des Dritten Reiches seine »ungeheure Kraft [und] unbeirrbare Zuversicht« steckten[135], dass seine Willenskraft und schöpferischen Gedanken »in strategischer, organisatorischer und rüstungstechnischer Beziehung« die »ganze deutsche Wehrmacht« durchpulsten und sie zusammenhielten. »Wenn hier nicht der Führer an der Spitze stünde, der souverän entscheiden kann und entscheidet, gäbe es Mord und Totschlag[136].« In Bezug auf die Rolle der Mitarbeiter dieses Feldherrn berief sich der Chef des Wehrmachtführungsstabes ausdrücklich auf ein, wie er meinte, wenig bekanntes Wort von Clausewitz: »Der vollkommenste Generalstab mit den richtigsten Absichten und Grundsätzen bedingt noch nicht die ausgezeichnete Führung einer Armee, wenn die große Seele des Feldherrn fehlt.« So angeleitet fiel es Jodls Führungsstab nicht schwer, sich im Herbst 1943 »noch einmal zur Höhe echten strategischen Denkens« emporzuschwingen[137]. Am 3. November erging Hitlers Weisung Nr. 51 für die Kriegführung an die Wehrmachtteile und die SS. Es sollte seine letzte sein. Entschlossen, die deutsche Hegemonie über weite Teile Europas nicht kampflos aufzugeben, verlagerte der Oberste Befehlshaber den Schwerpunkt der Kriegführung, der seit 1941 im Osten gelegen hatte, in den Westen. Dahinter stand die Annahme, die

---

[132] So Hauptmann von Münchhausen in seinem Tagebuch, 12.7.1943, BA-MA, N 813.
[133] Ludendorff, Meine Kriegserinnerungen, S. 547.
[134] Tagebuch Münchhausen, 29.7.1943, BA-MA, N 813. Vgl. seinen Eintrag vom 6.11.1943, wo er sich mit den zwei Fragen beschäftigt, wie es zu »dieser katastrophalen Lage« gekommen sei und wie es mit dem Krieg überhaupt weitergehen solle? Aber auch Münchhausen wollte »nicht immer in Pessimismus denken, das macht einen kaputt« (24.11.1943).
[135] Dies sagte Dönitz nach seinen Gesprächen mit Hitler vom 9. bis 11.8.1943, in: Lagevorträge, S. 538.
[136] So charakterisierte ihn General Jodl, der »militärische Berater«, in seinem Vortrag vor den Reichs- und Gauleitern am 7.11.1943, BA-MA, N 69/11. Natürlich fehlte auch der Vergleich mit Friedrich dem Großen nicht.
[137] Das glaubte Jodls langjähriger engster Mitarbeiter, General Warlimont, noch 1962 (Warlimont, Im Hauptquartier, S. 428).

Folgen einer gelungenen angelsächsischen Landung im Westen seien größer als die »Gefahr im Osten«. Dort, argumentierte Hitler, ließe die Größe des Raumes äußersten Falles einen Bodenverlust auch größeren Ausmaßes zu, ohne den deutschen Lebensnerv tödlich zu treffen[138]. Es galt also, Zeit für eine erfolgreiche Abwehr der erwarteten Landung im Westen zu gewinnen, wodurch wiederum Verbände für eine Gegenoffensive im Osten freiwürden. Bis dahin sollte die hart bedrängte Ostfront mit den Kräften auskommen, die sie hatte. Seine Risikostrategie flankierte Hitler durch Entscheidungen auf zwei anderen Problemfeldern der Wehrmacht, nämlich Kampfkraft und Motivation. Zum einen befahl er am 27. November 1943, durch rücksichtsloses Auskämmen der nicht kämpfenden Teile der Wehrmacht und Waffen-SS »mindestens eine Million Männer« der Front zuzuführen. Zum anderen schuf er am 22. Dezember 1943 einen Führungsstab im OKW, der die »politisch-weltanschauliche Führung und Erziehung der Truppe« vereinheitlichen und verstärken sollte[139]. Wurde erstere Weisung von der Truppenführung einhellig begrüßt, so hielten nicht alle von ihnen Hitlers weltanschauliche Gründe für so überzeugend, deshalb einen globalen Krieg zu führen. Auch glaubten einige, dass die Masse ihrer Soldaten eher pflichtbewusst weiterkämpfte, um ihre Heimat zu schützen.

Die von Hitler verfügte Schwerpunktverlagerung der Kriegführung nach Westen stieß allerdings auf den Widerstand derjenigen Generale, die gegen die Rote Armee kämpften. Ihrer massiven Kritik, Jodl deklarierte sie als »zersetzendes Gift an der Obersten Führung«, versuchte er dadurch entgegenzuwirken, indem allen Heeresgruppen der »harte Zwang« erläutert wurde, unter der diese stand[140]. Bereits Anfang September 1943 hatte der Chef des Wehrmachtführungsstabes die Notwendigkeit gesehen, die »irrige Auffassung« zu berichten, dass dem »schwer kämpfenden Ostheer Kräfte vorenthalten würden«[141]. Da der Ersatz ab dem Herbst 1943 nun vorzugsweise in den Westen und Südwesten gehen sollte, wurde das Halten einer durchgehenden Widerstandslinie an der Ostfront zunehmend schwieriger. Die absinkenden Kräfte und der ungenügend ausgebildete Ersatz beschleunigten zudem das Tempo des »Rückwärtskämpfens«, trotz des taktischen Prinzips der »festen Plätze« hinter der

---

[138] Vgl. Hitlers Weisungen, S. 233-238, hier S. 233.
[139] Vgl. Das Deutsche Reich und der Zweite Weltkrieg, Bde 5/2 und 9/1, S. 777-1001 und 469-640 (Beiträge Kroener und Förster).
[140] Vgl. den »strategischen Überblick« vom 13.4.1944, BA-MA, RW 4/v. 876. Abgedr. bei Jung, Die Ardennenoffensive, S. 270 ff.
[141] Vgl. Anschreiben Jodl zu seiner Lagebeurteilung vom 8.9.1943: »Entspricht die Verteilung der Gesamtkräfte auf den einzelnen Kriegsschauplätzen der strategischen Lage?«, BA-MA, RM 7/260. Diese Ausarbeitung, die noch die deutsche Unsicherheit über den endgültigen »Abfall Italiens« widerspiegelt, wurde sowohl von Hitler als auch Dönitz für gut befunden.

Front[142]. Hitler wäre nicht Hitler gewesen, hätte er in dieser Situation nicht eine zentral gesteuerte Fanatisierung der Wehrmacht im nationalsozialistischen Geist befohlen und sich in deren ideologischer »Durchknetung« nicht persönlich eingeschaltet[143]. Die Oberste Führung gab sich zuversichtlich, einen »Abwehrsieg« gegen die Angloamerikaner in Nordwestfrankreich zu erringen und »den Feind ins Meer zurückzuwerfen«. Zum einen war sie wie Jodl davon überzeugt, dass »der mit der Vernichtung seiner Heimat bedrohte [deutsche] Soldat besser kämpft und leichter stirbt« als seine Gegner in West und Ost. Zum anderen wollte die Führung nie aufhören zu kämpfen, denn »ein Europa unter der Knute amerikanischer Juden oder bolschewistischer Kommissare« war für sie ebenso »undenkbar«[144], wie ihr klar war, dass der Ausgang des Krieges von dem Erfolg oder Scheitern der angelsächsischen Landung sowie vom »Aufhalten des Russen« abhing[145]. Diese »scheußliche Situation« war nach Ansicht von Heusingers persönlichem Ordonnanzoffizier Ende Juni 1944 Realität geworden. Die angloamerikanische Landung im Westen war geglückt, die Heeresgruppe Mitte im Osten zerschlagen. Er hielt den Krieg für »militärisch endgültig verloren, wenn nicht ein Wunder geschieht oder die Politik in den Vordergrund tritt«[146]. Auch der Oberbefehlshaber der Heeresgruppe Mitte, Generaloberst Hans Reinhardt, meinte, standhalten zu müssen, um aus den großen Gegensätzen der Gegner politisch den »Gewinn« zu erreichen, »zu dem es zur Zeit militärisch allein nicht reicht«[147].

Zu Letzterem aber war Hitler nicht bereit. Vielleicht auch aus der Einsicht heraus, dass niemand mit ihm ernsthaft verhandeln wollte. Hitler setzte weiter auf die militärische Karte, wollte weiter durchhalten und hoffte auf ein ähnliches Wunder wie das von 1762. Doch die Wehrmacht war schon lange nicht mehr das militärische Instrument, das sie noch 1939, 1940 und 1941 gewesen war. Der Kämpfer von 1943, 1944 und 1945 war anders, Wille und Energie allein konnten die taktischen Lagen, die er meistern sollte, nicht erzwingen. Truppenführer und Oberkommandos hatten schon lange auf die ständige Überforderung der heterogenen, unzureichend ausgebildeten Truppe aufmerksam gemacht. Ihre Kampfkraft und ihr inneres Gefüge wurden zudem durch den ständig steigenden Mangel an erfahrenen Offizieren und Unterführern beeinträchtigt. Auch die von Hitler eingeleitete »zu schnelle Beförderungstour« von Trup-

---

[142] So Model am 27.1.1944, zit. nach Das Deutsche Reich und der Zweite Weltkrieg, Bd 5/2, S. 996 (Beitrag Kroener). Vgl. die operationsgeschichtlichen Beiträge von Frieser in Band 8 derselben Reihe.
[143] Vgl. Ebd., Bd 9, S. 590–620 (Beitrag Förster).
[144] So Jodl vor den Reichs- und Gauleitern am 5.5.1944 (BA-MA, N 69/18) und am 7.11.1943 (BA-MA, N 69/17).
[145] So Dönitz auf der Befehlshaberbesprechung am 11.11.1943, BA-MA, RM 7/98, und Tagebuch Münchhausen, 3.4.1944, BA-MA, N 813.
[146] Tagebuch Münchhausen, 29.6.1944, BA-MA, N 813.
[147] Brief vom 5.9.1944, BA-MA, N 245/2.

penoffizieren wirkte sich kontraproduktiv aus[148]. Wenngleich die persönliche Tapferkeit nicht nachgelassen hatte, fehlte manchem doch das taktische Können.

So konsequent die strategische Schwerpunktverlagerung im Herbst 1943 auch gewesen war, so inkonsequent war die damit verbundene Operationsführung im Osten. Hitler konnte sich nicht zu weiträumigen Räumungen von unhaltbar gewordenen Stellungen, Brückenköpfen sowie der Krim oder den baltischen Staaten entschließen. Stattdessen versteifte er sich auf sein altes Rezept, keinen Fußbreit Boden preiszugeben, und verzettelte dabei nach Guderians Meinung auch kostbare Panzerverbände zur Unterstützung der Infanterie. Hitler war aber nicht der einzige, der sein Heil im taktischen Konzept des unbedingten Haltens sah. In einer Offizierbesprechung der Operationsabteilung des Generalstabes des Heeres meinte auch Heusinger im Frühjahr 1944, »dass die Periode der Kontroversen [zwischen Heer und Hitler] über die operative Führung nun endgültig vorbei sei. Von jetzt ab gäbe es ganz klar nur das Eine: nämlich dass wir uns es nicht leisten können, auch nur einen Meter weiter Boden in Russland freiwillig preiszugeben.« Zu jener Zeit hoffte der Chef der Operationsabteilung, doch noch einmal in begrenztem Maße im Osten offensiv zu werden, um große Teile der Ukraine wiedergewinnen und einen »vernünftigen Frontverlauf« wiederherstellen zu können, »wenn die Invasion der Engländer abgeschlagen werden könnte«[149]. Sein Einschwenken auf Hitlers Linie hatte Heusinger vergessen, als er nach dem Krieg Kritik an dessen militärischem Führungsstil übte[150].

Das eigentliche Problem von Hitlers Persönlichkeit und Kriegführung liegt unter einer dichten Schicht von Memoiren und Mythenbildungen verborgen. Nicht nur nahm Hitlers Ämterfülle im Laufe seiner Herrschaft zu. Der »Führer« entwickelte sich auch persönlich. Er lernte während des Krieges militärisch hinzu, wurde selbstsicherer. Niemand war mehr der Meinung, dass er – wie noch am 3. Februar 1933 beobachtet – vor der hohen Generalität linkisch und unsicher auftrat. Sowohl die frühen Leistungen und Erfolge wie auch die späteren Führungskrisen 1941, 1942 und 1943 prägten ihn. Hinzu kam dann der zweite Anschlag auf sein Leben, diesmal sogar von Offizieren[151]. Im Laufe der Zeit wandelte sich Hitlers viel gerühmte Zähigkeit und Sturheit in den Krisen der »Kampfzeit« zu militärisch kontraproduktivem Starrsinn, der nie nachlassende Glaube an seine historische Mission für Deutschland zu Fanatismus und Besessen-

---

[148] Vgl. Kap. IV.
[149] Münchhausen war allerdings skeptischer. Die Truppe sei zu offensiven Handlungen nicht mehr fähig. »Wir werden froh sein müssen, wenn wir alle Angriffe abweisen können«, 13.5.1944, BA-MA, N 813.
[150] Befragungen vom Anfang Februar 1946, NA, RG 165, box 736.
[151] Zu jener »krisenschweren Zeit« sprach sein militärischer Propagandist Scherff wieder einmal von Hitlers Feldherrntum und verlangte vom Offizierkorps ein auf »Vertrauen und Glaube« beruhendes »Bekenntnis zum Feldherrn dieses Krieges«, BA-MA, RH 20-2/952, 5.8.1944.

heit, was sich immer dann in unkontrollierten Wutausbrüchen gegen seine Umgebung entlud, wenn sich die militärische Lage entgegen seinen Annahmen und Wünschen entwickelte[152]. Seit Herbst 1942 nahmen Hitlers Einsamkeit und psychische Kälte zu. Aus seiner Monomanie, Ämterfülle und persönlichen Gewohnheiten resultierte auch seine physische Überforderung. Das, was er sich selbst zumutete, und der aus den siegreichen Kriegsjahren stammende Glaube, vom deutschen Soldaten alles verlangen zu können, »da [dieser] imstande sei, Übermenschliches zu leisten«[153], führten dazu, dass er die Truppe zunehmend taktisch überforderte.

Hitlers persönliche Entwicklung in der zweiten Kriegshälfte spiegelt sich im taktischen Wandel von Kriegsmarine und Heer wider. Der erzwungenen Aufgabe des ozeanischen Kreuzerkrieges, dem Rückzug auf das Küstenvorfeld und dem Ausbau der U-Boot-Waffe bei der Marine entspricht beim Heer der Wandel vom »Dogma der Beweglichkeit« zum »Verteidigungsgefecht«. Mit der defensiven Konzeption einer »Großkampf-HKL« von 1944/45 erlebte das taktische Verfahren der Jahre 1917 und 1918 eine Renaissance. Damit verlor die Panzerwaffe zugleich ihre operative Bedeutung. »Infanterie und Artillerie trugen wie im Ersten Weltkrieg die Hauptlast der Verteidigung[154].« Entscheidender Faktor war nun die Abwehr gegnerischer Panzerangriffe. Eigene Panzer wurden vornehmlich im Rahmen zeitlich wie räumlich begrenzter Gegenangriffe eingesetzt.

Im Herbst 1944 vertraute Hitler noch immer auf seine Intuition und Risikobereitschaft, als er zu dem letzten Mittel einer Entscheidungsschlacht griff. Dies zu einem Zeitpunkt, als die Wehrmacht im Osten bereits an die Weichsel und im Westen an die Reichsgrenze zurückgedrängt war. Hinter der am 16. Dezember 1944 begonnenen Operation in Richtung auf Antwerpen verbarg sich keine wirkliche Strategie mehr, auch wenn sich Hitler von einem Durchbruch durch die amerikanischen Stellungen die Sprengung der Kriegskoalition gegen Deutschland erhoffte[155]. »Der Wagende und Kühne wird sehr oft belohnt, der frevlerisch Tollkühne unerbittlich bestraft[156].« Ebenso untauglich war der Versuch des Regimes, mit Hilfe einer Art von Heimatwehr aus Knaben und Greisen die gegnerischen Millionenheere so lange vom Reich fernhalten zu wollen, »bis ein die Zukunft Deutschlands [...] sichernder Friede gewährleistet« sei, wie es im Aufruf zur Bildung des »Volkssturms« vom 18. Oktober 1944 hieß. Da sich im deutschen Volk aber schon lange kein Sturm zu den Fahnen wie 1813 mehr entfachen ließ, hieß die Parole: fanatischer Widerstand und Zeitgewinn, nicht – wie angeblich 1918 – in entscheidender

---

[152] Ebd., 9.5.1944.
[153] Schramm, Hitler als militärischer Führer, S. 41.
[154] Groß, Das Dogma der Beweglichkeit, S. 163.
[155] Vgl. Jung, Die Ardennen-Offensive.
[156] Eitner, Der Führer, S. 283.

Stunde 15 Minuten zu früh aufgeben. Immer wieder musste die katastrophale Lage Preußens im letzten Jahr des Siebenjährigen Krieges dafür herhalten, wie schnell ein labiles Bündnis auseinander brechen könne. Schiefer konnte eine historische Parallele kaum sein. Dennoch wurde sie nicht nur 1944/45 von Hitler und Goebbels benutzt. Sondern noch 1951 bemühte sich der ehemalige Chef des Generalstabes des Heeres, Generaloberst a.D. Halder zu beweisen, dass ein Krieg militärisch zwar längst aussichtslos erscheinen, aber politisch noch Chancen bieten könne. Ein Krieg sei nur dann verloren, wenn man ihn selber aufgebe[157]. Tatsache ist, dass es gegen Ende des Krieges noch genügend Kommandeure gab, die ernsthaft glaubten, Hitler müsse »noch irgendetwas haben«[158], und deshalb Befehle ausführten, auch wenn sie deren Sinn bezweifelten. Andere meinten erst kriegsverkürzend handeln zu können, wenn der Zusammenbruch des »Großdeutschen Reiches« auch der Masse des deutschen Volkes klar vor Augen stand. Anderenfalls, so argumentierte Generaloberst von Vietinghoff noch am 11. April 1945, fiele es Hitler und Goebbels leicht, eine neue Dolchstoßlegende zu konstruieren. Dieses Mal allerdings wäre die deutsche Niederlage dem verräterischen Handeln von Soldaten angelastet worden[159].

Es wäre falsch anzunehmen, dass Hitler gegen Ende des Krieges in einer Scheinwelt gelebt habe und sich über die tatsächliche militärische Lage nicht im Klaren gewesen sei. »Niemand brauchte ihm in dieser Beziehung etwa die Augen öffnen oder ihm klug zu sagen: mein Führer, der Krieg ist verloren[160].« Mit dieser späteren Einschätzung lag der ehemalige Oberbefehlshaber der Marine zwar richtig, aber mancher subalterne Offizier in den Oberkommandos beklagte doch, dass keiner aus Hitlers militärischer Umgebung oder kein Feldmarschall sich dazu durchringen konnte, die Kabinettsfrage zu stellen: »bis hierher und nicht weiter.« Nach deren Meinung hatten sich ihre höchsten Vorgesetzten mitschuldig am negativen Ausgang des Krieges gemacht, selbst wenn sie das militärische Gebot von Befehl und Gehorsam akzeptiert hatten[161]. Hitler hatte sich nämlich schon lange keine Illusionen mehr über den Ausgang des Krieges gemacht. Dennoch hatte er seit 1943 strategisch von Monat zu Monat »weitergewurstelt«. Dies lag daran, dass es neben dem Strategen und Operateur noch den Ideologen Hitler gab, und dessen sozialdarwinistisches Dogma lautete: Sieg oder Vernichtung. Ganz in diesem Sinne wandte sich Hitler zum Jahreswechsel 1944/45 noch einmal beschwörend an *seine* Soldaten. Von ihrem Einsatz hänge Sein oder Nichtsein des deut-

---

[157] Brief an General Blumentritt vom 6.8.1951, BA-MA, N 252/8. Für diesen Hinweis danke ich meinem Freund Geoffrey Megargee.
[158] Vgl. die Tagebuchnotiz von General Balck, 19.2.1945, BA-MA, N 647/v. 13.
[159] Tagebuchnotiz, BA-MA, N 574, Box 5.
[160] So antwortete Dönitz auf die Frage der Royal Navy im Sommer 1945, ob der Soldat Hitler zur Kapitulation hätte raten sollen, BA-MA, N 539/v. 31.
[161] Vgl. Tagebuch Münchhausen, 12. und 22.3.1944, BA-MA, N 813.

schen Volkes ab, denn »das Ziel der uns gegenüberstehenden jüdisch-internationalen Weltverschwörung [sei] die Ausrottung unseres Volkes«[162]. Dies war eine bewusste Verdrehung der Tatsachen. Schließlich war es Hitler gewesen, der durch seine rassistische Kriegspolitik von Anfang an »alle Brücken hinter sich abgebrochen« hatte. Das Halten der Ostfront diente 1944 auch dazu, die Ausrottung der Juden aus Łodz und Ungarn im letzten noch verbliebenen Vernichtungslager zu sichern. Gerade weil es auf dem seit 1939 eingeschlagenen Weg kein Zurück mehr gab, musste sich Hitler trotz der Kette verheerender Niederlagen überhaupt nicht zwingen, »fanatische Entschlossenheit« zum Weiterkämpfen zu zeigen. Er forderte sie allerdings von allen Deutschen. Wer diesen radikalen Kurs nicht mitsteuern wollte, wurde unbarmherzig verfolgt. Das Trauma von 1918 beeinflusste offenbar die Schießbefehle des NS-Regimes stärker als die Realität von 1945. Damit gingen die verschiedenen Entscheidungs- und Verantwortungsträger verschieden um. Auch die Kriegswissenschaftliche Abteilung im Generalstab der Luftwaffe fragte sich Mitte Februar 1945, ob die oberste Führung die militärische und wirtschaftliche Lage tatsächlich erkannte und in der Lage war, »dagegen keine Bereinigungsmaßnahmen, sondern entscheidende Operationen zu führen«[163]. An eine wenig später stattfindende »Führerlage« erinnerte sich der Chef der Führungsgruppe im Generalstab, Erich Dethleffsen, so: »Diese Atmosphäre [in der Umgebung des ›Führers‹] zu schildern, vermag ich kaum; Man wurde – und es ist, wie ich in Gesprächen mit anderen feststellen konnte, nicht nur mir so gegangen – durch dieses Fluidum von Servilität, Nervosität und Verlogenheit nicht nur seelisch fast erdrückt, sondern man spürte es geradezu in physischem Unwohlsein. Nichts war dort echt außer der Angst; eine Angst in allen Schattierungen – von der Furcht, das Missfallen des ›Führers‹ hervorzurufen, ihn durch irgendeine unbedachtsame Äußerung zu reizen, bis zur nackten Lebensangst in Erwartung des bevorstehenden Endes des Dramas [...] Es war für mich erschütternd, zu sehen, wie man in der höchsten Führung Rat- und Hilflosigkeit durch Vorgaukeln eines völlig entstellten Bildes zu übertünchen versuchte [...] Von Verantwortung wurde nicht gesprochen. Ob an sie gedacht wurde[164]?« Allerdings zeigten weder die »zusammenbrechende Wehrmacht« noch die Zivilbevölkerung generelle Auflösungserscheinungen wie gegen Ende des Ersten Weltkrieges. Die nationalsozialistische »Volksgemeinschaft« hatte sich weiter entwickelt, als Hitler in seinem Testament meinte oder die deutsche Nachkriegsgesellschaft sich selbst eingestehen wollte.

---

[162] Tagesbefehl vom 1.1.1945, BA-MA, RW 6/v. 275.
[163] Beurteilung der Lage vom 14.2.1945, BA-MA, RL 2 IV/68.
[164] Dethleffsen, Erinnerungen, S. 11, BA-MA, N 648/1.

Anhang

Abteilungen in den Führungsstäben des Heeres	
Ia	Führungs-Abteilung
Ib	Quartiermeister-Abteilung
Ic	Feindaufklärung und Abwehr; geistige Betreuung
Id	Ausbildung
IIa	1. Adjutant (Offizier-Personalien)
IIb	2. Adjutant (Unteroffiziere und Mannschaften)
III	Gericht
Quelle: Das Deutsche Reich und der Zweite Weltkrieg	

Gegenüberstellung der Laufbahnen und Dienstränge innerhalb der SS/Waffen-SS und der Wehrmacht	
Dienstgrade innerhalb der SS/Waffen-SS	Vergleichsränge innerhalb der Wehrmacht
Oberstgruppenfüher	Generaloberst
Obergruppenführer	General
Gruppenführer	Generalleutnant
Brigadeführer	Generalmajor
Oberführer	–
Standartenführer	Oberst
Obersturmbannführer	Oberstleutnant
Sturmbannführer	Major
Hauptsturmführer	Hauptmann/Rittmeister
Obersturmführer	Oberleutnant
Untersturmführer	Leutnant
Oberscharführer	Feldwebel
Scharführer	Unterfeldwebel
Unterscharführer	Unteroffizier
Rottenführer	Obergefreiter
Sturmmann	Gefreiter
Quelle: Wegner, Hitlers Politische Soldaten	

Abkürzungen

A	Armee	Ebd., ebd.	Ebenda, ebenda
a.D.	außer Dienst	EK	Eisernes Kreuz
Abt.	Abteilung	f., ff.	folgende
ADAP	Akten zur deutschen auswärtigen Politik	Frhr.	Freiherr
		GBW	Generalbevollmächtigter für die Wirtschaft
AHA	Allgemeines Heeresamt		
AK	Armeekorps	Gen.Lt.	Generalleutnant
AOK	Armeeoberkommando	Gen.Maj.	Generalmajor
Art.	Artikel	Gen.Oberst	Generaloberst
Ausb.Abt.	Ausbildungsabteilung (des Generalstabes des Heeres)	GenQu	Generalquartiermeister
		GenStdH	Generalstab des Heeres
AWA	Allgemeines Wehrmachtamt (des OKW)	Gestapo	Geheime Staatspolizei
		GFP	Geheime Feldpolizei
		GPU	Gosudarstvennoe Politiv ceskoe Upravlenie (Staatliche Politische Verwaltung)
BA	Bundesarchiv, Koblenz bzw. Berlin		
BA-MA	Bundesarchiv-Militärarchiv, Freiburg i.Br.	GZ	Zentralabteilung (des Generalstabes des Heeres)
Batl., Btl.	Bataillon		
Bd, Bde	Band, Bände	H	Heer
BDC	Berlin Document Center	HDv	Heeresdienstvorschrift
		HGr, H.Gr., Hgr	Heeresgruppe
Betr., betr.	Betreff, betreffend		
BH	Bundeswehr/Heer (Aktensignatur)	HJ	Historical Journal
		HL	Heeresleitung
BW	Bundeswehr (Aktensignatur)	HLKO	Haager Landkriegsordnung
Chef HRüst und BdE	Chef der Heeresrüstung und Befehlshaber des Ersatzheeres	HPA	Heerespersonalamt
		Hptm.	Hauptmann
		HSSPF	Höhere(r) SS- und Polizeiführer
d.R.	der Reserve	HVBl	Heeresverordnungsblatt
DAF	Deutsche Arbeitsfront		
DAL	Dienstalterslistе	i.G.	im Generalstab
dB	durch Befehl	IfZ	Institut für Zeitgeschichte, München
Dok.	Dokument(e)		

IMT	International Military Tribunal	NSFK	Nationalsozialistisches Fliegerkorps
Inf.Div., ID	Infanteriedivision	NSKK	Nationalsozialistisches Kraftfahrkorps
IWM	Imperial War Museum		
JMilH	Journal of Military History	o.D.	ohne Datierung
		OB, O.B.	Oberbefehlshaber
k.A.	keine Angabe	ObdH	Oberbefehlshaber des Heeres
Kav.Div.	Kavalleriedivision		
Kdo, Kdo.	Kommando	Oberstlt., Obstlt.	Oberstleutnant
Kdr., Kdre.	Kommandeur, Kommandeure	Ofw	Oberfeldwebel
KG	Kommandierender General	OKH	Oberkommando des Heeres
KL	Konzentrationslager	OKW	Oberkommando der Wehrmacht
KM	Kriegsmarine		
KTB	Kriegstagebuch	Op., Op, op.	Operation(s), operativ
KTB	Kriegstagebuch		
kv	kriegsverwendungsfähig	OQu, O.Qu	Oberquartiermeister
KZ, KL	Konzentrationslager	Org.	Organisation
LVBl	Luftwaffen-Verordnungsblatt	Org.Abt.	Organisationsabteilung (des Generalstabes des Heeres)
Lw	Luftwaffe		
Maj.	Major	Orpo	Ordnungspolizei
MDv	Marine-Dienstvorschrift	PA	Personalamt
		PzArmee	Panzerarmee
MG	Maschinengewehr	RDA	Rangdienstalter
MGFA	Militärgeschichtliches Forschungsamt, Potsdam	RFSS	Reichsführer-SS
		RGBl.	Reichsgesetzblatt
		Rgt.	Regiment
MGM	Militärgeschichtliche Mitteilungen	RH	(Reichs)- Heer (Aktensignatur)
MGZ	Militärgeschichtliche Zeitschrift	RKM	Reichskriegsministerium
MPA	Marinepersonalamt	RL	(Reichs-)Luftwaffe (Aktensignatur)
MSg.	Militärgeschichtliche Sammlungen	RM	(Reichs-)Marine (Aktensignatur)
N	Nachlässe (Aktensignatur)	RM	Reichsmark
NA	National Archives, Washington, DC	RMD	Reichsmarinedienststelle
Nr.	Nummer	RVA	Reichsverteidigungsausschuß
NS	Nationalsozialistisch		
NSD	NS-Drucksache	RVK	Reichsverteidigungskommissar/iat
NSDAP	Nationalsozialistische Deutsche Arbeiterpartei	RVR	Reichsverteidigungsrat

RW	(Reichs-)Wehrmacht (Aktensignatur)	v.	vorläufig
		VfZ	Vierteljahrshefte für Zeitgeschichte
RWM	Reichswehrminister/ministerium	Vgl., vgl.	vergleiche
S.	Seite	WA	Wehrmachtamt
SA	Sturmabteilung	WFA	Wehrmachtführungsamt (des OKW)
SD	Sicherheitsdienst (des Reichsführers SS)	WFSt	Wehrmachtführungsstab (des OKW)
SS	Schutzstaffel	WG	Wehrgesetz
TA	Truppenamt (im Reichskriegsminsiterium)	WIH	War in History
UdSSR	Union der Sozialistischen Sowjetrepubliken	WPr	Abteilung für Wehrmachtpropaganda
		WRV	Weimarer Reichsverfassung
USHMM	United States Holocaust Memorial Museum Archive, Washington, DC	z.S.	zur See
		z.V.	zur Verwendung

Literatur

Absolon, Rudolf, Das Offizierkorps des deutschen Heeres 1935-1945. In: Das deutsche Offizierkorps, S. 247-269

Absolon, Rudolf, Wehrgesetz und Wehrdienst 1935-1945. Das Personalwesen der Wehrmacht, Boppard a.Rh. 1960

Absolon, Rudolf, Die Wehrmacht im Dritten Reich. Aufbau, Gliederung, Recht, Verwaltung, 6 Bde, Boppard a.Rh. 1969-1995 (= Schriften des Bundesarchivs, 16/1-6)

Akten der Reichskanzlei. Die Regierung Hitler. Teil I: 1933/34. 30. Januar bis 31. August 1933, Dokumente Nr. 1 bis 206. Bearb. von Karl-Heinz Minuth, hrsg. von Konrad Repgen und Hans Booms, Boppard a.Rh. 1983

Altrichter, Friedrich, Der soldatische Führer, Berlin 1938

Aly, Götz, »Endlösung«. Völkerverschiebung und der Mord an den europäischen Juden, 2. Aufl., Frankfurt a.M. 1995

Das andere Gesicht des Krieges. Deutsche Feldpostbriefe 1939-1945. Hrsg. von Ortwin Buchbender und Reinhold Sterz, München 1982

Anfänge westdeutscher Sicherheitspolitik 1945-1956, 4 Bde. Hrsg. vom Militärgeschichtlichen Forschungsamt, München 1982-1997

Angrick, Andrej, Das Beispiel Charkow. Eine Stadtbevölkerung als Opfer der deutschen Hungerstrategie 1941/42. In: Verbrechen der Wehrmacht. Bilanz einer Debatte, S. 117-124

Angrick, Andrej, Besatzungspolitik und Massenmord. Die Einsatzgruppe D in der südlichen Sowjetunion 1941-1943, Hamburg 2003

Anschütz, Gerhard, Die Verfassung des Deutschen Reichs vom 11. August 1919. Ein Kommentar für Wissenschaft und Praxis, 3. und 4., völlig umgearb. Aufl., Berlin 1926

Aretin, Karl Otmar Freiherr von, Die deutschen Generale und Hitlers Kriegspolitik. In: Politische Studien, 10 (1959), S. 569-583

Arnold, Klaus Jochen, Die Wehrmacht und die Besatzungspolitik in den besetzten Gebieten der Sowjetunion. Kriegführung und Radikalisierung im »Unternehmen Barbarossa«, Berlin 2005 (= Zeitgeschichtliche Forschungen, 23)

Banach, Jens, Heydrichs Elite. Das Führungskorps der Sicherheitspolizei und des SD 1936-1945, Paderborn 1998

Birn, Ruth Bettina, Hanns Rauter. Höherer SS- und Polizeiführer in den Niederlanden. In: Die SS. Elite unter dem Totenkopf, S. 408-417

Birn, Ruth Bettina, Die Höheren SS- und Polizeiführer. Himmlers Vertreter im Reich und in den besetzten Gebieten, Düsseldorf 1986

Birn, Ruth Bettina, »Zaunkönig« an »Uhrmacher«. Große Partisanenaktionen 1942/43 am Beispiel des Unternehmens Winterzauber. In: MGZ, 60 (2001), S. 99-118

Birn, Ruth Bettina, Zweierlei Wirklichkeit? Fallbeispiele zur Partisanenbekämpfung im Osten. In: Zwei Wege nach Moskau, S. 275-290

Blank, Ralf, Kriegsalltag und Luftkrieg an der »Heimatfront«. In: Das Deutsche Reich und der Zweite Weltkrieg, Bd 9/1, S. 357-468

Blasius, Dirk, Weimars Ende. Bürgerkrieg und Politik 1930-1933, Göttingen 2005

Böhler, Jochen, Auftakt zum Vernichtungskrieg. Die Wehrmacht in Polen 1939, Frankfurt a.M. 2006

Boog, Horst, Die deutsche Luftwaffenführung 1935-1945. Führungsprobleme, Spitzengliederung, Generalstabsausbildung, Stuttgart 1982 (= Beiträge zur Militär- und Kriegsgeschichte, 21)

Boog, Horst, Das Offizierkorps der Luftwaffe 1935-1945. In: Das deutsche Offizierkorps, S. 269-325

Borgert, Heinz-Ludger, Grundzüge der Landkriegführung von Schlieffen bis Guderian. In: Handbuch zur deutschen Militärgeschichte, Bd 5, Abschnitt IV, S. 427-584

Bracher, Karl Dietrich, Die deutsche Diktatur. Entstehung, Struktur, Folgen des Nationalsozialismus, 7. Aufl., Köln 1993

Bracher, Karl Dietrich, Grundlagen des nationalsozialistischen Gesellschaftssystems. In: Deutsche Verwaltungsgeschichte, Bd 4, S. 653-663

Bracher, Karl Dietrich, Wolfgang Sauer und Gerhard Schulz, Die nationalsozialistische Machtergreifung. Studien zur Errichtung des totalitären Herrschaftssystems in Deutschland 1933/34, Köln, Opladen 1960 (= Schriften des Instituts für Politische Wissenschaft, 14)

Buchheim, Hans, Martin Broszat, Hans-Adolf Jacobsen und Helmut Krausnick, Anatomie des SS-Staates, Bd 1: Die SS – das Herrschaftsinstrument. Befehl und Gehorsam, Freiburg i.Br. 1965

Buchheit, Gert, Hitler der Feldherr. Die Zerstörung einer Legende, Rastatt 1958

Carr, William, Adolf Hitler. Persönlichkeit und politisches Handeln, Stuttgart, Berlin, Köln 1980

Carr, William, Hitler. A Study in Personality and Politics, London 1978

Carr, William, Poland to Pearl Harbor. The Making of the Second World War, London 1985

Carsten, Francis L., The German Generals and Hitler. In: History Today, 8 (1958), S. 556-564

Craig, Gordon A., The Political Leader as Strategist. In: Makers of Modern Strategy, S. 481-509

Cüppers, Martin, Wegbereiter der Shoah. Die Waffen-SS, der Kommandostab Reichsführer-SS und die Judenvernichtung 1939-1945, Darmstadt 2005 (= Veröffentlichungen der Forschungsstelle Ludwigsburg der Universität Stuttgart, 4)

Curilla, Wolfgang, Die deutsche Ordnungspolizei und der Holocaust im Baltikum und in Weißrußland 1941-1944, Paderborn 2006

Deist, Wilhelm, Auf dem Wege zur ideologisierten Kriegführung. Deutschland 1918-1945. In: Deist, Militär, Staat und Gesellschaft, S. 385-429
Deist, Wilhelm, Die Aufrüstung der Wehrmacht. In: Das Deutsche Reich und der Zweite Weltkrieg, Bd 1, S. 371-532
Deist, Wilhelm, Der Kriegszustand nach Art. 68 der Reichsverfassung. Ausführungsbestimmungen der militärischen Führung. In: Militär und Innenpolitik im Weltkrieg 1914 bis 1918, S. XXXI-LI
Deist, Wilhelm, Militär, Staat und Gesellschaft. Studien zur preußisch-deutschen Militärgeschichte, München 1991 (= Beiträge zur Militärgeschichte, 34)
Deutsche Geschichte 1918-1933. Dokumente zur Innen- und Außenpolitik. Hrsg. von Wolfgang Michalka und Gottfried Niedhart, Frankfurt a.M. 1992
Deutsche, Juden, Völkermord. Der Holocaust als Geschichte und Gegenwart. Hrsg. von Jürgen Matthäus und Klaus-Michael Mallmann, Darmstadt 2006 (= Veröffentlichungen der Forschungsstelle Ludwigsburg der Universität Stuttgart, 7)
Das deutsche Offizierkorps 1860-1960. Büdinger Vorträge 1977. In Verbindung mit dem Militärgeschichtlichen Forschungsamt hrsg. von Hanns Hubert Hofmann, Boppard a.Rh. 1980 (= Deutsche Führungsschichten der Neuzeit, 11)
Das Deutsche Reich und der Zweite Weltkrieg, Bd 1: Wilhelm Deist, Manfred Messerschmidt, Hans-Erich Volkmann und Wolfram Wette, Ursachen und Voraussetzungen der deutschen Kriegspolitik, Stuttgart 1979, Nachdr. 1991
Bd 4: Horst Boog, Jürgen Förster, Joachim Hoffmann, Ernst Klink, Rolf-Dieter Müller und Gerd R. Ueberschär, Der Angriff auf die Sowjetunion, 2. Aufl., Stuttgart 1987, Nachdr. 1993
Bd 5: Bernhard R. Kroener, Rolf-Dieter Müller und Hans Umbreit, Organisation und Mobilisierung des deutschen Machtbereichs. Halbbd 1: Kriegsverwaltung, Wirtschaft und personelle Ressourcen 1939 bis 1941, Stuttgart 1988, Nachdr. 1992
Bd 5: Bernhard R. Kroener, Rolf-Dieter Müller und Hans Umbreit, Organisation und Mobilisierung des deutschen Machtbereichs. Halbbd 2: Kriegsverwaltung, Wirtschaft und personelle Ressourcen 1942 bis 1944/45, Stuttgart 1999
Bd 9: Die deutsche Kriegsgesellschaft 1939 bis 1945. Halbbd 1: Politisierung, Vernichtung, Überleben. Halbbd 2: Ausbeutung, Deutungen, Ausgrenzung. Im Auftr. des MGFA hrsg. von Jörg Echternkamp, Stuttgart 2004-2005
Die deutsche Revolution 1918 bis 1919. Dokumente. Hrsg. von Gerhard A. Ritter und Susanne Miller, Frankfurt a.M., Hamburg 1968
Deutsche Verwaltungsgeschichte, Bd 4: Das Reich als Republik und in der Zeit des Nationalsozialismus. Hrsg. von Kurt G.A. Jeserich, Hans Pohl und Georg-Christoph von Unruh, Stuttgart 1985

Deutschland in Europa. Kontinuität und Bruch. Gedenkschrift für Andreas Hillgruber. Hrsg. von Jost Dülffer, Bernd Martin und Günter Wollstein, Frankfurt a.M. [et al.] 1990

Deutschlands Rüstung im Zweiten Weltkrieg. Hitlers Konferenzen mit Albert Speer 1942-1945. Hrsg. und eingel. von Willi A. Boelcke, Frankfurt a.M. 1969

Diedrich, Torsten, Vincenz Müller – Patriot im Zwiespalt. In: Genosse General!, S. 125-157

Diehl, James M., Paramilitary Politics in Weimar Germany, Bloomington, IN 1977

Dietrich, Otto, Auf den Straßen des Sieges. Erlebnisse mit dem Führer in Polen, München 1939

Dokumente zur deutschen Verfassungsgeschichte, Bd 3: Dokumente der Novemberrevolution und der Weimarer Republik 1918-1933. Hrsg. von Ernst Rudolf Huber, 2., erw. Aufl., Stuttgart [et al.] 1966

Domarus, Max, Hitler. Reden und Proklamationen 1932-1945. Kommentiert von einem deutschen Zeitgenossen, 2 Bde, 3. Aufl., Wiesbaden 1973

Downing, David, The Devil's Virtuosos. German Generals at War, 1940-1945, New York 1977

Dreetz, Dieter, Denkschrift der deutschen Obersten Heeresleitung vom 17. September 1919 über die Reichswehr und deren Rolle bei der Schaffung einer imperialistischen deutschen Großmacht. In: Militärgeschichte, 5 (1982), S. 595-606

Dülffer, Jost, Jochen Thies und Josef Henke, Hitlers Städte. Baupolitik im Dritten Reich. Eine Dokumentation, Köln, Wien 1978

Dülffer, Jost, Überlegungen von Kriegsmarine und Heer zur Wehrmachtspitzengliederung und zur Führung der Wehrmacht im Kriege im Februar-März 1938 (Dokumentation). In: MGM, 9 (1971), S. 145-171

Dupuy, Trevor N., A Genius for War. The German Army and General Staff 1807-1945, Englewood Cliffs, NY 1977

Ehlert, Hans, Innenpolitische Auseinandersetzungen um die Pariser Verträge und die Wehrverfassung 1954 bis 1956. In: Anfänge westdeutscher Sicherheitspolitik, Bd 3, S. 235-560

Ehlert, Hans, Christian Greiner, Georg Meyer und Bruno Thoß, Die NATO-Option, München 1993 (= Anfänge westdeutscher Sicherheitspolitik, 3)

Eitner, Hans-Jürgen, »Der Führer«. Hitlers Persönlichkeit und Charakter, München 1981

Eliten in Deutschland und Frankreich im 19. und 20. Jahrhundert. Strukturen und Beziehungen, 2 Bde. Hrsg. von Rainer Hudemann und Georges-Henri Soutou, München 1994

Entschieden für Frieden. 50 Jahre Bundeswehr 1955 bis 2005. Im Auftr. des MGFA hrsg. von Klaus-Jürgen Bremm, Hans-Hubertus Mack und Martin Rink, Freiburg i.Br., Berlin 2005

Erster Weltkrieg – Zweiter Weltkrieg. Ein Vergleich. Krieg, Kriegserlebnis, Kriegserfahrung in Deutschland. Im Auftr. des MGFA hrsg. von Bruno Thoß und Hans-Erich Volkmann, Paderborn 2002

»Es spricht der Führer.« Sieben exemplarische Hitler-Reden. Hrsg. von Hildegard von Kotze und Helmut Krausnick, Gütersloh 1966
Eschenburg, Theodor, Die Rede Himmlers vor den Gauleitern am 3. August 1944. In: VfZ, 1 (1953), S. 357-395

Fenske, Hans, Deutsche Verfassungsgeschichte. Vom Norddeutschen Bund bis heute, 4., erw. und aktual. Aufl., Berlin 1993
Fest, Joachim, Hitler. Eine Biographie, Frankfurt a.M., Berlin, Wien 1974
Festgabe. Heinz Hürten zum 60. Geburtstag. Hrsg. von Harald Dickerhof, Frankfurt a.M. 1988
Filges, Heinrich, Leitfaden für die Ausfertigung von Personalpapieren der Wehrmacht, Berlin 1942
Fings, Karola, Sklaven für die »Heimatfront«. Kriegsgesellschaft und Konzentrationslager. In: Das Deutsche Reich und der Zweite Weltkrieg, Bd 9/1, S. 195-274
Fleischer, Hagen, Schuld ohne Sühne. Kriegsverbrechen in Griechenland. In: Kriegsverbrechen im 20. Jahrhundert, S. 208-221
Förster, Jürgen, »Aber für die Juden wird auch noch die Stunde schlagen, und dann wehe ihnen!« Reichswehr und Antisemitismus. In: Deutsche, Juden, Völkermord, S. 21-37
Förster, Jürgen, Das andere Gesicht des Krieges. Das »Unternehmen Barbarossa« als Eroberungs- und Vernichtungskrieg. In: Unternehmen Barbarossa. Zum historischen Ort, S. 151-161
Förster, Jürgen, The Dynamics of Volksgemeinschaft. The Effectiveness of the German Military Establishment in the Second World War. In: Military Effectiveness, vol. 3, S. 180-220
Förster, Jürgen, Evolution and Development of German Doctrine. 1914-1945. In: The Origins of Contemporary Doctrine, S. 18-31
Förster, Jürgen, From »Blitzkrieg« to »Total War«: Germany's War in Europe. In: A World at War, S. 89-107
Förster, Jürgen, Geistige Kriegführung in Deutschland 1919 bis 1945. In: Das Deutsche Reich und der Zweite Weltkrieg, Bd 9/1, S. 469-640
Förster, Jürgen, and Evan Mawdsley, Hitler and Stalin in Perspective. Secret Speeches on the Eve of »Barbarossa«. In: WIH, 11 (2004), S. 61-103
Förster, Jürgen, Hitlers Verbündete gegen die Sowjetunion 1941 und der Judenmord. In: Verbrechen der Wehrmacht. Bilanz einer Debatte, S. 91-97
Förster, Jürgen, Hitlers Wendung nach Osten. Die deutsche Kriegspolitik 1940-1941. In: Zwei Wege nach Moskau, S. 113-132
Förster, Jürgen, Stalingrad – Risse im Bündnis 1942/43, Freiburg i.Br. 1975 (= Einzelschriften zur militärischen Geschichte des Zweiten Weltkrieges, 16)
Förster, Jürgen, Verbrecherische Befehle. In: Kriegsverbrechen im 20. Jahrhundert, S. 137-151
Förster, Jürgen, Vom Führerheer der Republik zur nationalsozialistischen Volksarmee. Zum Strukturwandel der Wehrmacht, 1935-1945. In: Deutschland in Europa, S. 311-328

Förster, Jürgen, Die weltanschauliche Erziehung in der Waffen-SS. »Kein totes Wissen, sondern lebendiger Nationalsozialismus«. In: Matthäus/Kwiet/Förster/Breitman, Ausbildungsziel Judenmord?, S. 87-114
Förster, Jürgen, Zum Rußlandbild der Militärs 1941-1945. In: Das Rußlandbild im Dritten Reich, S. 141-163
Foerster, Roland G., Christian Greiner, Georg Meyer, Hans-Jürgen Rautenberg und Norbert Wiggershaus, Von der Kapitulation bis zum Pleven-Plan, München 1982 (= Anfänge westdeutscher Sicherheitspolitik, 1)
Fried, Hans Ernest, The Guilt of the German Army, New York 1942
Frieser, Karl-Heinz, Blitzkrieg-Legende. Der Westfeldzug 1940, 2. Aufl., München 1996 (= Operationen des Zweiten Weltkrieges, 2)
»Führer-Erlasse« 1939-1945. Edition sämtl. überlieferter, nicht im Reichsgesetzblatt abgedr., von Hitler während des Zweiten Weltkrieges schriftl. erteilter Direktiven aus den Bereichen Staat, Partei, Wirtschaft, Besatzungspolitik und Militärverwaltung. Zsgest. und eingel. von Martin Moll, Stuttgart 1997
Führungsdenken in europäischen und nordamerikanischen Streitkräften im 19. und 20. Jahrhundert. Im Auftr. des MGFA hrsg. von Gerhard P. Groß, Hamburg, Berlin, Bonn 2001 (= Vorträge zur Militärgeschichte, 19)

Generalfeldmarschall Keitel. Verbrecher oder Offizier? Erinnerungen, Briefe, Dokumente des Chefs OKW. Hrsg. von Walter Görlitz, Göttingen 1961
Genosse General! Die Militärelite der DDR in biografischen Skizzen. Im Auftr. des MGFA herausgegeben von Hans Ehlert und Armin Wagner, Berlin 2003 (= Militärgeschichte der DDR, 7)
George, Stefan, »Der Dichter in Zeiten der Wirren«, »Einem jungen Führer im Ersten Weltkrieg«. In: Das Große Deutsche Gedichtbuch, S. 625-628
Geßner, Klaus, Geheime Feldpolizei. Die »Gestapo der Wehrmacht«. In: Die Gestapo. Mythos und Realität, S. 492-507
Die Gestapo im Zweiten Weltkrieg. »Heimatfront« und besetztes Europa. Hrsg. von Gerhard Paul und Klaus-Michael Mallmann, Darmstadt 2000
Die Gestapo. Mythos und Realität. Hrsg. von Gerhard Paul und Klaus-Michael Mallmann, Darmstadt 1995
Geyer, Michael, Aufrüstung oder Sicherheit, Wiesbaden 1980
Gingerich, Mark P., Felix Steiner. Himmlers »ausgesprochenes Lieblingskind«. In: Die SS. Elite unter dem Totenkopf, S. 431-440
Glaise von Horstenau, Edmund, Ein General im Zwielicht. Die Erinnerungen Edmund Glaises von Horstenau. Hrsg. von Peter Broucek, Bd 1: K.u.k. Generalstabsoffizier und Historiker; Bd 2: Minister im Ständestaat und General im OKW; Bd 3: Deutscher Bevollmächtigter General in Kroatien und Zeuge des Untergangs des »Tausendjährigen Reiches«, Wien [et al.] 1980-1988 (= Veröffentlichungen der Kommission für Neuere Geschichte Österreichs, 67; 70; 76)
Goda, Norman J.W., Black Marks. Hitler's Bribery of his Senior Officers during the World War II. In: JMilH, 72 (2000), S. 413-445
Goebbels, Joseph, Die Tagebücher von Joseph Goebbels. Hrsg. von Elke Fröhlich im Auftrag des Instituts für Zeitgeschichte und mit Unter-

stützung des Staatlichen Archivdienstes Rußlands. T. 1: Aufzeichnungen 1923-1941, [bisher 10 Bde], München [et al.] 1998-2004

T. 2: Diktate 1941-1945, 15 Bde, München [et al.] 1993-1996

Graml, Hermann, Massenmord und Militäropposition. Zur jüngsten Diskussion über den Widerstand im Stab der Heeresgruppe Mitte. In: VfZ, 54 (2006), S. 1-24

»Größte Härte ...«. Verbrechen der Wehrmacht in Polen September/Oktober 1939. Ausstellungskatalog. Hrsg. vom Deutschen Historischen Institut Warschau, Red.: Jochen Böhler, Osnabrück 2005

Groscurth, Helmuth, Tagebücher eines Abwehroffiziers 1938-1940. Mit weiteren Dokumenten zur Militäropposition gegen Hitler. Hrsg. von Helmut Krausnick und Harold C. Deutsch unter Mitarb. von Hildegard von Kotze, Stuttgart 1970 (= Quellen und Darstellungen zur Zeitgeschichte, 19)

Groß, Gerhard P., Das Dogma der Beweglichkeit. Überlegungen zur Genese der deutschen Heerestaktik im Zeitalter der Weltkriege. In: Erster Weltkrieg – Zweiter Weltkrieg, S. 143-166

Das Große Deutsche Gedichtbuch. Hrsg. von Karl Otto Conrady, Bonn 1978

Guderian, Heinz, Erinnerungen eines Soldaten, 4. Aufl., Heidelberg 1951

Guderian, Heinz, Panzer Leader, London 1952

Güth, Rolf, Die Organisation der Kriegsmarine bis 1939. In: Handbuch zur deutschen Militärgeschichte, Bd 4, Abschnitt VII, S. 401-499

Haffner, Sebastian, Anmerkungen zu Hitler, München 1978

Halder, Franz, Hitler als Feldherr, München 1949

Halder, Franz, Hitler as War Lord, London 1950

Hale, Oron James, Adolf Hitler as Feldherr. In: Virginia Quarterly Review, 24 (1948), S. 198-213

Hallgarten, Georg W.F., Hitler, Reichswehr und Industrie. Zur Geschichte der Jahre 1918-1933, Frankfurt a.M. 1962 (= Sammlung »res novae«, 13)

Hamann, Brigitte, Hitlers Wien. Lehrjahre eines Diktators, München [et al.] 1996

Hammerich, Helmut R., Dieter H. Kollmer, Martin Rink und Rudolf Schlaffer, Das Heer 1950 bis 1970. Konzeption, Organisation und Aufstellung. Unter Mitarb. von Michael Poppe, München 2006 (= Sicherheitspolitik und Streitkräfte der Bundesrepublik Deutschland, 3)

Handbuch der preußischen Geschichte, Bd 3: Vom Kaiserreich zum 20. Jahrhundert und Große Themen der Geschichte Preußens. Hrsg. von Wolfgang Neugebauer, Berlin, New York 2000

Handbuch zur deutschen Militärgeschichte 1648 bis 1939. Begr. von Hans Meier-Welcker. Projektleitung und Gesamtredaktion: Gerhard Papke und Wolfgang Petter, 5 Bde und Reg.bd. Hrsg. vom Militärgeschichtlichen Forschungsamt durch Friedrich Forstmeier [et al.], Bonn 1979-1981

Hansen, Ernst Willi, Reichswehr und Republik. Die problematische Tradition des Konzepts »Staatsbürger in Uniform«. In: Tradition als Last?, S. 37-55

Hassell, Ulrich von, Die Hassell-Tagebücher 1938-1944. Nach der Handschrift revidierte und erw. Ausgabe. Hrsg. von Friedrich Freiherr Hiller von Gaertringen, Berlin 1988

Hassell, Ulrich von, Vom andern Deutschland. Aus den nachgelassenen Tagebüchern 1938-1940. Mit einem Geleitw. von Hans Rothfels, Frankfurt a.M. [et al.] 1964
Hausser, Paul, Soldaten wie andere auch. Der Weg der Waffen SS, Osnabrück 1966
Heiden, Konrad, Hitler. Ein Mann gegen Europa. Eine Biographie, Zürich 1937
Heiden, Konrad, Hitler. Das Zeitalter der Verantwortungslosigkeit. Eine Biographie, Zürich 1936
Heinemann, Winfried, Der militärische Widerstand und der Krieg. In: Das Deutsche Reich und der Zweite Weltkrieg, Bd 9/1, S. 743-892
Heinrici, Gotthard, Ein deutscher General an der Ostfront. Die Briefe und Tagebücher des Gotthard Heinrici 1941/42. Hrsg. von Johannes Hürter, Erfurt 2001
Herbert, Ulrich, Vergeltung, Zeitdruck, Sachzwang. Die deutsche Wehrmacht in Frankreich und in der Ukraine. In: Mittelweg 36, 6 (2002), S. 25-42
Hesse, Kurt, Der Feldherr Psychologos. Ein Suchen nach dem Führer der deutschen Zukunft, Berlin 1922
Heuser, Beatrice, Clausewitz lesen! Eine Einführung, München 2005
Hierl, Constantin, Grundlagen einer deutschen Wehrpolitik, 3. Aufl., München 1931 (= Nationalsozialistische Bibliothek, 12)
Hilberg, Raul, The Destruction of the European Jews, 3 vols., rev. and definitive ed., New York 1985
Hilberg, Raul, Wehrmacht und Judenvernichtung. In: Die Wehrmacht im Rassenkrieg, S. 23-38
Hillgruber, Andreas, Hitlers Strategie. Politik und Kriegführung 1940-1941, 2. Aufl., Frankfurt a.M., München 1982
Hillmann, Jörg, Die »Reichsregierung« in Flensburg. In: Kriegsende 1945, S. 35-65
Himmler, Heinrich, Der Dienstkalender Heinrich Himmlers 1941/42. Im Auftrag der Forschungsstelle für Zeitgeschichte in Hamburg bearb., komm. und eingel. von Peter Witte [et al.], mit einem Vorw. von Uwe Lohalm und Wolfgang Scheffler, Hamburg 1999 (= Hamburger Beiträge zur Sozial- und Zeitgeschichte. Quellen, 3)
Hitler, Adolf, Hitlers politisches Testament. Die Bormann-Diktate vom Februar und April 1945. Mit einem Essay von Hugh R. Trevor-Roper und einem Nachw. von André François-Poncet, Hamburg 1981
Hitler, Adolf, Hitlers zweites Buch. Ein Dokument aus dem Jahr 1928. Eingel. und komm. von Gerhard L. Weinberg. Mit einem Geleitw. von Hans Rothfels, Stuttgart 1961 (= Quellen und Darstellungen zur Zeitgeschichte, 7)
Hitler, Adolf, Reichswehr und deutsche Politik. In: Nationalsozialistische Monatshefte, 1 (1930), S. 97-103
Hitlers Lagebesprechungen. Die Protokollfragmente seiner militärischen Konferenzen 1942-1945. Hrsg. von Helmut Heiber, Stuttgart 1962 (= Quellen und Darstellungen zur Zeitgeschichte, 10)
Hitlers militärische Elite, Bd 2: Vom Kriegsbeginn bis zum Weltkriegsende. Hrsg. von Gerd R. Ueberschär, Darmstadt 1998

Hitlers Weisungen für die Kriegführung 1939-1945. Dokumente des Oberkommandos der Wehrmacht. Hrsg. von Walther Hubatsch, Erlangen 1999
Höhne, Heinz, Der Orden unter dem Totenkopf. Die Geschichte der SS, Gütersloh 1967
Hoffmann, Peter, Claus Schenk Graf von Stauffenberg und seine Brüder, Stuttgart 1992
Hoffmann, Peter, Stauffenberg und der 20. Juli 1944, München 1998
Hoffmann, Peter, Widerstand – Staatsstreich – Attentat. Der Kampf der Opposition gegen Hitler, München 1969; 3., neu überarb. und erw. Aufl., München 1979
Hubatsch, Walther, Hindenburg und der Staat. Aus den Papieren des Generalfeldmarschalls und Reichspräsidenten von 1878 bis 1934, Göttingen 1966
Hürten, Heinz, Die Anfänge der Ära Seeckt. Militär und Innenpolitik 1920-1922, Düsseldorf 1979 (= Quellen zur Geschichte des Parlamentarismus und der politischen Parteien, 2,3)
Hürten, Heinz, Das Offizierkorps des Reichsheeres. In: Das deutsche Offizierkorps, S. 231-245
Hürter, Johannes, und Felix Römer, Alte und neue Geschichtsbilder von Widerstand und Ostkrieg. Zu Hermann Gramls Beitrag »Massenmord und Militäropposition«. In: VfZ, 54 (2006), S. 301-322
Hürter, Johannes, Hitlers Heerführer. Die deutschen Oberbefehlshaber im Krieg gegen die Sowjetunion 1941/1942, München 2006
Hürter, Johannes, »Vor lauter Taktik schlapp?« Die Personalunion von Wehr- und Innenministerium im Zweiten Kabinett Brüning. In: MGM, 57 (1998), S. 465-481
Hürter, Johannes, Wann wusste die Militäropposition vom Judenmord? Auf dem Weg zur Militäropposition – Tresckow, Gersdorff, der Vernichtungskrieg und der Judenmord. Neue Dokumente über das Verhältnis der Heeresgruppe Mitte zur Einsatzgruppe B im Jahr 1941. In: VfZ, 52 (2004), S. 527-562
Hürter, Johannes, Wilhelm Groener. Reichswehrminister am Ende der Weimarer Republik (1928 bis 1932), München 1993 (= Beiträge zur Militärgeschichte, 39)

Illing, Ernst, Psychiatrische Hinweise zur militärischen Führerauslese (unter besonderer Berücksichtigung charakterologischer und erbbiologischer Gesichtspunkte). In: Der deutsche Militärarzt, 6 (1942), S. 353-363
Irving, David, Hitler und seine Feldherren, Frankfurt a.M. [u.a] 1975

Jacobsen, Hans-Adolf, 1939-1945. Der Zweite Weltkrieg in Chronik und Dokumenten, Darmstadt 1961
Jung, Hermann, Die Ardennen-Offensive 1944/45. Ein Beispiel für die Kriegführung Hitlers, Göttingen [et al.] 1971 (= Studien und Dokumente zur Geschichte des Zweiten Weltkrieges, 12)

Keegan, John, Falsches Heldentum. Hitler als Oberster Befehlshaber. In: Keegan, Die Maske, S. 341-447
Keegan, John, The Mask of Command, London 1987

Keegan, John, Die Maske des Feldherrn. Alexander der Große, Wellington, Grant, Hitler, Weinheim 1997

Kehrig, Manfred, Stalingrad. Analyse und Dokumentation einer Schlacht, Stuttgart 1974

Kershaw, Ian, Hitler 1889-1936, Stuttgart 2002

Kershaw, Ian, Wendepunkte. Schlüsselentscheidungen im Zweiten Weltkrieg 1940/41, München 2008

Klietmann, Kurt-Georg, Die Waffen-SS. Eine Dokumentation, Osnabrück 1965

Klink, Ernst [et al.], Der Krieg gegen die Sowjetunion bis zur Jahreswende 1941/42. In: Das Deutsche Reich und der Zweite Weltkrieg, Bd 4, S. 451-1088

Knox, MacGregor, Common Destiny. Dictatorship, Foreign Policy, and War in Fascist Italy and Nazi Germany, Cambridge [et al.] 2000

Knox, MacGregor, 1 October 1942. Adolf Hitler, Wehrmacht Officer Policy and Social Revolution. In: HJ, 43 (2000), S. 801-825

Knox, MacGregor, The Prussian Idea of Freedom and the »Career open to Battle«. Battlefield Initiative and Social Ascent from Prussian Reform to Nazi Revolution, 1807-1944. In: Knox, Common Destiny, S. 186-226

Köhler, Karl, und Karl-Heinz Hummel, Die Organisation der Luftwaffe 1933-1939. In: Handbuch zur deutschen Militärgeschichte, Bd 4, Abschnitt XII, S. 501-579

Krausnick, Helmut, und Hans-Heinrich Wilhelm, Die Truppe des Weltanschauungskrieges. Die Einsatzgruppen der Sicherheitspolizei und des SD 1938-1942, Stuttgart 1981 (= Quellen und Darstellungen zur Zeitgeschichte, 22)

Krausnick, Helmut, Zu Hitlers Ostpolitik im Sommer 1943. In: VfZ, 2 (1954), S. 305-312

Kriegsende 1945 in Deutschland. Im Auftr. des MGFA hrsg. von Jörg Hillmann und John Zimmermann, München 2002 (= Beiträge zur Militärgeschichte, 55)

Kriegsherren der Weltgeschichte. Von Xerxes bis Nixon. Hrsg. von Stig Förster, Markus Pöhlmann und Dierk Walter, München 2006

Kriegstagebuch der Seekriegsleitung 1939 bis 1945, T. A, 68 Bde, Beih. Im Auftr. des MGFA in Verb. mit dem Bundesarchiv-Militärarchiv und der Marine-Offizier-Vereinigung hrsg. von Werner Rahn und Gerhard Schreiber unter Mitw. von Hansjoseph Maierhöfer, Hamburg, Berlin, Bonn 1988-1997

Kriegstagebuch des Oberkommandos der Wehrmacht (Wehrmachtführungsstab) 1940-1945, 8 Bde. Hrsg. von Percy E. Schramm, Augsburg 2003

Kriegsverbrechen im 20. Jahrhundert. Hrsg. von Gerd R. Ueberschär und Wolfram Wette, Darmstadt 2001

Kroener, Bernhard R., Auf dem Weg zu einer »nationalsozialistischen Volksarmee«. Die soziale Öffnung des Heeresoffizierkorps im Zweiten Weltkrieg. In: Von Stalingrad zur Währungsreform, S. 651-683

Kroener, Bernhard R., Friedrich Fromm. Der »starke Mann im Heimatkriegsgebiet«. In: Die Militärelite des Dritten Reiches, S. 171-186

Kroener, Bernhard R., Generationserfahrungen und Elitenwandel. Strukturveränderungen im deutschen Offizierskorps 1933-1945. In: Eliten in Deutschland, S. 199-233

Kroener, Bernhard R., »Menschenbewirtschaftung«, Bevölkerungsverteilung und personelle Rüstung in der zweiten Kriegshälfte (1942-1944). In: Das Deutsche Reich und der Zweite Weltkrieg, Bd 5/2, S. 777-1001

Kroener, Bernhard R., Die personellen Ressourcen des Dritten Reiches im Spannungsfeld zwischen Wehrmacht, Bürokratie und Kriegswirtschaft 1939-1942. In: Das Deutsche Reich und der Zweite Weltkrieg, Bd 5/1, S. 693-1001

Kroener, Bernhard R., Der starke Mann im Heimatkriegsgebiet – Generaloberst Friedrich Fromm. Eine Biographie, Paderborn 2005

Kroener, Bernhard R., Strukturelle Veränderungen in der militärischen Gesellschaft des Dritten Reiches. In: Nationalsozialismus und Modernisierung, S. 267-296

Krüger, Dieter, Das schwierige Erbe. Die Traditionsansprache des Kapitäns zur See Karl Adolf Zenker und ihre parlamentarischen Folgen. In: Marineforum, 72 (1997), S. 28-33

Kunz, Andreas, Wehrmacht und Niederlage. Die bewaffnete Macht in der Endphase der nationalsozialistischen Herrschaft 1944 bis 1945, München 2005 (= Beiträge zur Militärgeschichte, 64)

Lagevorträge des Oberbefehlshabers der Kriegsmarine vor Hitler 1939-1945. Im Auftrag des Arbeitskreises für Wehrforschung hrsg. von Gerhard Wagner, München 1972

Liddell Hart, Basil Henry, The other Side of the Hill, London 1948

Lindenau, Ernst, Was man wissen muß vom Bolschewismus (Spartakismus). Nach authentischen Quellen dargestellt von Ernst Lindenau, Nürnberg 1919

Löffler, Jürgen, Walther von Brauchitsch, Frankfurt a.M., Berlin, Bern 2001

Longerich, Peter, Joseph Goebbels und der Totale Krieg. Eine unbekannte Denkschrift des Propagandaministers vom 18. Juli 1944. In: VfZ, 35 (1987), S. 289-314

Longerich, Peter, Der Rußlandkrieg als rassistischer Vernichtungskrieg. In: Der Mensch gegen den Menschen, S. 78-94

Loßberg, Bernhard von, Im Wehrmachtführungsstab: Bericht eines Generalstabsoffiziers, Hamburg 1950

Ludendorff, Erich, Meine Kriegserinnerungen 1914-1918, Berlin 1919

Ludendorff, Erich, Der totale Krieg, München 1935

Makers of Modern Strategy from Machiavelli to the Nuclear Age. Ed. by Peter Pant, Princeton, NJ 1986

Manoscheck, Walter, Kriegsverbrechen und Judenvernichtung in Serbien 1941-1942. In: Kriegsverbrechen im 20. Jahrhundert, S. 123-136

Manstein, Erich von, Verlorene Siege, Bonn 1955

Matthäus, Jürgen, Konrad Kwiet, Jürgen Förster und Richard Breitman, Ausbildungsziel Judenmord? »Weltanschauliche Erziehung« von SS, Polizei und Waffen-SS im Rahmen der »Endlösung«, Frankfurt a.M. 2003 (= Die Zeit des Nationalsozialismus)

Matthäus, Jürgen, »Reibungslos und Planmäßig«. Die Zweite Welle der Judenvernichtung im Generalkommissariat Weißruthenien (1942-1944). In: Jahrbuch für Antisemitismusforschung, 4 (1995), S. 254-274

Mawdsley, Evan, Thunder in the East. The Nazi-Soviet War 1941-1945, London, New York 2005

Megargee, Geoffrey P., Hitler und die Generäle. Das Ringen um die Führung der Wehrmacht 1933-1945, Paderborn 2006

Megargee, Geoffrey P., Inside Hitler's High Command, Lawrence, KS 2000

Megargee, Geoffrey P., War of Annihilation. Combat and Genocide on the Eastern Front, Lanham, MD 2006 (= Total War)

Meier-Welcker, Hans, Aufzeichnungen eines Generalstabsoffiziers 1939 bis 1942, Freiburg i.Br. 1982 (= Einzelschriften zur militärischen Geschichte des Zweiten Weltkrieges, 26)

Der Mensch gegen den Menschen. Überlegungen und Forschungen zum deutschen Überfall auf die Sowjetunion 1941. Hrsg. von Hans-Heinrich Nolte, Hannover 1992

Menzel, Walther S., Die Wehrmacht als Träger des Reiches, Göttingen 1939

Messerschmidt, Manfred, Außenpolitik und Kriegsvorbereitung. In: Das Deutsche Reich und der Zweite Weltkrieg, Bd 1, S. 535-701

Messerschmidt, Manfred, Karl Dietrich Erdmann, Walter Bußmann und Percy Ernst Schramm. Historiker an der Front und in den Oberkommandos der Wehrmacht und des Heeres. In: Messerschmidt, Militarismus, S. 289-312

Messerschmidt, Manfred, Das preußische Militärwesen. In: Handbuch der Preußischen Geschichte, Bd 3, S. 319-546

Messerschmidt, Manfred, Vorwärtsverteidigung. Die »Denkschrift der Generale« für den Nürnberger Gerichtshof. In: Messerschmidt, Militarismus, Vernichtungskrieg, Geschichtspolitik. Zur deutschen Militär- und Rechtsgeschichte. Im Auftr. des MGFA hrsg. von Hans Ehlert, Arnim Lang und Bernd Wegner, Paderborn [et al.] 2006, S. 315-330

Messerschmidt, Manfred, Die Wehrmacht im NS-Staat. Zeit der Indoktrination, Hamburg 1969

Messerschmidt, Manfred, Die Wehrmachtjustiz 1933-1945, Paderborn 2005

Meyer, Georg, Adolf Heusinger. Dienst eines deutschen Soldaten 1915 bis 1964. Hrsg. mit Unterstützung der Clausewitz-Gesellschaft und des Militärgeschichtlichen Forschungsamtes, Hamburg 2001

Meyer, Georg, Soldaten wie andere auch? Zur Einstellung ehemaliger Angehöriger der Waffen-SS in die Bundeswehr. In: Festgabe, S. 545-594

Meyer, Georg, Zu Fragen der personellen Auswahl bei der Vorbereitung eines westdeutschen Verteidigungsbeitrages (1950-1956). In: Das deutsche Offizierkorps, S. 351-365

Meyer, Georg, Zur inneren Entwicklung der Bundeswehr bis 1960/61. In: Anfänge westdeutscher Sicherheitspolitik, Bd 3, S. 851-1162

Meyer, Georg, Zur Situation der deutschen militärischen Führungsschicht im Vorfeld des westdeutschen Verteidigungsbeitrages 1945-1950/51. In: Anfänge westdeutscher Sicherheitspolitik, Bd 1, S. 577-736

Militär und Innenpolitik im Weltkrieg 1914 bis 1918, 2 T. Im Auftrag der Kommission für Geschichte des Parlamentarismus und der politischen Parteien und des Militärgeschichtlichen Forschungsamtes hrsg. von Erich Matthias und Hans Meier-Welcker. Bearb. von Wilhelm Deist, Düsseldorf 1970 (= Quellen zur Geschichte des Parlamentarismus und der politischen Parteien. Zweite Reihe: Militär und Politik, 1)

Die Militärelite des Dritten Reiches. 27 biographische Skizzen. Hrsg. von Ronald Smelser und Enrico Syring, Berlin, Frankfurt a.M. 1995

Military Effectiveness, vol. 3: The Second World War. Ed. by Allan R. Millett and Williamson Murray, Boston [et al.] 1988 (= Series on Defence and Foreign Policy)

Müller, Klaus-Jürgen, Armee, Politik und Gesellschaft in Deutschland 1933-1945. Studien zum Verhältnis von Armee und NS-System, 4., unveränd. Aufl., Paderborn 1986 (= Sammlung Schöningh zur Geschichte und Gegenwart)

Müller, Klaus-Jürgen, Armee und Drittes Reich 1933-1939. Darstellung und Dokumentation. Unter Mitarb. von Ernst Willi Hansen, 2., unveränd. Aufl., Paderborn 1989

Müller, Klaus-Jürgen, General Ludwig Beck. Studien und Dokumente zur politisch-militärischen Vorstellungswelt und Tätigkeit des Generalstabschefs des deutschen Heeres 1933-1938, Boppard a.Rh. 1980 (= Schriften des Bundesarchivs, 30)

Müller, Klaus-Jürgen, Generaloberst Ludwig Beck. Generalstabschef des Deutschen Heeres 1933-1938. Einige Reflexionen und neuere Forschungsergebnisse. In: Müller, Armee, Politik und Gesellschaft, S. 51-100

Müller, Klaus-Jürgen, Das Heer und Hitler. Armee und nationalsozialistisches Regime 1933 bis 1940, Stuttgart 1969 (= Beiträge zur Militär- und Kriegsgeschichte, 10)

Müller-Hillebrand, Burkhart, Das Heer 1933-1945: Entwicklung des organisatorischen Aufbaus, Bd 1: DasHeer bis zum Kriegsbeginn, Darmstadt, Frankfurt a.M. 1954

Mulligan, William, The Creation of Modern German Army. General Walther Reinhardt and the Weimar Republic, 1914-1930, New York, Oxford 2005 (= Monographs in German History, 12)

Nägler, Frank, Innere Führung. Vom Entstehungszusammenhang einer Führungsphilosophie für die Bundeswehr. In: Entschieden für Frieden, S. 321-339

Nationalsozialismus und Modernisierung. Hrsg. von Michael Prinz und Rainer Zitelmann, Darmstadt 1991

Neitzel, Sönke, Abgehört. Deutsche Generäle in britischer Kriegsgefangenschaft 1942-1945, Berlin 2005

Neue Forschungen zum Zweiten Weltkrieg. Literaturberichte und Bibliographien aus 67 Ländern. Hrsg. von Jürgen Rohwer und Hildegard Müller, Koblenz 1990 (= Schriften der Bibliothek für Zeitgeschichte, 28)

Nolzen, Armin, Die NSDAP, der Krieg und die deutsche Gesellschaft. In: Das Deutsche Reich und der Zweite Weltkrieg, Bd 9/1, S. 99-187

Offiziere im Bild von Dokumenten aus drei Jahrhunderten. Hrsg. von Hans Meier-Welcker, mit einer Einf. von Manfred Messerschmidt, Stuttgart 1964 (= Beiträge zur Militär- und Kriegsgeschichte, 6)

The Origins of Contemporary Doctrine. Papers presented at a Conference sponsored by the Director General of Development and Doctrine at Larkhill. Ed. by John Gooch, Camberley 1997 (= Occasional paper/Strategic and Combat Studies Institute, 30)

Otto, Rudolf, Die Organisation des Heeres in der Übergangszeit, Greifswald 1921

Overmans, Rüdiger, Deutsche militärische Verluste im Zweiten Weltkrieg, München 1999 (= Beiträge zur Militärgeschichte, 46)

Overmans, Rüdiger, Die Kriegsgefangenenpolitik des Deutschen Reiches 1939 bis 1945. In: Das Deutsche Reich und der Zweite Weltkrieg, Bd 9/2, S. 729-875

Der Parteitag der Ehre vom 8. bis 14. September 1936. Offizieller Bericht über den Verlauf des Reichsparteitages mit sämtlichen Kongreßreden, München 1936

Pohl, Dieter, Die Herrschaft der Wehrmacht. Deutsche Militärbesatzung und einheimische Bevölkerung in der Sowjetunion 1941-1944, München 2008

Pohl, Dieter, Die Kooperation zwischen Heer, SS und Polizei in den besetzten sowjetischen Gebieten. In: Verbrechen der Wehrmacht. Bilanz einer Debatte, S. 107-116

Politischer Wandel, organisierte Gewalt und nationale Sicherheit. Beiträge zur neueren Geschichte Deutschlands und Frankreichs. Festschrift für Klaus-Jürgen Müller. Im Auftr. des MGFA hrsg. von Ernst Willi Hansen, Gerhard Schreiber und Bernd Wegner, München 1995 (= Beiträge zur Militärgeschichte, 50)

Der Prozeß gegen die Hauptkriegsverbrecher vor dem Internationalen Militärgerichtshof (International Military Tribunal), Nürnberg, 14. November 1945 bis 1. Oktober 1946, 42 Bde, Nürnberg 1947-1949

Rangliste der Generale der deutschen Luftwaffe nach dem Stand vom 20. April 1945. Mit einer Stellenbesetzung der Kommandobehörden der Luftwaffe vom 1. März 1945, Dienstalterslisten der Sanitätsoffiziere usw. im Generalsrang sowie Kurzbiographien über den Reichsmarschall und die Generalfeldmarschälle. Bearb. von Rudolf Absolon, Friedberg 1984

Rass, Christoph, Das Sozialprofil von Kampfverbänden des deutschen Heeres 1939 bis 1945. In: Das Deutsche Reich und der Zweite Weltkrieg, Bd 9/1, S. 641-741

Rautenberg, Hans-Jürgen, Planungen zur Offizierausbildung künftiger deutscher Streitkräfte 1950-1954. In: Das deutsche Offizierkorps, S. 367-388

Rebentisch, Dieter, Führerstaat und Verwaltung im Zweiten Weltkrieg. Verfassungsentwicklung und Verwaltungspolitik 1939-1945, Stuttgart 1989

Reemtsma, Jan Philipp, Über den Begriff »Handlungsspielräume«. In: Mittelweg 36, 6 (2002), S. 5-23

Regling, Volkmar, Grundzüge der Landkriegführung zur Zeit des Absolutismus und im 19. Jahrhundert. In: Handbuch zur deutschen Militärgeschichte, Bd 5, S. 11-425

Reinhardt, Walther, Wehrkraft und Wehrwille. Aus seinem Nachlaß mit einer Lebensbeschreibung. Hrsg. von Ernst Reinhardt, Berlin 1932
Remmele, Bernd, Die maritime Geheimrüstung unter Kapitän z.S. Lohmann. In: MGM, 56 (1997), S. 331-376
Reynolds, Nicholas, Der Fritsch-Brief vom 11. Dezember 1938. In: VfZ, 28 (1980), S. 358-371
Rich, Norman, Hitler's War Aims, 2 vols., New York, London 1973-1974
Ringshausen, Gerhard, Der Aussagewert von Paraphen und der Handlungsspielraum des militärischen Widerstandes. Zu Johannes Hürter. Auf dem Weg zur Militäropposition. In: VfZ, 53 (2005), S. 141-148
Ritter, Gerhard A., Staatskunst und Kriegshandwerk. Das Problem des Militarismus, Bd 1, 3. Aufl., München 1965
Römer, Felix, Das Heeresgruppenkommando Mitte und der Vernichtungskrieg im Sommer 1941. Eine Erwiderung auf Gerhard Ringshausen. In: VfZ, 53 (2005), S. 451-460
Römer, Felix, Der Kommissarbefehl. Wehrmacht und NS-Verbrechen an der Ostfront 1941/42, Paderborn [u.a.] 2008
Rosinski, Herbert, Die deutsche Armee. Eine Analyse. Hrsg. und eingel. von Gordon A. Craig, mit einer Einl. für die deutsche Ausgabe von Carl Hans Hermann, Düsseldorf 1970
Rosinski, Herbert, The German Army, London 1939
Rosinski, Herbert, The German Army. New and completely rev. ed. by Infantry Journal, Washington 1944
Rossino, Alexander B., Hitler Strikes Poland. Blitzkrieg, Ideology and Atrocities, Lawrence, KS 2003
Rotteck, Karl von, Über stehende Heere und Nationalmiliz, Freyburg 1816
Rüstow, Wilhelm, Die Feldherrnkunst des neunzehnten Jahrhunderts. Zum Selbststudium für den Unterricht an höheren Militärschulen, Zürich 1857
Das Rußlandbild im Dritten Reich. Im Auftr. des MGFA hrsg. von Hans-Erich Volkmann, 2., unveränd. Aufl., Köln [et al.] 1994

Salewski, Michael, Die bewaffnete Macht im Dritten Reich 1933 bis 1939. In: Handbuch zur deutschen Militärgeschichte, Bd 4, Abschnitt VII, S. 13-287
Salewski, Michael, Die deutsche Seekriegsleitung 1935-1945, 3 Bde, Frankfurt a.M., München 1970-1975
Salewski, Michael, Das Offizierkorps der Reichs- und Kriegsmarine. In: Das deutsche Offizierkorps, S. 211-229
Sauer, Wolfgang, Die Mobilmachung der Gewalt, ungekürzte Ausg., Frankfurt a.M. [et al.] 1974
Sauer, Wolfgang, Die Mobilmachung der Gewalt. In: Bracher/Sauer/Schulz, Die nationalsozialistische Machtergreifung, S. 685-972
Schabel, Ralf, Die Illusion der Wunderwaffen. Die Rolle der Düsenflugzeuge und Flugabwehrraketen in der Rüstungspolitik des Dritten Reiches, München 1994 (= Beiträge zur Militärgeschichte, 35)
Schäfer, Kirstin Anne, Werner von Blomberg. Hitlers erster Feldmarschall. Eine Biographie, Paderborn 2005

Scherff, Walter, Die Einheit von Staatsmann und Feldherr. In: Militärwissenschaftliche Rundschau, 6 (1941), S. 193-197

Schmädecke, Jürgen, Militärische Kommandogewalt und parlamentarische Demokratie. Zum Problem der Verantwortlichkeit des Reichswehrministers in der Weimarer Republik, Lübeck, Hamburg 1966

Schmidt, Helmut [et al.], Kindheit und Jugend unter Hitler. Mit einer Einführung von Wolf Jobst Siedler, 2. Aufl., Berlin 1992

Schmundt, Rudolf, Tätigkeitsbericht des Chefs des Heerespersonalamtes, General der Infanterie Rudolf Schmundt, fortgeführt von General der Infanterie Wilhelm Burgdorf. 1.10.1942-29.10.1944. Hrsg. von Dermot Bradley und Richard Schulze-Kossens, Osnabrück 1984

Schottelius, Herbert, und Gustav-Adolf Caspar, Die Organisation des Heeres 1933-1939. In: Handbuch zur deutschen Militärgeschichte, Bd 4, Abschnitt VII, S. 289-399

Schramm, Percy Ernst, Hitler als militärischer Führer. Erkenntnisse und Erfahrungen aus dem Kriegstagebuch des Oberkommandos der Wehrmacht, Frankfurt a.M. 1962

Schreiber, Gerhard, Deutsche Kriegsverbrechen gegenüber Italienern. In: Kriegsverbrechen im 20. Jahrhundert, S. 222-234

Schreiber, Gerhard, Hitler-Interpretationen 1923-1983. Ergebnisse, Methoden und Probleme der Forschung, 2., verb. und erg. Aufl., Darmstadt 1988

Schreiber, Gerhard, Revisionismus und Weltmachtstreben. Marineführung und deutsch-italienische Beziehungen 1919 bis 1944, Stuttgart 1978 (= Beiträge zur Militär- und Kriegsgeschichte, 20)

Schüddekopf, Otto-Ernst, Das Heer und die Republik. Quellen zur Politik der Reichsführung 1918 bis 1933, Hannover [et al.] 1955

Schwarz, Eberhard, Zwischen Stalingrad und Kursk. Die Stabilisierung der Ostfront im Februar/März 1943. In: Stalingrad. Ereignis, Wirkung, Symbol, S. 113-129

Schwarzmüller, Theo, Zwischen Kaiser und »Führer«. Generalfeldmarschall August von Mackensen. Eine politische Biographie, Paderborn [et al.] 1995; 2. Aufl. 1996

Seeckt, Hans von, Aus meinem Leben. Unter Verwendung des schriftlichen Nachlasses im Auftrage von Frau Dorothee von Seeckt, Bd 1, 1866-1917. Hrsg. von Friedrich von Rabenau, Leipzig 1938, Bd 2, 1918-1936, Leipzig 1940

Shepherd, Ben, War in the Wild East. The German Army and Soviet Partisans, London 2004

Siewert, Curt, Schuldig? Die Generale unter Hitler. Stellung und Einfluß der hohen militärischen Führer im nationalsozialistischen Staat. Das Maß ihrer Verantwortung und Schuld, Bad Nauheim 1968

Speer, Albert, Erinnerungen, Frankfurt a.M. 1969

Die SS. Elite unter dem Totenkopf. 30 Lebensläufe. Hrsg. von Ronald Smelser und Enrico Syring, Paderborn [et al.] 2000

Staatsmänner und Diplomaten bei Hitler. Vertrauliche Aufzeichnungen über Unterredungen mit Vertretern des Auslandes, 2 Bde. Hrsg. und erl. von Andreas Hillgruber, Frankfurt a.M. 1967-1970

Stahl, Friedrich-Christian, Generaloberst Kurt Zeitzler. In: Hitlers militärische Elite, Bd 2, S. 283-292

Stalingrad. Ereignis, Wirkung, Symbol. Im Auftr. des MGFA hrsg. von Jürgen Förster, München, Zürich 1992

Stein, George H., Geschichte der Waffen-SS, Düsseldorf 1978

Steinert, Marlies, Hitler, München 1994

Strawson, John, Hitler as Military Commander, London 1971

Stumpf, Reinhard, General der Infanterie Rudolf Schmundt. In: Hitlers militärische Elite, Bd 2, S. 226-235

Stumpf, Reinhard, Die Wehrmacht-Elite. Rang- und Herkunftsstruktur der deutschen Generale und Admirale 1933 bis 1945, Boppard a.Rh. 1982 (= Militärgeschichtliche Studien, 29)

Stumpf, Reinhard, Die Wiederverwendung von Generalen und die Neubildung militärischer Eliten in Deutschland und Österreich nach 1945. In: Entschieden für Frieden, S. 73-96

Sydnor Jr., Charles W., Soldaten des Todes. Die 3. SS-Division »Totenkopf« 1933-1945, Paderborn 2002

Sydnor Jr., Charles W., Soldiers of Destruction. The SS Death's Head Division 1933-1945, Princeton, NJ 1977

Syring, Enrico, Paul Hausser. »Türöffner« und Kommandeur »seiner« Waffen-SS. In: Die SS. Elite unter dem Totenkopf, S. 190-207

Tapken, Kai Uwe, Die Reichswehr in Bayern von 1919 bis 1924, Hamburg 2002 (= Schriftenreihe Studien zur Zeitgeschichte, 26)

Thaer, Albrecht von, Generalstabsdienst an der Front und in der O.H.L. Aus Briefen und Tagebuchaufzeichnungen 1915-1919, Göttingen 1958 (= Abhandlungen der Akademie der Wissenschaften in Göttingen. Philologisch-historische Klasse, Folge 3, 40)

Thamer, Hans-Ulrich, Die Erosion einer Säule. Wehrmacht und NSDAP. In: Die Wehrmacht. Mythos und Realität, S. 420-435

Thompson, Larry V., Friedrich-Wilhelm Krüger. Höherer SS- und Polizeiführer Ost. In: Die SS. Elite unter dem Totenkopf, S. 320-331

Tradition als Last? Legitimationsprobleme der Bundeswehr. Hrsg. von Klaus-Michael Kodalle, Köln 1981

Ueberschär, Gerd R., und Winfried Vogel, Dienen und Verdienen. Hitlers Geschenke an seine Eliten, Frankfurt a.M. 1999

Umbreit, Hans, Auf dem Weg zur Kontinentalherrschaft. In: Das Deutsche Reich und der Zweite Weltkrieg, Bd 5/1, S. 3-345

Umbreit, Hans, Deutsche Militärverwaltungen 1938/39. Die militärische Besetzung der Tschechoslowakei und Polens, Stuttgart 1977 (= Beiträge zur Militär- und Kriegsgeschichte, 18)

Umbreit, Hans, Die Verantwortlichkeit der Wehrmacht als Okkupationsarmee. In: Die Wehrmacht. Mythos und Realität, S. 743-753

Ungváry, Krisztián, Das Beispiel der ungarischen Armee. Ideologischer Krieg oder militärisches Kalkül. In: Verbrechen der Wehrmacht. Bilanz einer Debatte, S. 98-106

»Unternehmen Barbarossa«. Zum historischen Ort der deutsch-sowjetischen Beziehungen von 1933 bis Herbst 1941. Im Auftr. des MGFA hrsg. von Roland G. Foerster, München 1993 (= Beiträge zur Militärgeschichte, 40)
Untersuchungen zur Geschichte des Offizierkorps. Anciennität und Beförderung nach Leistung. Im Auftr. des MGFA hrsg. von Hans Meier-Welcker, Stuttgart 1962 (= Beiträge zur Militär- und Kriegsgeschichte, 4)

Vagts, Alfred, A History of Militarism, New York 1937
Verbrechen der Wehrmacht. Bilanz einer Debatte. Hrsg. von Christian Hartmann, Johannes Hürter und Ulrike Jureit, München 2005
Verbrechen der Wehrmacht. Dimensionen des Vernichtungskrieges 1941-1944. Ausstellungskatalog. Hrsg. vom Hamburger Institut für Sozialforschung, Hamburg 2002
Versailles 1919. Ziele – Wirkung – Wahrnehmung. Hrsg. von Gerd Krumeich in Zusarb. mit Silke Fehlemann, Essen 2001 (= Schriften der Bibliothek für Zeitgeschichte, N.F., 14)
Vieregge, Bianca, Die Gerichtsbarkeit einer »Elite«. Nationalsozialistische Rechtsprechung am Beispiel der SS- und Polizeigerichtsbarkeit, Baden-Baden 2002 (= Juristische Zeitgeschichte 1/10)
Volkmann, Hans-Erich, Von Blomberg zu Keitel – Die Wehrmachtführung und die Demontage des Rechtsstaates. In: Die Wehrmacht. Mythos und Realität, S. 47-65
Von Stalingrad zur Währungsreform. Zur Sozialgeschichte des Umbruchs in Deutschland. Hrsg. von Martin Broszat, Klaus-Dietmar Henke und Hans Woller, München 1988 (= Quellen und Darstellungen zur Zeitgeschichte, 26); 2. Aufl. 1989; 3. Aufl. 1990

Waffen-SS und Ordnungspolizei im Kriegseinsatz 1939-1945. Ein Überblick anhand der Feldpostübersicht. Bearb. von Georg Tessin und Norbert Kannapin, Osnabrück 2000
Die Waffen-SS und Polizei 1939-1945. Führung und Truppe. Hrsg. von Kurt Mehner, Norderstedt 1995 (= Schriftenreihe Führung und Truppe, 3)
Warlimont, Walter, Im Hauptquartier der deutschen Wehrmacht 1939-1945. Grundlagen, Formen, Gestalten, Frankfurt a.M., Bonn 1962
Watt, Donald Cameron, Too Serious a Business. European Armed Forces and the Approach to the Second World War, London 1975 (= Lees-Knowles Lectures on Military Science)
Wegner, Bernd, Anmerkungen zur Geschichte der Waffen-SS aus organisations- und funktionsgeschichtlicher Sicht. In: Militärgeschichte, 11 (2001), S. 1-10; auch abgedr. in: Die Wehrmacht. Mythos und Realität, S. 405-419
Wegner, Bernd, Erschriebene Siege. Franz Halder, die »Historical Division« und die Rekonstruktion des Zweiten Weltkrieges im Geiste des deutschen Generalstabes. In: Politischer Wandel, S. 287-302
Wegner, Bernd, Hitlers Politische Soldaten. Die Waffen-SS 1933-1945. Studien zu Leitbild, Struktur und Funktion einer nationalsozialistischen Elite, Paderborn 1982

Wegner, Bernd, Kriegsgeschichte – Politikgeschichte – Gesellschaftsgeschichte. Der Zweite Weltkrieg in der westdeutschen Historiographie der siebziger und achtziger Jahre. In: Neue Forschungen zum Zweiten Weltkrieg, S. 102-129

Wegner, Bernd, Schutzstaffeln (SS). In: Das Große Lexikon des Dritten Reiches. Hrsg. von Christian Zentner und Friedemann Bedürftig, S. 528-530

Wegner, Bernd, Vom Lebensraum zum Todesraum. Deutschlands Kriegführung zwischen Moskau und Stalingrad. In: Stalingrad. Ereignis, Wirkung, Symbol, S. 17-37

Wehler, Hans-Ulrich, Deutsche Gesellschaftsgeschichte, Bd 4: Vom Beginn des Ersten Weltkriegs bis zur Gründung der beiden deutschen Staaten 1914-1949, München 2003

Die Wehrmacht im Rassenkrieg. Der Vernichtungskrieg hinter der Front. Hrsg. von Walter Manoschek, Wien 1996

Die Wehrmacht. Mythos und Realität. Im Auftr. des MGFA hrsg. von Rolf-Dieter Müller und Hans-Erich Volkmann, München 1999

Weigley, Russell F., The Political and Strategic Dimensions of Military Effectiveness. In: Military Effectiveness, vol. 3, S. 341-364

Weißbuch 1985. Zur Lage und Entwicklung der Bundeswehr. Im Auftrage der Bundesregierung hrsg. vom Bundesminister der Verteidigung, Bonn 1985

Weltkrieg 1939-1945. Ehrenbuch der deutschen Wehrmacht. Den Gefallenen zur Ehre und den Lebenden zur Erinnerung, Stuttgart 1954

Wendt, Bernd Jürgen, Zur Einführung. Der »totale Krieg« der Zukunft in den Planspielen der Reichswehr. In: Führungsdenken, S. 45-55

Weniger, Erich, Führerauslese und Führereinsatz im Kriege und das soldatische Urteil der Front. Ein Beitrag. In: Militärwissenschaftliche Rundschau, 5 (1940), S. 345-354, und 6 (1941), S. 198-206

Westphal, Siegfried, Der deutsche Generalstab auf der Anklagebank. Nürnberg 1945-1948, Mainz 1978

Wette, Wolfram, Ideologien, Propaganda und Innenpolitik als Voraussetzungen der Kriegspolitik des Dritten Reiches. In: Das Deutsche Reich und der Zweite Weltkrieg, Bd 1, S. 25-173

Wette, Wolfram, Die Wehrmacht. Feindbilder, Vernichtungskrieg, Legenden, Frankfurt a.M. 2002

Wiedemann, Fritz, Der Mann, der Feldherr werden wollte. Erlebnisse und Erfahrungen des Vorgesetzten Hitlers im 1. Weltkrieg und seines späteren persönlichen Adjutanten, Velbert [et al.] 1964

Wildt, Michael, Generation des Unbedingten. Das Führungskorps des Reichssicherheitshauptamtes, Hamburg 2002

Wilhelm, Friedrich, Die Polizei im NS-Staat. Die Geschichte ihrer Organisation im Überblick, Paderborn 1997

Wilhelm, Hans-Heinrich, Hitlers Ansprache vor Generalen und Offizieren am 26. Mai 1944. In: MGM, 20 (1976), S. 123-170

Wilt, Alan F., War from the Top. German and British Military Decision Making during World War II, Bloomington, IN 1990

Wohlfeil, Rainer, Heer und Republik. In: Handbuch zur deutschen Militärgeschichte, Bd 3, Abschnitt VI, S. 5-303

A World at War. Global Conflict and the Politics of Destruction, 1937-1945. Ed. by Roger Chickering, Stig Förster and Bernd Greiner, Cambridge 2005 (= Results of a Fifth Conference on the History of Total War held in Aug. 2001, in Hamburg)

Wright, Jonathan, Germany and the Origins of the Second World War, Basingstoke 2007 (= The Making of the Twentieth Century)

Yerger, Mark C., Riding East. The SS Cavalry Brigade in Poland and Russia, 1939-1942, Atglen, PA 1996 (= Schiffer military history)

Zitelmann, Rainer, Hitler. Selbstverständnis eines Revolutionärs, 3. Aufl., Stuttgart 1990

Zwei Wege nach Moskau. Vom Hitler-Stalin-Pakt bis zum »Unternehmen Barbarossa«. Hrsg. von Bernd Wegner, München 1991

Personenregister

Der Name Hitler wurde nicht aufgenommen.

Absolon, Rudolf 100
Amann, Max 150
Aretin, Karl Otmar Frhr. von 158
Augstein, Rudolf 149

Bach-Zelewski, Erich von dem 65, 91
Bärenfänger, Erich 122
Balck, Hermann 108
Baltzer, Martin 113
Beck, Ludwig 22, 27, 30 f., 40–46, 50–52, 71, 73, 116, 158, 165, 167
Berenhorst, Georg Heinrich von 55
Berger, Gottlob 79 f., 89, 138, 141, 144
Best, Werner 80
Bismarck, Otto von 151, 155
Blank, Theodor 70, 127–129
Blaskowitz, Johannes 84
Blomberg, Werner von 3, 5, 16, 21–33, 35, 37–50, 71–74, 77, 80, 96, 145, 153 f., 161, 163 f., 166
Bock, Fedor von 177
Böhme, Franz 66
Bormann, Martin 132–135, 137, 140
Brauchitsch, Walther von 47, 49–52, 55 f., 58 f., 68, 71, 79, 85–88, 165, 170, 175–178
Bredow, Ferdinand von 8
Brüning, Heinrich 16
Buch, Walter 23
Buchheim, Hans 61
Buchheit, Gert 157 f.
Buchrucker, Ernst 7
Bullock, Alan 157
Burgdorf, Wilhelm 25, 124 f., 145 f.

Carr, William 160
Carsten, Francis L. 158

Clausewitz, Carl von 154
Clemenceau, Georges 153
Craig, Gordon A. 151

Daluege, Kurt 79 f., 90, 131
Darré, Richard Walther 75, 79 f.
Deist, Wilhelm 42
Dethleffsen, Erich 192
Dietl, Eduard 109
Dietrich, Josef »Sepp« 76–78, 80
Dönitz, Karl 69, 113, 122, 136, 140, 144, 179, 191
Dorsch, Xaver 140

Ebert, Friedrich 3, 28
Eicke, Theodor 80, 89
Eitner, Hans-Jürgen 160
Elser, Georg 155

Fegelein, Hermann 90
Fest, Joachim 159 f.
Foertsch, Hermann 23
François-Poncet, André 21
Frank, August 144
Frick, Wilhelm 33
Fricke, Kurt 56
Fried, Hans Ernest 156
Friedrich II. (der Große) 137, 151, 153 f., 177
Frieser, Karl-Heinz 185
Fritsch, Werner Frhr. von 1 f., 24 f., 30, 32, 40–44, 46–48, 50, 54, 71, 81
Fromm, Friedrich 22, 32, 71, 73, 133 f., 139, 178 f.
Funk, Walther 29

Galland, Adolf 122
Geßler, Otto 12, 14
Globocnik, Odilo 80
Goebbels, Joseph 25, 47, 56, 132, 134, 140, 191
Göring, Hermann 24, 26, 29 f., 33-35, 40 f., 47, 49, 52, 86, 88, 124 f., 137, 140, 165, 179, 183
Groener, Wilhelm 3, 6, 10, 12 f., 15 f., 21, 31, 71
Grohé, Josef 133
Guderian, Heinz 38, 177, 179, 189

Haffner, Sebastian 160
Halder, Franz 71, 83 f., 87 f., 108, 116, 156 f., 170, 175-179, 182 f., 191
Hale, Oron James 157
Hammerstein-Equord, Kurt Frhr. von 24
Hassell, Ulrich von 116
Hausser, Paul 76, 78, 80, 126
Heidkämper, Otto 108
Heim, Ferdinand 178
Heinrici, Gotthard 52
Hepp, Leo 126
Herff, Maximilian von 92, 126
Heß, Rudolf 162
Heusinger, Adolf 108, 157, 183, 189
Heydrich, Reinhard 75, 79 f., 82, 84 f., 87
Heye, Wilhelm 12, 35
Hilberg, Raul 58
Hildebrand, Klaus 173
Hillgruber, Andreas 1, 3, 159
Himmler, Heinrich 26, 40 f., 47, 57, 59 f., 65, 74-81, 84-88, 90 f., 123, 126 f., 132-134, 137 f., 140, 142-146
Hindenburg, Paul von Beneckendorf und von 5 f., 16, 24, 26, 39, 75, 153, 163
Hirschfeld, Harald von 122
Hoepner, Erich 178
Hoffmann, Peter 135
Hoßbach, Friedrich 40 f.,

Hoth, Hermann 64
Hürter, Johannes 57, 59

Jodl, Alfred 31, 42, 45-47, 49, 51, 71, 159, 164, 177-179, 182, 186-188
Jüttner, Hans 79 f., 137, 140-142
Jüttner, Max 73

Kammler, Hans 140, 144
Keegan, John 160
Keitel, Bodewin 102-104, 107, 109, 112
Keitel, Wilhelm 20, 31-35, 41-47, 49 f., 52, 63, 71, 84, 106, 124, 132, 137, 140, 164 f., 178 f.
Kershaw, Ian 19, 94, 156
Kesselring, Albert 67
Kielmansegg, Johann Adolf Graf von 1
Kitzinger, Karl 64
Kleinfeld, Gerald R. 1
Kleinheisterkamp, Matthias 126
Kleist, Ewald von 169
Kocka, Jürgen 75
Kraus, Karl 149
Krebs, Hans 122
Krichbaum, Wilhelm 82
Kroener, Bernhard 22, 71, 123, 132 f.
Krohne, Rudolf 11
Krüger, Friedrich-Wilhelm 72
Küchler, Georg von 59

Lammers, Hans-Heinrich 34, 137
Leeb, Wilhelm Ritter von 177
List, Wilhelm 181 f.
Lloyd George, David 153
Lörner, Georg 144
Lohmann, Walter 12
Lopez, Francisco Solano 158
Ludendorff, Erich 151, 153, 185 f.
Luther, Hans 11

Mann, Heinrich 150
Manstein, Erich von 43, 50, 64, 103, 167, 173, 183, 185

Personenregister

Mattenklott, Franz 106
Messerschmidt, Manfred 1 f.
Milch, Erhard 25
Model, Walter 109
Moltke (d.Ä.), Helmuth Graf von 151
Montua, Max 91
Müller, Hermann 12
Müller, Klaus-Jürgen 1, 45
Münchhausen, Georg Heino Frhr. von 182, 186, 188

Napoleon 35, 153 f., 170
Nebe, Arthur 91

Osterkamp, Heinz 140

Papke, Gerhard 14
Paulus, Friedrich 109, 183
Peltz, Dietrich 122
Pohl, Oswald 140 f., 144
Pollex, Curt 139

Raeder, Erich 24 f., 40 f., 47, 49, 52, 113, 122, 165, 170, 179
Rath, Ernst von 53
Rauter, Hanns 138
Reichenau, Walter von 20, 24, 27, 31, 35, 40 f., 63 f., 71, 84, 162
Reinecke, Hermann 179
Reinhardt, Hans 64, 188
Remer, Otto-Ernst 122
Richthofen, Wolfram von 122
Ritter, Gerhard 151
Röhm, Ernst 22, 24, 72, 74, 145
Rommel, Erwin 67, 103, 109, 122
Rotteck, Karl 3, 129
Rundstedt, Gerd von 8, 64, 84, 122, 168, 177

Salewski, Michael 45, 48, 52
Sauer, Wolfgang 17
Schacht, Hjalmar 29
Schenk von Stauffenberg, Claus Graf 178
Schenckendorff, Max von 90 f.
Scherff, Walter 151

Schirrmacher, Fritz 126
Schleicher, Kurt von 13, 16, 21, 26, 71
Schlieffen, Alfred Graf von 151
Schmundt, Rudolf 45-47, 93, 97, 102-105, 110 f., 114, 117, 119-121, 124, 145, 168, 179
Schniewind, Otto 122
Schramm, Percy Ernst 158
Schuschnigg, Kurt 48, 164
Seeckt, Hans von 7-9, 12-14, 22, 35
Seydlitz-Kurzbach, Walther von 64
Six, Franz 80
Speer, Albert 132, 140, 143
Stalin, Iosif V. 62, 64, 86, 97, 172 f., 185
Steiner, Felix 80, 146 f.,
Student, Kurt 66
Stülpnagel, Joachim von 8, 12
Stumpf, Reinhard 45, 52, 71, 131

Thilo, Karl-Wilhelm 176, 184
Thomas, Georg 31

Uhlig, Heinrich 60
Umbreit, Hans 83

Vagts, Alfred 158
Vietinghoff, Heinrich Gottfried von 162, 168 f., 172, 191

Wagner, Eduard 83, 87, 90, 139
Warlimont, Walter 146
Warzecha, Walter 122, 144
Wegener, Edward 128
Wegner, Bernd 81, 155, 181
Weichs, Maximilian Frhr. von 38, 89
Wilhelm II. 53, 165
Wilt, Alan F. 160
Wohlfeil, Rainer 100

Xylander, Wolfdietrich von 122

Zeitzler, Kurt 108 f., 116 f., 122, 178 f., 183 f.
Ziegler, Heinz 139 f., 143 f.
Zitelmann, Rainer 94
Zunehmer, Max 122

www.ingramcontent.com/pod-product-compliance
Lightning Source LLC
Chambersburg PA
CBHW030825230426
43667CB00008B/1387